AF552719

आमने-सामने

नामवर सिंह

संकलन-सम्पादन
विजय प्रकाश सिंह

राजकमल प्रकाशन

ISBN : 978-93-88753-95-1

मूल्य : ₹695

पहला संस्करण : 2019

प्रकाशक : राजकमल प्रकाशन प्रा.लि.
1-बी, नेताजी सुभाष मार्ग, दरियागंज
नई दिल्ली-110 002

शाखाएँ : अशोक राजपथ, साइंस कॉलेज के सामने, पटना-800 006
पहली मंजिल, दरबारी बिल्डिंग, महात्मा गांधी मार्ग, इलाहाबाद-211 001
36 ए, शेक्सपियर सरणी, कोलकाता-700 017

वेबसाइट : www.rajkamalprakashan.com
ई-मेल : info@rajkamalprakashan.com

मुद्रक : बी.के. ऑफसेट
नवीन शाहदरा, दिल्ली-110 032

AAMNE-SAAMNE
by Namvar Singh
Edited by Vijay Prakash Singh

अपनी बात

पिताजी की अथक साहित्यिक यात्रा में संवाद, भेंटवार्ता और साक्षात्कारों की अपनी एक जगह है। जैसे-जैसे वे उम्र-वृद्ध और ज्ञान-वृद्ध होते गए हैं, यह सिलसिला उसी अनुपात में बढ़ता गया है और आज भी किसी-न-किसी रूप में जारी है। एक समय था जब साहित्य की दुनिया के लोग उन्हें मौखिक परम्परा का वाहक मानते हुए हलके व्यंग्य के साथ उन्हें 'साहित्य का राजनेता' की पदवी से भी नवाजते थे। 'साक्षात्कार' शब्द पिताजी को पसन्द नहीं है। इसका जिक्र उन्होंने अपनी पहली साक्षात्कारों की पुस्तक 'कहना न होगा' में किया है। इसलिए यहाँ इस शब्द का प्रयोग मैं बहुत संकोच के साथ कर रहा हूँ। कहना न होगा कि आज के समय में साक्षात्कारों की साहित्य में एक महत्त्वपूर्ण भूमिका है। यहाँ लेखक के साहित्य को उसके समय और जीवन के सन्दर्भ में रखकर देखने की एक सार्थक दृष्टि मिलती है। मुझे बराबर ऐसा महसूस होता है कि पिताजी के साक्षात्कार न केवल उनके साहित्य को देखने का, बल्कि उनके समय और सरोकारों को देखने का भी एक नजरिया हमें देते हैं। साहित्य के इस रूप में एक रवानगी है, एक खुलापन है जो अन्य रूपों में प्रायः दुबका हुआ-सा मालूम होता है। रचनाकारों के ऐसे संकलन एक समय के बाद दस्तावेज बन जाते हैं। अतीत में इस बात के अनेक उदाहरण और प्रमाण मिल जाएँगे।

पिताजी की संवाद, भेंटवार्ता व साक्षात्कारों की अब तक चार पुस्तकें प्रकाशित हो चुकी हैं। इस कड़ी में यह पाँचवीं किताब है : 'आमने-सामने'। पुस्तक का यह नाम पिताजी ने ही दिया है। मैं उन सभी पत्रिकाओं, प्रकाशकों, सम्पादकों और साक्षात्कारकर्ताओं का आभारी हूँ, जिनसे यह सामग्री मुझे प्राप्त हो सकी। इस सामग्री को तलाशने और संकलन करने में जिस आनन्द और सन्तुष्टि की मुझे अनुभूति हुई, उसके लिए एक शायर की ये दो पंक्तियाँ मौजू लगती हैं :

तलाशो-तलब में वो लज्जत मिली है,
दुआ कर रहा कि मंज़िल न आए।

अन्त में संकलन को पुस्तक का रूप देने के लिए राजकमल प्रकाशन के श्री अशोक महेश्वरी, रचना सिंह और पल्लव के समय-समय पर सहयोग और

सुझाव के लिए बहुत आभार व्यक्त करता हूँ। इच्छा तो यह थी कि अपनी साक्षात्कारों की पहली पुस्तक 'कहना न होगा' की तरह ही इस पुस्तक को भी पिताजी जाँच-परखकर इसकी ढीली चूलों को कस देते, किन्तु अब वह सम्भव नहीं दिखाई दे रहा। सो अब इसे जिस रूप में मैंने पाया और समझा है, उसी रूप में सुधी पाठकों के हवाले कर रहा हूँ।

—विजय प्रकाश सिंह

अनुक्रम

समय बड़ा भयावह है

[नामवर सिंह से 1989 में हुई लीलाधर मंडलोई की बातचीत]

लीलाधर मंडलोई : नामवर जी, आज हमारा समय एक ऐसे भयावह दौर से गुजर रहा है—साम्प्रदायिकता, आतंकवाद और अलगाववाद की साजिशें लगातार गहरा रही हैं और इसे हम मात्र संयोग नहीं मान सकते। यह केवल भारत के अस्तित्व का सवाल नहीं, अपितु बाहरी देशों में जो समानान्तर घटनाएँ घट रही हैं, उन्हें भी ध्यान में रखना होगा। खाड़ी युद्ध ने हमारे सम्मुख कई जलते सवालों को उछाला है। 40 दिनों के इस भीषण युद्ध ने हमारी आत्मा को बेहद झकझोरा है और हमें इस युद्ध में हुए सामाजिक, आर्थिक क्षति के दूरगामी परिणामों पर विचार करने के लिए विवश किया है। तो पहला सवाल मैं इसी सन्दर्भ में करना चाहूँगा। हमारे लिए यह एक गम्भीर समीक्षा और एक आत्मलोचन भी होगा। नामवर जी, यह बताएँ कि आप इस युद्ध में अमेरिका, सोवियत संघ और विशेष कर भारत की भूमिका को किस रूप में देखते हैं ?

नामवर सिंह : युद्ध अनेक दृष्टियों से अप्रत्याशित था। कल्पना यह की जा रही थी कि शीतयुद्ध की समाप्ति के बाद एक नये शान्तिपूर्ण विश्व की दिशा में प्रयास हो रहा है और जो पहले दो शक्तियों के बीच ध्रुवीकरण हुआ था, वह अब समाप्त हो गया है किन्तु सहसा खाड़ी में युद्ध छेड़कर अमेरिका ने लोगों को चौंका ही नहीं दिया बल्कि दहला भी दिया और इसमें दूसरे प्रसंग में कहीं मैंने इसे तृतीय विश्वयुद्ध की रिहर्सल कहा था और लोगों को यह भी लग रहा था कि सावधानी नहीं बरती गई तो यह तृतीय विश्वयुद्ध में परिवर्तित होगा। संसार का यह सौभाग्य है कि बल्कि मैं तो यह कहूँगा कि सोवियत संघ ने उचित समय पर पहल करके उस भयावह स्थिति को रोकने में अहम भूमिका निभाई है। मुझे यह बात दिखाई पड़ी कि इसमें उच्च कोटि की टेक्नोलॉजी का इतना बड़ा और व्यापक प्रदर्शन तथाकथित तीसरी दुनिया के देश में हुआ, जो एशिया में है और जो हमारा पड़ोसी है, जिससे हमारे बहुत अच्छे सम्बन्ध रहे हैं। मैं इस युद्ध में हुई अमानुषिक स्थिति के बारे में अधिक टिप्पणी न करके, क्योंकि इसके परिणाम धीरे-धीरे सामने आ रहे हैं, बल्कि समय के साथ लोग उस पर टिप्पणी करेंगे।

मैं सिर्फ यह कहना चाहता हूँ कि समाजवादी दुनिया में पेरेस्त्रोएका के नाम पर जो नया परिवर्तन हुआ, कहना चाहिए, इससे समाजवादी शिविर कमजोर पड़ा और अन्तरराष्ट्रीय राजनीति में उसकी वह भूमिका नहीं रही जो आज से दस साल पहले थी। इसके कारण एक बात तो स्पष्ट रूप से हुई कि अमेरिका का सारी दुनिया में राजनीतिक नक्शे में वर्चस्व बढ़ा, और यह वर्चस्व शान्त संसार के लिए बहुत ही घातक है। दूसरी चीज मुझे आज यह दिखाई पड़ी कि सोवियत संघ और समाजवादी दुनिया के अन्य देशों की कमजोर परिणति के कारण सबसे गहरी क्षति तीसरी दुनिया के देशों को हुई। आर्थिक ही नहीं, सामरिक दृष्टि से भी और शस्त्र-सन्तुलन की दृष्टि से भी। इससे तीसरी दुनिया की निरुपायता, असहायता का पता इस दौरान गुट निरपेक्ष देशों के सम्मेलन से स्पष्ट हो गया, जिसमें किसी समय भारत की सबसे नियामक भूमिका रहा करती थी। स्वयं हमारा देश भी राजनीतिक अस्थिरता के जिस दौर से गुजर रहा था, उसमें यह सम्भव नहीं था कि वह अपनी ऐतिहासिक भूमिका निभा पाता। इससे तीसरी दुनिया के साथ ही हमारे देश भारत की कमजोरी पहली बार इतनी स्पष्टता से उभरकर आई। अब आगे की जो स्थिति दिखाई पड़ती है, वह यह है कि भारत की अपनी राजनीतिक स्थिरता स्वयं विश्व शान्ति के लिए कितनी महत्त्वपूर्ण है, यह सारी दुनिया को स्पष्ट हो गया है। स्वयं भारत के नागरिकों और राजनीतिक पार्टियों तथा नेताओं को तो हुआ ही। इसलिए आगे ऐसी कोई अप्रत्याशित घटना न घटे, इसके लिए तीसरी दुनिया के देशों को लामबन्द करके एकजुट करने और साथ ही अमेरिकी वर्चस्व को नियन्त्रित करने की दिशा में महत्त्वपूर्ण भूमिका अदा करनी पड़ेगी। अन्तिम बात जो इस सिलसिले में मालूम हुई है कि अन्ततः संयुक्त राष्ट्रसंघ और सुरक्षा परिषद की ताकत का अवमूल्यन हुआ है। धीरे-धीरे यह विश्वास होने लगा था कि संयुक्त राष्ट्रसंघ सुरक्षा परिषद नहीं, क्योंकि संयुक्त राष्ट्रसंघ किसी एक देश की मुट्ठी में नहीं है। वह ऐन मौके पर हस्तक्षेप करके कम-से-कम कमजोर देशों में होने वाले इन अत्याचारों और दमन की घटनाओं को रोक सकता है, लेकिन यह धारणा मिथ्या साबित हुई है। बहुत से लोगों को स्वयं संयुक्त राष्ट्रसंघ के औचित्य के बारे में भी सन्देह होने लगा था लेकिन और कोई विकल्प नहीं है, कोई रास्ता नहीं है। हमें इस महत्त्वपूर्ण संस्था को और मजबूत और धारदार बनाना है। इस दिशा में भी मुझे उम्मीद है कि भारत अपने ऐतिहासिक दायित्व का निर्वाह करने में कामयाब होगा, सफल होगा और इसमें हमारी गुटनिरपेक्षता की नीति आज और भी अधिक सार्थक मालूम होती है। जवाहरलाल नेहरू ने जब इस नीति की स्थापना की थी तो बहुत से लोगों के मन में सन्देह थे लेकिन धीरे-धीरे समय के औचित्य ने इसे सिद्ध किया। हमें उसके औचित्य को और भी दृढ़ता से आज सिद्ध करना है।

लीलाधर मंडलोई : दूसरा सवाल, हमारे देश में जिस गति से साम्प्रदायिक उन्माद बढ़ा है, वह बेहद आत्मघाती है। अलगाववाद के लिए हो रही कोशिशें हिन्दुस्तान के लिए जाने कितनी खतरनाक सिद्ध होंगी। हालाँकि अपनी सांस्कृतिक जड़ों को टटोलने, इतिहास को पुनर्व्याख्यायित होने के प्रयास हो रहे हैं, फिर भी हमारी कोशिशें हमें नाकाफी लगती हैं। बुद्धिजीवियों और स्वतंत्रचेता सांस्कृतिक संगठनों, इतिहासकारों और नागरिकों का इस चुनौतीपूर्ण समय में क्या दायित्व बनता है?

नामवर सिंह : कई सवाल इसमें एक साथ जुड़े हैं। सबसे पहले मैं बढ़ती हुई साम्प्रदायिकता के बारे में टिप्पणी करना चाहूँगा। हमें ध्यान रखना चाहिए कि आजादी के बाद भारत में जो विकास का पूँजीवादी रास्ता अपनाया गया, उस रास्ते के फलस्वरूप धर्म में ह्रास आया। लेकिन उसका स्थान लेने के लिए धर्मनिरपेक्षता का विकास नहीं हुआ, जैसाकि यूरोप के अन्य देशों में हुआ। धर्म के ह्रास से जो एक शून्य पैदा हुआ, इस शून्य ने एक प्रकार के सम्प्रदायवाद को जन्म दिया। उस सम्प्रदायवाद से बहुत से लोगों को भ्रम होता है कि ये धार्मिकता की वृद्धि है जो कि गलत है और जो परम्परागत धार्मिक ढाँचा रहा है, धार्मिक आस्था और धार्मिक विश्वास रहा है, वह दरअसल कमजोर हुआ है, क्षीण हुआ है और उसके स्थान पर जो कुछ विकसित हुआ है, वह धार्मिकता नहीं है, जैसाकि आपने कुछ राजनीतिक नेताओं के बयानों से भी अनुभव किया होगा। रथयात्रा के दौरान बहुत ही जिम्मेदार राजनेता ने यह कहा था कि धर्म में मेरी वैसी आस्था नहीं है और मेरा उद्देश्य शुद्ध राजनीतिक था। इससे स्पष्ट हो जाता है कि धर्म के नाम पर जो चीज विकसित हुई है, यह धर्म की राजनीति है। इससे साम्प्रदायिकता की परिभाषा भी स्पष्ट होती है कि साम्प्रदायिकता साधारणजनों का धर्म विश्वास नहीं है—चाहे हिन्दुत्व हो, चाहे इस्लाम हो और चाहे सिख मत में हो। यह धर्म का राजनीतिक इस्तेमाल है। धर्म का राजनीतिकरण है और साम्प्रदायिकता की इससे सटीक और अच्छी परिभाषा नहीं हो सकती। मैंने कहा कि इसका दायित्व किसी एक राजनीतिक दल पर नहीं है—चाहे वह राजनीतिक दल साम्प्रदायिक हो या गैर-साम्प्रदायिक। इसका गहरा सम्बन्ध हमारे आर्थिक, राजनीतिक, सामाजिक विकास की प्रक्रिया से है। यदि आप मानचित्र देखेंगे तो हमारे देश में विकास के कारणो, विकास की प्रक्रिया के फलस्वरूप, जो आर्थिक संकट समय-समय पर पैदा हुआ है उसके साथ सामाजिक-धार्मिक विचारों के विघटन में वृद्धि हुई है और पिछले एक दशक में जो देश की आर्थिक स्थिति बनी है, इस आर्थिक स्थिति में विकास का फल साधारण लोगों, गरीब लोगों को और आज की सुविधाओं से जो वंचित होता है, उसको न मिल करके, कुछ लोगों तक सिमटकर रह जाता है तो. उसके परिणामस्वरूप कई तरह के असन्तोष होते हैं। जो धार्मिक और उसके आवरण में

असन्तोष हुआ करते हैं, कि एक रूप तो इसका यह बना दिया है। इस साम्प्रदायिकता की रोकथाम करने में आप एक बात यह देखेंगे कि हमारी अपनी जनतांत्रिक धर्मनिरपेक्ष परम्परा बड़ी मजबूत है। स्वयं बुद्धिजीवियों की संख्या भले कम हो, उनकी आवाज उतनी व्यापक न हो, जैसे फ्रांस के बुद्धिजीवियों में पाई जाती है, बावजूद इसके आप देखेंगे कि साहित्यकारों में तो धर्मनिरपेक्ष परम्परा बड़ी लम्बी है। भारत की सभी भाषाओं में, प्राध्यापकों में, पत्रकारों में, बुद्धिजीवियों में—इन लोगों ने काफी दूर तक इसमें एक धर्मनिरपेक्ष पहल की है, हस्तक्षेप किया है। मुझे एक बात बहुत दिलचस्प लगती है, वह हमारे मित्र परसाई जी की एक बात मैंने कहीं पढ़ी है। उन्होंने कहा है कि साम्प्रदायिकता के विरोध के सिलसिले में हमने अनुभव किया कि देश में अंग्रेजी को भी रहना चाहिए, क्योंकि हिन्दी के अखबारों का पूरा-का-पूरा रंग अयोध्या विवाद के सिलसिले में इतना साम्प्रदायिक हो गया था कि मैं इधर की बात तो नहीं जानता लेकिन उत्तर प्रदेश के हिन्दी अखबार तो रँगे हुए थे, हिन्दुत्व सम्बन्धी विचारों में और ऐसा लगता था कि पुराना नारा जो हिन्दू-हिन्दी-हिन्दुस्तान था—एक जमाने में खत्म हो चुका था, वह फिर नये सिरे से सिर उठाने लगा। गनीमत है कि अंग्रेजी के अखबारों ने कम-से-कम इसमें धर्मनिरपेक्ष रुख अपनाया और आज भी अपना रहे हैं। गरज यह है कि हमारे बुद्धिजीवी और संस्कृतकर्मी इस खतरे के प्रति बहुत सावधान हैं जो कि जानते हैं कि सम्प्रदायवाद के कारण केवल दंगे ही नहीं होते हैं; बल्कि सबसे पहले आक्रमण अध्यात्म, साहित्य, संस्कृति और कला पर होता है। फासिज्म का यह चेहरा है और सारी दुनिया में इसने यह रूप प्रकट किया है। तो ये साम्प्रदायिकता की स्थिति रोकने वाली ताकतें क्रमश: एकजुट हो रही हैं और धीरे-धीरे मैं समझता हूँ कि साम्प्रदायिक शक्तियों को एक तरह से तन्हा करने और उनको अलग-थलग करने में काफी दूर तक कामयाबी अभी तो हासिल हुई है। इसमें मंडलोई जी, इस साम्प्रदायिकता के साथ-साथ, क्षेत्रीयतावाद जिसे हम कहते हैं, जिसे हम अलगाववाद कहते हैं, वह भी हमारे राष्ट्रीय—आर्थिक विकास की प्रक्रिया के कारण ही पैदा हुआ है। हमारी संघीय शासन प्रणाली में और संघीय संविधान में मजबूत केन्द्र के साथ ही विभिन्न भाषायी राज्यों और पिछड़े हुए क्षेत्रों के विकास की भी नींव हमारे पहले प्रधानमंत्री और राष्ट्रनेता स्व. पंडित जवाहरलाल नेहरू ने डाली थी लेकिन हुआ यह कि सभी क्षेत्रों में समान रूप से विकास के अवसर जिन कारणों से या दबावों के कारण नहीं बन सके, सम्भवत: उन जगहों में असन्तोष पैदा हुआ और एक तरह की जो अलगाववादी प्रवृत्तियाँ हैं, वे उन क्षेत्रों, राज्यों में सिर उठाने लगीं। यह भी आप देखेंगे कि 1968-69 के आसपास से ही किसी-न-किसी रूप से शुरू हुआ और आम तौर से जो सरहद के राज्य हैं, चाहे वे दक्षिण के हों. चाहे उत्तर के हों, चाहे उत्तर-पूर्वी हों, उनमें पहले इस प्रवृत्ति ने

सिर उठाया। मैं समझता हूँ, इसे रोकने के लिए राष्ट्रीय एकता में हम सब एक हैं। यह अखंड भारत कोई अमोघ अस्त्र नहीं है। इसका नारा देकर एकता की वेदी पर उन अपने पिछड़े हुए राज्यों, प्रदेशों, क्षेत्रों और कोनों को हम अधिक दिनों तक बलि का बकरा नहीं बना सकते। इसलिए उनको प्रदेश देने के बजाय अथवा उनको अलगाववादी कहकर कोसने के बजाय जरूरी है उन क्षेत्रों की अपनी आवश्यकताओं को समझना। समझने का मतलब सृष्टीकरण की नीति नहीं है। हर राज्य के लिए संविधान की 370वीं धारा का हवाला बार-बार देना भी कोई कारगर बात नहीं है। मैं समझता हूँ कि एक संघीय लोकतांत्रिक प्रणाली में हर भाषायी, जाति एकता की ओर, क्षेत्र की ओर, आम लोगों की जरूरी आवश्यकताओं को समझते हुए उसे पूरा करना ही इसका हथियार है।

लीलाधर मंडलोई : जब हम सम्प्रदायवाद की बात कर रहे हैं तो साम्प्रदायिक उन्माद के खिलाफ आपने देखा होगा कि पिछले दिनों कुछ उपन्यास, कुछ कहानियाँ तथा एक-दो नाटक प्रकाशित हुए हैं, जिनकी चर्चा भी हुई है। चूँकि साहित्यकारों की भूमिका कहीं अधिक प्रासंगिक हो उठी है तो यह देखना भी जरूरी है कि कितने कारगर ढंग से इस चुनौती का मुकाबला (संघर्ष) कर रहे हैं। कम-से-कम साहित्य में टकराना हमारी नीति भी है और जिस तरह से टकरा रहे हैं तो आप क्या समझते हैं, पिछले दिनों जो नाटक, उपन्यास या कहानियाँ आई हैं?

नामवर सिंह : बहुत पते की बात कही मंडलोई जी। दिल्ली में इस बीच हमने हबीब तनवीर जो मध्यप्रदेश के हैं—राष्ट्रीय ख्याति के ही नहीं, अन्तरराष्ट्रीय ख्याति के भी रंग-निर्देशक, रंगकर्मी हैं।...असगर वजाहत का एक नाटक 'जिन लाहौर नहीं वेख्या' आपने भी पढ़ा होगा, जो छप भी चुका है और उसके कई प्रदर्शन हुए हैं। उस नाटक ने दिल्ली में एक ऐसा वातावरण बनाया, बड़े व्यापक पैमाने पर लोगों ने देखा। उसका प्रदर्शन हबीब तनवीर दिल्ली के बाहर भी कई स्थानों पर करते रहे हैं।

लीलाधर मंडलोई : भोपाल में भी कर चुके हैं।

नामवर सिंह : कर चुके हैं, तो एक नाटक है, उससे मालूम होता है कि इस प्रकार जो नाट्य कृतियाँ हैं और ऐसी नाट्य प्रस्तुतियाँ हैं, उनकी भूमिका बहुत महत्त्वपूर्ण है। इसके अलावा कई नुक्कड़ नाटक होते हैं और इससे हमारे जनवादी आदर्शों को लेकर चलने वाली जो संस्थाएँ हैं, चाहे जनसंस्कृति मंच हो, जनवादी लेखक संघ हो, इप्टा, प्रगतिशील लेखक संघ हो या दूसरे और भी कई ऐसे संगठन हैं और जन नाट्य मंच हैं। इन्होंने छोटे-छोटे जो नुक्कड़ नाटक कस्बों में किए हैं, उन्होंने एक वातावरण बनाया है, एक माहौल बनाया है और नाटक की भूमिका तो इसमें सबसे महत्त्वपूर्ण हुई ही है। मेरा खयाल है कि ऐसे मीडिया का इस्तेमाल इसमें और भी कारगर तरीके से हो तो उसकी आवाज और भी दूर तक

पहुँचेगी। कुछ तो हुआ है, ऐसा नहीं है कि निषेधात्मक रहा है लेकिन ऐसे जो गैर-सरकारी प्रयासों को देखने में लगता है कि ये व्यापक रूप में किया जाए तो कारगर होगा और जहाँ तक कहानियों और उपन्यासों का सवाल है तो अभी हाल में मैंने तेजिन्दर का उपन्यास पढ़ा : 'वो मेरा चेहरा' और वह केवल पंजाब में होने वाली समस्या है, उससे जुड़ा हुआ है। अल्पसंख्यकों के प्रश्न को लेकर यह बहुत मार्मिक संवेदनशील उपन्यास लिखा गया है। स्वयं प्रकाश की कई कहानियाँ हैं और दूसरी पत्रिकाओं में दूसरी कुछ कहानियाँ छपी हैं। जैसे हरि भटनागर की एक कहानी 'तलवार' जिसकी चर्चा हुई थी।

होता यह है कि ये कहानियाँ यदि नाट्य-रूपान्तर के द्वारा आएँ अथवा टीवी सीरियल के जरिये आएँ तो उनका और भी व्यापक असर होगा। ये जो दृश्य माध्यम हैं, या दृश्य-श्रव्य माध्यम हैं, ये ज्यादा कारगर हैं, बजाय प्रिंट मीडिया के लेकिन यह तो सही है कि आपने सही संकेत किया कि जो युवा साहित्यकार हैं हमारे हिन्दी में, उर्दू में भी, वे लोग इस मामले में बहुत सतर्क हैं और उन चीजों का असर पड़ रहा है।

लीलाधर मंडलोई : नामवर जी, मैं मीडिया में हूँ और मुझे लगता है, अधिनायकत्व के लिए मीडिया अनेक रूपों में जन्म लेगा और वह किसी एकायामी कल्चर को जन्म देगा। तब लड़ाई क्या आसान होगी? हमारे लेखक तो मीडिया से परहेज करते हैं या उसकी आलोचना। आप बुद्धिजीवियों के लिए भविष्य के रोडमैप पर संकेत करेंगे?

नामवर सिंह : देखो, यह जो समय की आहट है, वह साम्राज्यवाद की है। दुनिया के एकध्रुवीय होने के संकेत हैं। युद्ध का माहौल किसी-न-किसी रूप में अमेरिका रचता रहेगा। उसे पेट्रोल चाहिए। हथियार बेचने का, परोक्ष रूप से युद्ध में झोंकने का वातावरण बनाना है।

मंडलोई, तुम्हारा अन्दाज सही है। मीडिया का एक महाकाय नेटवर्क बनेगा जो साम्राज्यवाद का हितपोषक होगा। या कहूँ, पूँजीवादी शक्तियाँ मीडिया का परोक्ष अधिग्रहण कर लेंगी। इसका एक लोमहर्षक लाइव ट्रेलर हम इराक के युद्ध में देख चुके हैं। क्या वजह है कि सीएनएन को जो अबाध लाइव एंट्री मिली, उतनी तो बीबीसी को भी नहीं मिली? यह कंट्रोल्ड मीडिया कवरेज था। इसलिए भविष्य भयावह है और सदी के अन्त तक अमेरिकी शैली से दुनिया में खतरनाक परिवर्तन होंगे। अब लेखकों-कलाकारों, नाटक और फिल्म के लोगों के साथ ही जनता को एक नई भूमिका में आना चाहिए, अन्यथा सीमित प्रतिरोध के साथ तरह-तरह के छापामार युद्ध का माहौल होगा। मीडिया उन्हें नक्सलवाद और आतंकवाद से जोड़कर जनता को अनुकूलित करेगा। कहना न होगा कि यह अनुकूलन अमेरिकी हित में होगा।

लीलाधर मंडलोई : मनुष्यता के लिए आप भविष्य में क्या संकट देखते हैं ?

नामवर सिंह : मुझे लगता है, युद्ध से विस्थापन की मारक स्थितियाँ बनेंगी। आइडेंटिटी क्राइसिस बढ़ेगी। शरणार्थियों की समानान्तर करुण दुनिया होगी। अभी मेरी निगाह में दृश्य धुँधला है। दरअसल, मनुष्य के साथ-साथ जीव-जगत, प्रकृति भी आपात स्थितियों का सामना करेंगे।...गरीब देशों के पास सिर्फ प्राकृतिक सम्पदा है और सस्ता मानव श्रम। इन दोनों पर पूँजी का वर्चस्व कायम करने की साजिशें होंगी।

[साभार : 'नया ज्ञानोदय', फरवरी, 2018]

एक नये आलोचनाशास्त्र की आवश्यकता

[नामवर सिंह से लीलाधर मंडलोई की बातचीत का एक अंश]

लीलाधर मंडलोई : नामवर जी, आप सिर्फ घोषित मार्क्सवादी ही नहीं अपितु हिन्दी साहित्य के प्रतिष्ठित मार्क्सवादी आलोचक भी हैं किन्तु आलोचना कर्म में आपको 'डेमोक्रेट' कहा जाता है। आपने जिस खुलेपन के साथ मार्क्सवादी रचनाकारों को रेखांकित किया है, उसी खुलेपन और निष्पक्षता के साथ धूमिल, विष्णु खरे, चन्द्रकान्त देवताले, अरुण कमल, निर्मल वर्मा, श्रीकान्त वर्मा, मलयज और उषा प्रियम्वदा को भी रेखांकित किया है जो स्वागत योग्य है। आपके पूर्व यह डेमोक्रेसी लगभग गायब थी। लेकिन साथ ही यह भी शिकायत है कि कुछ प्रतिष्ठित मार्क्सवादी रचनाकारों के बारे में कभी कुछ विशेष नहीं कहा है। आपके प्रशंसनीय डेमोक्रेटिक एटीट्यूड के बावजूद इस आलोक में मैं आपकी आलोचना नीति पर आपसे कुछ खुलासा चाहूँगा।

नामवर सिंह : भाई मंडलोई जी, आपने सवाल पूछकर मुझे आत्म-निरीक्षण करने का मौका तो दिया ही है, आत्म-समीक्षा का मौका भी दिया है। मैं मानता हूँ कि मार्क्सवादी आलोचना की प्रकृति में लोकतांत्रिकता निहित है। जैसे राजनीति में लोकतंत्र की रक्षा करने का दायित्व आज मार्क्सवाद पर सबसे ज्यादा है। मनुष्य के इतिहास में ऐसे दौर आए हैं जब बुर्जुआ राजनीतिक दलों ने लोकतंत्र को छोड़कर फासिज्म का सहारा लिया है। ऐसे समय में लोकतंत्र के लिए, संघर्ष करने के लिए मार्क्सवादी लोग सामने आए हैं। यह मिसाल बीसवीं सदी के पहले महायुद्ध के दौरान ही नहीं, दूसरे महायुद्ध के दौरान की ताकतों को देखकर अन्दाजा लगा सकते हैं। अपने देश में भी लोकतांत्रिक अधिकारों के लिए, मानव अधिकारों के लिए, संघर्ष करने का काम जिन लोगों ने किया है, उनमें अच्छे-खासे मार्क्सवादी लोग हैं। अभिव्यक्ति की स्वतंत्रता के लिए संघर्ष करनेवालों में प्रतिष्ठित लेखक भाग ले रहे हैं। तो यदि मैंने मार्क्सवादी आलोचना की सीमा में लोकतांत्रिकता की रक्षा-निर्वाह का प्रयत्न किया है तो मैंने मार्क्सवाद के विरुद्ध कार्य नहीं किया है... उसी की मूल चेतना को बचाया है। लेकिन जैसा आप जानते हैं कि मार्क्सवाद के अन्दर भी विकृतियाँ हुई हैं। सोवियत संघ में जिसे 'ग्लासनोस्त' और 'पेरेस्त्रोएका'

कहा जाता है, उसके ठीक पहले उसी देश में 'स्टेगनेशन' का काल था और वहाँ सच्चा लोकतंत्र नहीं था। इसे आज स्वयं सोवियत संघ में स्वीकार किया जा रहा है और पूर्वी यूरोप के देशों में जिस प्रकार कम्यूनिस्ट पार्टियों को विस्थापित करके बहुलता की माँग की जा रही है, इससे मालूम होता है कि मार्क्सवाद के अन्दर जो लोकतांत्रिक तत्त्व निहित था, कुछ दिनों से दब गया था, आज पुनः उसका कहना चाहिए...पुनर्जागरण हो रहा है। पुनरोद्धार किया जा रहा है। मेरा खयाल है कि हमारे हिन्दी साहित्य में वे मार्क्सवादी लेखक, जो किसी जमाने में मार्क्सवाद में निहित लोकतांत्रिकता का निषेध करते थे, इस नये वातावरण में शायद स्वयं लोकतांत्रिक होने की कोशिश करेंगे। इसलिए यदि मैंने पहले उसे निभाया...आप जानते हैं कि कुछ लोग मुझे संशोधनवादी कहते थे, मुझमें दक्षिणपंथी भटकाव देखते थे...फिर भी मेरी समझ में जो आता था और आया, मुझे लगा कि 'मार्क्सवादी' की प्रकृति के अनुरूप ही है कि केवल उन्हीं लेखकों की प्रशंसा करो जो घोषित रूप से किन्हीं कारणों से मार्क्सवाद को विचारधारा के रूप में ओढ़े हुए हैं। आप देखेंगे कि जनवादी लेखक संघ में यही हो रहा है। जो लोग जनवादी लेखक संघ के सदस्य हैं, उनकी घटिया कहानी और कविता भी घटिया हो...वे उनकी तारीफ करेंगे और दूसरे संगठन, यहाँ तक कि प्रगतिशील लेखक संघ या इसके बाहर के दूसरे लोगों में जो किसी दल या संगठन का नहीं है, उनकी अच्छी-से-अच्छी कृतियों की उपेक्षा करेंगे। मैं समझता हूँ, यह मार्क्सवाद नहीं है। स्वयं साहित्य का भी अपना एक धर्म होता है। मार्क्स ने कहा है कि सौन्दर्य के विकास के अपने नियम होते हैं। कभी-कभी कोई व्यक्ति घोषित राजनीतिक विचारधारा के विरुद्ध लिखता है। और रचनाकार के अनुभव के नाते आप यह जानते हैं कि रचनात्मकता अंशतः सचेत व्यापार, अंशतः अचेत व्यापार होती है। कभी-कभी बचपन के बद्धमूल संस्कार ज्यादा प्रबल होते हैं। और विचारधारा आपकी घनघोर प्रतिक्रियावादी हो फिर भी आप अपने परिवार से, अपने गाँव के परिवेश से, अपने कस्बे के परिवेश में रह करके आप जो अनुभव से सीख आए हैं और जो जन संस्कार हैं, वो बातें कहेंगे। इस दृष्टि से मुझे लगा कि हिन्दी के वे लेखक जो, उदाहरण के लिए निर्मल वर्मा, लगभग 20 वर्षों से सोवियत संघ का तो विरोध कर ही रहे थे, मार्क्सवाद का भी विरोध करते हैं और एक खास तरह की संकीर्णता में रह—स्वयंवादी-आध्यात्मिक-कलावादी विचारधारा का और समाज निरपेक्ष, जीवन निरपेक्ष साहित्य का सृजन कर रहे हैं, यह दिखाई पड़ता है। बावजूद इसके जहाँ-जहाँ उनकी कृतियों में अगर कोई ऐसा तत्त्व दिखाई पड़ता है जो उनकी इस विचारधारा के विरुद्ध जाता है तो उन चीजों की प्रशंसा की जानी चाहिए। यही नहीं बल्कि ऐसे भी लोग हो सकते हैं जो मार्क्सवादी होते हैं किन्तु बड़ा खराब गद्य लिखते हैं। मैं नाम लेकर अपनी जिह्वा गंदा नहीं करना चाहता लेकिन ऐसे कई मार्क्सवाद को

मानने वाले जनवादी लेखक संघ में हैं, जिनके चार वाक्य हिन्दी में एक दर्जन अंग्रेजी के शब्द आएँगे परन्तु वे हिन्दी लिखते हैं...सलीके का गद्य तो लिख नहीं सकते हैं और आप चले हैं दूसरों को उपदेश देने के लिए कि जनता तक पहुँचने का साहित्य लिखें; और जनता से जुड़ने के बाद क्या करते हैं? उनकी तुलना में, मैं देखता हूँ कि निर्मल वर्मा कहीं ज्यादा अच्छा गद्य लिखते हैं। और वह विलायतीपन उनका उनके गद्य में नहीं है। ऐसे कई लेखक हैं इसलिए सवाल अकेले निर्मल वर्मा का नहीं है। यहाँ आपके सवाल में दूसरा पक्ष था और वह यह कि स्वयं मार्क्सवादी विचारधारा मानने वाले कुछ लेखक शायद न भी हों, शायद पुराने भी हों, उन लोगों की उतनी प्रशंसा मैंने नहीं की है, जितनी कि की जानी चाहिए। अपनों की पीठ ठोंकना आसान है, मैं कहूँगा कि कम उम्र में ऐसे लेखकों की प्रशंसा उनके लिए हानिकारक साबित होती है। उनके लिए सख्त और कड़ा रुख अगर अपनाया गया तो शायद वे अधिक विकास कर सकेंगे। मेरी कुछ ऐसी धारणा है कि हिन्दी के कई लेखक केवल असमय प्रशंसा के कारण नष्ट हो गए। जब हम लोगों ने लिखना शुरू किया 1950–51 में तो बड़ी मुश्किल से उन दिनों पुस्तकें छप पाती थीं। पत्रिकाओं में लेख छप पाते थे। आज प्रकाशन की इतनी सुविधा है कि आप दो कविता लिखें और उसे छापने के लिए पत्रिकाएँ और राष्ट्रीय दैनिक भी मिल जाएँगे।

लीलाधर मंडलोई : नामवर जी, मैंने जो सवाल किया था, उसमें कहा था प्रतिष्ठित मार्क्सवादी रचनाकारों के बारे में...जिनके बारे में शायद आपको कहना चाहिए था और जिन्होंने आजादी के बाद और शायद उसके पहले से अपनी यात्रा शुरू की। जनसामान्य ने जिनकी रचनाओं को स्वीकृति दी, जैसे उदाहरण के लिए मैं परसाई जी की तरफ इशारा करना चाहूँगा...।

नामवर सिंह : मैं स्वयं भी उनका नाम लेना चाहता था। कई लेखक ऐसे हैं जिनके बारे में मुझे विस्तार से लिखना चाहिए, जिनमें सबसे पहला नाम सही कहा कि मेरे ध्यान में परसाई जी ही का है। परसाई जी के साथ न्याय एक लेख से नहीं हो सकता। परसाई पर तो सच पूछिए, एक पूरी पुस्तक मुझे लिखनी है और मैंने जिन लेखकों के बारे में लिखने का संकल्प लिया है, उनमें सम्भवत: पहला नाम हरिशंकर परसाई का है। मैं, उनकी जो ताकत है, उसको...उसका आलोचनात्मक विवरण देने के लिए...मूल्यांकन के लिए नहीं...विश्लेषण के लिए और उनकी इन विशेषताओं को देखने के लिए...सच पूछिए तो मंडलोई जी, मुझे एक नये आलोचना-शास्त्र की आवश्यकता पड़ेगी। आपको याद होगा, मैंने बहुत दिनों तक त्रिलोचन जी के बारे में नहीं लिखा जबकि त्रिलोचन जी मेरे साहित्यिक गुरु हैं। कई लोग शिकायत करते रहे लेकिन लिखा तो मैंने ही लिखा त्रिलोचन जी पर...और परसाई जी पर दावा तो नहीं करता लेकिन लिखूँगा तो मैं ही लिखूँगा। वैसे छिटपुट लिखने

वालों की कमी नहीं है और यह कह दूँ कि उसके लिए उपयुक्त भाषा की तलाश मुझे है। इतने सहज, सरल लेकिन शक्ति के पुंज हैं परसाई कि उनको पकड़ने के लिए वैसा ही गद्य मेरे पास चाहिए। यह जो नहीं है, तो परसाई जी के बारे में आलोचना की एक दूसरी भाषा चाहिए। परसाई जी पर लिखने के लिए मैंने कई बार सोचा है। वैसे एक बात मैं आपको कह दूँ कि स्वाधीनता के पच्चीस वर्षों के साहित्य पर एक सिम्पोजियम साहित्य अकादमी ने सन् 1972 में प्रकाशित किया था। हिन्दी के बारे में मुझसे लिखने के लिए कहा था। मैंने लिखा था। लोग नाराज भी हुए थे। उसमें मैंने कहा था कि स्वाधीनता के बाद दो ही साहित्यकार हुए हैं जिन्होंने स्वाधीन भारत में उस आलोचनात्मक स्वर को प्रखरता के साथ व्यक्त किया—एक, गद्य में हरिशंकर परसाई और कविता में मुक्तिबोध। मैं समझता हूँ, उस लेख के द्वारा जो 25 वर्षों के हिन्दी साहित्य के बारे में था...परसाई के महत्त्व को पहली बार खुले रूप में मैंने ही स्वीकार किया वरना उनको लोग हास्य लेखक और व्यंग्य लेखक के रूप में जानते थे...स्वाधीन भारत की सच्ची प्रखर आलोचनात्मक चेतना का मुख्य स्वर मैंने ही परसाई जी को कहा था...तो महत्त्व को तो रेखांकित कर दिया था। सवाल उसके आलोचनात्मक विश्लेषण और विवरण का है, तो उसके लिए उपयुक्त भाषा की मुझे तलाश है।

['आकाशवाणी पोर्टब्लेयर' से साभार
साम्य — 14.15.16
जुलाई, 1990]

मेरी प्रतिबद्धता रचना और रचनाकार के प्रति है

[नामवर सिंह से राजकुमार राकेश की बातचीत]

समग्र भारतीय वाङ्मय में कबीर के बाद नामवर सिंह एक ऐसे व्यक्तित्व की तरह नजर आते हैं, जो हर आने वाले काल में ही नहीं, एक असम्भावित अपवाद की तरह अपनी हर रचना से बड़ा है। 'गालिब की दिल्ली में आज भी बनाकर फकीरों का भेस तमाशाए अहले करम' देखने वाले इस गँवई व्यक्तित्व के बारे में कोई यह नहीं जानना चाहता कि आज तक वे क्या लिख चुके हैं, आजकल क्या लिख रहे हैं और आगे क्या कुछ लिखने वाले हैं। उनका हर कहा-अनकहा शब्द उनके आलोचनात्मक तेवर और साहित्य की प्रतिनिधि रचना के रूप में स्वीकार्य हो जाता है। 'वाचक साहित्य' की जो प्रवृत्ति कबीर में थी, वह आज इस व्यक्तित्व में चीन्ही जा सकती है, जो अपने विचार के प्रति दृढ़ है, किन्तु वह स्वयं विचार के पीछे नहीं, विचार उसके पीछे छाया की तरह चलता है। ठीक-ठीक यह अन्दाजा नहीं लगाया जा सकता, कि दो भिन्न समयों में, एक ही भाव को व्यक्त करते हुए, वे अपने पिछले विचार के तत्त्वार्थ की जमीन पर ही अटके हैं। या उसी विचार के नये रूपान्तरण की नई जमीन को अपना चुकने के उपरान्त उसे घुटने टिकवाकर अपने सामने नचवा रहे हैं। यह एक ऐसी प्रवृत्ति है, जो भाषा और शैली इत्यादि के खिलंदरेपन को नामवर के विराट व्यक्तित्व का एक सहज व छोटा-सा अंग बनाकर प्रस्तुत करती है। यह सहजता अपनी परतों की गहराई में इतनी विकट और विकराल है, जिसे कोई विरला ही अपने आजीवन श्रम, विश्वास और जीवन के बूते पर अर्जित कर पाता है। जबकि हिन्दी में तो यह तथ्य एक कायदे की तरह है कि उसे प्रशस्तियाँ मर जाने के बाद ही मिलेंगी। किन्तु नामवर सिंह के व्यक्तित्व, रचनाधर्मिता और उनकी आलोचना के 'लोक' का मूल्यांकन उनके जीवनकाल में ही चौंकाने वाली हदों तक हुआ है। साहित्य की वाचक परम्परा में ऐसा सार्थक और अविस्मरणीय स्तम्भ शायद ही कोई दूसरा हुआ हो। वैसे 'स्टारडम' की यह परम्परा मुम्बइया फिल्मों की ही अकेली विरासत रही है।

तो मैं उसी नामवर व्यक्तित्व से साक्षात्कार करने के इरादे से दिल्ली की ओर रुख किए हुए हूँ। सुबह छः बजकर पचास मिनट पर चंडीगढ़ से छूटी 'शताब्दी

एक्सप्रेस' घनघोर कुहासे को चीरती हुई किसी मामूली पैंसेजर ट्रेन की तरह धक्के खा रही थी। कुहासा मुझे बहुत डराता है। और इसमें पार पाती ट्रेन की उस गति में मुझे वर्षों पहले का एक वाकया याद आ गया : एक सभा में मैंने नामवर सिंह के 'साहित्य का समाजशास्त्र' के एक पुराने विद्यार्थी से हुई बहसबाजी में उनके खिलाफ कोई टिप्पणी की थी। उनका वह शिष्य अचानक खामोश हो गया था। लेकिन सभास्थल से बाहर निकलकर उसने मेरी बाँह पकड़कर एक ओर ले जाते हुए कहा, 'हे राजन्! नामवर तुम्हें निन्यानवे साल के पट्टे पर पढ़ा सकने की क्षमता रखते हैं।' फिर एक सीमित अन्तराल देकर वह बोला, 'तब तक अगर तुम जिन्दा रहे तो!' उसके चले जाने के बाद मेरे दिमाग में सिर्फ यह आया कि 'तब तक मैं रहूँ न रहूँ, वे तो जरूर रहेंगे।' उनका वह शिष्य शायद यही कहकर चला गया था। तो क्या आज दिल्ली की तरफ दौड़ता हुआ मैं उनके साक्षात्कार को बिना किसी भक्तिभाव के सम्पन्न कर पाऊँगा? निश्चित रूप से एक असहजता मेरे भीतर है। मैं इसे समेटना और अन्ततः खत्म कर डालना चाहता हूँ। नियत समय से दो घंटे की देर से मैं उनके घर के दरवाजे पर खड़ा हूँ। कालबेल बजाता हूँ और थोड़ी देर बाद दरवाजा खुलता है, तो देखकर हैरान रह जाता हूँ कि सामने मेरे मित्र अजित राय खड़े हैं। भीतर प्रवेश करता हूँ और नामवर जी सामने पड़ते हैं। यह कहते हुए कि 'काफी देर से आए' में कोई स्पष्टीकरण प्रस्तुत करता, इससे पहले ही वे बोल पड़ते हैं, 'राकेश! मैंने अजित को इसलिए बुला लिया था, ताकि तनिक सहज महसूस कर सकूँ।'

उनके इस कथन के बाद और जब तक वे चाय की ट्रे उठाकर वापस हमारे बीच चले आते—कम-से-कम मैं अपने स्तर पर सर्वथा सहज महसूस कर रहा था। दो बैठकों में हुई इस बातचीत के दौरान नामवर जी हर सवाल के जवाब में जमकर बोले। कहीं कोई क्षणिक 'इन्हिबिशन', संकोच या रुकावट नहीं। गौर से सवाल सुनते, फिर एक मौन अन्तराल, जैसे अपने विचारों की विविधता को समेट रहे हों! उनके 'पहले वाक्य की तलाश' का मिथ भी मुझे इन्हीं अन्तरालों में समझ आया। जैसे ही वे पहले वाक्य की तलाश कर लेते, तो इतना धाराप्रवाह बोलने लगते कि यदि आप उस आवाज को टेप में कैद नहीं करेंगे तो आपके हाथ महज झाग ही लगेगी। उनके बोलते समय आप उनके ज्ञानात्मक संवेदन, व्यापक अध्ययन, निश्चित दृष्टि और अखंड स्मृति के महज कायल ही नहीं होंगे, बल्कि इस पर आश्चर्यचकित रह जाएँगे। तमाम विरोधों, असहमतियों और फतवों के बावजूद उनसे बात करना अपने-आपमें एक अद्भुत और अविस्मरणीय अनुभव है।

इस लम्बी बातचीत के दौरान उन्होंने एक बार को भी अपना संयम नहीं खोया। एक बार को भी अपनी आवाज ऊँची नहीं की। अलबत्ता, एक क्षण ऐसा जरूर आया जब वे भावावेश में आए, उनकी आँखों में एक क्षणिक गुस्सा उभरा

लेकिन अगले ही पल उस पर काबू पाकर वे अपनी उसी धाराप्रवाह शैली में एकदम सहज होकर बोलने लगे। उनका बोलना कुछ ऐसा था, ज्यों एक-एक शब्द ऐतिहासिक महत्त्व का हो, इसलिए उसे तोल-तोलकर बोलने की मजबूरी उनके भीतर गहरे में पैठ रही हो!

जैसे ही चाय की प्याली हाथ में लिये वे सामने आकर बैठे, मैं उनके समीप जाकर उस ऐतिहासिकता को समेट पाने में उतावला-सा सीधे बातचीत पर ही उतर गया।

पहला सत्र

समय : दोपहर बाद सवा बारह बजे, 6 जनवरी, 2002
स्थान : नई दिल्ली स्थित डॉक्टर नामवर सिंह का घर

राजकुमार राकेश : डॉक्टर नामवर सिंह, आपने इस बातचीत के लिए समय दिया, इसके लिए आपका बहुत-बहुत धन्यवाद! मैंने कहीं पढ़ा था कि आपको साक्षात्कार शब्द से चिढ़ है, इसलिए बातें और बातें करने को आप महज संवाद कहना चाहते हैं। तो मैं यह जानना चाहूँगा कि दूसरे व्यक्ति की आपके सामने बोलने या न बोलने की क्या सीमाएँ होनी चाहिए, ताकि संवाद सार्थक बना रह सके?

नामवर सिंह : पहली बात तो यह है कि बातचीत आपने आते ही शुरू कर दी यानी जिसे कहें कि मिलते ही गोली दागना शुरू कर दिया। पहले मैं यह चाहूँगा, एक अच्छी बातचीत के लिए जरूरी है...और ऐसी बातचीत जो कि एक बँधे-टके समय में अदा होनी है...तो उसको सुनियोजित होना चाहिए। सुनियोजित होने का मतलब है कि पूरा नक्शा हो, किन विषयों पर बातचीत होगी। इसलिए उसका ढाँचा पहले साफ हो जाए, तो समय-सीमा के अन्दर उन सवालों को, जवाबों को बाँधा जा सके। तो मैं आपसे बातचीत शुरू करने से पहले वह पूरी रूपरेखा जानना चाहूँगा...जैसे गीता में अर्जुन ने लड़ाई शुरू होने से पहले कहा था कि मुझे ऐसे बिन्दु पर ले चलिए, जहाँ से दोनों सेनाओं, अपनी और परायी को, पूरा का पूरा देख सकूँ...यह नक्शा पूरा जब सामने होता है, तो बातचीत करने में आसानी होती है। एक सिलसिला होता है...कोई बात छूट न जाए...किसी का ब्यौरा लम्बा न हो जाए, इसलिए मैं पूरा नक्शा जानना चाहूँगा, कि किन-किन विषयों पर क्या-क्या बात होगी, फिर उसमें एक क्रम लागू कर सकें।

मैंने इस बातचीत के लिए जो खाका बनाया था, उससे उन्हें अवगत करवा दिया। नामवर जी ने इस पर सन्तुष्टि जाहिर की। अजित राय के सुझाव पर इतिहास की 'शव-साधना' नामक लेख पर हो रही चर्चाओं को इसमें शामिल करने पर भी

सहमति हुई। बल्कि चर्चा का आरम्भ इसी समसामयिक विषय से हुआ क्योंकि 'हिन्दी के तमाम केन्द्रों में जो लम्बी बहसें हो रही हैं, और माना जा रहा है, कि नामवर जी ने यह लेख जान-बूझकर रामविलास शर्मा को ध्वस्त करने के लिए लिखा है।' यह बेहद जरूरी विषय है, इसलिए मेरे लिए इस पर पहले एक परिचयात्मक टिप्पणी लिखने की मजबूरी दिख रही है। उसके बाद ही मूल प्रश्न पर आना सम्भव होगा।

पहला भाग

इतिहास की 'शव-साधना'

'शव-साधना' का इतिहास पं. हजारी प्रसाद द्विवेदी के एक आलेख तक जाता है। इसमें कई सन्दर्भ जुड़े हुए हैं। किन्तु नामवर जी का यह लेख रामविलास शर्मा के 'वेद मोह' और 'आक्रामक प्राच्यवाद' से उद्भूत है, जो उन्हें दयानन्द सरस्वती के 'आर्यवाद' से भी ज्यादा खतरनाक प्रतीत होता है, क्योंकि यह आज संघ परिवार के फासिस्ट इरादों को एक हथियार प्रदान कर रहा है—'बन्दर के हाथ उस्तरा देने से भी खतरनाक!'

नामवर जी की नजर में रामविलास जी दयानन्द के ऋग्वेद पर ऐसे समय में आए जब घर तो अपना हो गया था, लेकिन अब उसके भीतर रहने वाले ही उसकी तोड़-फोड़ में लगे हैं तथा कुछ अपने ही लोगों को बाहर निकालने या घाट पर उतारने पर तुले हुए हैं। नामवर जी के लिए रामविलास शर्मा की जनजागरण की अवधारणा इतनी 'विशिष्ट' प्रतीत होती है, जिसमें बुद्ध की बुद्धिवादी अथवा विवेकवादी चिन्तन पद्धति के लिए कोई स्थान नहीं है। नवजागरण की इस कल्पना में नामवर जी एक प्रकार की बुनियाद-परस्ती पाते हैं, जिसका स्रोत दयानन्द सरस्वती हैं। और इसका सबसे बड़ा आधार ऋग्वेद है जो भूत को ही भविष्य समझता है। यही पुनरुत्थानवाद है—नामवर जी कहते हैं और प्रस्तुत लेख में उनका रामविलास शर्मा के प्रति यही विरोध है।

राजकुमार राकेश : लेकिन हिन्दी का एक वर्ग तर्क कर रहा है, कि अब आप लाख तर्क भी दें, तो भी वे यही मानकर चल रहे हैं, कि आपने एक सोची-समझी योजना के चलते रामविलास शर्मा की बरसी के आयोजन पर उन्हें कठघरे में खड़ा करने की अवांछनीय कोशिश की है। इस पूरे विवाद के चलते अपने विरोधी विचार के इन सन्देहात्मक स्वरों पर अब आप क्या कहना चाहेंगे?

नामवर सिंह : उस लेख के क्रम में मुझे दो-तीन लेख और लिखने हैं। और चूँकि रामविलास जी ने बहुत लिखा है...तो उस क्रम में संक्षिप्त टिप्पणियों से उन बातों का स्पष्टीकरण नहीं हो पाएगा। फिर भी दो-तीन बातें संक्षेप में कह देना चाहता हूँ। उस लेख से कहीं यह प्रकट नहीं होता कि रामविलास जी के नये भक्तों

और प्रशंसकों की तुलना में, उनके प्रति मेरी श्रद्धा में कुछ कमी है। इसका प्रमाण यह है कि रामविलास जी के प्रति श्रद्धा रखते हुए भी उनसे मतभेद का मेरा एक लम्बा इतिहास है।

पिछले पचास वर्षों से रामविलास जी की बहुत-सी बातों का समर्थन और रामविलास जी को...सच पूछिए तो विश्वविद्यालयों में उनको स्थापित करने के लिए मैंने लम्बा संघर्ष किया है। विश्वविद्यालयों के पाठ्यक्रम से बाहर रहे हैं रामविलास जी...और चूँकि मैं विश्वविद्यालयों के अन्दर था, हिन्दी विभाग में...तो यह संघर्ष मेरा बहुत पुराना है, पचास साल का है...उसकी पूरी कहानी आज यहाँ मैं कहना नहीं चाहता। दिल्ली विश्वविद्यालय में डॉक्टर नगेन्द्र के साथ जो तनाव-टकराव हुआ और अधिकांश लिखने वाले दिल्ली विश्वविद्यालय के अध्यापक लोग ही हैं। यह बात वे भूल जाते हैं। एक पहलू यह है।

लेकिन उसके साथ ही प्रगतिशील चिन्तन में और प्रगतिशील आलोचना में रामविलास जी से मतभेद हमारा पहले भी बहुत-सी बातों पर चलता रहा है। सैद्धांतिक, मार्क्सवाद की समझ, मार्क्सवादी सौंदर्यशास्त्र की सौंदर्यदृष्टि की समझ को लेकर, आन्तरिक कहिए, संवाद रहा है। उस क्रम में, पिछले एक दशक से रामविलास जी के लेखन में जो परिवर्तन आया है, उसका मुख्य कारण लगा, जब पांचजन्य के लोगों ने और राष्ट्रीय स्वयंसेवक संघ के लोगों ने रामविलास जी को अपनी विचारधारा के समर्थन में सबसे बड़ा स्तम्भ माना। लिखित रूप में यह चीज सामने आई है। तो मुझे लगा कि कुछ बातें हैं भी रामविलास जी में, तभी तो हिन्दुत्ववादी लोग उन्हें अपना सिद्धान्तकार मान रहे हैं। वे जड़ें कहाँ हैं?

इस दृष्टि से जब मैंने उनके लेखन की जाँच शुरू की, तो उस क्रम में मैंने केवल एक बिन्दु लिया है, कि वेदों की ओर, रामविलास जी का जाना और वेद को प्रमाण मान करके पुनः प्रतिष्ठित करना...एक ओर उनका और दूसरी ओर हमारे मानव संसाधन विकास मंत्री, जो हिन्दुत्व के सिद्धान्तकार हैं...मुरली मनोहर जोशी...वे वैदिक ज्योतिष, वैदिक गणित की बातें...विज्ञान तक को कहना चाहते हैं, कि वेद से इसका सम्बन्ध है। यह आर्य समाजी मनोवृत्ति है। दयानन्द ने यह शुरू किया था। लेकिन मुझे लगा कि समाज-दर्शन जो वेदों का...रामविलास जी का 'भारतीय संस्कृति और हिन्दी समाज' नाम का जो ग्रन्थ है, उसमें सारी संस्कृति का इतिहास लिखते हुए वे भूल जाते हैं कि...उस क्रम में मालूम हुआ कि अधिकांश भक्त लोग रामविलास जी को ही पढ़ते हैं। रामविलास जी के अलावा भी भारतीय संस्कृति पर मार्क्सवादियों ने...डी.डी. कोसाम्बी ने लिखा है...प्राचीन भारत का इतिहास लिखने वाले रोमिला थापर और रामशरण शर्मा ने अध्ययन करके लिखा है...इसके अलावा भी और मार्क्सवादी लोगों ने लिखा है...गैर-मार्क्सवादी लोगों ने लिखा है, उस सिलसिले में लोग नहीं देखते कि...।

इसमें एक छोटा-सा सवाल है। अभी दयाकृष्ण की एक पुस्तक आई है। वे पहले भी एक लेख लिख चुके थे...कि वेदों की चर्चा एक हजार साल तक इस देश में नहीं हुई...कि गौतम बुद्ध से लेकर...600 ई. पूर्व से लेकर लगभग 'सायण' की टीका तक वेदों की चर्चा नहीं हुई भारत में...एक हजार साल तक नहीं हुई। और उस समय भारतीय संस्कृति और दर्शन में सबसे ज्यादा चिन्तक, बौद्ध दार्शनिक हुए। बौद्ध नैयायिक हुए। उनका बोलबाला था। सायण के भाष्य के बाद भी लगभग चौदहवीं शताब्दी में उन्होंने लिखा था...उसके बाद लम्बे समय तक चर्चा नहीं हुई वेदों की...वेदों की चर्चा मैक्समूलर से शुरू हुई और दयानन्द उसके बाद आए...तो बीच-बीच में वेद लुप्त होते रहे हैं और अब फिर वेदों का मूल्योद्धार 1992 के बाद...बावरी मस्जिद गिराने के बाद फिर हुआ है...।

तो क्यों वेदों की चर्चा नये सिरे से आज शुरू हो रही है, इसका कोई विशेष अर्थ होना चाहिए। और उस चर्चा का मुख्य आधार मेरी समझ से यह है, कि वेदों में एक मुख्य चीज थी...उसका पुरुष-सूक्त, जिसमें चार वर्ण की...चातुर्वर्ण व्यवस्था कायम की गई थी। ब्राह्मण को शीर्ष माना गया था। दलितों को पैर माना गया था। और इसे कहा गया था, कि यह प्रकृति का नियम है। तो मानव शरीर की उपमा देकर उन्होंने कहा कि यह तो प्रकृति में 'हायर आर्की' है, तो समाज में भी उसके अनुसार 'हायर आर्की' होगी। यह प्राकृतिक नियम है, तो यह मानवीय नियम भी होगा। और किसी नियम को, प्राकृतिक आपदा जैसे है, एक तरह से स्वयंसिद्ध मान लिया जाता है। उसमें बहस नहीं की जा सकती। यह वेद का सार निकला और बुद्ध ने इसीलिए वेदों का निषेध किया था। आज के सन्दर्भ में यह चीज उठाने का मतलब यह है, कि फिर से किसी न किसी रूप में, जब दलितों का आन्दोलन शुरू हुआ है, पिछड़े वर्गों का...मंडल का आन्दोलन शुरू हुआ है...तो अब फिर ब्राह्मणवाद अपने वेद का सहारा लेकर पुनः आ जाना चाहता है। इस बारे में रामविलास जी साफ-साफ, दोटूक नहीं कहते और आज की लड़ाई...।

इसलिए मैंने कहा, कि रामविलास जी दयानन्द के बाद फिर...वही दयानन्द वाले जो हैं...और इसके राजनीतिक निहितार्थ हैं...। सामाजिक तो हैं ही कि हमारे सामाजिक जीवन में फिर दलितों और पिछड़े वर्गों के आन्दोलन के विरुद्ध, स्त्रियों के विरुद्ध...स्त्रियों के बारे में भी वेदों में बहुत कहा गया है।...उन सारी चीजों के विरुद्ध जब एक नया सामाजिक जागरण हमारे देश में दिखाई पड़ रहा है, ऐसे समय में रामविलास जी का वेदों को पुनः प्रतिष्ठित करके और उसी को प्रमाण के रूप में रखना...मैं समझता हूँ कि प्रगति का लक्षण नहीं है। बल्कि समाज को पीछे ले जाने का लक्षण है। मैंने जिस ओर इशारा किया, इसकी यह

राजनीति है। दयानन्द ने वेदों का उद्धार करके जो एक...जिसे हिन्दी नवजागरण हम कहते हैं...क्योंकि हिन्दी प्रदेश में दयानन्द ही हुए। बंगाल में राममोहन हुए। दक्षिण भारत में पेरियार हुए। महाराष्ट्र में फुल्ले हुए...तो दयानन्द के द्वारा हिन्दी समाज में जो पुनर्जागरण या नवजागरण जिसे कहा जाता है, हुआ। उसका परिणाम हुआ कि स्वाधीनता संग्राम में बहुत बड़ी एक हिन्दुत्ववादी प्रवृत्ति...जिसके प्रमाण दिए थे...पंजाब में लाला लाजपतराय ने, जिन्होंने हिन्दू महासभा कायम की थी...।

बी.डी. सावरकर ने 1923 में 'हिन्दुत्व' नाम की किताब लिखी। और लाला लाजपतराय ने 'ट्रिब्यून' में दिसम्बर, 1924 में एक लेख लिखा, जिसको दो राष्ट्रों का सिद्धान्त...कि भारत में दो राष्ट्र हैं : एक हिन्दू राष्ट्र और दूसरा मुस्लिम राष्ट्र! जिन्ना ने जब यह 1940 में किया, तो उससे सोलह-सत्रह साल पहले इन लोगों ने कहा कि भारत में दो राष्ट्र हैं। और लाला लाजपतराय ने तो इन दो राष्ट्रों का नक्शा भी पेश कर दिया था। कहा कि पश्चिमोत्तर प्रदेश, फ्रंटियर, पश्चिमी पंजाब, सिंध और पूर्वी बंगाल—ये हुए मुस्लिम राष्ट्र और इसके अलावा जो हैं, वह गैर-मुस्लिम राष्ट्र के रूप में, बाकी भारत है। यह लाला लाजपतराय ने 1924 में कहा है। यह सिद्धान्त इतना दूर तक प्रबल हुआ कि आगे चलकर देश के दो टुकड़े हुए। कैबिनेट मिशन तक मानता था, कि एक महासंघ के अन्तर्गत दो स्वायत्त हिन्दू और मुस्लिम रह सकते हैं। यह कैबिनेट मिशन लेकर आया था। जिन्ना ने मान लिया था। कांग्रेस ने मना कर दिया कि हम इसे नहीं मानते। इस फैडरेशन या कन्फैडरेशन को मानने का सवाल ही नहीं है। अलग-अलग दोनों राज्य हैं...।

इसलिए मैं कहता हूँ कि दयानन्द से जो वेदों के आधार पर हिन्दुत्ववादी पुनर्जागरण शुरू हुआ, उसकी परिणति देश के बँटवारे में हुई, जिसकी जिम्मेदारी हम लोग अभी तक जिन्ना पर डालते रहे हैं, कि वे चाहते थे अलग होना, जबकि उसकी शुरुआत तो वहीं से हो चुकी थी। उस पुनर्जागरण को रामविलास जी ने हिन्दी नवजागरण के रूप में और उसी के साथ हिन्दी जाति नाम का और हिन्दी प्रदेश नाम का एक राज्य बने इस राजनीतिक परिकल्पना के साथ...इतने निहितार्थ उसमें हैं...मुझे लगा कि ऐसे समय रामविलास जी की इन मान्यताओं के आगे प्रश्नचिन्ह लगाना चाहिए। इसलिए मैंने यह जरूरी सोचा...।

यह काम मैं समझता हूँ कि देश के एक व्यापक हित में है, कि यह सवाल उठाया जाए और साथ ही मार्क्सवाद के...क्योंकि आपको याद होगा कि आर.एस.एस. वालों ने कहा कि कम्यूनिस्टों ने 'टू-नेशन थ्योरी' बनाई थी। अभी अखबारों में वक्तव्य उनका आया था, कि दो राष्ट्र होने चाहिए, यह सिद्धान्त तो कम्यूनिस्टों का है। किन्तु कायदे से तो यह सिद्धान्त आर.एस.एस. का रहा है। हिन्दू महासभा का रहा है। उसमें कांग्रेस का वह हिस्सा भी शामिल था जो कि गांधी जी के विरुद्ध राष्ट्रीय आन्दोलन में था। ये हिन्दुत्ववादी लोग थे, जिनमें सरदार पटेल थे, पुरुषोत्तम

दास टंडन थे, और गोविन्द वल्लभ पंत थे...एक बहुत बड़ी लॉबी थी, जो चाहती थी, कि देश के दो टुकड़े हो जाएँ और हिन्दू राष्ट्र मिले। कि हम लोगों को सत्ता मिले। यह झगड़ा देर तक नहीं चलना चाहिए।

इसलिए देश के बँटवारे की जिम्मेदारी जब आर.एस.एस वाले कम्यूनिस्टों पर डालने लगे हैं तब रामविलास जी...एक मार्क्सवादी हैं और हमारे अग्रज और नेता के रूप में रहे हैं...साहित्य-संस्कृति के...उनके विचारों के सामने प्रश्नचिन्ह लगाना बहुत जरूरी है, कि आखिर उनकी जड़ें कहाँ हैं? इसलिए मैंने लिखा है। और यह सब कुछ लिखा है—उनको ध्वस्त करने के लिए नहीं, बल्कि एक जो आहत हृदय है...उस व्यथा, उस दर्द के साथ लिखा है, जो उस लेख में मौजूद है और जिसे लोगों ने नहीं पढ़ा है। अगर वे लोग उस दर्द को समझते...उनको दर्द नहीं है लेकिन मुझे तो है...इसलिए कि उनके साथ पचास वर्षों का, प्रगतिशील आन्दोलन में वे साथ रहे हैं, हमारे महासचिव रहे हैं। सबसे बड़े विचारक और चिन्तक रहे हैं। उसी लगाव के कारण मैंने समझा कि यह आज के माहौल में, उनका जिस रूप में उपयोग किया जा रहा है, तो ऐसे समय में सवाल उठाया जाना चाहिए। इसलिए मैंने उठाया है...।

बरसी पर इसलिए उठाया है...कुछ लोगों ने कहा कि उनके मरने के बाद उनकी बरसी पर यह सवाल उठाया है...मृत्यु के बाद श्रद्धांजलि-क्रान्ति जब निकाला था, जब मैंने नहीं लिखा था। अब बरसी पर विरासत का सवाल उठ रहा है। और विरासत का जब निर्णय हो तो रामविलास जी की विरासत...सच्ची विरासत क्या है? और क्या चीज ऐसी है, जिसे छोड़ दें...इसका निर्णय करने का अधिकार तो वारिस को है। तो सिर्फ वारिस के नाते मैंने यह सवाल उठाया है, जो बरसी पर ही उठाया जा सकता है। वर्ना बरसी के बाद तो आप देखेंगे कि लोग भूल जाएँगे...नाम नहीं लेंगे। इसलिए कुछ बातें ऐसी हैं, जो कायदे से गम्भीर चर्चा...गम्भीरता से—विचार करना उनके प्रति सच्ची श्रद्धांजलि है...।

यह परम्परा मार्क्सवाद की रही है। यह परम्परा हमारी भारतीय परम्परा है।

दूसरा भाग
'एकला चलो रे'

राजकुमार राकेश : नामवर जी, सेक्यूलरिज्म का अनुवाद आपके लिए धर्म निरपेक्षता नहीं है क्योंकि सेक्यूलरिज्म को आप भारतीय अवधारणा ही नहीं मानते। इसे तनिक अधिक स्पष्ट करने की जरूरत इसलिए है क्योंकि वर्तमान सन्दर्भ में इस अवधारणा को भारतीय समाज में अधिक सार्थकता से समझने और समझाने तथा लागू करवाने की अनिवार्यता है। विशेष कर जब हिन्दू समाज के लगातार विस्तृत होते मध्यवर्ग में इसे लेकर गहन मानसिक दबाव महसूस किया जा रहा है।

नामवर सिंह : देखिए, सेक्यूलरिज्म पर पिछले एक दशक में, खास तौर से बावरी मस्जिद के विध्वंस के बाद...इतिहासकारों ने, राजनीतिशास्त्रियों ने, समाज-शास्त्रियों ने, दार्शनिकों ने इस देश में गम्भीरता से विचार किया है। बहुत विशाल साहित्य है। और पश्चिम में भी एक अर्से से सेक्यूलरिज्म पर विचार होता चला आ रहा है। उसमें दो बातें स्पष्ट हो जानी चाहिए—1. सेक्यूलर राज्य, 2. सेक्यूलर समाज।

हमारे संविधान में हमने राज्य को सेक्यूलर मानने की बात कही है। क्योंकि इस देश में अनेक धर्म हैं, इसलिए राज्य धार्मिक राज्य नहीं होगा। जैसे पाकिस्तान ने तो यह स्वीकार कर लिया है कि वह धार्मिक राज्य होगा। लेकिन पाकिस्तानी समाज भी पूरे का पूरा धार्मिक हो, यह मैं नहीं मानता...जिस समाज में फैज़ अहमद फैज़ जैसा शायर रहा हो, नासिर काज्मी रहे हों, इंतिजार हुसैन लिख रहे हों...तो खाली यह लेखक हैं, लेकिन इन लेखकों के जो वहाँ पाठक मौजूद हैं...जिस समाज से वह पैदा हुआ है...इसलिए पाकिस्तान में, चूँकि वह धार्मिक राज्य रहेगा, लेकिन पाकिस्तानी समाज पूरा का पूरा धार्मिक नहीं है। हम लोगों ने चुना कि राज्य धार्मिक रहेगा और जवाहरलाल नेहरू के जमाने तक रहा है। राज्य धार्मिक रहा है। यद्यपि सुसंगत रूप से धार्मिक नहीं रहा है। हमारे यहाँ सरकारी अवसर ऐसे आए हैं जबकि वेदमंत्रों का पाठ हुआ है। नारियल फोड़े गए हैं, और पंडित नेहरू इस पर आपत्ति करते रहे हैं। आपको याद होगा कि सोमनाथ मन्दिर जब निर्मित हुआ था, और हमारे राष्ट्रपति वहाँ जा रहे थे, उसके लिए तो जवाहरलाल नेहरू ने मना किया था कि आप वहाँ न जाइए...राष्ट्रपति को नहीं जाना चाहिए। उन्होंने कहा कि मैं व्यक्तिगत हैसियत से जाना चाहता हूँ...।

लेकिन कोशिश की गई थी कि हमारा धर्म-निरपेक्ष...इस अर्थ में कि धार्मिक मसलों में राज्य सबको बराबर समझेगा। एक दृष्टि से देखेगा। लेकिन समाज हमारा सेक्यूलर न तब था, न अब है। दुनिया में कई देश ऐसे हैं जहाँ राज्य तो सेक्यूलर है, पर समाज सेक्यूलर नहीं है। जैसे अमेरिका...अमेरिका के संविधान में लिखा गया है...जैफरसन ने यह खास तौर से डाला था, और उस समय अमेरिका में एक बहस हुई थी। सवाल उठा था, कि राजनीति को धर्म से अलग रखना चाहिए—यह जैफरसन ने कहा। तो जो लोकतांत्रिक विचारों के लोग थे, उन्होंने कहा कि धर्म को राजनीति से इसलिए नहीं मिलाना चाहिए कि धर्म राजनीति को भ्रष्ट करेगा। और जो दक्षिणपंथी लोग थे, उन्होंने कहा कि...वे भी चाहते थे कि न मिलाया जाए...वे इसलिए यह कहते थे कि राजनीति धर्म को भ्रष्ट करेगी। यानी धर्म राजनीति को और राजनीति धर्म को भ्रष्ट करेगी, इसलिए दोनों को अलग-अलग रखना चाहिए। लम्बे तर्कों के बाद, अन्ततः यह माना गया कि राज्य को धर्म के मामले में अलग रहना चाहिए। यह अमेरिका में हुआ।

इंग्लैंड ठीक इसके उलटा है। इंग्लैंड का समाज अनेक राजनीतिक आन्दोलनों के कारण, सामाजिक आन्दोलनों के कारण...इंग्लैंड में राज्य धार्मिक है। उनका अपना चर्च है। एंग्लिकेन चर्च है। लेकिन समाज उनका सेक्यूलर है। अलग-अलग देशों में अलग-अलग स्थितियाँ होती हैं। रूस में जब समाजवाद कायम हुआ, तो निश्चित रूप से समाजवादी राज्य धर्मनिरपेक्ष था। बल्कि धर्मनिरपेक्षता ही नहीं, वह अनीश्वरवाद को मानता था। राज्य का कोई चर्च नहीं था। बावजूद इसके रूस में धार्मिक समाज था। ग्रीक आँर्थोडॉक्स चर्च मौजूद रहा। और इस हद तक था, कि जब जर्मनी ने रूस पर हमला किया, तो स्टालिन ने चर्च की मदद ली और कहा कि 'इट इज ग्रेट पेट्रियाटिक वार!' इसमें चर्च खोले गए। मुक्त किया गया कि वे जानते थे कि रूसी समाज में धार्मिक तत्त्व बहुत ज्यादा है। उसकी मदद की जरूरत है देश के नाम पर...।

तो मैं जो सेक्यूलरिज्म की बात कर रहा था, तो हमारे देश में जो पहली लड़ाई है, वह यह कि राज्य में गड़बड़ियाँ हुई हैं। और यह इंदिरा गांधी के जमाने से शुरू हो गई थीं। राजीव गांधी के जमाने में भी था कि राज्य ने दिलचस्पी ली वर्ना मन्दिर बनाने के लिए जमीन क्यों दी गई होती? कोई जरूरत नहीं थी, राज्य को दखल देने की! फैसला इसका सुप्रीम कोर्ट द्वारा करवाया जा रहा है, फिर भी राज्य दिलचस्पी ले रहा है। तो राज्य ठीक-ठीक सेक्यूलर हमारा रह नहीं पाया है। खास तौर से जबकि गैर-सेक्यूलर शक्तियों की सरकार है। केन्द्र में और कई राज्यों में भी है। तो पहली लड़ाई तो हमारी यही है कि राज्य को सेक्यूलर रहना चाहिए। एक तो यह! और न रहने के कितने दुष्परिणाम होंगे, कितने खतरे होंगे, वह एक अलग सवाल है। लेकिन बहुत महत्त्वपूर्ण है।

दूसरी चीज यह कि जब मैं यह कहता हूँ कि लोगों ने धर्मनिरपेक्षता की जो व्याख्या की है, सेक्यूलरिज्म की, वह इतनी दोषपूर्ण है, बल्कि यह कहूँगा, कि खतरनाक भी है, क्योंकि हमारे यहाँ धर्म केवल ईश्वर और आस्था भर की चीज नहीं है। हमारे यहाँ धर्म सामाजिक नियम भी है, जिसके कारण जातियाँ हमारे यहाँ बहुत ज्यादा हैं और उन जातियों के कारण...इसीलिए नया जो धार्मिक उभार हमारे समाज में आया हुआ है, और लाया गया है...तो धर्म जो है, उसमें हम आजकल सेक्यूलरिज्म की व्याख्या करते हैं...सर्वधर्म समभाव नाम की जो चीज कही जाती है, इसकी परिभाषा दी गई है और बड़ा गर्व करते हुए कहते हैं, कि भारत भाषाओं की दृष्टि से, संस्कृतियों की दृष्टि से बहुलतावादी है...यह हमारी विशेषता है। दुनिया में हम अद्वितीय हैं। और इसके साथ ही हम मानते हैं, कि इस बहुलता में एक सहिष्णुता छिपी हुई है। तभी तो सुरक्षित रही है यह बहुलता हमारी। इस बहुलता और सहिष्णुता को हम सेक्यूलरिज्म कहते हैं। एक बात इसमें भूल जाते हैं कि लोकतंत्र की शर्त केवल बहुलता और सहिष्णुता की रक्षा नहीं है। इस बहुलता में एक बड़ी भारी गुंजायश यह है कि...।

अचानक आपने देखा कि इस बहुलता में एक अस्मिता की राजनीति है। 'पॉलिटिक्स ऑफ आइडेंटिटी' जिसे कहते हैं कि अपनी पहचान सुरक्षित रहे। तो इस बीच उन पहचानों का जोर बहुत बढ़ा है। इसमें हर धर्म अपनी पहचान कायम करना चाहता है। हर जाति अपनी पहचान कायम करना चाहती है। हर समुदाय अपनी पहचान कायम करना चाहता है। जैसे आदिवासियों का हुआ। आदिवासियों में भी छत्तीसों प्रकार के आदिवासी हैं। संथाला अलग हैं। मुंडा-ओरांव अलग हैं। खासी अलग हैं। नागा अलग हैं। मिजो अलग हैं।...तो सबकी पहचान अलग है। और सभी उस पहचान को कायम रखना चाहते हैं। इस सारी चीज में एक लेखक के नाते जो मैं महसूस करता हूँ कि व्यक्ति का कोई महत्त्व नहीं है। व्यक्ति अपनी जाति से अब जाना जाता है। जाति का यह आतंक जो दिन-ब-दिन पहचान के नाम पर बन रहा है, उसमें व्यक्ति-स्वातंत्र्य की कोई गुंजाइश नहीं है...।

यूरोप में 'एनलाइटनमेंट' की यह सबसे बड़ी देन थी, कि अपने समुदाय के विरुद्ध भी अकेला व्यक्ति असहमति व्यक्त करने के लिए स्वतंत्र है और वे इसको 'लिबरलिज्म' कहते हैं। यह 'लिबरलिज्म' यानी उदारतावाद की देन थी, जब उन्नीसवीं शताब्दी में अंग्रेजों ने कहा था कि कानून की नजर में हर व्यक्ति बराबर है। इसलिए इसी आधार पर रवीन्द्रनाथ कह सकते थे :

'यदि तोर डाक शुनै
केउ न एसे तवै एकला चलो रे।'

—एकला चलो रे

गांधी जी तमाम लोगों को छोड़कर अकेले चलने की ताकत रखते थे। यह लिबरल चिन्तन की बुनियाद है। इसलिए सेक्यूलरिज्म में व्यक्ति, धर्म का क्या स्थान होगा? सेक्यूलरिज्म को अगर यह माना जाए कि धर्म...हिन्दुत्ववादी व बाकी लोग जो कहते हैं कि धर्म में व्यक्ति नहीं होता, समुदाय होता है। नमाज सामूहिक पढ़ी जाती है। दो आदमी अगर हों तो...अगर दो मुसलमान साथ चल रहे हों तो, नमाज दोनों को साथ बैठकर पढ़ना पड़ेगा। धार्मिक यज्ञ करते हैं, शादी ब्याह करते हैं...सब सामूहिक होता है। हिन्दू धर्म मानता ही नहीं जबकि धर्म सामूहिक चीज हैं क्योंकि रीतिरिवाज, कर्मकांड, 'रिचुअल्ज'—सब सामूहिक होते हैं। भक्तों का पहला विद्रोह था, जब उन्होंने कहा कि मेरे ईश्वर...ईश्वर है तो मेरा है...।

कबीर का राम अपना राम है। उन्होंने तो यह कहा कि और जो राम हैं, मैं उन्हें नहीं मानता। मेरा राम तो अपना है...तो मेरा ईश्वर...जिसको उन्होंने कहा कि ईश्वर को चुनने का मुझे अधिकार है, और उनके व मेरे बीच में तीसरा कोई नहीं है। अब भक्तों और सन्तों की सेक्यूलर धारणा तो यह हुई। आज के जमाने में उस सेक्यूलर के लिए कोई गुंजाइश नहीं है। इसलिए आज के समाज में सेक्यूलरिज्म की ऐसी परिभाषा की जाए...भारत में इसीलिए सेक्यूलरिज्म की जो परिभाषाएँ,

जो व्याख्याएँ की जा रही हैं, उसमें और लोकतंत्र की जो बुनियाद है...लोकतंत्र की बुनियाद तो यही है न कि हर आदमी का एक वोट है...एक आदमी एक वोट...लेकिन अब तो वोट-बैंक चलता है। यह लोकतंत्र के सिद्धान्त के विरुद्ध है कि वोट-बैंक नाम की कोई चीज हो। वोट-बैंक जैसी चीज तो होनी ही नहीं चाहिए। हर आदमी अपने मतदान के लिए स्वतंत्र हो। जहाँ लोकतंत्र व्यक्ति को छोड़कर समुदाय के आधार पर बँटेगा...और खुलेआम राजनीतिक पार्टियाँ सामुदायिक आधार पर चल रही हैं, वोट-बैंक के आधार पर चल रही हैं, तब उसमें भ्रष्टाचार ही होगा; 'क्रिमिनलाइजेशन' जिसे कहते हैं, वह होगा। बाहुबल, धनबल—तमाम तरह के बल चलेंगे—पुलिस के, नौकरशाही के...यही सारी की सारी चीजें सेक्यूलरिज्म की ऐसी की तैसी कर देती हैं। इसलिए मैंने कहा कि हमारे यहाँ सेक्यूलरिज्म एक बदनाम शब्द हो गया है...।

इस सेक्यूलरिज्म के दक्षिणपंथ भी विरुद्ध है—अमल में और वामपंथ भी विरुद्ध है। वह भी इसे अमल में नहीं लाता...लाने के लिए तैयार नहीं है। इसलिए सेक्यूलरिज्म के बारे में बहुत-से प्रश्नचिन्ह हैं मेरे मन में, क्योंकि इसके दूरगामी परिणाम होंगे। मैं अब भी मानता हूँ हमारी लड़ाई आज भी...राज्य को सेक्यूलर बनाए रखने की लड़ाई तो लड़नी ही है। और राजनीतिक लड़ाई हमारी यह है। लेकिन समाज सही अर्थों में सेक्यूलर बना रह सके, यह एक लम्बी लड़ाई है। इसके लिए जो कार्यक्रम होना चाहिए, वह वामपंथ के पास भी नहीं है, दूसरे लोगों के पास तो है ही नहीं...इसीलिए जो हिन्दुत्ववादी शक्तियाँ हैं, वे समाज को हिन्दू बनाती चली जा रही हैं। उनकी रोकथाम करने वाला कोई नहीं दिखाई पड़ रहा है। न कार्यक्रम कांग्रेस के पास है जो अपने-आपको सेक्यूलर कहती है, न तेलगू देशम के पास है जो अपने को सेक्यूलर कहती है, डी.एम.के. के पास भी नहीं है। और सबसे बड़ी बात यह कि वामपंथ जब तक समाज को सेक्यूलर बनाए रखने के लिए नहीं लड़ता है तब तक वामपंथ हिन्दुत्ववादी ताकतों का मुकाबला नहीं कर सकता। क्योंकि इसी देश में हम लोगों ने...।

अभी एक जो रिपोर्ट आई है विद्या भारती की, तो उसमें मालूम हुआ, कि विद्या-मन्दिरों में पढ़नेवाले लड़कों की तादाद लाखों में नहीं, करोड़ों में पहुँच गई है। उनको शिक्षा दी जाती है वहाँ देशभक्ति के नाम पर। लगभग शाखाओं से ज्यादा बड़ा काम विद्या भारती और उसके शिशु मन्दिर कर रहे हैं। वे कहते हैं कि हमारा अगला कार्यक्रम है कि कॉलेज स्तर पर ही नहीं, उच्च शिक्षा और शोध में भी हम हिन्दू-विज्ञान, हिन्दू समाज-दर्शन और हिन्दू राजनीति पढ़ाएँगे। इतनी बड़ी ताकत द्वारा जहाँ समाज को हिन्दू बनाने के लिए कोशिश की जा रही है, ऐसे समय में हमारे यहाँ यह खाली कुछ पढ़े-लिखे विद्वानों की, चिन्तकों की बहस की चीज नहीं रह गई है...।

यह काम एक ज़माने में सन्तों-भक्तों ने बहुत दूर तक धर्म का ही आधार लेकर समाज के लिए जो किया था, कबीर ने जो काम किया था, रैदास ने जो काम किया था, वह प्रोग्राम हमारे पास है ही नहीं। उन्नीसवीं सदी में इसी देश के विभिन्न क्षेत्रों में अनेक लोगों ने काम किया था। फुले ने किया था, पेरियार ने यह काम किया था...लेकिन कुल मिला करके वह कार्यक्रम गांधी जी के रचनात्मक कार्यक्रम का हिस्सा था। आज स्वाधीनता के बावजूद वह काम कोई नहीं कर रहा है। वह जिम्मेदारी साहित्यकारों पर, पत्रकारों पर, बुद्धिजीवियों पर आ गई है और वह भी तत्काल लेकिन वे तो दूसरे सवालों से उलझना ज्यादा पसन्द करते हैं, क्योंकि यह तो बहुत लम्बा संग्राम है...।

इसलिए मैं कहता हूँ कि सेक्यूलरिज्म का सवाल इतना सीधा-सादा, नुस्खे का, परिभाषा का और बौद्धिक बहस का सवाल नहीं है, गहरी चिन्ता का विषय है...।

राजकुमार राकेश : नामवर जी, मैं आपका ध्यान आपके एक शब्द की ओर खींचना चाहता हूँ। 'आलोचना' के 'पुनर्नवता' अंक में आपने बाबरी मस्जिद का जिक्र करते हुए, उससे पहले 'तथाकथित' शब्द का प्रयोग किया था—'तथाकथित बाबरी मस्जिद'। यह कौन-सी अर्थवत्ता व्यंजित करने के लिए किया गया है, जबकि अपने तौर पर यह संघ परिवार वाले भी इसे मस्जिद मान लेने से ही इनकार करते हैं?

नामवर सिंह : हाँ, हाँ, 'तथाकथित' इसलिए कि उसे मस्जिद ही खाली कहते तो कोई हर्ज नहीं था। उसमें 'बाबरी' शब्द लगाया गया है, उसके लिए तथाकथित है। मैंने उसको विवादित ढाँचा नहीं कहा, इस पर आप ध्यान दीजिए। हिन्दुत्ववादी लोग तो उसे मस्जिद कहते ही नहीं हैं। उसको विवादित ढाँचा कहते हैं। मैं चाहता तो यह शब्द इस्तेमाल कर सकता था। मैंने यह नहीं किया। मैंने 'तथाकथित बाबरी मस्जिद' कहा है। यानी वह 'बाबरी' कथित है। बाबर ने बनवाया नहीं उसको...जिस भी बाकी ने बनाया है...यानी उस मस्जिद का कोई सम्बन्ध आज तक इतिहास से नहीं जुड़ता है। इसलिए मस्जिद को 'तथाकथित' नहीं कहा। 'बाबरी' के लिए ही यह विशेषण है। और दोनों का अन्तर हो जाना चाहिए। इस पर विवादित ढाँचा कहना एक बात है, पर मैंने उसको विवादित नहीं कहा है, मस्जिद कहा है...।

राजकुमार राकेश : इन दिनों 'धर्मयुद्ध', 'जिहाद' और 'क्रूसेड' जैसे शब्दों का खूब प्रचलन है, जैसे सम्पूर्ण समाज को मध्यकालीन बर्बर युग की तरफ ले जाने की कोशिशें हो रही हों! जैसे युद्धोन्माद की नई संस्कृति का निर्माण किया जा रहा हो! इस सबकी सार्थकता या निरर्थकता और संस्कृति के इस समग्र प्रदूषण पर आप क्या कहना चाहेंगे?

नामवर सिंह : देखिए, ऐसा है कि 'जिहाद' शब्द का एक निश्चित अर्थ है। इसी कारण आपने देखा होगा कि काठमांडू में जनरल मुशर्रफ ने कहा है कि जिहाद और आतंकवाद में फर्क है। जिहाद इस्लाम के मुताबिक जायज है। और वे सही कह रहे हैं। गुरु गोविन्द सिंह के वचन को याद रखें आप, जिसे कृष्णा सोबती ने 'जिन्दगीनामा' के अन्त में उद्धृत किया है कि जब विरोध के सारे रास्ते बन्द हो जाएँ, तो हथियार उठाना जायज है। गुरु गोविन्द सिंह ने फारसी में कहा है। मोटे तौर से उसका यह अनुवाद है। तो सिख धर्म के अनुसार भी तलवार उठाना जायज है। 'धर्मयुद्ध' है। इसीलिए उनके यहाँ कृपाण रखना धार्मिक कार्य है...तो जिहाद और अपने यहाँ भी गीता का पहला ही श्लोक है :

धर्मक्षेत्रे-कुरुक्षेत्रे समविता युयुत्सव:

यानी कुरुक्षेत्र ही धर्मक्षेत्र है। और इसका मतलब है कि महाभारत धर्मयुद्ध था। इसलिए धर्मयुद्ध की परिकल्पना धर्मों में हमेशा रही है। ईसाइयों में भी होगी। तुरंत मुझे याद आ रहा है, कि धर्म की रक्षा के लिए...लम्बी लड़ाई ईसाइयों ने खुद लड़ी है।

राजकुमार राकेश : अमेरिका के राष्ट्रपति जार्ज वाल्टर बुश ने अफगानिस्तान राष्ट्र पर युद्ध थोपने से पहले 'क्रूसेड' शब्द का इस्तेमाल किया है।

नामवर सिंह : 'क्रूसेड' शब्द का इस्तेमाल तब किया गया था, जब तुर्कों ने हमला किया था यूरोप पर और उसे अंग्रेजी में क्रूसेड कहा था। अनुवाद किया गया था जिहाद का...।

तो एक धर्म विजय होती है। धर्म की रक्षा के लिए की जाती है। उसी को धर्मयुद्ध कहते हैं। सभी धर्मों में इसका कहीं न कहीं विधान है। धर्म के दो ही हथियार हैं : किताब होती है और तलवार होती है। हिन्दू धर्म में; इस्लाम में, ईसाइयत में है—बौद्धों को छोड़कर, जैनियों को छोड़कर। बौद्ध और जैन धर्म विजय के लिए हथियार नहीं मानते, क्योंकि वे अहिंसावादी हैं। बाकी ब्राह्मण धर्म और ईसाई व इस्लाम में यह जायज है। लोग यह मानते हैं। यह सही है या गलत है, यह अलग विषय है। किन्तु आतंक इससे अलग चीज है। और आतंक के लिए यह जरूरी नहीं है कि धर्म का ही आधार लिया जाए। किसी और आधार पर भी आतंक फैला सकते हैं। और आतंक का सहारा यह धर्मयुद्ध वाले भी ले सकते हैं। युद्ध के कुछ नियम होते हैं। सेनाएँ लड़ती हैं। आम आदमी पर आतंक नहीं फैलाया जाता। इस सिलसिले में कोई आदमी नाम नहीं ले रहा है, कि फासिज्म जो था, वह आतंकवाद था या धर्मयुद्ध था। फासिज्म यहूदियों के विरुद्ध किया गया था, और गैस चैम्बर तक में उन्हें भरा गया था। वह टैरोरिज्म था या नहीं था? और इसलिए दंगे हमारे यहाँ जब फैलाए जाते हैं, तो यह दंगे आतंकवाद की सीमा में आते हैं या नहीं आते, इस पर आज कोई चर्चा नहीं कर रहा है। आतंक की परिभाषा...टैरर,

फासिज्म और फासिस्ट आतंक है कि नहीं है? गुरिल्ला लड़ाई को आतंक नहीं कहा गया था कभी...गुरिल्ला वार-फेयर जो हुआ था। और इसलिए चे-गुएरा आतंकवादी नहीं थे। चारु मजूमदार आतंकवादी नहीं थे। नक्सलवादी आन्दोलन आतंकवादी नहीं था। उसकी आलोचना करना...दूसरे आधार पर किया जाएगा कि वह उचित नहीं था, या अनुचित था, लेकिन वह आतंकवाद नहीं था...।

राजकुमार राकेश : इस सदर्भ में आप राज्य-आतंकवाद की भी बात कर सकते हैं। पंजाब में इसे एक ज़माने में खूब फैलाए जाने की बातें हुई थीं। अब अफगानिस्तान राष्ट्र में अमेरिका ने जो कुछ भी किया, वह क्या राज्य का आतंकवाद नहीं है, जिसने एक पूरे राष्ट्र को ही ध्वस्त कर डाला।

नामवर सिंह : जी हाँ, यह राज्य का आतंकवाद है।

इसलिए इन सब चीजों के बारे में...कोई नोट आया था...यू.एन.ओ. ने परिभाषित करने की कोशिश की थी कि आतंकवाद क्या है? उसके ब्यौरे मैंने देखे नहीं हैं, इसलिए उसके बारे में मैं कुछ कह नहीं सकता। लेकिन मैं यह जानता हूँ कि जिहाद, धर्मयुद्ध, क्रूसेड व आतंकवाद और गुरिल्ला लड़ाई जैसी चीजों में फर्क है। फर्क करते समय हमें अपने यहाँ के दंगों को भी शामिल करना चाहिए तथा हिटलर और मुसोलिनी के फासिज्म में जो आतंक फैलाया गया था, उसको भी शामिल करके...अलग करने की वह कौन सी चीज है जो आज के सन्दर्भ में विशेष महत्त्वपूर्ण है और जिसका विरोध किया जाना चाहिए? इसका सहारा लेकर कई लोग...आंध्रप्रदेश में जो लड़ाई चल रही है, पीपल्स वार ग्रुप की, तो उसको भी आतंकवादी कह रहे हैं।

वह आतंकवादी न होते हुए भी आप उसके विरुद्ध हो सकते हैं। उसका विरोध किया जा सकता है और किया जाना चाहिए। लेकिन इस आधार पर नहीं...।

तीसरा भाग

फासीवादी का नव-सौंदर्यशास्त्र और बाजारवाद के हमले के बीच पनपता 'ग्रोथ' का अर्थशास्त्र

राजकुमार राकेश : इस समय पूरे दक्षिणी एशिया की स्थिति पर गौर किया जाए और विशेष कर भारत के आंतरिक हालत पर तो लगने लगता है, कि युद्धोन्माद नव-फासीवाद के सम्पूर्ण सौंदर्यशास्त्र के रूप में उभर रहा है। युद्ध और टकराव की इस संस्कृति ने फासीवाद को एक नया चेहरा दिया है। इसके बावजूद दोतरफा बातचीत के राग भी अलापे जाते रहते हैं। इस सारी स्थिति पर आप क्या सोचते हैं, कि हम कौन से समाज का निर्माण कर रहे हैं?

नामवर सिंह : फासीवाद का सौंदर्यशास्त्र...।

इस पर जर्मनी में, फ्रांस में बहुत लिखा गया है। और उसके लिए एक मार्क्सवादी

विचारक—जो जर्मनी में रहते थे, कहा करते थे कि 'फासीवाद' राजनीति का सौंदर्यकरण करता है। और उसे यह मालूम हुआ कि साहित्यकार और कलाकार, जो शुद्ध सौंदर्यवादी थे, उन्होंने दूसरे महायुद्ध के दौरान जर्मनी में, फ्रांस में, इटली में फासिज्म का समर्थन किया था। उसी के चलते टी.एस. इलियट, एजरा पाउंड और विंढम लीविस जैसे बड़े साहित्यकारों ने फासिज्म के साथ अपनी सहानुभूति जताई थी। भारत में और हिन्दी में उस पर विचार नहीं हुआ है। जिसको फासिस्ट एस्थेटिक्स या फासिस्ट सौंदर्यशास्त्र कहते हैं, उसकी बारीकियों-गहराइयों को नहीं देखा है। अध्ययन होना चाहिए...।

हमारे यहाँ भी कुछ साहित्यकार ऐसे हैं जो सौंदर्यवादी हैं और उनकी सहानुभूति हिन्दुत्ववादियों के साथ है। इन दोनों में क्या रिश्ता है—इस पर अभी नहीं लिखा गया है। आलोचना का एक अंक इस पर निकालने की मेरी योजना है...।

एक बहुत बड़ा सवाल है, जो अराजनीतिक लोग होते हैं—'ए पॉलिटिकल', दूसरे लोग 'एंटी-पॉलिटिक्स' होते हैं—राजनीति-विरोधी। ऐसे लोग अपने को विशुद्ध कलावादी और सौंदर्यवादी कहते हैं। इन्हीं लोगों का झुकाव दक्षिणपंथी और फासिस्ट राजनीति की ओर हो जाता है। क्यों होता है, इस पर अंग्रेजी में काफी कुछ लिखा गया है। थोड़ा-बहुत मैंने पढ़ा है। हिन्दी में इस पर अभी विचार नहीं हुआ है। लम्बी लिस्ट तो नहीं है, पर हिन्दी में भी कम-से-कम एक दर्जन नहीं तो, आधा दर्जन लेखक ऐसे हैं ही, जो बड़े लेखक कहलाते हैं, जिनका नाम मैं अभी नहीं लूँगा। जब लेख लिखूँगा तो नाम भी जरूर लिखूँगा। हिन्दी में ऐसे कथाकार हैं, कवि हैं और कलावादी हैं, जो कला-वला और संगीत वगैरह पर रिपोर्ट लिखते हैं...ऐसे लोगों की सहानुभूति और उनकी राजनीति में एक बात बहुत स्पष्ट है, कि वे मार्क्सवाद का विरोध करते हैं। वामपंथ का विरोध करते हैं। लेकिन कहीं उनका रुख अनुकूल दिखाई पड़ता है, तो बी.जे.पी. की तरफ, हिन्दुत्ववादियों की तरफ, क्योंकि वे भारतीय संस्कृति के रक्षक दिखाई पड़ते हैं। ऐसे लोग अपने हर राजनीतिक कर्म को सांस्कृतिक कर्म कहा करते हैं...

इस पर हिन्दी में कम काम हुआ है। होना चाहिए।

राजकुमार राकेश : उपभोक्तावाद, बाजारवाद और वैश्वीकरण का एक संयुक्त हमला, अचेतन और सचेतन रूप से हमारे समाज के बीच मानवीय सम्बन्धों में बेहद नकारात्मक बदलाव लाने की प्रक्रिया में जुटा है। और इसके बगलगीर सांप्रदायिकता का प्रेत, धार्मिक कर्मकांड और धर्मवाद—इन सम्बन्धों को 'डि-ह्यूमेनाइज' करने के लिए आतुर है। इन सब प्रवृत्तियों और मानसिकताओं का भारतीय समाज की पुनर्रचना पर होने वाले कौन से प्रभाव आज आप महसूस करते हैं?

नामवर सिंह : भूमंडलीकरण के साथ, विश्व-बाजार के साथ उपभोक्तावाद

बढ़ा है। सारी दुनिया में और भारत में इस उपभोक्तावाद का गहरा सम्बन्ध इस नये उभरते हुए मध्यवर्ग से है, क्योंकि इसके पास इफरात का पैसा आया है...।

उपभोक्तावाद पर तो लोगों ने लिखा है। लेकिन जिसका गहरा सम्बन्ध नये उभरते हुए मध्यवर्ग से है, इस मध्यवर्ग की दिलचस्पी उत्पादन में नहीं है। मैनुफेक्चरिंग में इसकी दिलचस्पी नहीं है...।

हमारे यहाँ हिन्दू समाज में रहा है, कि जो लोग केवल फलाहार करते हैं, वे बड़े भारी सन्त-महात्मा मान लिये जाते हैं। कहा जाता है, कि इन्होंने आजीवन अन्न नहीं खाया है। तो यह एक प्रतिक्रिया है...।

उपभोक्तावाद की दूसरी प्रतिक्रिया ऐसी है, जो अमानुषिक उतनी ही है। उपभोक्तावाद अमानुषिकता का, 'डि-ह्यूमेनाजेशन' का सूचक है। इस पर लोग ध्यान केंद्रित नहीं करते हैं। खाली दुकानों और बाजारों में कीमतों के बढ़ने-घटने तक सीमित रह जाते हैं। वास्तव में वे यह नहीं समझ पाते कि उपभोक्तावाद की चर्चा करने वाले आखिर वे किस चीज का विरोध कर रहे हैं, और उसके परिणाम क्या हैं? इसलिए लगभग यह जो अमानवीयकरण हो रहा है...और इस अमानवीयकरण की ही एक प्रतिक्रिया होती है, नशा...।

नशा तस्करी की ओर ले जाता है। हत्या की ओर ले जाता है। उपभोक्तावाद में जीवित हथियार नाम की चीज इतनी खतरनाक होती है...एक आदमी मुझे बता रहा था कि अमेरिका में लाइसेंस वगैरह की कोई जरूरत नहीं है। किसी भी दुकान पर जाइए और हथियार खरीद लीजिए। तो हथियार जैसी चीज एक माल की तरह बिक रही है। कोई भी आदमी खरीद सकता है। वैसे ही जैसे एक दिन हो जाएगा, कि दुनिया में हशीश वगैरह और दूसरे नशीले पदार्थ बाजार में गेहूँ और आटे की तरह मिलने लगेंगे। तो दुनिया का क्या हाल होगा, आप सोचिए! इसलिए 'कंज्यूमेरिज्म' की इतनी दूर तक...लोग कहते हैं, कंज्यूमर सोसायटी...कंज्यूमर कल्चर...कोई कंज्यूमर समाज अगर बन गया, तो वह समाज पूरा का पूरा मानव समाज नहीं रहेगा। तब वह कुछ और ही समाज हो जाएगा...।

दूसरा सत्र

समय : शाम के साढ़े छः बजे, 6 जनवरी, 2002

स्थान : नामवर सिंह का घर

राजकुमार राकेश : नामवर जी, दोपहर में हम उपभोक्तावाद और विश्व-बाजारवाद की बात कर रहे थे। आज यह जो 'ग्लोबल विलेज' की अवधारणा इतने जोर-शोर से पनपाई और विकसित की जा रही है तथा व्यापार और आर्थिक स्तर पर दुनिया के अमीर देश भारत जैसे तीसरी दुनिया के देशों पर अपनी शर्तें थोपने में

जुटे हैं, इन सब दबावों-तनावों के बीच हमारे देश और इस संमाज का कैसा भविष्य आप देख पा रहे हैं?

नामवर सिंह : देखिए, मैं अर्थशास्त्री तो हूँ नहीं और यह मेरा क्षेत्र नहीं है। लेकिन एक आम नागरिक की तरह जब मैं इन सब बातों के बारे में विचार करता हूँ तो पहला क्षेत्र तो वाणिज्य या व्यापार का है। और अभी दोहा में जो उसकी मीटिंग हुई, उसमें पहली बार भारत ने सख्त रुख अपनाया और राष्ट्रीय हित का ध्यान रखा। खास तौर से पेटेंट वाले मामले को लेकर...।

तो यह तो हम सभी अनुभव कर रहे हैं कि इस भूमंडलीकरण के नाम पर पश्चिमी पूँजीवाद, उसमें भी खास तौर पर जी-8 के जो देश हैं, तीसरी दुनिया के बाजार को इस्तेमाल करना चाहते हैं। बहुत बड़ा बाजार है। उस तीसरी दुनिया में खास तौर से भारत तो सबसे बड़ा बाजार है। विकसित और समृद्ध बाजार। चीन और भारत दो देश हैं। उसके साथ समझ लीजिए कि आज का रूस भी है। यह देश, खास तौर पर भारत अपनी रक्षा कैसे कर ले जाता है...!

क्योंकि यह एक तरह का नया साम्राज्यवाद है, जहाँ उपनिवेशवाद के खत्म होने के बाद, जिसे उत्तर उपनिवेशवादी दौर लोग कह रहे हैं, उसका सरलीकरण किया जाए, तो यह उपनिवेशवादी दौर का ही दूसरा रूप है कि बिना कोई उपनिवेश बनाए हुए भी उसे उपनिवेश के रूप में इस्तेमाल करें। तो यह तो एक बाजार का खतरा है...।

लेकिन बाजार के इस खतरे के साथ एक दूसरी बड़ी चीज है, कि बहुराष्ट्रीय कंपनियाँ हमारे देश की कंपनियों के सहयोग से उद्योग-धंधा शुरू कर रही हैं यानी विदेशी पूँजी का निवेश हो रहा है। और भारत तब से लगा हुआ है कि विदेशी पूँजी का निवेश हो। और बार-बार वे धमकी देते रहते हैं कि आपके यहाँ जैसी हालत है तो उसमें हम निवेश नहीं करेंगे। तो खतरा यह है कि हमारी पूँजी सुरक्षित कैसे रहेगी? उसमें जो यह विदेशी पूँजी का निवेश हो रहा है, जिसमें सहयोग दे रहे हैं हमारे देश के उद्योगपति...इस अर्थतंत्र को समझने की जरूरत है...।

वह यह कि स्वयं अमेरिका अपने यहाँ अब उत्पादन का कार्य 'मेनुफेक्चरिंग' नहीं कर रहा है। वह केवल एक ही चीज 'मेनुफैक्चर' कर रहा है—अस्त्र-शस्त्र...हथियार। और हथियार का यह धंधा बड़े फायदे का है। इसलिए हथियार 'प्रोड्यूस' कर रहा है। बाकी उत्पादन तो तीसरी दुनिया में होगा। उत्पादन वे हमारे यहाँ करेंगे, क्योंकि उत्पादन से जुड़ी हुई मजदूरों की समस्या होती है...इतने सस्ते मजदूर कहाँ मिलेंगे? इसलिए सस्ते मजदूर जिन देशों में मिलेंगे, उत्पादन का कार्य उन देशों में करेंगे। हथियार खुद पैदा करेंगे और उन्हीं हथियारों को हमें बेचेंगे। यह इस तरह का जो नया पूँजीवाद है, उसमें जाहिर है, कि अब सरकारी हस्तक्षेप सबसे कम हो गया है—नई उदारीकरण की नीति के कारण...जिसे 'लिबरलाइजेशन'

कहते हैं, तो स्वयं सरकार के हाथ में नियंत्रण तो है नहीं। जिस देश में पूँजी के पास ताकत ज्यादा हो और सरकार पूँजी के सामने घुटने टेके...।

मजदूरों की लड़ाई में कोई आम नागरिक दिलचस्पी नहीं ले रहा है, जबकि जो राज्य हैं, स्टेट, पिछले दस वर्षों से हमारे देश में, जितने भी सरकारी क्षेत्र के कारखाने हैं, एक-एक करके उन्हें औने-पौने दामों बेच रहे हैं। वही हमारी बुनियाद थी, जिसमें कि आम जनता...यानी हमारी आजादी सुरक्षित थी। बड़ी मुश्किल से जवाहर लाल नेहरू के दौर में, इंदिरा गांधी के जमाने तक हमारा जो सरकारी क्षेत्र था, वही हमारे सबसे बड़ी ताकत थी। वही सारे के सारे जब बिक जाएँगे तो वह देश कैसा होगा, इसकी कल्पना करके मेरे तो रोएँ खड़े हो जाते हैं...।

इसलिए भूमंडलीकरण का व्यापार के अलावा यह जो नया बहुराष्ट्रीय पूँजीवाद है, उसमें निहित खतरे बहुत से हैं। उसमें एक की ओर मैंने इशारा किया। और यह ऐसी मोटी बातें हैं, जिसके लिए बहुत अर्थशास्त्र पढ़ने की जरूरत नहीं है। इसी में आप देखें कि...।

यह जो सूचना क्रान्ति है, आई.टी., अभी मालूम हुआ कि इसका बाजार अमेरिका में मन्दा पड़ रहा है। ऐसे चरमबिन्दु पर पहुँच गया है। इसके कारण एक बहुत बड़ी चीज यह होगी कि...वे तो सम्हाल सकते हैं, क्योंकि उनके यहाँ जनसंख्या लगभग स्थिर-सी हो गई है, जबकि हमारे यहाँ, इस गरीब देश में जनसंख्या बढ़ रही है, और बढ़ती हुई वह जनसंख्या बेकारों की जमात के रूप में है।

रोजगार तो है नहीं। इन्फार्मेशन टेक्नोलॉजी के कारण बैंकों में, बाकी जगहों में धीरे-धीरे आप देखें तो रोजगारी कम हो रही है। फिर इतनी बड़ी फौज में जो असन्तोष होगा और एक विद्रोह और क्रान्ति होगी, उसका सामना अमेरिका को नहीं करना पड़ेगा। गुनाह वे करेंगे और भोगना होगा हम लोगों को। इसके अलावा इस सारे...।

अन्तिम जो चीज है, आपने देखा होगा कि पर्यावरणवादी...क्योंकि सारी समस्याएँ जुड़ी हुई हैं पर्यावरण से...बहुत बड़े पैमाने पर हमारे यहाँ जो शहरीकरण हो रहा है...आप चले जाएँ...नोएडा; ग्रेटर नोएडा...जिस तरह से फैल रहा है, तो खेती वाली जमीनों पर मकान बन रहे हैं। दफ्तर बन रहे हैं। बैंक खुल रहे हैं। उस खेती का गहरा सम्बन्ध पर्यावरण से है। फिर जंगलात भी करेंगे। तो सारा का सारा नक्शा होगा कि मनुष्यों के लिए...अभी उसकी चिन्ता नहीं हो रही है। लेकिन जो पर्यावरण का दोहन हो रहा है, उसके कारण यह पूरे का पूरा भूमंडलीकरण हमारी वसुंधरा को वह नहीं छोड़ेगा, जो आज यह है। प्रकृति और मनुष्य का जो गहरा सम्बन्ध है, उसके कारण एक खास तरह का जो जीवन संगीत बनता है; एक संस्कृति बनती है...धीरे-धीरे उससे वंचित होकर मनुष्य के इन गहरे सम्बन्धों का प्रभाव स्वास्थ्य पर भी पड़ेगा। और इसी बीच आप देखेंगे...।

इस पर अन्तिम बात मैं कहना चाहता हूँ कि पर्यावरण के लिए कुछ लोग आन्दोलन तो कर रहे हैं...लेकिन इधर एक नया उद्योग इस देश में शुरू हुआ है— नर्सिंग होम! लोग बड़े-बड़े अस्पतालों पर पैसा लगा रहे हैं। सरकारी अस्पतालों में कोई जा नहीं रहा है, बल्कि सरकारी अस्पतालों के डॉक्टर अपना-अपना...बड़े पैमाने पर स्वास्थ्य और दवाइयों का एक पूरा तन्त्र शुरू हो रहा है, जिसकी पहले कभी कल्पना नहीं की थी। पहले होता था कि धर्मार्थ खाते में मन्दिर बन रहे हैं, गुरुद्वारा बन रहे हैं, मस्जिद बन रहे हैं, पाँच सितारा नर्सिंग होम बन रहे हैं। और पैसा कमाया जा रहा है। गरीब आदमी की मेहनत की कमाई से।

एक बहुत बड़ी समस्या इसके साथ पैदा हो रही है ...इसलिए मैं कह सकता हूँ कि अब जो दुनिया है, उसमें ऐसी समस्याएँ खड़ी हो रही हैं, जिन पर पहले किसी का ध्यान नहीं गया था। यह जो भूमंडलीकरण का इस समय और बाजार का उत्साह दिखाई पड़ रहा है, इससे जुड़ी हुई जो समस्याएँ और खतरे पैदा हो रहे हैं, वे ऐसी समस्याएँ हैं जिनके बारे में पहले कभी सोचा भी नहीं गया था।

राजकुमार राकेश : नामवर जी, आज तक तो विकास की प्रचलित अवधारणा ने इस देश के जनमानस को खूब ठगा है। पचास साल की पंचवर्षीय योजनाओं के बावजूद समाज में वही अभाव है; गरीबी, अंधविश्वास और वही अमानवीयताएँ हैं। कहीं भी कुछ भी नहीं बदला है। तो क्या होनी चाहिए अब हमारी विकास की समग्र अवधारणा जो जन-आकांक्षाओं को प्रतिबिम्बित करे और एक सार्थक बदलाव की प्रक्रिया को दिशा दे सके?

नामवर सिंह : यह सवाल तो आप योजना-आयोग से पूछिए। क्या नहीं होना चाहिए, यह तो मैं देख रहा हूँ और उसके आधार पर ही इशारा करूँगा। विकल्प वाली चीज...।

जो हमारे राष्ट्र के कर्णधार हैं, सरकार में हों या सरकार से बाहर हों, उनसे पूछिए; सांसदों से, अर्थशास्त्रियों से, योजना-आयोग से पूछिए...गनीमत है कि अभी तक हमारे पास योजना-आयोग नाम की कोई चीज है। यह नेहरू युग की विरासत चली आ रही है। आप जल्दी ही देखेंगे, कि योजना-आयोग खत्म हो जाएगा और लगभग अभी निरर्थक हो गया है। दसवीं योजना पर कोई बात नहीं कर रहा है। क्योंकि योजना-आयोग तो योजना और सरकारी चीजों के बारे में बता सकता है। गैर-सरकारी चीजों के बारे में आप क्या योजना बनाएँगे? पूँजी बाहर से आएगी। उसके अनुसार उत्पादन होगा। धंधे चलेंगे। उसका अन्दाजा है नहीं, तो योजना-आयोग किसकी योजना बनाएगा? योजना का गहरा सम्बन्ध तो तब था, जब हम सरकारी क्षेत्र या सार्वजनिक क्षेत्र में कुछ सार्थक योजना बनाकर काम कर रहे थे। तो अब धीरे-धीरे सरकारी क्षेत्र तो खत्म हो रहा है। बिक रहा है। बुकारो, भिलाई...एक-एक करके, धीरे-धीरे सब जा रहा है। तो योजना किसकी

बनाएँगे हम ? इसलिए नया बजट जब आएगा, उससे आपको अन्दाजा लग जाएगा, कि विकास शब्द ही अब चर्चा के लिए सार्थक नहीं रह गया है। एक जमाना था, जब 'डिवेलपमेंट' का अर्थशास्त्र अलग पढ़ाया जाता था। अब तो विकास का तो कोई अर्थ रहा नहीं। यह तो अतीत की वस्तु बन गई है। अब कोई बात नहीं करता विकास की। इसलिए 'ग्रोथ' और 'डिवेलपमेंट' में से 'डिवेलपमेंट' शब्द ही गायब हो गया है। अब तो सिर्फ 'ग्रोथ' की बात की जाती है। जी.डी.पी. की बात की जाती है—'ग्रोथ-रेट'!

चौथा भाग

कमजोर वैचारिक आधार पर खड़ा स्त्री विमर्श

राजकुमार राकेश : स्त्री-मुक्ति आन्दोलन की बात हम आपसे करना चाहेंगे ...वैसे तो हमारे लिए आपके ही विचार महत्त्वपूर्ण हैं, लेकिन इस सन्दर्भ में, कि आज कुछ साहित्यिक समकालीनों का मानना है कि जब तक औरतों को सेक्स की स्वतंत्रता नहीं मिलेगी; तब तक वे वास्तविक रूप से स्वतंत्र नहीं हो सकतीं। सवाल यह पैदा होता है कि समग्र समाज के आधे वर्ग की स्वतंत्रता को महज सेक्स-मुक्ति तक सीमित किया जाना क्या उचित विमर्श है? इस सारे आलोक में आप बताएँ कि स्त्री-मुक्ति के इस महत्त्वपूर्ण विषय पर आपकी अपनी सोच क्या है?

नामवर सिंह : देखिए ऐसा है कि...अब तो स्त्री-विमर्श हिन्दी में बहस के केन्द्र में है। विशेष कर पिछले साल दो साल में 'हंस' ने कई विशेषांक निकाले हैं। हमारे 'राष्ट्रीय सहारा' में हर सप्ताह एक पूरा पन्ना स्त्री-विमर्श पर केंद्रित रहता है, जो पहले कभी किसी अखबार में नहीं रहता था...और यह भी एक कारण है कि हिन्दी में इस बीच एक बड़ी संख्या में स्त्री-लेखन करनेवाली स्वयं महिलाएँ हैं—मैदाने-जंग में! कहानी, उपन्यास, कविता और बौद्धिक चर्चा करने वाली। यह बहुत अच्छा है। स्त्री की ओर से पुरुष बोलें, इसकी अपेक्षा स्त्रियाँ स्वयं बोलने लगी हैं। यह शुभ लक्षण है। मैं इसका स्वागत करता हूँ। कठिनाई यह है कि ...

स्त्री-विमर्श पर पहले भी स्त्रियों ने रचनाएँ की हैं। मीराबाई हो चुकीं, महादेवी वर्मा, सुभद्रा कुमारी चौहान ...मुख्य समस्या है कि हिन्दू-धर्म जिन तीन-चार स्तम्भों पर खड़ा है, उसमें एक है 'पैट्रियार्की'—पुरुष सत्ता...पुरुष वर्चस्व! यह पुरुष वर्चस्व धर्म का हमारे यहाँ होता है। और यह पिछले पाँच हजार साल से हो रहा है। उसकी जड़ें कहाँ-कहाँ हैं? इस विमर्श में स्त्री को दूसरे दर्जे का...यानी उसमें स्त्री को वामांगी कहा जाता है। तो वामा है न वह तो। राजनीति में वामपंथ को तो क्रान्तिकारी माना जाता है। लेकिन शरीर में दाहिने हाथ को बाएँ हाथ से अच्छा समझा जाता है। दाहिने हाथ को सीधा हाथ कहते हैं। आप कुछ दें तो दाहिने हाथ से दें। अगर बाएँ हाथ से कुछ देंगे तो समझा जाएगा कि आप कोई

निकृष्ट काम कर रहे हैं। सारे-के-सारे अशुद्ध काम बाएँ हाथ से किए जाते हैं। सभी लोग सलाम तक दाहिने हाथ से करते हैं...तो वामा के मूल में जो 'वाम' है, उसे अशुद्ध माना जाता है...।

वामा अशुद्ध होती है और उसका वैज्ञानिक कारण बताया जाता है, कि उसके मासिक धर्म होता है। इस अशुद्ध का मूल जुड़ जाता है कर्म-फल से। इसलिए अगर आपकी आज्ञा हो तो तनिक हिन्दू-धर्म पर चर्चा कर दूँ... ?

यह पुरुष प्रधानता जिस दर्शन से जुड़ी हुई है, उसका नाम कर्म है। पिछले जन्म में जैसा कर्म किया था, इस जन्म में उसका फल मिला है। इसीलिए तो तुम स्त्री बनी हो। पिछले जन्म में कर्म के कारण! इस जन्म में अगर अच्छा करोगी, तो अगले जन्म में पुरुष हो जाओगी। जन्नत भी मिल सकता है। इसलिए माना जाता है कि अगर कोई स्त्री विधवा हो गई हो तो पिछले जन्म के कर्म के कारण। लेकिन स्त्री के विधवा होने में मरता है उसका पुरुष! इसलिए लोग विधवा को समझते हैं कि वह अशुभ है। इतनी अशुभ है कि इसके कारण मेरा बेटा मर गया। बेटा चाहे जिस कारण मरे लेकिन दोष जाता है उसकी पत्नी को...तो उसके कारण मरा है। और क्योंकि उसके कारण मरा है, तो समाज ने सजा बना दी है, कि उसको सती हो जाना चाहिए। वह मर गया तो इसको भी मर जाना चाहिए। अगर जीवित रहेगी तो समाज में उसे हीन समझा जाएगा। अभागी! कुलच्छनी! और वही जब सती हो जाती है, तो देवी हो जाती है। यानी जो अशुद्ध है, अपवित्र है, हीन है—वही बलिदान देकर देवी हो जाती है, इसलिए देवी के रूप में उसको पूजते हैं। ये चीजें स्त्री-विमर्श में उस विचारधारा को, जिसका आधार हमारे धर्म में है, उस पर ये महिलाएँ विचार नहीं करती हैं...।

अधिकांश स्त्री-लेखन में मैं दो ही बातें देखता हूँ। एक तो ज्यादातर चर्चा सेक्स की होती है, जैसे स्त्री का यौन-शोषण ही सबसे बड़ा शोषण है! शरीर को इतना महत्त्व देना और उसकी आत्मा, उसका हृदय, उसकी भावनाएँ उसके विचार—इन सबका जो शोषण होता है, उस पर चर्चा नहीं होती...।

हाँ, तो मैं कह रहा था, कि हिन्दी में जो नारी विमर्श हो रहा है...तो 'फेमेनिज्म' पर पिछले अधिक नहीं तो पन्द्रह-बीस बरसों से पश्चिमी देशों में स्त्री-विमर्श बल्कि फेमेनिस्ट थ्योरी...कहना चाहिए कि वामपंथ और वामपंथी विचारधारा जीवित है—'फेमिनिज्म' के कारण वहाँ। इतना गम्भीर विचार हुआ है स्त्री-मुक्ति के लिए। विभिन्न सैद्धांतिक विचारधाराओं और अलग-अलग कोणों से उस पर विचार हुआ है। उसकी तुलना में तो हिन्दी में अभी बहस शुरू ही हुई है। और यह अभी तक तो लगभग भावात्मक स्तर पर है। उस भावात्मक स्तर के कारण जो कविताएँ, कहानियाँ, उपन्यास आज लिखे जा रहे हैं, वे भी उसी स्तर के हैं, जिनमें मुक्ति की आकांक्षा तो दिखाई पड़ती है, जो एक तरह का यूटोपिया है। तो

यूटोपिया, आदर्श या सपने का साहित्य तो हवाई ही हुआ न! ठोस गहरी समझ और यथार्थ चीज उससे छूटती है। मुक्तिबोध जिसे ज्ञानात्मक संवेदन कहते थे या संवेदनात्मक ज्ञान के स्तर पर स्त्री-विमर्श और यहाँ मैं कहूँ कि इस मामले में जो दलित-विमर्श है, वह हमारे यहाँ ज्यादा मजबूत है। इसलिए कि वह ठेठ अनुभव पर आधारित है, जो आर्थिक है, सामाजिक है, कई स्तरों पर है, इसलिए उसमें ज्यादा गहराई है...।

स्त्री-विमर्श में यह समझा जा रहा है कि...दुस्साहस सबसे बड़ा मूल्य हो गया है। कुछ वर्जित शब्द हैं, उनका प्रयोग अगर कोई स्त्री कर देती है, तो समझते हैं, बड़ी साहसी है। स्त्री शरीर के जिन अंगों का नाम नहीं लेते हैं, जिन क्रियाओं का वर्णन नहीं करते हैं, कोई स्त्री अगर कर दे तो...मृदुला गर्ग ने पहली बार उपन्यास लिखा—'चित्तकोबरा', तो उसी कारण लाइमलाइट में आ गई, क्योंकि कुछ वर्जित क्रिया-कर्म और शब्दों का प्रयोग उन्होंने कर दिया था। तो अभी बचका नायन है...जहाँ कुछ वर्जित शब्दों और वर्जित क्रियाओं का वर्णन, यौन-शोषण सम्बन्धी चित्रण कर देने में ही...यह दुस्साहसिक अवस्था है। उससे और ऊपर उठकर, गहराई से, बड़े महीन बारीक तरीके से स्त्री को अपनी स्वाधीनता से वंचित होने में ही गर्व का जो अनुभव होता है...पराधीनता में ही वह स्वयं को गौरवान्वित समझने लगती है। पाँच हजार साल की अगर वह व्यवस्था रही है, तो तय है कि यह स्त्री के सहयोग से ही कायम रही है—उसकी यह पराधीनता! इस बात को अगर न समझें तो इसी वर्ग की दूसरी और सीमा बता रहा हूँ...।

स्त्री-विमर्श की यह सारी नवधनाढ्य मध्यवर्ग और शहरी लोगों की समस्या है। और उनमें भी स्त्रियों की है जो आम तौर पर कामकाजी महिलाएँ हैं। इन कामकाजी महिलाओं की जीवन-शैली ही अपनी खुद समस्या है। यह विमर्श उस जीवन-शैली की समस्याओं से जुड़ा है, इसलिए बहुत सीमित है। जिस आधी दुनिया की वे बात करती हैं...आधा भारत स्त्री है...सही है, उस आधे भारत के मुश्किल से दो फीसदी की यह बात कर रहे हैं। बाकी अड़तालीस फीसदी स्त्रियों की...उनकी समस्याओं से खुद को जोड़कर देखें। जो खेतों में काम करने वाली औरतें हैं, जो झुग्गी-झोपड़ियों में करनेवाली औरतें हैं...जो स्वयं दलित हैं, भंगियों की औरतों को देखिए...तो वहाँ तो हालत यह है कि औरत काम करती है और मर्द कामचोर होता है। शराब पीकर धुत् पड़ा रहता है...औरत जब उत्पादन में, आजीविका में स्वयं काम कर लाए तो वह दबंग होती है। आप अगर एक 'प्रेजेंटेबुल' वस्तु के रूप में रहेंगी, भले ही आप किसी आई.ए.एस. की बीवी हों और नौकरी न करती हों, तो आप चाहे जितना प्रबुद्ध हो जाएँ, आप एक 'प्रेजेंटेबुल' वस्तु के रूप में ड्राइंगरूम में पार्टियों में ही जाने लायक आप रहेंगी तो फिर आपकी मान्यता क्या होगी? इसलिए मध्यवर्ग में स्त्री की स्थिति मान्यताहीन है...।

मालूम हुआ, कि कुछ और नहीं हुआ तो एक ब्यूटी-पार्लर खोल लिया है या कहीं नौकरी कर रही हैं। चाहे बैंक में या स्कूल-कॉलेज में पढ़ा रही हैं। कुछ ऐसा काम कर रही हैं तो आपकी समस्या वही नहीं है जो उनकी समस्या है, जो बुटीक खोले बैठी हैं, या जो 'एंटीक्स' डील कर रही हैं। कोई दुकान खोले बैठी हैं...।

इसलिए पूरा का पूरा समझने की जरूरत है। अभी तक मुश्किल से जिन समस्याओं के बारे में बात की जा रही है, वे प्रथम चरण में हैं और उनका वैचारिक आधार कमजोर है।

पाँचवाँ भाग

'उनका जो काम है, वे तो एहले-सियासत जाने'

[हिन्दी-उर्दू साहित्य की साँझी विरासत]

हिन्दी-उर्दू साहित्य की साँझी विरासत। अपेक्षाओं व रचनात्मक संवाद पर पूछे गए मूल प्रश्न अजित राय के हैं। यह सवाल इस समग्र बातचीत के बीचोबीच उठाए गए थे, जब नामवर जी 'पल-प्रतिपल' के लिए 'बोल रहे थे' और जाहिर है, उसी मानसिकता व बौद्धिक सोच में थे। इसलिए भी इन विचारों का यहाँ दर्ज किया जाना अनिवार्य बनता है।

अजितराय ने निम्न चारों प्रश्न इकट्ठे ही पूछ डाले थे :

1. *हिन्दी और उर्दू के समकालीन रचनात्मक परिदृश्य पर आपका तुलनात्मक आकलन क्या है?*
2. *समकालीन उर्दू साहित्य का मूल्यांकन आप किस तरह करते हैं?*
3. *समकालीन उर्दू साहित्य से आपकी अपेक्षाएँ क्या होंगी?*
4. *हिन्दी-उर्दू के रचनाकारों और पाठकों के बीच रचनात्मक संवाद की शुरुआत किस तरह की जाए?*

नामवर सिंह : समझ गया [एक निश्चित अन्तराल लेकर फिर वे बोलने लगे] :

उर्दू साहित्य की ताकत

प्रगतिशील लेखक संघ और जनवादी लेखक संघ और साथ ही जनसंस्कृति मंच—ये तीन ऐसे संगठन हैं जिनकी सामूहिक साहित्यिक गोष्ठियाँ होती थीं, जिनमें उर्दू-हिन्दी दोनों के लेखक शामिल होते हैं। कुछ और मंच भी हैं। किसी जमाने में जब प्रगतिशील लेखक संघ बहुत सक्रिय था, तब ये मिली-जुली गोष्ठियाँ हिन्दी-उर्दू लेखकों की ज्यादा होती थीं। अब कम होती हैं। इसमें हिन्दी लेखकों को उर्दू के बारे में जानने का अवसर मिलता है। उर्दू के लेखकों को हिन्दी के बारे में जानने का मौका मिलता है। कविताएँ पढ़ते हैं। कहानियाँ पढ़ते हैं। मिलीजुली

बातचीत होती है मुश्तरका समस्याओं के बारे में। दूसरा यह कि इस बीच में...एक नई घटना है। आजादी के बाद भले ही बँटवारा हो गया हो, पाकिस्तान बन गया है अलग और हिन्दुस्तान बन गया है अलग; भले ही हिन्दी राजभाषा हो गई हो और उर्दू अपना वह दर्जा खो चुकी हो जो 1947 से पहले उसे मिला हुआ था, लेकिन इस बीच एक बात जरूर हुई है और वह यह कि उर्दू की किताबें बहुत बड़े पैमाने पर हिन्दी में कुछ अनूदित होकर और कुछ लिप्यंतरण के माध्यम से आई हैं। कविताएँ भी, कहानियाँ भी, उपन्यास भी। मसलन अगर कोई मंटो का समूचा साहित्य पढ़ना चाहे, तो हिन्दी में पढ़ सकता है। कृश्न चन्दर का पूरा हिन्दी में पढ़ सकता है। राजेन्द्र सिंह बेदी का पढ़ सकता है। पूरा का पूरा हिन्दी में है। कुर्रतुल-ऐन-हैदर को पूरा पढ़ सकता है। यही नहीं बल्कि इस मामले में हमने सरहद को तोड़ दिया है। इंतिज़ार हुसैन, फैज़ अहमद फैज़, नासिर काज्मी, अहमद फराज़, अफ़ज़ाल सैयद...किश्वर नाहिद की 'बुरी औरत' की कहानी जो आई है। तहमीना दुर्रानी की 'कुफ्र' नाम से आई है। तो बहुत सारा साहित्य उर्दू से हिन्दी में आया है। इसका मतलब है कि उसे साहित्य की ताकत है। यह नहीं, कि यह हिन्दी की दरियादिली है। उस साहित्य की इतनी ताकत है कि हिन्दी पाठकों की माँग है। इतना बिक रहा है। इससे हिन्दी के लोगों को उर्दू साहित्य का अन्दाजा है कि उधर क्या हो रहा है। कुछ तो संगीत के जो कैसेट बने हैं। आप सोचिए कि जावेद अख्तर का 'तरकश' नागरी लिपि में पहले छपा और बिक गया। कैसेट बन गया। कुछ तो यह भी हुआ है कि मिर्जा ग़ालिब पर बहुत पहले सोहराब मोदी ने फिल्म बनाई थी। फिर मिर्जा ग़ालिब पर सीरियल तैयार किया गुलजार ने, और गाने वाले मिर्जा ग़ालिब को थे जगजीत सिंह! तो ग़ालिब के, फैज के, अहमद फराज़ के कैसेट बाजार में मिल रहे हैं। और खूब बिक रहे हैं। इन चीजों के कारण हिन्दी के लोग उर्दू साहित्य से भली भाँति परिचित हैं। उसकी तुलना में मुझे लगता है, कि उर्दू के लोग हिन्दी के बारे में कम जानते हैं। क्योंकि हिन्दी की चीजें उर्दू में छपी तो हैं। जुबैर रज्वी ने 'आजकल' के दो विशेषांक निकाले थे—हिन्दी कहानियों के, उर्दू लिपी में छापा था। पाकिस्तान में बड़ी माँग हुई थी। कई लोगों से मुझे मालूम है कि हिन्दी की बहुत सारी चीजों—उपन्यासों-कहानियों की माँग पाकिस्तान में है। लिपि की दीवार तोड़ रहे हैं लोग। तो स्थिति यह है कि हिन्दी में औसत लिखने वाला और बहुत से पाठक—उर्दू की दुनिया में क्या हो रहा है—काफी कुछ जानते हैं। लेकिन उर्दू में हिन्दी की चीजें कम जा रही हैं, यह जमीनी सच्चाई है!

हमारे-उनके सरोकार एक हैं

उर्दू के जो रौशन-खयाल लेखक हैं, और ज्यादा हैं उसमें, वे अपने सेमिनार करते हैं, जलसे करते हैं, उनमें दिल खोलकर हिन्दी के लोगों को बुलाते रहे हैं। मुझे

मालूम हुआ है कि ग़ालिब पर जो सेमिनार हुए, तो उसमें अशोक वाजपेयी को भी बुलाया। विश्वनाथ त्रिपाठी भी जाते रहे हैं। केदार जी भी गए हैं। कविता पर, कहानियों पर...कुछ होता है तो उर्दू की जो कमेटियाँ हैं, एकेडमी है... ग़ालिब एकेडमी है, हिन्दी के लोगों को भी वे बुलाते हैं। और मेरा खयाल है कि इसकी वजह अदबी है। यह सब हिन्दू-मुस्लिम भाईचारा की वजह से नहीं करते, कि उर्दू मुसलमानों की जुबान है और हिन्दी हिन्दुओं की है। वे हिन्दू-मुस्लिम एकता के नाम पर, सेक्यूलरिज्म के नाम पर नहीं बुलाते हैं, मैं यह मानकर चलता हूँ। इसलिए कि उनके हमारे सरोकार एक से हैं। अदब में भी और जिन्दगी में भी। तो वे बुलाते हैं। इसलिए और जगहों पर जो हो, जो रौशन-खयाल लोग हैं, जो अदीब, शायर, अफसानानिगार, नोबलनिगार...हम लोगों में आपस में बराबर बातचीत होती है। यह बहुत अच्छी चीज हुई है जिसकी शुरुआत तरक्कीपसन्द तहरीक ने की थी और वह ज़िंदा है।

जुबान जब बदलती है

अब सवाल यह है कि इसका असर एक इस बात पर हुआ है, कि गांधी जी एक हिन्दुस्तानी कायम करना चाहते थे। वह चली नहीं। लेकिन इस बीच, बगैर किसी आन्दोलन के यह हुआ है कि उर्दू और हिन्दी की जुबान इतनी करीब आई है और हिन्दी के बहुत से लेखकों को आप पढ़ेंगे, उनकी कहानियाँ-उपन्यास देखें, तो जिस संस्कृत से हम बचना चाहते हैं—संस्कृतनिष्ठ हिन्दी की जगह हम बोलचाल की हिन्दी मानने लगे हैं, और वे भी फारसीयत से हटकर अपने-आप...मैं फिर कहूँगा कि इसका कोई मजहबी कारण नहीं है, बल्कि आम लोगों की जो बोलचाल है, उसको देखते हुए एक ऐसी जुबान, जो उर्दू के लिए बहुत मुश्किल न हो। उर्दू वालों के लिए ऐसी हिन्दी जो बहुत मुश्किल न हो, यह अपने आप इस बीच कविता में भी और अफ़साने में भी विकसित हुई है। जो काम राजनीतिक लोग नहीं कर सके, लेखकों ने आपसी बातचीत के जरिये वह शुरू कर दिया है। और आप देखेंगे कि इस बीच हमारे अखबारों की जुबान भी बदली है। अब आप देखें कि मीडिया में, टेलीविजन पर, जब अंग्रेजी के इतने ज्यादा शब्द आ रहे हैं, तो भया, उर्दू के शब्द लेने में ही क्या हर्ज है? क्या एतराज है? 'आपत्ति' की जगह 'एतराज़' का प्रयोग करने में आज किसी को गुरेज नहीं। 'कठिन' की जगह 'मुश्किल' ज्यादा चलता है। 'मुसीबत' हर आदमी कहता है, विपत्ति' कोई नहीं बोलता।

मेरा पैगाम मुहब्बत है

तो इस बीच अपने-आप मिलने-जुलने की वजह से और उर्दू में भी आप देखें, निदा फाज़ली का एक शेर है :

सब मेरे चाहने वाले हैं, मेरा कोई नहीं
मैं भी इस देश में उर्दू की तरह रहता हूँ!

सब लोग उर्दू की बड़ी तारीफ करते हैं। ग़ज़ल गाई जा रही है साहब, वाह-वाह लगाए हुए हैं। सब मेरे चाहने वाले हैं, मेरा कोई नहीं...मेरी आँखों में आँसू आ गए : एक जुबान को यह अहसास हो! और ध्यान रखें, 'मुलक' नहीं कहा है, इस 'देश' में...। अब मैं पूछूँ कि यह शेर उर्दू का है, कि हिन्दी का है? निदा फाज़ली को आप पढ़ें, वह उसी हिन्दी का शायर है, जैसा कि उर्दू का है। ऐसे कई लोग हैं। इसीलिए मैं कहता हूँ कि एक बात तो अच्छी हुई है...। दूसरी चीज यह हुई है, हिन्दी के साहित्य में आप देखें, मुख्यधारा की हिन्दी में—खास तौर से बाबरी मस्जिद के जमींदोज होने के बाद...जो धक्का लगा है, उर्दू वालों को और उसके साथ हिन्दी के लोगों को...कितनी कहानियाँ इस पर लिखी गई हैं दंगों के बारे में। और जो जुल्म हुआ है यानी हिन्दुत्व को जो खतरा है, उसे हिन्दी का लेखक उर्दू वालों से ज्यादा भाँप रहा है, और इस पर लिख रहा है। यह वह चीज है जो जोड़ती है। 'हमारा शहर उस बरस' सूरत में दंगों को लेकर लिखा गया गीतांजलि श्री का उपन्यास है। विभूति नारायण राय ने रवीन्द्र कालिया की मदद से वर्तमान साहित्य के दो महाविशेषांक निकाले। उनमें कुछ कहानियाँ थीं। तो इसलिए जिगर मुरादाबादी ने लिखा था :

उनका जो काम है, वे तो एहले-सियासत जाने
मेरा पैगामे मुहब्बत है, जहाँ तक पहुँचे।

इस मामले में हिन्दी और उर्दू के लेखकों की बहुत बड़ी तादाद है, जो एक हमारा ही...मैं उसको दोस्त तो नहीं कहूँगा, क्योंकि दोनों इस बात को महसूस करते हैं। इस दौर में सच्चाई यही है कि हिन्दुत्ववादी लोग आज हिन्दुस्तान के किसी मुसलमान के लिए जितना खतरा हैं, उससे ज्यादा खतरा वे एक सेक्यूलर हिन्दू के लिए हैं। अगर यही आलम रहा, और यह लोग 'पावर' में रहे, तो हर हिन्दू जानता है...जो रौशन-खयाल हिन्दू है, कि मैं सुरक्षित नहीं हूँ!

अगर उर्दू हिन्दी की शैली है तो पढ़ाइए

मैं अपनी बात कहना कुछ अच्छा नहीं समझता...मेरी तो जिन्दगी बीत गई। जवाहरलाल नेहरू यूनिवर्सिटी में आने से पहले, मैंने जोधपुर यूनिवर्सिटी में बी.ए. और एम.ए. की किताबें तैयार करवाईं। यूनिवर्सिटी ने कहा कि हम बाजारू किताब नहीं रखेंगे। किताबें तैयार करवाते वक्त हमने याद दिलवाई, कि बहुत पहले साहित्य सम्मेलन ने कहा था, उर्दू हिन्दी की शैली है...तो अब हमने कहा कि अगर शैली है तो पढ़ाओ, और हमने जितनी किताबें तैयार कीं, वे सब 'कम्पलसरी' थीं। भला हो, बी.बी. जॉन जैसा आदमी हमारा वाईस-चांसलर था। बड़ा ही रौशन-खयाल

आदमी था। पूरी छूट दे रखी थी। मैंने हिन्दी की किताबों में ग़ालिब के खतूत छापे थे। नजीर अकबरावादी को रखा था। कृश्न चन्दर, इस्मत चुगताई, मंटो, इकबाल, अली सरदार जाफरी, फैज़ को रखा था...और यही मैंने एन.सी.ई.आर.टी. ...जहाँ इतिहास की किताबों पर आज बहस हो रही है...मैंने हिन्दी की जो किताबें तैयार कीं—कहानी, कविता, गद्य की, उसमें भी मैंने हिन्दी के साथ उर्दू के लेखकों को रखवाया। आज इसे कोई भी आदमी देख सकता है। यह और बात है, कि बाद में हिन्दी अध्यापकों ने कहा कि साहब, बड़ी मुश्किल होती है, हम नहीं पढ़ाएँगे। जोधपुर में मेरा प्रतिरोध हुआ था। वहाँ मैंने राही मासूम रज़ा का उपन्यास 'आधा गाँव' रखा था, जिस पर बड़ी बहस हुई थी। जवाहरलाल नेहरू यूनिवर्सिटी में जब हिन्दी डिपार्टमेंट खुलने लगा तो मैंने कहा कि सारे हिन्दुस्तान में हिन्दी और उर्दू के विभाग अलग-अलग हैं। मैंने कहा कि मैं ऐसा विभाग बनाना चाहता हूँ जिसमें हिन्दी-उर्दू अलग-अलग नहीं होंगे। एक ही विभाग होगा। हिन्दोस्तानी जुबानों का मरकज़! 'सेंटर ऑफ इंडियन लैंगुएजिज़' और वहाँ आज भी लिखा मिलेगा—अंग्रेजी में 'सेंटर ऑफ इंडियन लैंगुएजिज़' हिन्दी में 'भारतीय भाषा केन्द्र' और उर्दू में 'हिन्दुस्तानी जुबानों का मरकज़'—यह हमारे यहाँ तीनों जुबानों में लिखा हुआ मिलेगा। हमने तय किया कि हिन्दी के विद्यार्थी, दो कोर्स—एक उर्दू भाषा पर और एक उर्दू लिपि पर पास नहीं करेंगे, तो उन्हें हिन्दी एम.ए. की डिग्री नहीं मिलेगी। आज भी यह व्यवस्था लागू है। और उसी तरह से उर्दू वाला, जब तक एक हिन्दी भाषा पर और एक हिन्दी साहित्य पर कोर्स नहीं करेगा तो उसे उर्दू एम. ए. की डिग्री नहीं मिलेगी। आज भी यह लागू है। कुछ कोर्स इसके अलावा भी साहित्य में पढ़ाए जाते हैं, जो हमारे यहाँ 'कॉमन' रहे हैं। हिन्दी प्रदेश के कल्चर पर एक कोर्स कॉमन होता था, जिसे उर्दू वाले भी पढ़ते थे, हिन्दी वाले भी पढ़ते थे। चार क्रेडिट का वह 'कम्पलसरी' कोर्स था।

'अनुराग बाँसुरी'

मैं अब भी मानता हूँ कि हिन्दी के कबीर से लेकर महावीर प्रसाद द्विवेदी, रामचन्द्र शुक्ल, हजारी प्रसाद द्विवेदी, रामविलास शर्मा तक की पूरी परम्परा को आप देखेंगे...प्रेमचन्द बीच में हैं, तो हिन्दी के हमारे इतिहास के जितने भी बड़े लोग हैं, पुराने जमाने में हिन्दी (यानी अवधी ब्रज वगैरा) के साथ फारसी भी जानते थे। भारतेन्दु ने तो उर्दू में कविताएँ लिखी हैं। महावीर प्रसाद द्विवेदी फारसी जानते थे। रामचन्द्र शुक्ल के पिताजी फारसी जानते थे और रामचन्द्र शुक्ल भी! हम लोगों ने खुद, 1947 से पहले जिनकी पढ़ाई हुई है, दीगर जुबान हमारी उर्दू रहती थी, मिडल स्कूल में। तो हम लोग पूरी सूफी कवियों की परम्परा को भूल जाते हैं। उर्दू में अलग से कोई सूफी काव्यधारा नहीं है, जबकि हिन्दी में चौदहवीं शताब्दी से

लेकर बीसवीं सदी तक सूफी कवियों की एक लम्बी परम्परा है, जिनकी लिपि तो उर्दू होती थी, तथा भाषा जिनकी अवधी होती थी। वे सारे के सारे मुसलमान थे। मजहबी आदमी, मुसलमान, सूफी। ...ब्रज नहीं, अवधी होती थी। एक ही भाषा अवधी...चाहे वे मौलाना दाऊद हों, जायसी हों, कुतुबन हों, मंझन हों—ये सब पूर्व के रहने वाले थे। अवधी में लिखते थे। यह एक लम्बी परम्परा है। और अनेक मुसलमानों ने एतराज किया था कि तुम हिन्दी में लिख रहे हो, लगता है तुम हिन्दू हो गए हो...'अनुराग बाँसुरी' में...यह सन् 1700 ई. के आसपास की एक मसनवी है जिसके लेखक थे नूर मुहम्मद...इन सबकी नायिकाएँ हिन्दू औरतें होती थीं। नायक हिन्दू पुरुष होता था। मौलवियों ने उनसे कहा, कि तुम हिन्दी में कविता लिखते हो, लगता है, तुम हिन्दू हो गए हो, तो नूर मुहम्मद ने लिखा :

हिन्दू मगवै पाँव न राख्यौं
काज्यौ बहुतौ हिन्दी भाख्यौं

तो उस बेचारे को कसम खाकर कहना पड़ा कि भैया! मैंने हिन्दी में लिखा जरूर है, पर मैं हिन्दू नहीं हो गया हूँ। मैं अब भी रसूल-अल्लाह को मानता हूँ। 1700 ई. के आसपास यह धारणा बन गई थी कि हिन्दी लिखना ही हिन्दू हो जाना है। यही नहीं, अब भी अगर उर्दू-हिन्दी का पुराना साहित्य कोई आदमी पढ़ना चाहता है, आधुनिक साहित्य में, तो उसे उर्दू जानना पड़ेगा। उर्दू वालों को हिन्दी जानना पड़ेगा या नहीं, मैं यह नहीं कह सकता। कबीर को समझने के लिए तो फारसी जानना जरूरी है ही—'मोहकम मेरा वास'! धारणाएँ तो ईशु राम से ली हुई हैं, लेकिन बिना फारसी जाने कबीर को समझा ही नहीं जा सकता। और तो और, बाबा तुलसीदास भी अपने राम को बार-बार गरीब-नवाज कहते हैं : 'कौन गरीब नवाज़!'

यह गरीब-नवाज़ तद्भाविक शब्द है जो मोईनुद्दीन-चिश्ती के नाम से जुड़ा है। वे खुद गरीब-नवाज़ कहलाते थे। तो उन्होंने भी दीनदयाल नहीं, गरीब-नवाज़ कहा। ईश्वर को गरीब-नवाज़ कहना तो सूफियों से आया है। दीन-दयाल उसका अनुवाद है। दीनदयाल और दीनबन्धु! मूल शब्द को संस्कृत में, गीता तक में दीनदयाल नहीं कहा गया है। भगवान को! 'वह' गरीब-नवाज़ है! गरीब-परवर! बन्दा-नवाज़! यह सारे 'कान्सेप्ट' सूफीज्म से आए हैं, जो बाद में सिक्खिज्म में चले गए हैं। हमारे यहाँ जो लंगर होता है, वह सीधे सूफियों से आया हुआ है। सिक्खों के लंगर में...चाहे आप चीफ जस्टिस हों, चाहे आप चीफ-मिनिस्टर हों...पंगत में एक साथ आपको बैठना पड़ेगा...तो बगैर सूफी शब्दावली को समझे, खास कर तुलसीदास को समझने में दिक्कत होगी। और रीतिकाल के कवियों में बिहारी और घनानन्द जो श्रेष्ठ कवि हैं, उनको समझना चाहते हो, तो बिना फारसी शायरी को समझे हुए नहीं समझ सकते। बिहारीलाल की सत्तसई में...क्योंकि तब

तक हिन्दू राजाओं में, 'नोबिलिटी' में मुगल कोर्ट की खूबियाँ आ चुकी थीं और वही शब्दावली चलती थी।

तरक्कीपसन्द तहरीक ने लोगों को जोड़ा

मैं तो कहता हूँ कि हिन्दी साहित्य की पूरी परम्परा को...पुरानी और आधुनिक... बगैर उर्दू को समझे हुए हिन्दी वाले अपना साहित्य नहीं समझ सकते यानी हिन्दी साहित्य का इतिहास उर्दू की परम्परा को जाने बिना नहीं लिखा जा सकता। क्योंकि हमारी शुरुआत 'कॉमन' विरसा है। दखिनी हिन्दी से उर्दू भी शुरू होती है। साहित्य की परम्पराओं के कारण, उर्दू साहित्य में अलग परम्परा चली, हिन्दी में अलग चली। लेकिन दोनों में संवाद बराबर बना रहा। मध्य-काल में भी था। आधुनिक काल में भी है। और इसकी बेहतरीन मिसाल प्रेमचन्द हैं। 'कफन' उन्होंने सबसे पहले उर्दू में लिखा और उसको हिन्दी में भी छपवाया। 'शतरंज के खिलाड़ी' का दोनों 'वर्शन' मिलता है। हिन्दी-उर्दू के रिश्ते को प्रेमचन्द की कहानियों-उपन्यासों से समझा जा सकता है। बिहारी लाल का दोहा 'किबिलनुमा लौं बीठ' फारसी के बिना नहीं समझा जा सकता।...कुतुबनुमा नाम की चीज कालिदास को पता नहीं थी...'बाई त्यों ठहराती है, किबिलनुमा ल्यों बीठ...' तो यह किबिलनुमा कहाँ से आया? मुगल कोर्ट से साफ मालूम होता है कि कालिदास किस काल के कवि थे। ...'किबिलनुमा ल्यों बीठ...' कि कुतुबनुमा की सुई वहीं जाकर उत्तर दिशा में ठहर जाती है। तो वे अपनी प्रेमिका से कह रहे हैं, कि हमारी नजर सब ओर से घूमकर अपने माशूक पर जाकर टिक जाती है।...तो रीतिकाल की कविता समझी ही नहीं जा सकती, फारसी शायरी की परम्परा को जाने बिना! इसलिए बाकी सारी चीजों को छोड़ भी दें, हिन्दू-मुस्लिम एकता रहे न रहे, भाड़ में जाए, लेकिन हिन्दी की अपनी परम्परा को समझने के लिए फारसी और उर्दू की परम्परा जानना बहुत जरूरी है। जो यह कहते हैं कि 'बीसवीं' सदी में सब टूट-फूट गया है, वह गलत है। तरक्कीपसन्द तहरीक, प्रगतिशील आन्दोलन ने उन दोनों को फिर से जोड़ा है। टूटी नहीं हैं। मैं कहना चाहता हूँ, अवध के नवाब हैं...वाजिद अली शाह...राधा-कृष्ण की भक्ति के सारे के सारे गीत गाते थे। संगीत की 'खयाल-गायकी' की पूरी परम्परा तानसेन के भक्तिसंगीत की देन है। मध्य-काल में इतनी घुलावट हुई है कि हम लोग उसको भूल जाते हैं। आज उपन्यास-कहानी की परम्परा...यानी राही मासूम रज़ा मुसलमान हैं, 'आधा गाँव' हिन्दी में लिखते हैं। उर्दू में छपा या नहीं, आज तक मुझे नहीं मालूम। उसकी भाषा भोजपुरी उर्दू है। तो राही मासूम रज़ा हिन्दी के लेखक हैं। शानी, असग़र वजाहत, अब्दुल बिस्मिल्लाह—सब हिन्दी के लेखक हैं।

मैं इन दोस्तों का कायल हूँ

राही गाजीपुर के थे। मैं बनारस का था। हम एक ही साल में पैदा हुए। 1927 में मेरा परगना गाजीपुर का ही हिस्सा था। इसलिए हम तो एक जिले के हैं। गंगा के उस पार राही रहते थे, इस पार मैं रहता था। मैं तो इन दोस्तों का कायल हूँ, कि इस दीवार को तोड़ने में काम जिन लोगों ने किया, उसमें राही मासूम रज़ा, शानी, असग़र वजाहत, अब्दुल बिस्मिल्लाह, मेहरुन्निसा परवेज, मंजूर एहतेशाम—इन लोगों की हिम्मत की दाद दीजिए! बहुत अच्छा उर्दू यह सब जानते हैं। यह सब नॉवेलनिगार हैं और इन्होंने तय किया कि वे हिन्दी में लिखेंगे। और हिन्दी का लेखक कहलाना पसन्द किया। मैं इसलिए सलाम करता हूँ इन लोगों को। यह मामूली बात नहीं है। सोचिए कि इनको उर्दू की दुनिया के मुसलमान और मौलवी लोग क्या कहते होंगे। वही जिसके लिए 'अनुराग बाँसुरी' वाले को सफाई देनी पड़ी थी : 'काज्यौ बहुतौ हिन्दी भाख्यौं'। हिन्दी लिखने से आदमी हिन्दू हो जाता है, इसकी परवाह किए बिना इन लोगों ने वह काम किया है। इनको तो सिर-आँखों पर बिठाना चाहिए। उर्दू में भी अगर आप इसी तरह देखें तो कृश्न चन्दर, राजेन्द्र सिंह बेदी, फ़िराक गोरखपुरी, दयाशंकर नसीम, रतननाथ शरशार, चकबस्त—सब अदब में हुए।

परम्परा घट रही है

यों मेरे मन में एक ही सवाल था कि हिन्दू भी उर्दू में लिखते थे। इस दौर में कम हुए हैं। पंजाब, हरियाणा, हिमाचल में बचे हुए हैं। बस, बचे ही हुए हैं। हिन्दी बैल्ट में तो अब एक भी आदमी नहीं है। निराला की दाद दीजिए। 'कुक्करमुत्ता' को दोनों लिपियों में उन्होंने छपवाया था। उपेन्द्रनाथ अश्क उर्दू से हिन्दी में आए। जोगिन्दर पॉल का बड़ा आदर है। पंजाब में यह परम्परा थी। आर्यसमाज के लोग भी अखबार उर्दू में निकालते थे। बलराज कोमल हैं, मित्तल हैं, जोगिन्दर पॉल हैं...कुमार पाशी अच्छा शायर हुआ है। लेकिन नई पीढ़ी में यह परम्परा घट रही है। भारत भूषण के बाद पूरा नक्शा बदल गया है।

छठा भाग

इन्सान केवल विचार नहीं है

राजकुमार राकेश : अभी कुछ देर पहले अजित से बात हो रही थी, तो उन्होंने मुझे बताया कि नामवर जी ने हमें सिखाया है, कि 'पाखंडपूर्ण विनम्रता' से हमेशा बचना चाहिए। और दूसरी बात कि आप अपने प्रति भी उतने ही क्रूर हैं, जितने कि आप किसी भी लेखक या साहित्यकार के प्रति हो सकते हैं।

नामवर सिंह : पहली बात तो यह कि 'पाखंडपूर्ण विनम्रता'...। अजित मेरे बहुत करीब रहे हैं, मुझे देखते रहे हैं। अगर समझा होगा तो ठीक ही समझा...।

राजकुमार राकेश : नामवर जी, एक साक्षात्कार में अशोक वाजपेयी के एक सवाल के जवाब में आपने तत्काल उत्तर दिया था, कि आपने इतना बड़ा सवाल पूछा है, अगर आपत्ति न हो तो जरा पान खा लूँ।...इस जवाब पर मुझे महात्मा गांधी से सम्बन्धित एक वाकया याद आ गया। तात्कालीन भारतीय राजनीति के नेहरू समेत कुछ धुरंधर गांधी जी के निवास पर किसी गूढ़ राजनीतिक विमर्श के लिए उपस्थित थे। और जब यह विमर्श अधिकाधिक गूढ़ हो चला तो गांधी जी यह कहकर उठे और चल दिये, कि मैं अपनी बकरी के जख्म पर लेप करके आता हूँ। क्या आप भी उस साक्षात्कार में गांधी जी की तरह किसी गूढ़-विमर्श में 'पान' को बकरी के जख्म पर लेप की तरह प्रस्तुत कर रहे थे या सचमुच वह कोई सामान्य-सी ही बात थी?

नामवर सिंह : वह कोई चतुराई नहीं थी, बात टालने की। सहज प्रतिक्रिया थी। तत्काल जो मुझे सूझा, कोई सोचा-समझा नहीं था। क्योंकि अशोक वाजपेयी के और हमारे सम्बन्ध बहुत पुराने हैं। 1959 में जब मैं सागर में था, साल भर मैं वहाँ रहा, तब से अशोक से सम्बन्ध हमारे बने हैं और वे सम्बन्ध आज तक हैं। आगे भी रहेंगे। उलझते-सुलझते रहे हैं, और मुझे कोई अफसोस नहीं है, उसके लिए। इसलिए मैं उसको सरल-सपाट बनाकर कोई सीधा जवाब न तब देना चाहता था और न आज देना चाहता हूँ। लेकिन हमारे-उनके बीच संवाद बराबर रहा है। आज भी है। आगे भी रहेगा। कुछ मुद्दे ऐसे हैं, जिन पर मतभेद भी रहा है और रहेगा। मैं नहीं चाहूँगा कि वे अपने विचार बदलें और वे भी नहीं चाहते होंगे कि मैं अपने विचार बदलूँ। लेकिन कई तमाशबीन लोग इसको जो रूप देना चाहते हैं, उसमें मेरी कोई दिलचस्पी नहीं है। पहले भी मैं मानता रहा हूँ और आज भी मानता हूँ कि अशोक वाजपेयी मेरे दुश्मन नहीं हैं। स्वाभाविक है, हम लोगों के सोचने-समझने में कई बातों में मतभेद है। कई बातों में समानता है। मैं भारतीय संस्कृति और भारतीय जीवन की यह खूबी मानता हूँ कि इसको कायम रखना चाहिए। अगर कभी कोई दौर रहा हो, जहाँ इसके कारण संवाद समाप्त हो गया हो, बोलचाल बन्द हो गई हो, वह गलत रहा होगा। सत्य को मैंने पा लिया है—इसका कोई दावा मुझे नहीं है। और सत्य को अशोक वाजपेयी ने पा लिया है, यह दावा उनको भी नहीं है। असल चीज है कि जिसमें साहित्य और संस्कृति के सरोकार मुख्य वस्तु हैं। और यह केवल व्यक्तिगत मामला नहीं है। बल्कि यह सारा साहित्य का ही मामला है...।

अशोक ही क्यों, अज्ञेय जी और मैं, दोनों जोधपुर विश्वविद्यालय में लगभग डेढ़ वर्षों तक साथ रहे। साथ काम किया। यद्यपि उनके और मेरे मत शत-प्रतिशत

एक नहीं थे, लेकिन हम साथ रहे। वह मेरी धरोहर है। उसी तरह इस साहित्य की दुनिया में...बड़ी छोटी दुनिया है, इतने बड़े हिन्दुस्तान में उसमें अशोक वाजपेयी और हम दोनों साथ-साथ रहे। लोग कहते हैं कि एक म्यान में दो तलवारें नहीं रह सकती हैं, किन्तु मेरा अपना खयाल है कि साहित्य एक ऐसी म्यान है जिसमें दो तलवारें रह सकती हैं। कुछ मनचले लोग इस चीज को लेकर तरह-तरह की व्याख्याएँ करते रहते हैं। इसमें अशोक को मेरे सम्बन्धों से लाभ नहीं मिलने वाला है। और मुझे अशोक से कोई निजी लाभ नहीं लेना है। लेकिन मैं यह जानता हूँ कि अशोक की गहरी चिन्ता साहित्य, कला और संस्कृति की दृष्टि रही है। आज भी है। यह दृष्टि उनकी अलग है, मेरी अलग है। लेकिन दोनों ओर की यह गहरी दृष्टि हमें जोड़ती है। इसलिए तमाम चीजों के चलते मैं उनसे सम्बन्ध बनाए रखना चाहता हूँ। साहित्य, कला और संस्कृति से हम लोगों ने अगर यह नहीं सीखा तो फिर क्या सीखा है? जौक और ग़ालिब, दोनों शायरी की दुनिया में एक दूसरे को फूटी आँख देखना नहीं चाहते थे, लेकिन दोनों ही एक देहली में थे, एक ही लाल किले में थे। एक ही बादशाह ज़फ़र के साथ थे। यह पहले होता रहा है। आज भी है और होना चाहिए...।

एक बात मैं और साफ कह देना चाहता हूँ। दिल्ली में रहते हुए मैंने देखा है—संसद में अलग-अलग पार्टियों के सांसद हैं। बड़ी बहस करते हैं। लगता है, पार्लियामेंट में एक दूसरे के खून के प्यासे हैं। लेकिन सेंट्रल हॉल में बी.जे.पी., कांग्रेस, सी.पी.एम., सी.पी.आई., मुलायम सिंह की पार्टी—सारे के सारे सांसद सेंट्रल हॉल में जिस तरह मिलते हैं, देखकर आपकी आँखें फटी रह जाएँगी। वहाँ से निकलने के बाद बंगलों में एक दूसरे के यहाँ रात को कब-कहाँ कौन मिलता है—आप पता लगाएँ तो लगेगा कि सारे सांसदों का एक ही वर्ग है। उससे मैंने समझा, कि यह राजनीतिक विचार या आडियॉलोजी पूरा मनुष्य नहीं है। ऐसा भी होता है, कि जिस आदमी से हमारा विचार रत्ती भर नहीं मिलता, वह हमारा गहरा दोस्त होता है। यह एक अजीब-सा नक्शा है। विष्णुकान्त शास्त्री उत्तर प्रदेश के गवर्नर हैं...हमारी-उनकी दोस्ती चालीस साल से ज्यादा पुरानी है। जब मिलते हैं तो गले मिलते हैं। वे बी.जे.पी. के हैं और मैं मार्क्सिस्ट हूँ। वे भी यह जानते हैं। अगर फर्क मालूम हो तो दिल का मेल ज्यादा होता है। फर्क के बारे में जहाँ गलतफहमियाँ 'एम्बिगुएटी' हो, वहाँ आम तौर से ठीक-ठीक मिलना नहीं होता। तो अशोक वाजपेयी से हमारे पारिवारिक सम्बन्ध हैं। न मैंने उनको बदलने की कोशिश की, न उन्होंने मुझे। विचार अपनी जगह है। लेकिन इनसान केवल विचार नहीं है, न विचारधारा है। उसके अलावा भी कुछ है। कई चीजें हैं, जो उनको पसन्द हैं और मुझे भी पसन्द हैं। कई चीजें उन्हें नापसन्द हैं और मुझे भी नापसन्द हैं। लेकिन कुछ है जो हम लोगों को जोड़ता है। और हिन्दी में यह एक लम्बी

परम्परा रही है—साहित्य में एक लम्बी परम्परा, इसका निर्वाह करना चाहिए। आजकल जो यह छुटभैये स्वार्थी लोग, जो चाहते हैं कि विचारों का मतभेद अन्तिम लड़ाई तक ले जाकर के...वे उधर रहें, तुम इधर रहे...मैं इसके खिलाफ हूँ। हिन्दी संस्कृति यह नहीं है। कभी नहीं रही।

सातवाँ भाग

आलोचना, मार्क्सवाद और हिन्दी-आलोचना का समाजशास्त्र

राजकुमार राकेश : इस वर्ष का साहित्य अकादमी पुरस्कार अलका सरावगी के उपन्यास 'कलिकथा-वाया बाईपास' को मिला है। इस पर 'हंस' के ताजा अंक के सम्पादकीय में राजेन्द्र यादव ने टिप्पणी की है कि 'यह अकादेमी की नामवरी ही है, कि दशकों बाद किसी महिला रचनाकार और बरसों के अन्तराल के बाद गद्य को यह सम्मान मिला है—मध्यवर्गीय औपनिवेशिक मानसिकता के कलावाद के लिए...आक्सीजन...'

नामवर सिंह : ऐसा है, प्रेमचन्द की एक कहानी है—'मुफ्त का यश'...तो मुफ्त का यश तो मुझे कम ही मिला है, मुफ्त का अपयश काफी मिला है। अलका सरावगी को पुरस्कार इसलिए नहीं मिला है कि वे स्त्री हैं। मेरी नज़र में वह पुरस्कार एक महत्त्वपूर्ण कृति को मिला है। अगर कोई आदमी स्त्री-विमर्श के तहत उसकी विजय मानता है, तो मानकर वह खुश हो ले, मुझे उस पर कोई टिप्पणी नहीं करनी है। मैं तो मानता हूँ कि, जाति न पूछो साध की...।

साहित्यकार की जाति और साहित्य का लिंग नहीं पूछा जाता। मैं कम से कम यह नहीं देखता। जहाँ तक पुरस्कार का सवाल है, तो ज्यूरी मेम्बर तीनों पुरुष थे। मैं तो एक पर्यवेक्षक के रूप में बैठता हूँ। यह यश और अपयश तो ज्यूरी को मिलना चाहिए। और उस प्रक्रिया को मिलना चाहिए जिसमें छनकर छह-सात पुस्तकें आई थीं, जिनमें यह पुस्तक भी थी। तो न तो मुझे इसका यश चाहिए, न अपयश। मेरा कोई हाथ इसमें नहीं है। एक बात तो यह...।

दूसरी बात, कि यह मध्यवर्गीय-कलावाद की विजय है...तो याद दिला दूँ कि राजेन्द्र यादव तो मार्क्सवाद छोड़ चुकने के बाद वर्ग की भाषा में सोचते ही नहीं हैं। वे तो जाति की भाषा में सोचते हैं। इसलिए उनके मुँह से 'मध्यवर्ग' सुनकर आश्चर्य होता है। रहा कलावाद...तो कलावाद का मध्यवर्ग से कोई सम्बन्ध नहीं है—न शाश्वत, न क्षणिक! अगर वे मानते हैं कि 'कलिकथा' में कलावाद है तो राजेन्द्र यादव की साहित्यिक समझ पर मैं केवल तरस ही खा सकता हूँ। 'कलिकथा' तो कथा कहने की एक शैली है यानी नैरेशन जिसे कहते हैं। 'ब्रेक थ्रू' जिसे कहा जाए—लीक से हटकर लिखा हुआ। विषयवस्तु को बदलना बड़ा आसान है। साहित्य और कला के क्षेत्र में 'फार्म' को तोड़ना बहुत कठिन हुआ करता है।

'फार्म' ज्यादा टिकाऊ होता है—हर जगह...। एक समय में जब खास तरह के मकान बनने शुरू हुए तो उसे तोड़ने में पचास वर्ष लगते हैं...शताब्दी खत्म हो जाती है। जब दूसरे ढंग के मकान बनते हैं, आर्किटेक्चर युगों में पहचाना जाता है। चित्रकला में, संगीत में यह हाल है, कि खयाल गायकी में परिवर्तन करने में एड़ी-चोटी का जोर लगाने पर, अब कुछ लोगों ने परिवर्तन लाने में थोड़ी-बहुत सफलता पाई है। इतना मजबूत होता है ढाँचा।

तो उपन्यास में कथा कहने की एक जो शैली होती है किस्सागोई की, वह उन्नीसवीं सदी से चली आ रही है। वह पश्चिम से हमारे यहाँ आई है। उससे हटकर कोई आदमी कथा कहने का, बाईपास के जरिये...शहरों में भी हम बाईपास नहीं सुनते थे। गलियाँ होती थीं। कूचे होते थे। और सड़कें होती थीं। बाईपास तो अब शुरू हुआ है और उसके सहारे जो कथा कही गई है—वह एक आदमी के दिमाग में आया, अपने-आपमें तो इसी पर इनाम देना चाहिए...।

अगर राजेन्द्र यादव को, स्वयं कथाकार, समीक्षक और सम्पादक हैं...इतनी भी समझ नहीं है, तो उनके बारे में आगे हम कोई टिप्पणी ही नहीं करना चाहते...।

कोई आदमी कला रूप को जब तोड़ता है, तो वह क्रान्तिकारी काम करता है। निराला ने केवल मुक्तछंद लिखकर खुद को पंत, प्रसाद और बाकी लोगों से अलग कर लिया था। 'फार्म' की दुनिया में शताब्दियों में 'फार्म' तोड़ा जाता है। उपन्यास में नैरेशन, आख्यान के ढंग को बदलना बहुत बड़ी बात होती है। वर्जीनिया वुल्फ ने चेतना-प्रवाह के सिद्धान्त के अनुसार नये ढंग की कथा लिखी है। लेकिन यह हिन्दी लेखकों के पिछड़ेपन का सबूत है कि एक लीक पीटते चले जा रहे हैं। किसी समय रेणु ने फिल्म टेक्नीक अपनाई थी, आंचलिक उपन्यास जिसे लोगों ने कहा था। कथा कहने की शैली क्रान्तिकारी होती है। धाराप्रवाह कथन उसने नहीं कही थी। इसलिए महत्त्वपूर्ण था। फार्म को रेणु ने पहली बार तोड़ा था। फिर वर्षों बाद कुछ विनोद शुक्ल ने 'नौकर की कमीज' में बदलने की कोशिश की थी लेकिन ज्यादा नहीं। उसके बाद 'कलिकथा : वाया बाईपास' में बाईपास के जरिये कथा कही गई है। डेढ़ सौ साल की कथा तोड़ दी...इस तरह का काम बहुत पहले जैनेन्द्र ने किया था। प्रेमचन्द के साथ होते हुए भी, हटकर जब उन्होंने 'परख' और 'त्यागपत्र' लिखा तो वह दूसरी शैली थी। साहित्य और कला रूप में जब कोई आदमी रूप-सम्बन्धी नया प्रयोग करता है, उसे तोड़ता है, तो उसे रूपवाद कहकर खारिज करना कोई प्रगतिशीलता नहीं है, न जनवादिता है। न यह मार्क्सवाद है। यह बड़ी मोटी और भोंड़ी समझ है...।

तो राजेन्द्र यादव अपनी समझ से बड़ा प्रसन्न होंगे कि एक चुस्त फिकरा लिख लिया है। लेकिन यही चुस्त-फिकरा उनकी चिर-संचित मूर्खता और ज्ञानता का हिमालय है।

राजकुमार राकेश : आपका मानना है, कि हिन्दी में किसी भी युग को 'आलोचना का युग' नहीं कहा जा सकता तथा अपने लिए आप इस तथ्य को वरदान मानते हैं। हिन्दी में किसी भी आलोचनात्मक युग का न होना वरदान कैसे हुआ?

नामवर सिंह : अमेरिकी साहित्य में, तीस के दशक का एक पूरा दौर 'एज़ ऑफ क्रिटिसिज्म' के नाम से जाना जाता है। यह रेंडल 'जेरिल' जो कवि भी था, आलोचक भी था, उसने लिखा है। इंग्लैंड में ऐसा आलोचना का कोई युग नहीं माना जाता। लेकिन लगभग उसी के पास एक युग था, जब आई.ए. रिचर्ड्स और एफ.आर. लीविस का बड़ा मान था और चाहते तो कह सकते थे, लेकिन अंग्रेज बड़े सावधान होते हैं। कायदे से वह युग इलियट-पाउंड का युग था और उसके बाद ऑडेन का युग कहा, लेकिन लोगों ने 'एज ऑफ क्रिटिसिज्म' कभी नहीं कहा जबकि उस दौर के बहुत बड़े आलोचक आई.ए. रिचर्ड्स और एफ.आर. लीविस हुए हैं...।

तो मैंने जब यह कहा तो मेरे ध्यान में पूरी भारतीय परम्परा थी। संस्कृत में काव्य का युग कालिदास के साथ समाप्त हो गया था। और कालिदास के बाद यद्यपि कवि भारवि हुए; गिरात हुए, माघ हुए—'शिशुपाल वध' के लेखक, बाणभट्ट हुए—'कादम्बरी' और 'हर्षचरित' के लेखक, दंडी ने 'दशकुमार-चरित' नाम का आख्यान लिखा, श्रीहर्ष 'नैषध चरित' लिखने वाले हुए...बावजूद इसके संस्कृत में लगभग सन् 700 ई. से लेकर 1600 ई. के आसपास तक काव्यशास्त्र का युग था। रचना समाप्त हो गई। काव्यशास्त्र चला। इस दौर में भामह, दंडी, आनन्दवर्धन, अभिनवगुप्त, पादाचार्य, मम्मट, राजशेखर, विश्वास कविराज और जगन्नाथ अप्पय दीक्षित—यह काव्यशास्त्र का युग है। कविता जब खत्म हो गई संस्कृत की, तो केवल प्राचीन परम्परा के कुछ लोग मुँह में चुभलाते रहे। घुलाते रहे। आस्वाद लेते रहे। भोजन तो बन चुका था पहले। रचनाएँ तो हुईं, लेकिन संस्कृत का एक हजार साल का यह युग काव्यशास्त्र का युग है। अद्‌भुत कविताएँ इस दौर में लिखी गईं, लेकिन जोर आचार्यों का था।

अमेरिका में यह वही दौर है, जब कथाकार हेमिंग्वे हुआ, फॉकनर हुआ, एंडरसन हुआ, एडगर एलन पो हुए...लेकिन न्यू क्रिटिसिज्म के नाम पर अमेरिका में थ्योरी ही ज्यादा चली...। हिन्दी में जब मैंने कहा कि आलोचना का कोई युग नहीं है, तो देखिए, जहाँ आचार्य रामचन्द्र शुक्ल जैसा आलोचक हुआ हो, फिर भी उस युग को प्रेमचन्द और छायावाद के ही नाम से जाना जाता है—निराला, पंत, प्रसाद, महादेवी वर्मा के नाम से। रामचन्द्र शुक्ल युग कोई नहीं कहता। प्रगतिशील आन्दोलन के बाद रामविलास शर्मा जैसा आलोचक हुआ हो, इसी दौर में हजारी प्रसाद द्विवेदी हुए हों...लेकिन किसी भी आलोचक के नाम पर कोई युग नहीं रखा गया। जब रामचन्द्र शुक्ल के नाम पर नहीं रखा गया तो हजारी प्रसाद द्विवेदी और रामविलास शर्मा किस खेत की मूली हैं! महावीर प्रसाद द्विवेदी युग जो कहा गया

तो कारण अलग था। 1900 से 1920 तक, ले-देकर एक ही कवि थे—राष्ट्रकवि मैथिलीशरण गुप्त—जो द्विवेदी युग के बनाए हुए थे, इसलिए उसको मैथिलीशरण गुप्त तो कहा नहीं जा सकता। वह युग 'सरस्वती' का था। उस युग में महावीर द्विवेदी ने पूरा नवजागरण शुरू किया था। वे केवल आलोचक नहीं थे। इसलिए इस 'सरस्वती' युग को महावीर प्रसाद द्विवेदी के नाम से जाना जाता है। जैसे उससे पहले भारतेन्दु का युग था।

राजकुमार राकेश : लेकिन आज तो स्थिति बदली हुई प्रतीत होती है। यदि आप इसे 'अतिशयोक्ति' या 'पाखंडपूर्ण विनम्रता' न समझें, तो मैं कहना चाहूँगा, आज किसी रचनाकार का नाम लेने से पहले, हिन्दी साहित्य में 'स्टार' कहे जाने वाले नामवर सिंह का नाम अनायास चला आता है। पिछले पचास वर्षों—1950 से 2000 तक—का तो यही परिदृश्य है। क्या कहना चाहेंगे आप?

नामवर सिंह : मैं फिर कहूँगा, वैज्ञानिक दृष्टि से...बंधु केदारनाथ सिंह ने कहीं लिखा है, कि विचित्र बात है कि हिन्दी साहित्य के केन्द्र में आलोचक रहा और उन्होंने मेरा नाम लिया। यह बहुत दुर्भाग्यपूर्ण है, और होगा कि हिन्दी साहित्य के केन्द्र में आलोचना हो और रचना न हो। यह नहीं होना चाहिए। मैं यह नहीं मानता। अब भी तमाम चीजों को, और मेरी भी यह पाखंडपूर्ण विनम्रता नहीं है...हिन्दी की समूची परम्परा में आज तक आलोचक केन्द्र में नहीं रहा। यदि रामचन्द्र शुक्ल का युग नहीं है, तो नामवर सिंह युग तो होना ही नहीं चाहिए।

राजकुमार राकेश : छायावाद और समूचे प्रगतिशील आन्दोलन के बाद आज का यह युग किसका युग है? कौन-सी रचनाशीलता का?

नामवर सिंह : नहीं भई, मैं नहीं जानता...एक जमाने में नई कहानी, नई कविता का दौर था। रचनाकारों का यह आंतरिक विवाद, कलह और विविधता है कि रचना को साहित्य के केन्द्र से खारिज कर दिया जाए...।

मैंने राजेन्द्र यादव जी से हाथ जोड़कर प्रार्थना की कि बन्धुवर, कविता बनाम कहानी का विवाद मत चलाओ। दोनों सर्जनात्मक हैं। किन्तु वे तो तीस-चालीस साल के इस दौर में लिखी कविताओं को कुछ नहीं मानते। वे मानते हैं कि कहानी ही मुख्य विधा है। मैंने पूछा कि उपन्यासों के बारे में आपकी क्या राय है? कहानी-उपन्यास पर फैसला करोगे तो इस दौर में शायद महत्त्वपूर्ण तो उपन्यास लिखे गए हैं। 'नौकर की कमीज', 'राग दरबारी', 'तमस', 'मय्यादास की माड़ी', 'जिन्दगीनामा', निर्मल वर्मा की कहानियाँ, मंजूर एहतेशाम का 'सूखा बरगद'—ये सारी चीजें और उसी में मैत्रेयी पुष्पा की भी कहानियाँ और उपन्यास हैं। इस दौर में कवियों ने भी लिखा है। तो कविता-उपन्यास की बहस छेड़कर तुम हिन्दी सर्जनात्मकता का निषेध मत करो। आप सर्जन नहीं कर रहे हैं—सम्पादकीय लिख रहे हैं। मैं भी आलोचना न लिखकर मौखिक-विमर्श कर रहा हूँ। लेकिन इसके

पीछे तो रचना ही है। मेरी प्रतिबद्धता रचना और रचनाकार के प्रति है। मैं अपना झंडा गाड़ने के लिए इस बुनियादी वास्तविकता का निषेध नहीं करना चाहता। इसलिए यह गलत चीज है। होना नहीं चाहिए। यह अखबारनवीसी मीडिया की देन है। इसके कारण लोग किसी आलोचक को मान लें, लेकिन यह गलत है।

राजकुमार राकेश : आपके आलोचना कर्म में एक अद्‌भुत 'कंट्राडिक्शन' है कि आप एफ.आर. लीविस जैसे मार्क्सवाद-विरोधी आलोचक से प्रभावित रहे हैं।

नामवर सिंह : मैंने स्वीकार किया है। मार्क्स अगर हीगेल को अपने आप का ऋणी मान सकते हैं, तो अगर मैं एफ.आर. लीविस को मानता तो इसमें क्या गड़बड़ी है? प्रह्लाद किससे पैदा हुआ था। एक राक्षस से न...इतिहास में, परम्परा में यही होता है।

राजकुमार राकेश : नामवर जी, आपने यह बात कई बार उठाई है, कि मार्क्सवाद कोई ठस्स या स्टेटिक विचार नहीं है, बल्कि एक ऐसी प्रक्रिया है जो विचार को आगे ले जाकर सोचने और विचारने की एक कारगर पद्धति विकसित करती है तथा इसे आर्थोडॉक्स टेक्स्ट की तरह नहीं पढ़ा जाना चाहिए। तो सवाल यह है कि हमारा आज का युग मार्क्सिज्म के कितना पार जाता है? आप कहते हैं कि आपके बहुत से सवालों का जवाब मार्क्सिज्म नहीं देता तो आने वाले समय में इसका कौन-सा फार्मेट विकसित या निर्मित होगा?

नामवर सिंह : मार्क्स, फ्रॉयड और डार्विन—यह उन्नीसवीं शताब्दी के दार्शनिक और आचार्य हुए हैं। बीसवीं शताब्दी में गांधी हुए, आइंस्टाइन हुए, लेनिन हुए...वह बीसवीं शताब्दी बीत गई। मेरे जैसे लोग उस बीसवीं शताब्दी के अवशेष हैं। इक्कीसवीं शताब्दी में कौन से वैज्ञानिक और चिन्तक इसे रूप देंगे, वह निकट भविष्य में पता चला जाएगा। लेकिन हम जिस पूँजी पर काम कर रहे हैं...तो यहाँ वेद तो हैं ही, बुद्ध यहाँ हो चुके हैं, कबीर हो चुके हैं, गांधी यहाँ हुए हैं। वही पूरी परम्परा जिसमें हमने मार्क्स को भी स्वीकार किया था। लेकिन चीजों की उपज होते हुए भी मार्क्स की सीमा उन्नीसवीं शताब्दी थी। यद्यपि उनमें ऐसे कुछ बीज थे जो बीसवीं में काम आए व इक्कीसवीं में भी काम आएँगे, क्योंकि एक मामले में तो मार्क्सवाद वैध रहेगा। जब तक पूँजीवाद है, तब तक मार्क्स को भुलाया नहीं जा सकता। पूँजीवाद का पहला गम्भीर विश्लेषक कार्ल मार्क्स ही हुआ है। इक्कीसवीं शताब्दी में मार्क्सवाद इसीलिए वैध रहेगा कि पूँजीवाद है। पूँजीवाद के चलते उसकी उपेक्षा संभव नहीं है। यह उसकी बुनियाद है। आजकल विज्ञान के क्षेत्र में—बायोलोजी में बहुत काम हो रहा है। माइक्रोबायोलोजी और मॉलिक्यूलर बायोलोजी में! लेकिन डार्विन अभी तक गलत साबित नहीं हुआ है। उसमें विकास जरूर हुआ है। इसी तरह मनुष्य के मन की व्याख्या करने के बारे में फ्रायड का अन्कांशियस आज भी वैध है। इस सबमें मार्क्स मेरे लिए आधार है। लेकिन वे

बहुत खुले हुए थे और चीज पर शक करने की सलाह देते थे। उनके तीन सूत्र हैं जो मुझे कभी नहीं भूलते तथा मेरे भी ये मोटो हैं :

1. 'डाउट एवरीथिंग'—हर चीज पर शक करो।
2. 'नथिंग ह्यूमेन इज एलियन टू मी'—जो भी मानवीय है, वह मेरे लिए पराया नहीं है, और
3. 'विदआउट हेस्ट, विदआउट रेस्ट'—जल्दबाजी में कुछ नहीं और बिना आराम के!

यह उनका निजी था...।

इन तमाम लोगों में, ऋषियों में, चाहे वे वेदों के ऋषि हों या उपनिषदों के मेरी श्रद्धा रही है। सबसे अधिक श्रद्धा मेरी बुद्ध के लिए रही है। प्राचीन लोगों में बुद्ध मेरे आदर्श रहे हैं। उसके बाद में गांधी जी। बुद्धगांधी और मार्क्स की रोशनी में मैं सोचने-समझने लगा। और विचित्र बात है, कि इन तीनों का सम्बन्ध साहित्य से नहीं था। लेकिन इन तीनों का सौंदर्यबोध, इनकी मनुष्यता और इनका सौंदर्यशास्त्र मिलाकर जो मुझे शक्ति देता है, दृष्टि और प्रेरणा देता है, वही मेरी सबसे बड़ी विरासत है। लोगों को यह परस्पर विरोधी लगेंगे, लेकिन मैंने राहुल जी और अपने गुरुदेव आचार्य द्विवेदी जी में इनका योग पाया है। उन्हीं के माध्यम से मैंने रवीन्द्रनाथ के व्यक्तित्व को भी जाना। यही चीजें हैं जो मुझे दिशा दिखाती हैं। यही मेरी विरासत और पूँजी है। मार्क्स एक बात कहते थे—निर्ममताहीन आलोचना...आत्म-आलोचना...दूसरों की आलोचना करने में निर्मम भले ही उतने न हों, लेकिन अपनी आलोचना निर्मम होकर करें...।

मैं इस सूत्र को अब भी मानता हूँ। किसी पर मेरा कोई आग्रह नहीं है। यह खुलापन मैं रखना चाहता हूँ और अपनी गलती तुरंत स्वीकार करना चाहता हूँ। जब भी मुझे लगे कि अभी तक जो भी मैंने सोचा वह गलत था, तथ्य और अनुभव जो सामने आए, किसी कविता-उपन्यास को पढ़ने के मामले में, तो मैं सुधार लेने के लिए तैयार रहता हूँ। मसलन निर्मल वर्मा के 'कव्वे और काला पानी' के बारे में पहली मेरी धारणा उसके खिलाफ थी। जब बाद में मैंने पढ़ा तो मुझे लगा कि नहीं, एक बिन्दु है, जो अच्छा है...।

राजकुमार राकेश : 'परिंदे' के बारे में आपकी धारणा तो नहीं बदली?

नामवर सिंह : 'परिंदे' के बारे में नहीं बदली। 'परिंदे' पहले भी अच्छी लगी थी, आज भी अच्छी लगती है।

राजकुमार राकेश : निर्मल वर्मा के 'मिस्टीक' के बारे में?

नामवर सिंह : उस 'मिस्टीक' को एक 'डिवायस' के रूप में लीजिए। निर्मल जी जो मिस्टीक क्रिएट करते हैं, वह एक तरह का कौशल है। रहस्यात्मकता... वह रहस्यवाद नहीं है। यह देर से समझने की मैंने कोशिश की। वह एक विस्मय,

विमुग्ध, चकित करनेवाला बोध है। एक डिवायस है, दर्शन नहीं। यद्यपि निर्मल के विचारों में जिस प्रकार की भारतीयता--आध्यात्मिकता आती दिखाई पड़ रही है, मैं उसे समझने की कोशिश कर रहा हूँ। उससे मुझे दु:ख होता है। सब होते हुए भी इतिहास का एक तथ्य है निर्मल और हम दोनों समकालीन हैं। वे मुझसे दो साल छोटे हैं। वे मेरे प्रिय लेखकों में हैं। तो इसलिए उनकी 'भारतीयता' को मैं बनारसी होने के कारण समझ सकता हूँ। मेरा जन्म भी भारतीय संस्कारों और हिन्दू संस्कारों में हुआ है...निर्मल जी आरम्भ से ही शिमला निवासी होने के कारण अभारतीय रहे हैं इसलिए भारत की ओर लौटते हैं...तो क्यों लौटते हैं, मैं समझ सकता हूँ...।

राजकुमार राकेश : शिमला निवासी होने की वजह से अभारतीय होना कुछ जमा नहीं!

नामवर सिंह : नहीं...शिमला शहर तो प्रतीक है। शिमला निवासी हो जाने से अभारतीय नहीं हो जाते। अंग्रेजीयत...और यूरोप में रहे हैं...उन्हें अगर काशी जैसे किसी शहर में रहने का मौका मिलता, वहाँ के पंडे पुरोहितों और दूसरे घटिया लोगों से मिलते तब उन्हें कितनी नफरत होती...! गांधी जी विलायती थे, भारतीय बने, भारतीय पोशाक ही नहीं अपनाई, रहन-सहन भी अपनाया। हिन्दू बने गांधी जी। वे हिन्दू थे नहीं। वे तो बैरिस्टर थे। और जब बने तो उन्हें लगा कि विश्वनाथ मन्दिर की नालियाँ और गन्दगी...यही है भारतीयता। निर्मल जी के बारे में मुझे कृष्णा सोबती की एक बात याद आती है। पूसा रोड पर जहाँ वे रहते थे, उन्होंने निर्मल से कहा कि कभी तुम्हारी नजर अपने पास के इस नाले के पास थूथन उठाए सूअरों पर पड़ी है? उस यथार्थ को निर्मल जी ने अभी देखा नहीं है। वह उनके लिए रोमांटिक है। शिमला, दिल्ली व यूरोप में ज्यादा समय बिताने के कारण यह भारतीय यथार्थ निर्मल जी ने नहीं देखा है। इसलिए भारत में उनकी परिकल्पना एक विदेशी पर्यटक की सी रोमांटिक परिकल्पना है और वे सपनों के भारत में जी रहे हैं। इसलिए उनकी दृष्टि की सीमाएँ रही हैं। लेकिन इसका तो गर्व मुझे हमेशा रहेगा ही, कि हमारे बीच, हमारी पीढ़ी में निर्मल वर्मा एक लेखक हुआ है। लाख कहें, मोहन राकेश, कमलेश्वर और राजेन्द्र यादव जैसे लोग—वह इनसे बड़ा और महत्त्वपूर्ण है। यह सब लोग उसके बराबर टिक नहीं सकते। यह मैं तब भी मानता था और अब भी मानता हूँ। 'परिंदे' को नई कहानी का पहला संग्रह मैंने सोच-समझकर कहा था। आवेश में नहीं। आज भी मैं मानता हूँ, यह त्रिगुट कहानी को हाईजैक करना चाहता था। अमरकान्त बहुत महत्त्वपूर्ण हैं। कम लिखा है। बीमारियों के कारण, अनेक दूसरे कारण से उनका विकास अवरुद्ध हो गया, लेकिन 'जिन्दगी और जोंक' की कहानियों से चलकर 'हत्यारे' तक आने वाले अमरकान्त ही निर्मल के जोड़ के हमारी पीढ़ी के लेखक हैं। हमारे साहित्य का दूसरा पहलू—एक ओर अगर निर्मल हैं, तो अमरकान्त उसी रूप में हैं दूसरी ओर।

राजकुमार राकेश : लेकिन अब तो आपकी आस्था नई पीढ़ी के प्रति ज्यादा है! अपने समकालीनों से भी ज्यादा!

नामवर सिंह : वह तो बराबर होगी...भई! मेरी घड़ी निर्मल के साथ बन्द नहीं हो गई है। इत्तफाक से अभी बैटरी उसमें है। वह चल रही है। और उसे घड़ी के साथ आज जो नये लिख रहे हैं...मसलन अखिलेश की कहानी मैंने 'कथादेश' में पढ़ी...'ग्रहण' उसी में दूधनाथ सिंह की एक कहानी है—'निष्कासन', लेकिन मुझे लगा कि अखिलेश की यह कहानी दूधनाथ की इस कहानी से बेहतर है। कई लेखक हैं जो इतना अच्छा लिख रहे हैं।

राजकुमार राकेश : उदय प्रकाश की याद मैं आपको दिलाऊँ?

नामवर सिंह : अद्‌भुत प्रतिभाशाली वह लेखक है। लेकिन उदय प्रकाश का इतना विरोध लोगों ने किया है अथवा उदय प्रकाश अपने विरोध को इतना बढ़ा-चढ़ाकर देखता है, कि 'तिरिछ', 'वारेन हेस्टिंग्ज का सांड', 'पाल गोमरा का स्कूटर' और 'अन्त में प्रार्थना' जैसी कहानियों का लेखक उन सब चीजों के दबाव में अच्छी-खासी अपनी कहानी 'पीली छतरी वाली लड़की' और अभी उसकी एक कहानी आई है—'दिल्ली की दीवार', अच्छी कहानियाँ हो सकती थीं, लेकिन नष्ट कर दिया है, दोनों कहानियों को उसने। लेकिन प्रतिभाशाली यह लेखक है। नये लेखक अच्छा लिख रहे हैं। अवधेश प्रीत, जयनन्दन की कहानियाँ मैंने देखी हैं। ओमप्रकाश वाल्मीकि की। सृंजय ने अच्छी कहानियाँ लिखी थीं। मैं काशीनाथ सिंह का नाम इसलिए नहीं लेता कि राजेन्द्र. यादव कहेंगे कि अपने भाई का गुणगान करता है। लेकिन अन्ततः साबित होगा कि काशीनाथ सिंह तो राजेन्द्र यादव से बड़ा कहानीकार है। उनकी कहानियों का फार्म और शिल्प के स्तर पर कोई मुकाबला नहीं है। अभी जो 'कौन ठगवा नगरिया लुटल हो' तद्‌भव में आई है...। देवेन्द्र ने 'क्षमा करो हे वत्स' कहानी लिखी है। नये लोग इतना अच्छा लिख रहे हैं। कथाकारों की अपनी गाँठें होंगी। मैं तो एक पाठक हूँ, जिसे आलोचक के रूप में जानते हैं। नई रचनाएँ जब मैं देखता हूँ, सच कहता हूँ, आपसे राकेशजी, जिन लोगों की उम्र तीस-चालीस साल है, इस समय इतना अच्छा लिख रहे हैं, कि मुझे लगता है कि हमारे पचास के दशक के लोग इनकी तुलना में बहुत पिछड़े हुए थे। यह रचनाशीलता मुझे नई उम्र दे रही है।

राजकुमार राकेश : इस ऊर्जा को पाकर आप युवा होते जा रहे हैं?

नामवर सिंह : जी हाँ। गर्व होता है, कि ऐसे दौर में भी मैं जिन्दा हूँ, जहाँ इतना अच्छा लिखा जा रहा है। यह मेरे लिए ताकत है। यद्यपि लोग समझेंगे कि मैं नई पीढ़ी की पीठ थपथपा करके अपने-आपको उनके कंधे पर बिठाना चाहता हूँ। लेकिन कोई उम्मीद नहीं है। चुपचाप अगर कोई मुझे फेंक भी दे किसी नाले में तब भी मुझे कोई दुःख नहीं होगा। लेकिन मैं यह दौर देखने के लिए जिन्दा हूँ कि

जब मैं जवान था, तब एक साहित्य लिखा जा रहा था। उमंगें थीं हमारी! आज इस बुढ़ापे में मैं अपनी नई पीढ़ी के लोगों को इतना अच्छा लिखते देख रहा हूँ, यह एक संजीवनी बूटी है मेरे लिए। और कोई गाँठ अपनी पीढ़ी को लेकर मेरे मन में नहीं है। न बाकी चीजों को लेकर। यह मेरे अन्दर की भावना है। और आज की बातचीत मैं इसी के साथ समाप्त करना चाहता हूँ।

राजकुमार राकेश : नामवरजी, एक आखिरी सवाल बाकी है। भारतीय समाज का भविष्य आप मार्क्सवाद और गांधीवाद में से किसमें देखते हैं?

नामवर सिंह : भाई, न मार्क्स का कोई वाद था और न गांधी का कोई वाद था। मार्क्स और गांधी की रचनाओं को पढ़ो तो ऐसी वे खान हैं, कि उनमें अद्‌भुत नये-नये क्रान्तिकारी सूत्र मिलते हैं। मार्क्सवादियों को छोड़ो, चाहे वे कम्यूनिस्ट पार्टियों से जुड़े हुए हों। गांधीवादियों और नव गांधीवादियों को छोड़ो। स्वयं उनकी रचनाओं को मैं जब भी पढ़ता हूँ तो एक नया विस्फोटक क्रान्तिकारी तत्त्व मिलता है। और वे हमारे लिए उसी तरह स्रोत रहेंगे, अक्षय स्रोत—नए क्रान्तिकारी विचारों के। गांधी भी और मार्क्स भी। कोई विरोध नहीं है दोनों में!

राजकुमार राकेश : नामवर जी, आपके साथ हुई इस बातचीत के लिए धन्यवाद। हालाँकि फिलहाल मुझे तो यही अहसास हो रहा है कि जैसे विशाल समुद्र में से हम सिर्फ एक मोती ही निकाल पाए हैं। इस पर मैं खुश भी हो सकता हूँ और अफसोस भी कर सकता हूँ।

नामवर सिंह : चलो, अगर अन्त में वह भी मोती साबित हो जाए तो गनीमत समझो। कौन जाने वह भी ठीकरा निकले!

राजकुमार राकेश : लेकिन एक बार फिर आपको पकड़ने की कोशिश तो करेंगे।

नामवर सिंह : कहते हैं : 'उम्मीद पर जीते हैं लोग!'

[साभार : 'पल-प्रतिपल'—जनसाहित्य की त्रैमासिक पत्रिका, अप्रैल-जून, 2002]

परम्परा के प्रति वस्तुनिष्ठ और वैज्ञानिक दृष्टि अपनाएँ

[नामवर सिंह से नन्द भारद्वाज की बातचीत]

[हिन्दी साहित्य की प्रगतिशील परम्परा के पुनर्मूल्यांकन और समकालीन रचनाकर्म की अंवेर-परख का जोखिम भरा काम करनेवाले आलोचकों में डॉ. नामवर सिंह की अपनी अलग पहचान हैं। वे न केवल वस्तुनिष्ठ और वैज्ञानिक दृष्टि के कारण बल्कि व्याख्या-विवेचन की अपनी विशिष्ट शैली के कारण भी समकालीन लेखकों के बीच काफी चर्चित और विवादास्पद बने रहते हैं। अपनी प्रगतिशील जीवन-दृष्टि के तकाजे से एक ओर जहाँ उन्होंने पुराने रसवादी एवं नव-कलावादी मानदंडों और मनोवृत्तियों से अनवरत संघर्ष किया है, वहीं दूसरी ओर मार्क्सवादी आलोचना में उभरते अति-सरलीकरण और एकांगीपन की आलोचना करते हुए उसे सन्तुलित रूप में रखने का प्रस्ताव किया है। वे पर-समीक्षा के साथ आत्म-समीक्षा के महत्त्व को भी बखूबी जानते हैं।

अपने आलोचना-कर्म में नामवर जी ने इस बात पर सर्वाधिक बल दिया है कि हम जीवन और अपनी साहित्यिक-सांस्कृतिक परम्परा के प्रति वस्तुनिष्ठ और वैज्ञानिक दृष्टि अपनाएँ। एक सहृदय और प्रबुद्ध पाठक के रूप में वे समकालीन रचना के प्रति जितने संवेदनशील हैं, उतने ही अपने आलोचना-कर्म के प्रति सजग और जवाबदेह। इसलिए समकालीन लेखन के मूल्यांकन में वे जल्दबाजी के विरोधी हैं। वे बढ़ते हुए पौधे को नापना कम पसन्द करते हैं, हालाँकि संस्कार से परहेजी नहीं हैं और चर्चा छेड़ दी जाने पर अपनी बनती हुई राय को प्रकट करने में संकोच भी नहीं करते। नामवर जी के व्यक्तित्व की ये कुछ ऐसी खूबियाँ हैं, जो उनसे बार-बार संवाद के लिए उत्साहित करती हैं। प्रस्तुत संवाद भी उसी का परिणाम है।]

नन्द भारद्वाज : डॉक्टर साहब, साहित्य की प्रगतिशील परम्परा की खोज और उसके मूल्यांकन का प्रश्न आपके आलोचना-कर्म का एक तरह से केन्द्रबिन्दु रहा है, जबकि भारतीय साहित्य के आचार्यों से लेकर आचार्य रामचन्द्र शुक्ल तक

साहित्यालोचन की जो सुदीर्घ परम्परा बनती है, बल्कि आगे भी व्याख्या-विवेचन की उसी परम्परा का जो विस्तार दिखाई देता है, एक आलोचक के रूप में आप इस परम्परा के विकास और विस्तार को किस तरह से देखते हैं?

नामवर सिंह : नन्द जी, हिन्दी आलोचना की जो परम्परा विरासत के रूप में मुझे मिली है, वह आपने सही कहा कि आचार्य रामचन्द्र शुक्ल से चलकर आचार्य हजारी प्रसाद द्विवेदी और डॉक्टर रामविलास शर्मा मुख्य रूप से उसमें आते हैं। उन लोगों से एक सुदीर्घ ही नहीं बल्कि कहूँ कि व्यवस्थित और अधिक लोकोन्मुख परम्परा मिली है। इस परम्परा का एक महत्त्वपूर्ण भाग रहा है—अपने हिन्दी साहित्य और हिन्दी भाषा की जो जातीय विरासत है, उसका हर बार नये सिरे से मूल्यांकन करना और आज के पाठकों और लेखकों को उसकी याद दिलाते रहना। मेरा खयाल है कि आज के साहित्यिक वातावरण में इस बात की बहुत जरूरत है कि अपनी उस पुरानी विरासत की याद दिलाई जाए क्योंकि जीवन की आपाधापी में लोग इतने नितान्त समकालीन हो चले हैं कि उनकी स्मृति यदि समाप्त नहीं हुई है, तो कहा जाए कि बहुत कुछ क्षीण हो गई है। अतीत में पिछले दस-पन्द्रह-बीस वर्षों तक उनकी दृष्टि जाती है, उससे पहले के साहित्य की याद भी उन्हें नहीं आती है। इसलिए एक तो हिन्दी के पाठकों को अपनी लम्बी परम्परा की याद दिलाते रहना चाहिए और लेखकों के लिए भी जरूरी है कि उनके सृजन-कर्म में उनका अतीत कितनी दूर तक सहायक होता है। उससे कोई प्रेरणा मिलती है, कोई शक्ति मिलती है या नहीं मिलती है, इसलिए भी उस परम्परा की याद सर्जकों को भी दिलाई जानी चाहिए। इसलिए आलोचना-कर्म के वैसे तो अनेक पहलू हैं और मैं मानता हूँ कि मुख्य जिम्मेदारी हर आलोचक की अपने समकालीन सर्जन-कर्म के प्रति होती है। आज जो साहित्य लिखा जा रहा है, सही ढंग से और वस्तुनिष्ठ ढंग से उसका विश्लेषण किया जाए, मूल्यांकन किया जाए और पाठक और सर्जक के बीच एक सही संवाद कायम किया जाए। उस संवाद में आलोचना-कर्म द्वारा हम योग दें, मुख्य-कर्म तो मैं यही मानता हूँ, लेकिन इस कर्म में निश्चित रूप से जो सहायक और उपयोगी होता है, वह है—अपने इतिहास का पुनरावलोकन। इसी दृष्टि से मैंने अब तक जो कुछ लिखा है, अपने पूर्ववर्तियों के समान ही समकालीन साहित्य के साथ अपने अतीत के साहित्य के बारे में भी लिखा है।

आप जानते हैं कि आरम्भ में मैंने 'छायावाद' के बारे में लिखा, आधुनिक साहित्य की प्रवृत्तियों पर लिखा। इस क्रम में शायद यह भी आपको स्मरण हो कि सच पूछिए तो दसवीं-ग्यारहवीं शताब्दी के साहित्य अपभ्रंश से मैंने लिखना शुरू किया। 'पृथ्वीराज रासो' पर लिखा। इसलिए हिन्दी साहित्य के आरम्भ से लेकर निकट अतीत की परम्पराओं के विवेचन-मूल्यांकन में प्रवृत्त होने का मुख्य कारण यही था। यही काम रामचन्द्र शुक्ल ने अपने 'इतिहास' के द्वारा किया। यही काम

आचार्य हजारी प्रसाद द्विवेदी ने 'हिन्दी साहित्य की भूमिका' के द्वारा किया और डॉक्टर रामविलास शर्मा ने अपने निबन्ध संग्रहों और उसके अलावा भारतेन्दु से लेकर निराला तक के प्रमुख साहित्यकारों के बारे में लिखा। इसमें उल्लेखनीय बात सिर्फ इतनी ही है कि समूची परम्परा की चर्चा करना है, लेकिन उस परम्परा में ऐसे कई तत्त्व हैं जो हर समय हमारे सामान्य जन की आशाओं-आकांक्षाओं को व्यक्त नहीं करते हैं। ऐसा भी हुआ है कि साहित्य भटककर केवल शिष्टजनों, बड़े लोगों, राज-दरबारों तक सिमटकर रह गया था, इसलिए मुख्य कर्तव्य हमारा यही है कि हम उस साहित्य को रेखांकित करें और उभार कर रखें जो साधारण जन की आशाओं-आकांक्षाओं की वाणी बने और उसी को हम मोटे तौर पर प्रगतिशील परम्परा कहते हैं, जिसकी ओर आपने संकेत किया है। इसलिए आचार्य शुक्ल, आचार्य हजारी प्रसाद द्विवेदी और डॉ. रामविलास शर्मा के क्रम गें ही मैंने अपनी ओर से विनम्र ढंग से उसी प्रगतिशील परम्परा को रेखांकित किया है और उसकी व्याख्या में कुछ नये तत्त्व जोड़ने का प्रयत्न किया है।

नन्द भारद्वाज : आचार्य हजारी प्रसाद द्विवेदी के आलोचना-कर्म पर जो आपने इधर एक किताब लिखी थी 'दूसरी परम्परा की खोज', उसमें आपने जो दूसरी परम्परा के बारे में चर्चा की है, वैसे तो किताब पढ़ते हैं तो उसमें बहुत-सारी चीजें स्पष्ट होती हैं, लेकिन थोड़ा बताएँगे कि छायावाद से लेकर आधुनिक साहित्य की जो प्रवृत्तियाँ हैं, उनका विश्लेषण करते हुए, या 'कविता के नए प्रतिमान' में आपने नई कविता और परम्परा को जिस तरह से व्याख्यायित किया है, उस परम्परा या उस क्रम से क्या परम्परा के बारे में आपकी जो बुनियादी सोच है, उसमें कोई बदलाव आया है, या उसी का विस्तार है?

नामवर सिंह : आचार्य हजारी प्रसाद द्विवेदी पर जो मैंने पुस्तक 'दूसरी परम्परा की खोज' नाम से लिखी, वह एक तरह से अपने गुरु के प्रति श्रद्धांजलि है और उनके देहावसान के बाद मुझे लगा कि उनके माध्यम से उनके आधार पर कुछ ऐसा कहा जा सकता है, जो केवल एक व्यक्ति के प्रति नहीं होगा, बल्कि हिन्दी आलोचना के लिए जो आवश्यक भी है और तात्कालिक रूप से प्रासंगिक भी है, किन्तु उसकी कड़ी यह है कि बहुत पहले मैंने 1952 में एक लेख लिखा था जो 'आलोचना' के इतिहास अंक में उस समय प्रकाशित हुआ था : 'इतिहास के प्रति नया दृष्टिकोण' और बहुत दिनों से मेरी यह इच्छा रही है और अभी तक वह पूरी नहीं हो सकी है कि 'हिन्दी साहित्य एक इतिहास' मुझे लिखना ही है। अब हिन्दी साहित्य के इतिहास-लेखन की दिशा में मैंने उसका कुछ सिद्धान्त सम्बन्धी और पद्धति-सम्बन्धी भी समय-समय पर विवेचन किया है, इसलिए, 'दूसरी परम्परा की खोज' में आपको उस इतिहास-दर्शन की झलक मिलेगी, जिसे मैंने 'दूसरी परम्परा' कहा है और वह यह है कि इतिहास में कोई एक परम्परा नहीं होती,

साहित्य के इतिहास में, बल्कि संस्कृति के इतिहास में एक से अधिक परम्पराएँ होती हैं। होता यह है कि आम तौर पर जिसे प्रतिष्ठान या व्यवस्था मुख्यधारा के रूप में स्वीकार करती है, वह होती नहीं है, बल्कि कुछ आलोचकों द्वारा वह बनाई जाती है और वह परम्परा आम तौर से उन साहित्यकारों की होती है जो साहित्यकार किसी व्यवस्था के लिए अनुकूल होते हैं, जो उनके प्रतिष्ठानों के मूल्यों का समर्थन करते हैं। इस कारण होता यह है कि कुछ वे साहित्यकार जो प्रतिष्ठित मूल्यों को और व्यवस्था की मान्यताओं को चुनौती देते हैं, जो एक तरह से प्रतिपक्ष में होते हैं, सामान्यतः उन साहित्यकारों की उपेक्षा होती है, उनके मूल्यों की उपेक्षा होती है। इसलिए कभी-कभी अंग्रेजी में उस दूसरी परम्परा को 'लिटिल ट्रेडीशन' भी कहते हैं। मुझे ऐसा लगा कि आचार्य रामचन्द्र शुक्ल के इतिहास के साथ भी ऐसा ही हुआ। उन्होंने तुलसीदास को आधार बनाकर साहित्य की जिस मूल धारा या मुख्य धारा को प्रतिष्ठित किया, उसके विपरीत एक दूसरी और परम्परा हिन्दी में ही थी, जिस परम्परा के अग्रदूत कबीर हैं, और ये वे लोग हैं जो हमारी वर्ण-व्यवस्था को चुनौती देते हैं, शास्त्रों को चुनौती देते हैं, जो मुख्य रूप से द्विजों की या सवर्ण हिन्दुओं की परम्परा के मुख्य आधार रहे हैं। आचार्य हजारी प्रसाद द्विवेदी का लेखन, उनकी 'कबीर' नाम की पुस्तक और 'हिन्दी साहित्य की भूमिका' से मुझे यह दृष्टि मिली। द्विवेदी जी ने 'कबीर' नाम की पुस्तक लिखकर या 'हिन्दी साहित्य की भूमिका' के द्वारा सम्भवतः उस दूसरी परम्परा की ओर लोगों का ध्यान आकृष्ट किया है जो सवर्ण हिन्दू समाज के मूल्यों के विरुद्ध जाती है। यही नहीं बल्कि वह आज की भाषा में सेक्यूलर कहे जाने वाले या धर्मनिरपेक्ष कहे जाने वाले मूल्यों का भी साहित्य है, जो हिन्दू और मुसलमानों की एकता की बात नहीं करता, बल्कि वह इन दोनों धर्मों की कट्टरता से मुक्त होकर सामान्य मनुष्यता की भूमिका पर आम जनता को एकजुट करने की बात करता है यानी वह पांडे और मौलवी, दोनों को फटकार कर इनसे अलग साधारण जनों की एकता की बात करता है, जो मन्दिर और मस्जिद को मिलाने की बात नहीं करता, बल्कि मन्दिर से भी अलग, मस्जिद से भी अलग, जो खेत में काम करते हैं, कारखानों में काम करते हैं, ऐसे लोग जो सामान्य भाईचारे के आधार पर मिलते हैं, इस भूमि पर कबीर मिलते हैं। यही काम द्विवेदी जी ने 'कबीर' नाम की पुस्तक में किया था। मुझे लगा कि प्रगतिशील आन्दोलन और प्रगतिशील जीवन-दृष्टि के लिए यह दूसरी परम्परा बहुत महत्त्वपूर्ण है। इसकी जरूरत इसलिए भी पड़ी कि आचार्य शुक्ल ने और उनके मानने वालों ने कबीर को तो कवि ही नहीं माना। यह जरूर माना कि कबीर में प्रतिभा बड़ी प्रखर थी। उन्होंने छोटी जातियों में आत्मगौरव का भाव भरा। लेकिन कबीर कवि भी हैं और अच्छे कवि हैं और किसी भी मामले में सूर या तुलसी की कोटि से घटकर नहीं हैं, द्विवेदी जी ने कबीर के उस कवित्व

को उजागर किया। मैंने 'दूसरी परम्परा की खोज' पुस्तक के द्वारा उस एक तरह की, कहना चाहिए कि जनवादी, विद्रोही और व्यवस्था-विरोधी साहित्यिक-परम्परा को रेखांकित करने का प्रयत्न किया है।

नन्द भारद्वाज : एक छोटी-सी जिज्ञासा और है। जैसे आचार्य रामचन्द्र शुक्ल ने सूर, तुलसी और जायसी के साहित्य को आधार बनाकर उस परम्परा पर काफी विस्तार से चर्चा की, उसी के समानान्तर द्विवेदी जी ने कबीर को मुख्य आधार बनाकर उस दूसरी परम्परा की पहचान की और उस पर विस्तार से लिखा, क्या इन दोनों परम्पराओं को हम एक-दूसरे की पूरक के रूप में लें, या कहीं ये एक दूसरे के विरुद्ध खड़ी दिखाई देती हैं?

नामवर सिंह : देखिए, आचार्य हजारी प्रसाद द्विवेदी ने 'हिन्दी साहित्य की भूमिका' में एक अध्याय लिखा है : 'सन्तों का विश्वास' और उस अध्याय में उन्होंने निर्गुण और सगुण, राम-भक्त और कृष्ण-भक्त—सभी सन्तों के बीच एक जो सामान्य भक्ति की भावना है, मानव-प्रेम की भावना है, उसको रेखांकित किया है और निश्चित रूप से उनमें एक समान भूमि भी है और थी! बावजूद इसके, उस सामान्य भूमि के अतिरिक्त यह भी निश्चित है कि दो भिन्न मूल्यों का टकराव भी वहाँ था। यदि द्वन्द्ववाद का सहारा लें तो उनमें एकता भी है और विरोध भी है। इसीलिए आप देखेंगे कि उनमें एक स्तर पर तुलसीदास इस वर्ण-व्यवस्था का समर्थन करते हैं, कबीर आदि से अन्त तक समूची वर्ण-व्यवस्था को चुनौती देते हैं। इसलिए एकता के बावजूद निश्चित रूप से जैसाकि मुक्तिबोध ने भी कहा है कि सगुण भक्त वर्ण-सहयोग या आज की भाषा में वर्ग-सहयोग पर बल देते हैं, जबकि निर्गुण भक्त यह मानते थे कि उनमें सहयोग सम्भव ही नहीं है। जैसे शेर और बकरी में कोई सहयोग नहीं हो सकता है, ब्राह्मण और शूद्र में सहयोग की भूमिका क्या बन सकती है जब तक कि वर्ण की दीवारें टूट न जाएँ? इसलिए दोनों में अन्तर भी है। द्विवेदी जी ने यह दिखाने की कोशिश की है। दोनों में निश्चित रूप से जैसे समाज में अन्तर था, उसी तरह साहित्य में भी इन दो धाराओं में अन्तर है।

नन्द भारद्वाज : अच्छा, देखिए, परम्परा के मूल्यांकन को लेकर डॉ. रामविलास शर्मा ने एक जातीय परम्परा के विकास पर काफी विस्तार से अपने ग्रन्थों में चर्चा की है। आपका दृष्टिकोण उनसे मोटे तौर पर तो मेल खाता है, लेकिन उसमें आपकी बहुत-सी आशंकाएँ भी हैं, कुछ आपके दृष्टकोण में भिन्नता भी है, थोड़ा उसे आप स्पष्ट करेंगे?

नामवर सिंह : नन्द जी, इस पर काफी लिख चुका हूँ मैं, और उन बातों को यहाँ दोहराना भी ठीक नहीं है। आजकल हिन्दी जगत में कुछ लोगों ने, और वे रामविलास जी के भक्त और पुजारी बनकर सामने आ रहे हैं, इस मतभेद को बढ़ा-चढ़ाकर पेश किया है।

मैं लिख चुका हूँ कि रामविलास जी के प्रति मेरे हृदय में भी श्रद्धा है, लेकिन अन्ध-श्रद्धा नहीं है और जो प्रगतिशील दृष्टि हमें मिली है और जिसके वे भी कायल हैं, उसमें आत्म-समीक्षा उतनी ही महत्त्वपूर्ण है जितनी कि पर-समीक्षा। इसलिए डॉ. रामविलास शर्मा ने मुख्य रूप से आधुनिक साहित्य का मूल्यांकन, भारतेन्दु का, महावीर प्रसाद द्विवेदी, रामचन्द्र शुक्ल का, निराला का किया है और इसी कड़ी में इधर—उन्होंने मुक्तिबोध पर भी लिखा है। उसमें मुझे एक बात दिखाई पड़ी कि निराला तक के साहित्यकारों में वे जब प्रगतिशील मूल्य दिखाते हैं, तो ऐसा दिखाते हैं, जैसे इन दोनों आदमियों में अन्तर्विरोध था ही नहीं, वे आद्यन्त प्रगतिशील थे, इतनी दूर तक थे कि उन्होंने तो यहाँ तक कहा कि महावीर प्रसाद द्विवेदी ने जो 'सम्पत्तिशास्त्र' पुस्तक लिखी है, आज के मार्क्सवादियों और कम्यूनिस्टों को मार्क्सवाद महावीर प्रसाद द्विवेदी से सीखना चाहिए! भारतेन्दु को किसी जमाने में इन्होंने इतना प्रगतिशील माना कि शेक्सपियर से बड़ा नाटककार उन्हें बता दिया था। शुक्र है कि उन्होंने बाद में वह वाक्य निकाल दिया। इसी प्रकार निराला की प्रगतिशीलता की जब चर्चा करते हैं तो निराला के उस पक्ष की जो रहस्यवाद और परवर्ती कविताएँ उनकी एक विशेष प्रकार की भक्ति और अध्यात्मवाद से ग्रस्त हैं, उन तमाम चीजों को बाद में देकर, छोड़कर ऐसा दिखाते हैं कि ये तो बड़े क्रान्तिकारी हैं। यही बात उन्होंने आचार्य रामचन्द्र शुक्ल के बारे में भी की कि उनकी दृष्टि इतनी वैज्ञानिक है कि जैसे उनमें और एक मार्क्सवादी आलोचक में कोई फर्क नहीं है। मैंने कहा कि यह प्रासंगिकता का प्रमाद है। अपनी परम्परा के महत्त्व को जरूर रेखांकित करना चाहिए लेकिन उस परम्परा के प्रति वस्तुनिष्ठ और वैज्ञानिक दृष्टि अपनाते हुए,उसके प्रगतिशील पक्ष को रेखांकित करने के साथ ही उन पक्षों को जरूर प्रकाश में लाना चाहिए, जो इसके विरुद्ध जाते हैं। भारतेन्दु की देशभक्ति की प्रशंसा सही है, लेकिन भारतेन्दु में राजभक्ति थी और गहरी थी, आदि से अन्त तक थी, इसकी चर्चा की जानी चाहिए। महावीर प्रसाद द्विवेदी किसानों के प्रति सहानुभूति रखते थे। यही नहीं, बल्कि अपने जमाने में उनका दृष्टिकोण काफी आगे बढ़ा हुआ था—स्वयं स्वाधीनता संग्राम के अन्य नेताओं की अपेक्षा, लेकिन महावीर प्रसाद द्विवेदी में ऐसा भी दृष्टिकोण था, जो अनेक सामन्ती मूल्यों से जुड़ा हुआ था और उनमें स्वयं साम्राज्यवाद विरोध उतना उग्र नहीं था, जितना उन्हीं के जमाने में लिखने वाले प्रतापनारायण मिश्र में था, या बालमुकुन्द गुप्त में था। तो वहाँ मैंने उनसे अपना मतभेद प्रकट किया है और वह यह कि परम्परा के मूल्यांकन में अतीत के लेखकों की प्रगतिशीलता को उजागर करते हुए उन्होंने अन्तर्विरोधों को कम करके आँका है और उनमें वे पक्ष जो प्रगतिशील मूल्यों के विरुद्ध जाते हैं, आड़े आते हैं, उनको एक तरह से छिपा करके और उन पर चुप्पी साधी है। मुझे लगा कि यही नहीं कि यह अवैज्ञानिक है बल्कि

हानिकारक भी है। इस काम में उनके इस विवेचन में असंगति दिखाई पड़ी। यही काम उन्होंने मुक्तिबोध के बारे में नहीं किया। मुझे ऐसा लगा कि जैसे वे अपने वर्तमान के साथ आते हैं, वहाँ तो बहुत वैज्ञानिक दृष्टि अपनाते हैं और कभी-कभी अति वैज्ञानिकता में उल्टा रुख अपनाते हैं। मुक्तिबोध में उन्हें अस्तित्ववाद ज्यादा दिखाई पड़ता है, मार्क्सवाद कम दिखाई पड़ता है। निराला में उनको वेदान्त नहीं दिखाई पड़ता, मार्क्सवाद दिखाई पड़ता है।

भारतेन्दु से लेकर मुक्तिबोध तक किसमें अन्तर्विरोध नहीं है, मुझमें भी है। इसलिए मुक्तिबोध के बारे में भी वही रुख अपनाना चाहिए कि यदि उनमें कुछ अस्तित्ववादी प्रभाव हों, यदि उनमें आत्मग्रस्तता हो तो देखना यह है कि उनमें कौन प्रधान है, कौन गौण है और इस द्वन्द्व तथा संघर्ष का निरूपण चूँकि रामविलास जी नहीं करते, और वे एकांगी हो जाते हैं, अति-सरलीकरण करते हैं, इसलिए प्रगतिशील जीवन-दृष्टि के तकाजे से ही मैंने उस अति-सरलीकरण और एकांगीपन की आलोचना करते हुए उसे सन्तुलित रूप में रखने और कहने का प्रस्ताव किया है।

नन्द भारद्वाज : हिन्दी कथा-साहित्य में जैसे प्रेमचन्द से जो परम्परा विकसित होती है या कविता में जैसे मुक्तिबोध तक जो यथार्थवादी और प्रगतिशील परम्परा आई है, उसी क्रम में थोड़ा समकालीन लेखन पर भी विचार करें और आप बताएँ कि समकालीन लेखन में इस परम्परा का किस तरह विकास हुआ है? वह पुष्ट हुई है या कहीं कमजोर हुई है?

नामवर सिंह : वर्तमान हमारे इतना निकट होता है कि आम तौर पर हम उसके प्रति बहुत सख्त आलोचनात्मक रुख अपनाते हैं। वही जब बीत जाता है और इतिहास का अंग बन जाता है तब हमें अधिक गौरवपूर्ण मालूम होता है। आज प्रेमचन्द-युग का साहित्य हमें बहुत प्रगतिशील दिखाई पड़ता है और उसकी तुलना में विशेष रूप से स्वाधीनता के बाद का साहित्य लगता है, जैसे उतना प्रगतिशील नहीं है, उतना लोकोन्मुख या समाजोन्मुख नहीं है, क्योंकि हमारे बहुत निकट है। इसलिए हम अपने युग से असन्तुष्ट दिखाई पड़ते हैं और कभी-कभी समझा जाता है कि यह असन्तोष स्वास्थ्य का लक्षण है। वरना यदि इसे हम बहुत महत्त्वपूर्ण मानेंगे तो आत्मतुष्ट हो जाएँगे और नया सृजन नहीं करेंगे। इसी कारण हमारा समकालीन साहित्य कम प्रगतिशील लगता है, लेकिन मैं ऐसा नहीं मानता।

प्रेमचन्द के बाद जिस साहित्य में यशपाल हुए हों, हरिशंकर परसाई का लगातार लिखा जाने वाला गद्य हो, जिसमें अमरकान्त, ज्ञानरंजन लिख रहे हों; जिस साहित्य में कवियों की एक अच्छी परम्परा हो; नागार्जुन, केदारनाथ अग्रवाल, त्रिलोचन, मुक्तिबोध और उसके बाद और भी अनेक कवि हैं और चूँकि सारी बातचीत मैं सूची-पत्र में नहीं बदलना चाहता, मैं तो यह कहना चाहता हूँ कि 1947 के बाद की चाहे कहानियाँ हों, उपन्यास हों, या कविता हो, हम देखें तो ऐसा लगता है कि

आज की सामाजिक परिस्थितियों के प्रति इनका दृष्टिकोण यही नहीं कि अधिक यथार्थवादी है, बल्कि आज की व्यवस्था की जितनी कड़ी आलोचना हमारे वर्तमान साहित्य में मिलती है, शायद उतनी कड़ी आलोचना इससे पहले के साहित्य में, प्रेमचन्द-युग में न मिले। चूँकि वह बीत गया है इसलिए हमें अधिक गौरवपूर्ण और प्रगतिशील लगता है। शायद यह भी बीते तो कल के लेखकों को यह भी अधिक महत्त्वपूर्ण लगे।

नन्द भारद्वाज : डॉक्टर साहब, थोड़ी-सी चर्चा मैं राजस्थान के हिन्दी लेखन के सम्बन्ध में भी आपसे करना चाहूँगा। जब आप समकालीन हिन्दी लेखन की चर्चा करते हैं तो राजस्थान में जो हिन्दी लेखन हो रहा है या पहले जो हुआ है, उसके बारे में आपकी क्या राय बनती है? क्या कुछ उल्लेखनीय बनता है, उसके सम्बन्ध में भी अपनी बात कहें?

नामवर सिंह : देखो भाई, हम साहित्य के बारे में लिखते हुए यह भूल ही जाते हैं कि लेखक राजस्थान का है, कि बिहार का है, कि यू.पी. का है या मध्य प्रदेश का है। यह ध्यान में कभी आता नहीं है। तो, इस दृष्टि से तो कभी सोचा नहीं हमने। वैसे जानते हो कि राजस्थान में तो मैं चार बरस रह चुका हूँ, अनेक साहित्यकारों को निकट से भी जानता हूँ, बावजूद इसके ऐसा नहीं है कि राजस्थान में इस बीच महत्त्वपूर्ण लेखन नहीं हुआ है। तुलना उचित नहीं है। अभीष्ट भी नहीं है कि मैं तुलना करूँ कि बिहार, उत्तर प्रदेश या मध्य प्रदेश में लिखने वालों की तुलना में यहाँ के लोग कैसे हैं। इसके अनेक ऐतिहासिक कारण हैं। कुल मिलाकर देखा जाए तो, चूँकि साहित्य के केन्द्र मुख्यतः काशी, प्रयाग, दिल्ली, लखनऊ, पटना जैसे बड़े शहर रहे हैं, जबकि राजस्थान में ऐसा कोई केन्द्र नहीं बन पाया। जो प्रतिष्ठा किसी साहित्यिक-सांस्कृतिक केन्द्र के लेखक को पैदा होते ही मिल जाती है, तो उसका अभाव तो रहा है।

इसके बावजूद अगर आप इधर के समकालीन लेखकों में देखें तो ऋतुराज और विजेन्द्र, कम-से-कम दो आदमियों की कविताओं की समूचे हिन्दी जगत में प्रशंसा भी हुई है, मुझे भी अच्छी लगती रही हैं और मैंने चर्चा भी की है। तुम्हारी चर्चा नहीं करूँगा, क्योंकि तुम बातचीत ही कर रहे हो और कविताओं के बारे में अन्यत्र राय भी दी है। अलावा इसके कहानीकारों में जब मैंने स्वयं प्रकाश के बारे में लिखा तो मुझे यह पता नहीं था कि वह राजस्थान के रहने वाले हैं, लेकिन इधर के लेखकों में—ज्ञानरंजन, काशीनाथ के बाद की पीढ़ी के लेखकों में—मुझे सबसे प्रतिभाशाली कहानीकार स्वयं प्रकाश लगे थे। हबीब कैफी को जोधपुर के दिनों से जानता था। उनका एक उपन्यास उतना अच्छा नहीं था, लेकिन हबीब कैफी ने अच्छी कहानियाँ लिखी हैं। ऐसा नहीं है कि यहाँ कविता या कहानियाँ अच्छी नहीं लिखी गई हैं, अच्छी कहानियाँ लिखी गई हैं। विजयदान देथा को राजस्थानी का

लेखक मानते हो तुम लोग, चूँकि उन्होंने राजस्थानी के साथ हिन्दी में भी प्रकाशित किया है और मैं एक अरसे से विजयदान देथा की कहानियों का प्रशंसक रहा हूँ, और मैं हिन्दी के आधुनिक युग के, स्वाधीनता युग के बहुत महत्त्वपूर्ण कहानीकारों में विजयदान देथा को मानता हूँ। हालाँकि कम हैं लेखक लेकिन जो हैं, वे बहुत अच्छे, समर्थ और प्रतिभावान हैं और उन्होंने समकालीन कविता, कहानी, उपन्यास ही नहीं, बल्कि नाटकों के क्षेत्र में भी, मणि मधुकर का 'रस गन्धर्व' बहुत अच्छा नाटक था, खेला गया था, तो रंगमंच के क्षेत्र में बहुत अच्छा काम हुआ है। अब उन्हें राजस्थान का कहकर अलग से देखें तो विचार कर सकते हैं लेकिन वे हिन्दी साहित्य के अंग हैं, और उनका उल्लेख होना चाहिए।

नन्द भारद्वाज : एक प्रगतिशील आलोचक के रूप में जब आप किसी कृति का मूल्यांकन करते हैं, तो थोड़ा बताएँगे कि मूल्यांकन के मानदंड क्या अभी भी, जैसे आपने 'कविता के नए प्रतिमान' में प्रतिमानों की चर्चा की, उन्हीं को आधार मानकर हमें कृति का मूल्यांकन करना चाहिए? या वह केवल तत्कालीन कविता के ही प्रसंग की बात थी? साहित्य की अन्य विधाओं या समकालीन लेखन के मूल्यांकन के लिए क्या आप भिन्न तरह के मानदंड अपनाने की आवश्यकता अनुभव करते हैं?

नामवर सिंह : देखिए, साहित्य में मैं पहले से बने-बनाए प्रतिमान लेकर साहित्य को जाँचने-परखने के पक्ष में कभी नहीं रहा, आज भी नहीं हूँ। मानदंड पूर्ववर्ती साहित्य से लिये जाते हैं और सर्जना अपने धर्म से ही नई होती है, उसमें कुछ नया जोड़ती है, तो पहले से बने-बनाए मानदंडों को लेकर चलने के पक्ष में तो मैं नहीं हूँ और इसके कोई नुस्खे भी नहीं हैं कि इन फार्मूलों के आधार पर प्रगतिशीलता को जाँचना चाहिए। यद्यपि यह भी हुआ है कि अनेक प्रगतिशील आलोचकों ने कुछ नुस्खे बना रखे थे और वे साहित्य में ढूँढ़ते थे कि इसमें मजदूर है कि नहीं। इसमें भूख का वर्णन है कि नहीं। आर्थिक पीड़ा का वर्णन है कि नहीं। अगर है तो कविता श्रेष्ठ है, नहीं है तो नहीं है! यह चीज गलत साबित हुई और छोड़ भी दी गई, इसलिए मैं इसके पक्ष में तो नहीं हूँ। लेकिन एक और बात है और वह यह है कि कुछ प्रकार के लोगों का मानना है कि हर रचना का अपना मानदंड होता है। उससे एक सापेक्षतावाद का जन्म होगा। कोई एक मानदंड नहीं होगा। फिर हर रचना अगर अपनी शर्तों पर जाँची जाएगी तो हर रचना अपने में महान है, तब उत्तम-मध्यम, अच्छे-बुरे, भले-बुरे का भेद मिट जाएगा।

सच पूछिए तो समूची साहित्यिक परम्परा मानदंड का काम करती है और नई से नई रचना अपने नये मूल्यों के साथ जुड़कर उस परम्परा में एक मानदंड का काम करती है। यह असम्भव है कि आज की कहानी को पढ़ते हुए हम प्रेमचन्द, यशपाल या जैनेन्द्र को भूलकर कहानी को नहीं जाँचेंगे। हमारे दिमाग में, हम

चाहें-न-चाहें प्रेमचन्द भी रहेंगे, जैनेन्द्र भी रहेंगे, यशपाल भी रहेंगे और एक दम नये लेखक को देखते हुए हमारे जेहन में अमरकान्त भी होंगे, परसाई होंगे, इसलिए कोई-न-कोई एक अलिखित मानदंड रहता है। जो श्रेष्ठ प्रगतिशील लेखक हैं और अच्छे लेखक हैं, उनसे देखते हैं और उनका नाम गिना सकना, मेरे लिए नुस्खे के रूप में या सूत्रों में उतार सकना तो कठिन है, लेकिन रहता जरूर है, मैं यह कहना चाहूँगा।

दूसरी बात यह है कि जो नई सर्जना हो रही है, उसमें एक बात हम अवश्य देखते हैं। पहले तो हम यही देखते हैं कि वह स्वयं एक साहित्यिक कृति के रूप में अच्छी है कि नहीं है और छूती है मन को कि नहीं, कुछ सार्थक है कि नहीं। इसके बाद तुरन्त हम यह देखते हैं कि जिस भावबोध को या उसके जो सरोकार हैं, वे सरोकार किस हद तक लोक के जनजीवन में अथवा कहना चाहिए कि हमको एक सामाजिक चेतना देने में मदद करती है कि नहीं करती है। उदाहरण के लिए इसी दृष्टि से मैंने निर्मल वर्मा की आलोचना की थी—बहुत अच्छी भाषा है, संवेदनशील है, बावजूद इसके, कुल मिलाकर वह कहानी हमें अपने आस-पास की जिन्दगी और आज की दुनिया की कोई नई समझ देती है या नहीं देती, वह मानवीय बनाती है कि नहीं बनाती और ऐसी रचनाएँ हैं, जो भाषा वगैरह की खूबी के साथ अमानुषिक बनाती हैं। ऐसी भी हैं जो आज की जिन्दगी के बारे में धुन्ध फैलाती हैं। ऐसी भी हैं जो सस्ती और गहरी निराशा फैलाती हैं, निरुपाय बनाती हैं, जिनसे यही लगता है कि मनुष्य परिस्थितियों का इस हद तक गुलाम है कि अपने आस-पास की जिन्दगी को बदल नहीं सकता है। तब उस रचना के सामने एक प्रश्नचिह्न लगाना ही पड़ता है। मैंने उदाहरण देकर बताने की कोशिश की है।

नन्द भारद्वाज : आलोचक और रचनाकार के रिश्ते को लेकर इधर काफी चर्चा हुई है। काफी विवाद भी उत्पन्न हुए हैं। थोड़ा आप अपने अनुभव से बताएँगे कि एक रचनाकार और आलोचक के रिश्ते को आप किस तरह से लेते हैं और यह रिश्ता साहित्य के विकास में कहाँ मददगार होता है?

नामवर सिंह : रचनाकार और आलोचक का जो रिश्ता है, वह तो प्रणय-कलह का रिश्ता है और आज से नहीं, बहुत पहले से। हिन्दी में ही नहीं, हिन्दी के बाहर भी। कुछ लोग इसको 'केर-बेर को संग' कहते हैं, तो यह नोक-झोंक तो चलती ही रहेगी और बावजूद इसके, एक दूसरे के बिना रह भी नहीं सकते हैं। सचाई यह है कि आलोचना-कर्म प्रत्येक अच्छी रचना में अन्तर्निहित होता है, इसलिए हर रचनाकार वस्तुतः एक बहुत अच्छा आलोचक भी होता है—आलोचना लिखे, न लिखे, यह दूसरी बात है। लेकिन हम बहुत अच्छी तरह जानते हैं, मुक्तिबोध इसके बहुत अच्छे उदाहरण हैं कि वे कविता के बहुत अच्छे आलोचक हैं और बहुत अच्छे कवि भी हैं। अब आलोचक यदि समानधर्मा के रूप में रचनाकार के साथ अपना धर्म निभाता है,

तो वह कटु आलोचना करते हुए भी, विरोध करते हुए भी, मेरा खयाल है कि रचनाकार के स्नेह का ही भाजन बनेगा, उसकी शत्रुता का नहीं।

कठिनाई यह है कि आज के समाज में पाठक और लेखक के बीच वही रिश्ता नहीं रह गया है जो कि किसी समय ऐसे समाज में था, जो समाज, अंग्रेजी में जिसे कहते हैं 'ऑर्गेनिक सोसाइटी', उसमें था। आज समाज इतना विखंडित हो गया है कि रचनाकार से निकलकर कोई रचना सीधे पाठक तक नहीं पहुँचती। पाठक और रचनाकार के बीच भी बहुत-सारी दीवारें हैं, खाइयाँ हैं। ऐसे समय में ऐसे लोगों की, ऐसे प्रबुद्ध व्यक्तियों की आवश्यकता बढ़ गई है, जो आलोचना-कर्म करते, रचना की व्याख्या-विश्लेषण करते हैं, जिन्हें मध्यस्थ कह लीजिए, आप। आलोचक पाठकों के वर्ग का ही एक व्यक्ति है, वह एक प्रबुद्ध पाठक है। इसलिए उसकी आलोचना एक व्यापक, विस्तृत समुदाय की अपेक्षाओं को, आशाओं को, आकांक्षाओं को, कहना चाहिए, संक्षेप में लोकमत को वाणी देता है, जैसेकि प्रेस यह काम करता है, या मीडिया यह काम करता है।

नन्द भारद्वाज : डॉक्टर साहब, इस साहित्यिक चर्चा के साथ ही एक और सामयिक प्रसंग पर आपकी राय जानना चाहूँगा, जैसाकि आपने प्रेस और मीडिया के काम की चर्चा की। हम देखते हैं कि जिस तरह मीडिया का विस्तार हुआ है और साहित्यिक प्रकाशन जिस तरह की महँगाई और तंत्र का शिकार हुए हैं, इस स्थिति में कुछ लोगों को लगता है कि जैसे अच्छे साहित्य के लिए बहुत कम गुजाइशें रह गई हैं।

नामवर सिंह : मैं ऐसा नहीं मानता। जब छापेखाने का आविष्कार हुआ था 19वीं सदी में तो हिन्दी में किसी ने नहीं कहा कि साहित्य का एक शत्रु पैदा हो गया है, बल्कि लोगों ने इसका स्वागत किया, क्योंकि पांडुलिपियों के रूप में पहले साहित्य कुछ लोगों तक पहुँचता था, छापेखाने के द्वारा दूर तक पहुँचने लगा। साहित्य लोकतांत्रिक हुआ। उसके बाद जब आकाशवाणी के द्वारा साहित्य फैलने लगा तो मैं नहीं जानता कि कवियों ने कहा हो कि नहीं, यह तो दुश्मन है, बल्कि उछल-उछलकर इन्तजार करते रहे हैं कि कब आकाशवाणी से निमंत्रण आता है और मुझे काव्य-पाठ का मौका मिलता है। आकाशवाणी ने कम-से-कम कविता और कहानी की वाचिक परम्परा, जो बहुत पुरानी परम्परा थी, उस साहित्य को वाचिक परम्परा से जोड़कर पहुँचाया और उसे अभिशाप किसी ने नहीं कहा। यह सही है कि उससे हिन्दी में बल्कि एक नई विधा शुरू हो गई रेडियो-रूपक की, रेडियो-नाटक की और मैं नहीं समझता कि उससे कोई अहित हुआ हो हिन्दी का।

जिस देश में साक्षरता इतनी सीमित हो, उस देश में आकाशवाणी के रूप में आप बहुत दूर तक लोगों को अपना साहित्य और अपने विचार पहुँचा सकते हैं, इसलिए यह जरूरी है कि जो लोग किताबी भाषा लिखते हैं, उनके लिए 'स्पोकन

वर्ड' (उच्चरित शब्द) में बड़ी कठिनाई होती है और वे बड़ी ग्रन्थिल भाषा उसी तरह की लिखते हैं। वे दरअसल मीडियम को नहीं पहचानते, कहना चाहिए, इस मीडिया को नहीं जानते। मैं समझता हूँ कि यह माध्यम साहित्य और हिन्दी के विकास में सहायक और उपयोगी है।

दूसरे, इधर जो नया माध्यम सामने आया है और जिस पर ज्यादा चिल्ल-पों मचाई जा रही है कि दूरदर्शन के आने से तो साहित्य का बहुत बड़ा अहित हो रहा है, मैं यह नहीं मानता। जैसेकि शब्द से साहित्य का कोई अहित नहीं हुआ तो उस साहित्य को यदि दृश्य बनाया जाए तो उससे कोई अहित कैसे सम्भव है? कठिनाई यह है कि इस नये मीडियम के उपयुक्त, प्रशिक्षित लोग तैयार नहीं हो रहे हैं और उनके न होने के कारण यह सही है कि दूरदर्शन पर जो साहित्यिक कार्यक्रम आते हैं, वे न साहित्य के साथ न्याय करते हैं और न ही दूरदर्शन के साथ। इसलिए इस मीडिया का यदि सही इस्तेमाल किया जाए, सर्जनात्मक उपयोग किया जाए तो आप देख सकते हैं कि कुछ एक जो धारावाहिक, ज्यादातर तो बहुत गड़बड़ आए हैं, इतने अच्छे आए हैं कि उनको देखकर यह लगता है कि मीडिया का सही इस्तेमाल करके हम साहित्य में अनेक उन नई विधाओं को जन्म दे सकते हैं जिनका अभी तक हमें पता नहीं।

नन्द भारद्वाज : अच्छा, देखिए कि पाठक, श्रोता और दर्शक की रुचियों को आज जिस तरह से प्रचार-प्रसार के माध्यम और आज का बदला हुआ जीवन-व्यवहार प्रभावित कर रहा है, उसमें साहित्यकार की क्या भूमिका बनती है, थोड़ा खुलासा करेंगे?

नामवर सिंह : ऐसा है कि यह माध्यम तो बड़ा डेमोक्रेटिक है न, बड़ा लोकतांत्रिक है और साहित्यकार जो है, वह अपने को बड़ा विशिष्ट प्राणी और सरस्वती का वरदपुत्र समझता है, तो जब तक वह अपने को हाथी-दाँत की मीनार में बन्द एक जीनियस जैसा प्राणी समझेगा, तो जाहिर है कि मीडिया से उसका एक विरोध का भाव होगा। साहित्यकार की भूमिका बहुत महत्त्वपूर्ण है और हो सकती है, यदि मुक्तिबोध के शब्द लूँ : 'वह अपना व्यक्तित्वान्तरण करे', अपने व्यक्तित्व का लोकतंत्रीकरण करे, बल्कि और चीजों के अलावा मैं तो एक सीधी बात कहता हूँ नन्दजी, कि जैसी वह हिन्दी लिखता है, अगर उस हिन्दी को ठीक से बदल दे, और उसका लोकतंत्रीकरण कर दे तो कोई कठिनाई नहीं होगी। इस मीडिया के साथ वह सीधे जनता से जुड़ेगा। इसलिए मैं तो ऐसे साहित्यकार के व्यक्तित्वान्तरण को एक बहुत बड़ा अवसर और माध्यम मानता हूँ। यद्यपि सचाई यह है कि इस मीडिया से मैं बहुत दूर रहा हूँ, किसी अहंकार के कारण नहीं, इसलिए कि मैं आलोचना लिखता हूँ और मीडिया पर आलोचना तो आप जानते हैं कि बहुत कम चलती है, और इसलिए भी कि मौजूदा हालत तो इतनी खराब है कि

लगता है, उससे सहयोग करना, एक सस्ते व्यवसायीकरण की बढ़ती हुई प्रवृत्ति में योग देना है इसलिए उससे अलग रहना ही बेहतर मैं समझता हूँ अपने को और मेरा ख़याल है कि मेरे जैसे कुछ लोग, जो इसके महत्त्व को जानते हैं, लेकिन मौजूदा स्थिति में इसके साथ सहयोग करने में हिचक का अनुभव करते हैं।

नन्द भारद्वाज : इस स्थिति को बदलने के लिए किस तरह के प्रयत्न किये जाने चाहिए, कुछ सुझाव भी देंगे?

नामवर सिंह : निश्चित रूप से करने चाहिए और इसमें दो कठिनाइयाँ हैं और मैं नहीं कहता कि यह लड़ाई केवल बाहर से ही लड़ी जाए। दो चीजें हैं—एक तो जो यंत्र के साथ जुड़ा हुआ तंत्र है, यानी शासन-तंत्र, यह शासन-तंत्र जितना अधिक लोकोन्मुख होगा और अपने तंत्र में अन्तर्निहित जड़ता से मुक्त होगा, यह स्वयं उसके लिए बहुत अच्छा है। वह स्वयं को बहुत 'रिलैक्स' महसूस करेगा और उसे अपने वजूद की सार्थकता मालूम होगी। तो एक तो यह है कि यह तंत्र थोड़ा शिथिल-बन्द हो और दूसरा यह है कि जो 'सॉफ्टवेयर' है, उस 'प्रोग्राम' पक्ष का भी लोकतंत्रीकरण होना चाहिए। मैं इसके स्वामित्व के लोकतंत्रीकरण की बात नहीं कह रहा हूँ, मैं सिर्फ यह कह रहा हूँ कि इसके कार्यक्रमों के निर्माण में या बाकी चीजों में हम लोग कुछ ऐसा करें, यद्यपि रेडियो में कुछ सलाहकार वगैरह होते हैं, लेकिन जीवन के कई तरह के पक्ष हैं—उन सभी से जुड़े लोगों का परामर्श, उन लोगों के सुझाव लेकर एक बात मैं और कहूँगा, आखिरी बात कि 'इन्नोवेशन' के लिए, और नये प्रयोगों को प्रोत्साहन देना चाहिए। ऐसे युवकों को, ऐसे नये कलाकारों को और इस तंत्र से जुड़े हुए लोग जो कुछ नया कर दिखाना चाहते हैं, उस नये 'एक्सपेरिमेंट' को या उन्मेष को अधिक प्रोत्साहन दिया जाना चाहिए, क्योंकि यह साहस और जोखिम का काम है। इसमें कुछ चूक भी होगी, गलती भी होगी। उस चूक और गलती को प्रशासनिक गज से न नापकर, और उसकी हत्या न की जाए, दंड न दिया जाए बल्कि कहा जाए कि चूक होती है। इसलिए 'ट्रायल एंड एरर मैथेड' से चलेंगे तब तो ठीक है वरना यह यंत्र खा जाएगा मनुष्य को, सारे साहित्यिक कार्यक्रम को और मेरा खयाल है कि एक समय यह उस तंत्र को भी खा जाएगा, इस बात को अभी यह तंत्र नहीं समझता है।

[साभार : पंचशील प्रकाशन, जयपुर। पुस्तक : संवाद निरन्तर, लेखक : नन्द भारद्वाज, 1994]

साहित्य, संस्कृति और राजनीति ऐसी गुँथी हुई है कि किसी एक को अलग नहीं किया जा सकता

[नामवर सिंह से अजित राय की बातचीत]

अजित राय : 'नामवर के निमित्त' कार्यक्रम का उद्देश्य हिन्दी समाज के पिछड़ेपन के कारणों की पड़ताल और नये पुनर्जागरण की सम्भावनाओं की तलाश भी है। हिन्दी समाज के इस पिछड़ेपन का मुख्य कारण क्या है?

नामवर सिंह : इसका कोई एक कारण तो नहीं है, पर मुझे लगता है कि आत्म-समीक्षा की कमी एक मुख्य मुद्दा है। अपने अतीत का गुणगान करना पिछड़े समाजों की खास प्रवृत्ति होती है। ऐसा पिछड़ेपन की क्षति-पूर्ति के तौर पर किया जाता है। लोग भूल जाते हैं कि इससे पिछड़ापन और मजबूत होगा। हमेशा अपनी महान विरासत को याद करने से हमें कोई मदद नहीं मिलती। जरूरी काम यह है कि हम सिर झुकाकर अपने अन्दर झाँकें और आत्म-मंथन करें। दूसरों की आलोचना का जवाब देने की बजाय खुद अपनी आलोचना की पहल करें।

अपनी निर्मम आलोचना करना भी हमारी हिन्दी प्रदेश की संस्कृति की विशेषता रही है। यह परम्परा गौतम बुद्ध और भगवान महावीर से शुरू होती है। इसी परम्परा में आगे चलकर कबीर जैसे बेबाक सच बोलने वाले संत हुए। आधुनिक युग में भारतेन्दु हरिश्चन्द्र, महावीर प्रसाद द्विवेदी, चन्द्रधर शर्मा 'गुलेरी', रामावतार शर्मा, प्रेमचन्द, जयशंकर प्रसाद, सूर्यकान्त त्रिपाठी 'निराला', राहुल सांकृत्यायन, हजारी प्रसाद द्विवेदी जैसे तेजस्वी साहित्यकारों एवं विचारकों ने उसी आत्म-समीक्षा की परम्परा को आगे बढ़ाया। हिन्दी प्रदेश की संस्कृति में यदि एक ओर जातिवाद की कट्टरता थी तो दूसरी ओर जातिवाद की जंजीरों को तोड़ने के लिए आवाज उठाई गई। औरतों को घर की चहारदीवारी में बन्द रखने की रीति-नीति निभाई गई तो स्त्री-मुक्ति के भी छिटपुट प्रयास हुए। हिन्दुओं और मुसलमानों के बीच साम्प्रदायिक विद्वेष का बीज बोया गया तो इसके विरुद्ध धार्मिक सद्भाव के भी गीत गाए गए। इतने गहरे सांस्कृतिक अन्तःसंघर्ष के बाद भी यदि दो-ढाई हजार वर्षों में ये सामाजिक और सांस्कृतिक बुराइयाँ दूर नहीं हुईं तो आज इन पर और भी गहराई से विचार करने की जरूरत है। गहन आत्म-चिन्तन के बाद

सामूहिक एवं संगठित संघर्ष के लिए ठोस कार्यक्रम बनाना होगा। प्रभाष जोशी की अगुवाई में देश भर में मेरे निमित्त जगह-जगह जो कार्यक्रम किए जा रहे हैं, वे सम्भवत: इसी दिशा में एक प्रयास है।

अजित राय : 'नामवर के निमित्त' कार्यक्रम में शीर्ष राजनेताओं की उपस्थिति को लेकर अच्छा-खासा विवाद उठ खड़ा हुआ है। आप क्या सोचते हैं?

नामवर सिंह : दरअसल हिन्दी में मुश्किल यह है कि जब मैं कुछ लिखता हूँ तो विवाद; जब मैं बोलता हूँ तो विवाद और यहाँ तक कि जब मैं खामोश रहता हूँ तब भी विवाद होता रहता है। इससे पहले भी मेरे बारे में, मेरे भाषण के बारे में और मेरे विरुद्ध अखबारों में काफी कुछ गलत छपते रहते हैं। पर मैंने कभी किसी बात का जवाब देना या खंडन करना उचित नहीं समझा। मैं जिस शहर (बनारस) से आया हूँ, वहाँ के प्राय: सभी दिग्गज साहित्यकारों—भारतेन्दु, प्रेमचन्द, प्रसाद से लेकर हजारी प्रसाद द्विवेदी तक—के बारे में बहुत कुछ गलत छपा। किसी ने भी कभी सफाई नहीं दी। इसे आप ठेठ बनारसी रंग भी कह सकते हैं। वैसे भी मैं साहित्य का सफाई कर्मचारी नहीं हूँ। सफाई देने से कूड़ा और बढ़ता है। कहा भी गया है, 'यूँ शीशा मेरे मुँह न लगा, मैं नशे में हूँ'।

अजित राय : क्या आप मानते हैं कि साहित्यिक समारोहों में राजनेताओं को बुलाया जाना चाहिए?

नामवर सिंह : 1936 में प्रगतिशील लेखक संघ के पहले अधिवेशन में अपने अध्यक्षीय वक्तव्य में प्रेमचन्द ने कहा था : 'साहित्य राजनीति के आगे जलने वाली मशाल है।' इस वाक्य से हमारी परम्परा का पता चलता है। हमारी परम्परा में साहित्य और राजनीति में गहरा सम्बन्ध है। राजनीति से सबसे दूर माने जाने वाले कवि सूरदास ने भी इसे स्वीकार किया है। एक जगह गोपियाँ उद्धव से कहती हैं : 'प्रभु राजनीति पढ़ि आये।' हम इसे हिन्दी कविता में 'राजनीति' शब्द का सबसे पुराना प्रयोग कह सकते हैं। तुलसीदास और कबीर में भी यह देखा जा सकता है। भारतेन्दु हरिश्चन्द्र ने हिन्दी भाषा पर जो दोहे लिखे हैं, उसमें एक पंक्ति है : 'राजनीति समुझैं सकल।' जयशंकर प्रसाद में भी यही बात है। तो जब साहित्य और राजनीति में ही इतना गहरा सम्बन्ध है तो राजनेता और साहित्यकारों में भी सम्बन्ध होगा ही।

महात्मा गांधी के आश्रमों में मैथिलीशरण गुप्त की रचना 'भारत-भारती' गाई जाती थी। जवाहरलाल नेहरू का रामधारी सिंह दिनकर से गहरा सम्बन्ध था। स्वाधीनता आन्दोलन के दौरान कई लेखक जेल गए। महात्मा गांधी हिन्दी साहित्य सम्मेलन के दो बार अध्यक्ष चुने गए थे। पंडित नेहरू ने प्रगतिशील लेखक संघ के इलाहाबाद अधिवेशन का उद्घाटन किया था। यही नहीं, राजनीतिक पार्टियों के अधिवेशन में भी साहित्यकारों की भागीदारी होती रही है। यह दुखद है कि वामपंथी

पार्टियों को छोड़कर अब किसी पार्टी का लेखकों से सम्बन्ध नहीं रहा। भारतीय जनता पार्टी के पास तो बहुत कम लेखक हैं। एक बार विष्णुकान्त शास्त्री ने हिन्दुत्व के समर्थक लेखकों की एक सूची तैयार की थी जो 'पाञ्चजन्य' में छपी थी। इस सूची में बड़ी मुश्किल से दस-बारह नाम गिनाए गए थे। हिन्दुत्व से सहानुभूति रखने वाले लेखकों में श्रीनरेश मेहता, शैलेश मटियानी और निर्मल वर्मा के नाम थे। इस सूची में आज दो नाम और जुड़ गए हैं—विद्यानिवास मिश्र और अशोक वाजपेयी।

जब लक्ष्य एक हो और चुनौती बड़ी हो तो साहित्यकारों और राजनेताओं को कंधे से कंधा मिलाकर लड़ना पड़ता है। दुनिया के कई देशों में ऐसा हुआ है। भारत में तो हमारे जीवन में ही साहित्य, संस्कृति और राजनीति ऐसी गुँथी हुई है कि किसी एक को अलग नहीं किया जा सकता। जिस दौर में लोग गरीबी, भुखमरी और बेरोजगारी में आत्म-हत्याएँ कर रहे हों, उस दौर में केवल साहित्यकारों से काम नहीं चलेगा। इस विमर्श में समाज के सभी तबकों को शामिल करना होगा।

अजित राय : डॉ. रामविलास शर्मा ने हिन्दी इलाके के पिछड़ेपन का कारण अंग्रेजों की पक्षपाती नीतियों को माना है। क्या आप इससे सहमत हैं?

नामवर सिंह : बिलकुल नहीं। इस तरह के सारे प्रयास वैसे ही हैं, जैसे मेरे परदादा ने घी खाया था, आप मेरा हाथ सूँघ लीजिए। मेरे गुरु आचार्य हजारी प्रसाद द्विवेदी ने 'कंजरवेटिव' शब्द का हिन्दी अनुवाद 'रक्षणशील' किया था। वे कहते थे कि यह मध्यदेश विचार के मामले में तो पूरी छूट देता है पर आचरण के मामले में रक्षणशील है। यही वजह है कि नवजागरण के दौरान महाराष्ट्र, बंगाल और दक्षिण भारत में बड़े सामाजिक सुधार और बदलाव हुए पर हिन्दी क्षेत्र में आज भी जाति-प्रथा और अन्य भेदभाव कायम हैं। क्या वजह है कि आज ज्ञान का साहित्य हिन्दी में नहीं आ रहा है? जबकि 1947 से पहले यह बात नहीं थी। आप देखिए कि द्वितीय विश्वयुद्ध के दौरान जब अमेरिका ने जापान पर परमाणु बम गिराया था तो उत्तरांचल, गढ़वाल के कवि चन्द्र कुँवर बरनवाल ने 1946 में 'हिरोशिमा का शाप' शीर्षक से एक कविता लिखी : 'एक दिन न्यूयॉर्क भी मेरी तरह हो जाएगा / जिसने मिटाया है हमें वह भी मिट जाएगा / आज ढाई लाख में कोई नहीं जीवित रहा / एक दिन न्यूयॉर्क में भी कोई नहीं रह जाएगा'।

सन्तोष की बात केवल इतनी है कि हिन्दी क्षेत्र सामाजिक, आर्थिक या राजनीतिक दृष्टि से चाहे जितना पिछड़ा हो, बौद्धिक और साहित्यिक दृष्टि से आगे है। साहित्य आज भी मार्ग प्रशस्त कर रहा है। शब्दों के द्वारा हम आगे-आगे रास्ता बना रहे हैं। अब यह राजनीति का दायित्व है कि वह इस रास्ते पर चलता है या नहीं।

अजित राय : एक लेखक के रूप में क्या आप अब तक के कार्यों से सन्तुष्ट हैं? आप अपनी जवाबदेही को किस रूप में देखते हैं?

नामवर सिंह : लेखक की जवाबदेही पर सोचते हुए मुझे याद आता है कि 15 साल पहले जब मैं साठ साल का हुआ था तो मेरे मित्र शानी ने मुझ पर साहित्य अकादमी की पत्रिका 'समकालीन भारतीय साहित्य' का एक अंक निकाला था। उसमें विश्वनाथ त्रिपाठी ने एक लेख लिखा था : 'हक अदा न हुआ'। मुझे मुक्तिबोध की याद आ रही है और आत्म-समीक्षा का गहरा अहसास भी हो रहा है : 'दिया क्या तुमने?' अब तक मैं केवल दूसरों से लेता ही रहा। फिर सोचता हूँ कि मेरे जैसे 75 साल के इस बूढ़े की और क्या जवाबदेही हो सकती है सिवा इसके कि बच्चों को अपने पास बुलाकर कहानियाँ सुनाऊँ? रघुवीर सहाय के शब्दों में कहूँ तो 'लोग भूल गए हैं'। हिन्दी क्षेत्र में इतनी तेजी से स्मृति लोप हो रही है कि इसका फायदा वे लोग उठा रहे हैं जो सचमुच चाहते हैं कि लोग सही चीजें भूल जाएँ और केवल वही याद रखें जो आज बताया जा रहा है। ऐसे में कई चीजों को याद दिलाना ही आलोचक की सबसे बड़ी जवाबदेही है।

अजित राय : हिन्दी क्षेत्र में ही सबसे अधिक साम्प्रदायिकता क्यों फैली, जबकि इतिहास में इसकी कोई बड़ी परम्परा हमें नहीं मिलती?

नामवर सिंह : इस सन्दर्भ में आलोक राय की किताब 'हिन्दी नेशनलिज्म' की चर्चा जरूरी है। वह इलाका जहाँ 1918 में किसान आन्दोलन हुआ (अवध), 1925 में पहली ट्रेड यूनियन बनी (कानपुर), 1942 में भारत छोड़ो आन्दोलन हुआ, उसी क्षेत्र में हिन्दू साम्प्रदायिकता आज इतनी मजबूत हो गई है। इस पर विचार किया जाना चाहिए कि ऐसा क्यों हुआ और इसमें हिन्दी का कितना हाथ है? जिस इलाहाबाद से 'सरस्वती' पत्रिका निकली जिसमें 20 साल तक लगातार विज्ञान पर छपा, वहीं के मुरली मनोहर जोशी वैदिक ज्योतिष ला रहे हैं। जिस बनारस में प्रेमचन्द ने इतना लिखा, जहाँ वामपंथ की लम्बी परम्परा रही, वहीं आज साम्प्रदायिक पार्टियाँ जीत रही हैं। यह सब कैसे हुआ? कोई दावा नहीं कर सकता था कि हिन्दू धर्म में परम्परा यही है। यहाँ एक नहीं, अनेक परम्पराएँ हैं। अलीगढ़ मुस्लिम विश्वविद्यालय से सारे प्रगतिशील शायर निकले और काशी हिन्दू विश्वविद्यालय से आन्ध्र प्रदेश के अधिकतर कम्यूनिस्ट नेताओं ने शिक्षा पाई। बंगाल में एक से एक बुद्धिजीवी हुए पर हमारे उत्तर भारत के भाग्य में स्वामी दयानन्द सरस्वती ही दिखाई पड़े। यह जाँच का विषय है कि आर्यसमाज का असर हिन्दी क्षेत्र में कितना है। अशोक सिंघल ने दावा किया था कि बाबरी मस्जिद गिराने वालों में अच्छी-खासी संख्या उन कारसेवकों की थी जो आर्यसमाजी रहे थे। इसी हिन्दी में 19वीं सदी में वैष्णव भारतेन्दु हरिश्चन्द्र ने 'रसा' नाम से उर्दू में कविताएँ लिखीं, विज्ञान की किताब छपवाई। 20वीं सदी में महावीर प्रसाद

द्विवेदी ने 'मैं नास्तिक क्यों हूँ?' पर बहस चलाई। हमें संस्कृत के विद्वानों के बारे में अक्सर भ्रम रहता है कि वे पोंगापंथी होते हैं। काशी में ही पंडित रामावतार शास्त्री ने अन्धविश्वास का मजाक उड़ाया और पंडित चन्द्रधर शर्मा 'गुलेरी' ने 'कछुआ धर्म' लेख लिखा। उत्तर प्रदेश में माध्यमिक कक्षाओं में उर्दू पढ़ाई जाती थी। 1947 के बाद सम्पूर्णानन्द ने इसे बन्द करवा दिया, तभी से गलत हिन्दी लिखने वाले पैदा होने लगे।

मुझे याद है, जब मैं बनारस में था तो जयन्त विष्णु नार्लीकर के पिता पर आध्यात्मिक प्रभाव कुछ ज्यादा ही था। राष्ट्रीय स्वयंसेवक संघ की शाखाओं में जाने वाले शिक्षकों में बड़ी संख्या विज्ञान एवं प्रौद्योगिकी विभाग के शिक्षकों की थी। गरज यह कि पिछले पचास सालों में हिन्दी क्षेत्रों में कुछ ऐसा जरूर हुआ है जिससे साम्प्रदायिकता इतनी बढ़ गई।

अजित राय : आपके बारे में कहा जाता है कि आप आलोचना में राजनीति करते हैं। जिस लेखक का नाम ले लेते हैं, उसका महत्त्व बढ़ जाता है। वह मुख्यधारा का लेखक बन जाता है। क्या यह सच है?

नामवर सिंह : यदि मैं यह कहूँ भी कि मैं आलोचना में राजनीति नहीं अपनाता तो इस पर कोई विश्वास नहीं करेगा। मैं कुछ भी करूँ तो लोग विवाद ढूँढ़ लाएँगे। लोग यह भी कहते हैं कि जिस लेखक की मैं चर्चा नहीं करता, वह हाशिए पर पड़ जाता है। यह बात निराधार है। साहित्य में मुख्यधारा जैसी कोई बात नहीं होती। धाराएँ होती हैं। फिर राजनीति में तो हाशिए पर चले जाने से नुकसान होता है पर साहित्य में हाशिया बहुत महत्त्वपूर्ण होता है। हमने देखा है कि हिन्दी ही नहीं, प्राय: सभी भाषाओं में जो लेखक कभी हाशिए पर रहे, वे आज काफी महत्त्वपूर्ण लेखक हैं। त्रिलोचन, नागार्जुन, शमशेर बहादुर सिंह की बात छोड़ भी दें तो निराला और गालिब के साथ भी यही हुआ। काशी में मिश्र-बन्धुओं ने नव-रत्नों में कबीर को शामिल नहीं किया था तो क्या हो गया? जिस समय साहित्य में आलोचना में जो सिद्धान्त और सौन्दर्यशास्त्र वर्चस्व में होता है, वह अपने से अलग साहित्य को हाशिए पर डाल देती है। इसलिए 1950 तक सामाजिक सरोकारों वाला साहित्य हाशिए पर पड़ा रहा। सूर-तुलसी-कबीर के बारे में तो एम.ए. में प्रश्न आता था कि वे भक्त थे या कवि? उन्हें कवि माना ही नहीं जाता था। साहित्य में भी बाजार के कारण लेखकों के भाव में उछाल और गिरावट होती रहती है। हाँ, यह जरूर है कि कभी-कभी बड़े आलोचक भी आत्मरति के शिकार हो जाते हैं और उनमें भी कई अन्ध-बिन्दु होते हैं। डॉ. रामविलास शर्मा ने जो सुमित्रानन्दन पंत पर लिखा, वह आत्मरति ही था। इसी प्रकार कार्ल मार्क्स के लिए 'वर्ग संघर्ष' एक ऐसा अन्ध-बिन्दु है जिससे परे वे कुछ और देख ही नहीं सके। दुर्भाग्यवश भारत में कई मार्क्सवादियों ने भी मार्क्स

के 'अन्ध-बिन्दुओं' को ज्यों का त्यों अपना लिया। वे मजदूर के शोर में किसान को और वर्ग के प्रसंग में जाति को भूल गए।

अजित राय : धर्म और धर्मनिरपेक्षता को लेकर जो बहसें हो रही हैं, वे उलझती जा रही हैं। आजकल हर कोई अपने-आपको सेक्यूलर कह रहा है। आप क्या सोचते हैं?

नामवर सिंह : पिछले कुछ वर्षों से यह पूरी कोशिश हुई है कि 'सेक्यूलर' शब्द को अर्थहीन बना दिया जाए। कुछ बुद्धिजीवी भी इस शब्द का प्रयोग न करने की बात कर रहे हैं। यह तर्क भी दिया जा रहा है कि हम सेक्यूलर इसलिए हैं क्योंकि हम हिन्दू हैं! जो लोग साम्प्रदायिक हैं, वे खुद को सेक्यूलर और वामपंथियों को छद्म सेक्यूलर कहने लगे हैं। मेरा मानना है कि 'सेक्यूलर' शब्द का सही अनुवाद 'धर्मनिरपेक्षता' नहीं है। इस शब्द का सही हिन्दी अनुवाद हो ही नहीं सकता क्योंकि यह भारतीय अवधारणा नहीं है। न तो प्राचीन भारत में सेक्यूलरिज्म था, न मध्ययुग में क्योंकि बहुलता सेक्यूलर होने की गारंटी नहीं है। इस बहुलतावाद में जातियों और सम्प्रदायों का पदानुक्रम था तथा हर युग में विशेषाधिकार-सम्पन्न एक धर्म और समुदाय का वर्चस्व था। समानता और न्याय के बिना सेक्यूलरिज्म सम्भव ही नहीं है। इसी तरह सहिष्णुतावाद सेक्यूलरिज्म नहीं है। सेक्यूलरिज्म एक आधुनिक अवधारणा है जो पश्चिम से आई है। यह आधुनिक लोकतंत्र और अर्थव्यवस्था से निकली है। यही कारण है कि एक धर्म वाले देश में सभी सेक्यूलरिज्म के सवाल उठते रहे हैं। अकबर और अशोक के जमाने में सहिष्णुता थी; सेक्यूलरिज्म नहीं था। यह अवधारणा 19वीं सदी में नये औद्योगिक-आर्थिक सभ्यता के साथ विकसित हुई। हिन्दी-उर्दू के कई लेखकों ने 19वीं सदी में अंग्रेजों की तारीफ इसलिए की है कि उन्होंने कोर्ट-कचहरियाँ खोलकर पहली बार यह अहसास दिलाया कि न्याय के सामने सब बराबर हैं। औपनिवेशिक काल में यही सेक्यूलरिज्म की शुरुआत थी—फिर प्रेस आया और सिविल अस्पताल खुले। यह बात भी है कि सेक्यूलरिज्म के दो अर्थ भी होते हैं—यूनिवर्सल और लोकल। विशेष भारतीय परिस्थिति में सेक्यूलरिज्म को 'वर्क आउट' करना अभी बाकी है।

'सेक्यूलरिज्म' की लड़ाई केवल राजनीतिक लड़ाई नहीं है, न ही संवैधानिक और कानूनी दाँव-पेंच और न ही कचहरियों में पटवारियों जैसी बहस करके यह लड़ाई जीती जा सकती है। कारण कि केवल राज्य के सेक्यूलर होने से हमारा काम नहीं चल सकता—समाज को सेक्यूलर होना पड़ेगा। कांग्रेसी भी अपने को सेक्यूलर कहते हैं, पर सबसे ज्यादा साम्प्रदायिक घटनाएँ उन्हीं के शासन में घटीं। ख़तरा बड़ा यह है कि कांग्रेसी या वामपंथी दल या अन्य दल जो अपने को सेक्यूलर कहते हैं, वे व्यावहारिक यानी उपयोगिता के कारण खुद को सेक्यूलर

कहते हैं। ये पार्टियाँ सैद्धान्तिक रूप से सेक्यूलर नहीं हैं, न ही इनके लिए सेक्यूलरिज्म कोई ऐसा मूल्य है जिसकी रक्षा के लिए ये नुकसान उठाने को भी तैयार रहें। अब तो हालत यह है कि ईसाइयों, पारसियों और आदिवासी समुदायों में भी साम्प्रदायिकता की हवा फैल रही है। हिटलर और मुसोलिनी के फासीवाद का खतरा कम था, क्योंकि वहाँ सिर्फ राज्य फासीवादी हुआ था। आज तो पूरे समाज को साम्प्रदायिक बनाने का प्रयास हो रहा है। यह ठीक है कि साहित्य में सेक्यूलरिज्म बचा हुआ है, पर समाज में सेक्यूलरिज्म होना चाहिए। इसलिए आधुनिकता का प्रोजेक्ट अभी अधूरा है।

आज साहित्य में एक और कोशिश हो रही है—जैसा कि रामस्वरूप चतुर्वेदी ने निराला के 'तुलसीदास' की व्याख्या करके किया तो सुधीश पचौरी ने रामचन्द्र शुक्ल को कट्टर हिन्दू आलोचक कहकर किया। कई उर्दू साहित्यकारों में हिन्दू-परम्परा की खोज की जा रही है। यह हमारी साहित्यिक परम्परा को हिन्दुत्व द्वारा एप्रोप्रियेट करने की कोशिश है।

अजित राय : पिछले 50 वर्षों में हिन्दी साहित्य में जो बदलाव आया है, उसका सिंहावलोकन आप किस रूप में करते हैं?

नामवर सिंह : स्वाधीन भारत के पहले दशक तक हिन्दी साहित्य अपनी पूर्व परम्परा के अनुसार बहुकेन्द्रित था। पटना, इलाहाबाद, बनारस, लखनऊ, जबलपुर ही नहीं, अहिन्दी-भाषी क्षेत्रों में भी, जैसे—कलकत्ता, मुम्बई, नागपुर, हैदराबाद आदि ऐसे केन्द्र थे। किन्तु, 1960 के बाद देश की राजधानी दिल्ली हिन्दी भाषा एवं साहित्य की भी राजधानी हो गई। राजभाषा का आन्दोलन तो दिल्ली से ही लड़ा गया। दिल्ली हिन्दी प्रकाशन जगत का भी केन्द्र बनी। मुख्य पत्र-पत्रिकाएँ भी यहीं से निकले और यह हिन्दी पत्रकारिता का भी केन्द्र बन गई। इसका परिणाम यह हुआ कि विशाल हिन्दी क्षेत्र के गाँवों-कस्बों से प्रतिभाएँ दिल्ली आने लगीं। इस केन्द्रीयता का असर हिन्दी भाषा और साहित्य के स्वभाव पर कितना पड़ा, यह विस्तृत समाजशास्त्रीय अध्ययन का विषय है। इस केन्द्रीयता से न सिर्फ हिन्दी में विविधता और बहुलता नष्ट हुई और एकरूपता आई बल्कि वर्चस्व, सत्ता और मठ की राजनीति भी पनपी। आज ये दोनों प्रवृत्तियाँ चरम पर हैं।

हिन्दी कथा-साहित्य में प्रेमचन्द ने ग्राम-जीवन को केन्द्र में रखा। बाद में भले ही अज्ञेय, जैनेन्द्र, भगवती चरण वर्मा, यशपाल आदि ने शहरी मध्यवर्ग को केन्द्र बनाने की कोशिश की, पर फणीश्वर नाथ रेणु, नागार्जुन ने पुनः ग्राम-जीवन को केन्द्र में स्थापित किया। स्वाधीन भारत में शहरीकरण की तीव्र प्रक्रिया के बावजूद आज भी कथा-साहित्य के केन्द्र में ग्रामीण और कस्बाई जीवन ही है। कारण कि हिन्दी भाषा और साहित्य की मूल चेतना ही ग्राम-प्रधान है। इसका प्रमाण यह है कि पिछले 50 सालों में जितनी महत्त्वपूर्ण रचनाएँ आई हैं, उनका

विषय ग्रामीण या कस्बाई है, महानगरीय नहीं। इसमें नई बात यह हुई है कि जनजातीय समुदायों पर भी महत्त्वपूर्ण रचनाएँ आई हैं। इसका असर हिन्दी कविता पर भी पड़ा है। नई कविता नगर-केन्द्रित थीं पर धूमिल के साथ फिर से कविता के केन्द्र में गाँव और कस्बों का रोजमर्रा का जीवन आया।

इस अर्द्धशती में एक बड़ी बात यह हुई कि जो पचास के दशक में शीतयुद्ध की राजनीति के चलते विचारधाराओं का संघर्ष था तथा जिसका आरम्भ मोटे तौर पर इलाहाबाद में 'परिमल' और 'प्रगतिशील लेखक संघ' की बहसों से हुआ, वह अब इतिहास की वस्तु हो गया है। हालाँकि सत्तर के दशक में भोपाल में मध्य-प्रदेश कला परिषद और भारत भवन बनने के बाद वह द्वन्द्व फिर से उभरा और मुद्‌दा बना कि क्या साहित्य में अब विचार के लिए भी जगह नहीं बचेगी? एक दौर में जो मार्क्सवाद-विरोध था, उसकी परिणति अब विचार के विरोध में हुई। किन्तु हिन्दी की नई पीढ़ी ने अब इस पुरानी बहस को अस्वीकार कर दिया है। अब नई पीढ़ी के सामने कुछ नये मुद्‌दे उठे हैं, जैसे—दलित-विमर्श, स्त्री-विमर्श, सामाजिक न्याय और धर्मनिरपेक्षता। इन विमर्शों के कारण जैसे 19वीं शताब्दी में सामाजिक समस्याओं को लेकर जैसा नवजागरण हुआ था, उसी तरह की चेतना अब नये सिरे से नई पीढ़ी में विकसित हो रही है। बाबरी मस्जिद के ध्वंस के बाद एक बार फिर हिन्दी लेखकों के बीच समाज में धर्म के स्थान और धर्मनिरपेक्षता को लेकर नये सिरे से बहस शुरू हुई है। हिन्दी लेखकों के लिए हिन्दी प्रदेशों का घोर पिछड़ापन केन्द्रीय चिन्ता का विषय बना है। अब उनमें खंड-खंड में विभक्त हिन्दी प्रदेशों के बीच सांस्कृतिक एकजुटता की आवाज उठने लगी है।

[साभार : 'रोशनाई निमित्त नामवर', अंक : अक्टूबर, 2001]

खूब अच्छी आलोचनाएँ लिखी जा रही हैं

[नामवर सिंह से चैतन्य की बातचीत]

[समीक्षा की दुनिया में डॉ. नामवर सिंह का जितना बड़ा नाम है, समीक्षा को लेकर उन पर लगे आक्षेप भी कम नहीं हैं। इसके पीछे कई कारण हो सकते हैं जिनमें कुछ कारण तो बिलकुल स्पष्ट हैं। कभी-कभी ऐसा लगता है कि नामवर सिंह समीक्षा के दौरान बिलकुल रौंदते हुए चलते हैं। इस क्रम में चाहे कोई महिमा-मंडित हो जाए या खंडित, इसकी परवाह वे कतई नहीं करते। यह कार्य अधिकतर वे मंचीय तौर पर, मौखिक तौर पर करते हैं।

आजकल की लोकतांत्रिक व्यवस्था में खुद को तानाशाह कहलाना शायद ही कोई पसन्द करे लेकिन डॉ. नामवर सिंह से जब पूछा कि आप 'तानाशाह समीक्षक' हैं तो उन्होंने इस आक्षेप को खूब ठंडे मन से झेला और कहा : 'आलोचना कर्म में यह सोचकर कदम बढ़ाया कि अपने दुश्मन बनाने जा रहा हूँ, अपने खिलाफ दुश्मनों की फौज खड़ी करने जा रहा हूँ।' भाषण-वीर नामवर जी अपने जवाब को फिर नया मोड़ देते हैं : 'मैं तो आलोचना कर्म को वाद-विवाद-संवाद मानता हूँ जो लोकतंत्र का मूलमंत्र है। फिर भी यदि कोई मुझे तानाशाह समझता है तो मैं इस गलतफहमी के खंडन की जरूरत नहीं समझता। वैसे साहित्य में गलत समझे जाने का भी एक मजा है।'

नामवर जी शब्दों के खिलाड़ी हैं। उनको इस मामले में भी महारत हासिल है कि वे तीखे आक्षेपों को भी सकारात्मक बना लेते हैं यानी उन्हें भी अपने पक्ष में कर लेते हैं। वे कई बार थोक के तौर पर पुस्तकों का लोकार्पण करते हैं तथा डंके की चोट पर किसी को साहित्यकार घोषित करते हैं। जब उनसे पूछा कि समीक्षक के तौर पर कभी-कभी आप 'किंग मेकर' की भूमिका का निर्वाह करने लगते हैं, देखिए, इस सवाल का जवाब वे कैसे अपने पक्ष में देते हैं : 'मैंने कोई योजना बनाकर किसी साहित्यकार को प्रतिष्ठित करने का काम नहीं किया है। कोई भी लेखक जो मुझे महत्त्वूर्ण लगा, उसके बारे में मैंने लिखा। यदि वह प्रतिष्ठित हो

गया तो अपनी गुणवत्ता के कारण, मेरे लिखने के कारण नहीं। मुझे लोग मुफ्त का यश दे रहे हैं।'

समीक्षा, रचना, रचनाकार तथा उनके व्यक्तित्व-कृतित्व को लेकर भी कई सवाल पूछे। बात हिन्दी पत्रकारिता की भी आई। प्रस्तुत है उन तमाम सवालों पर डॉ. नामवर सिंह की प्रतिक्रिया।]

चैतन्य : आप खुद को निबन्धकार मानते हैं जबकि साहित्य-जगत में समीक्षक के तौर पर जाने जाते हैं। ऐसी भ्रम की स्थिति क्यों?

नामवर सिंह : मेरे निबन्धों की पुस्तक (बकलम खुद) 1951 में छपी थी। मैंने अपनी यात्रा की शुरुआत निबन्ध लेखक के रूप में शुरू की, न कि आलोचक के रूप में। मेरे कई आलोचना लेख निबन्ध शैली में लिखे गए हैं। अब भी मैं समझता हूँ कि साहित्यिक आलोचनाओं को पठनीय बनाने के लिए निबन्ध शैली जरूरी है। आलोचना यदि शुष्क या शास्त्रीय हो जाए तो सामान्य पाठक को उसे पढ़ने में मजा नहीं आएगा। हजारी प्रसाद द्विवेदी ने तो कई आलोचनाएँ तथा रामचन्द्र शुक्ल ने तो आलोचनाएँ निबन्ध शैली में ही लिखी हैं।

चैतन्य : आज समीक्षा का भविष्य क्या है?

नामवर सिंह : अब भी मैं मानता हूँ कि हिन्दी में बहुत अच्छी समीक्षाएँ लिखी जा रही हैं। पुरानी पीढ़ी के अलावा समीक्षक के तौर पर कई नये नाम भी उभरे हैं। तमाम पत्र-पत्रिकाओं में समीक्षाएँ छप रही हैं। 'कसौटी', 'बहुवचन', 'आलोचना' (त्रैमासिक) में गम्भीर समीक्षाएँ छपती हैं। 'पुस्तक-वार्ता' तथा 'समीक्षा' में भी अच्छी समीक्षाएँ आती हैं।

चैतन्य : क्या आपको नहीं लगता कि अब रचनाकारों ने समीक्षकों को नकारना शुरू कर दिया है?

नामवर सिंह : 'उसी को देखकर जीते हैं जिसका काफिर पर दम निकले'। रचनाकार समीक्षा के बिना रह भी नहीं सकते और शिकायत भी करते हैं। वैसे साहित्य में प्यार और झगड़ा साथ-साथ चलता है। शायद इसीलिए समीक्षकों से प्राय: शिकायतें होती हैं।

चैतन्य : हिन्दी अखबारों में छप रही पुस्तक समीक्षा से क्या आप सन्तुष्ट हैं?

नामवर सिंह : अखबार पुस्तक समीक्षा के लिए बहुत कम जगह देते हैं। उनमें पुस्तकें समीक्षा की जगह पुस्तक परिचय होता है। दूसरी बात यह है कि संक्षेप में पुस्तक समीक्षा लिखने की कला अभी विकसित नहीं हुई है। यह कार्य समीक्षक की प्रतिभा पर निर्भर करता है। इसके लिए लम्बी-साधना तथा अभ्यास की भी जरूरत है।

चैतन्य : समीक्षक के तौर पर रचनाकारों, पाठकों या किसी अन्य से आपकी कोई शिकायत ?

नामवर सिंह : मेरी शिकायत हिन्दी की दैनिक पत्रकारिता से है, पाठकों या रचनाकारों से नहीं। विकसित देशों समेत पूरी दुनिया में दैनिक अखबारों के साप्ताहिक परिशिष्टों में पुस्तक समीक्षा को खूब जगह दी जाती है। उदाहरण के लिए 'लन्दन टाइम्स' का 'टाइम्स लिटरेरी सप्लीमेंट (टीएलएस)' सिर्फ पुस्तक समीक्षा का ही परिशिष्ट है। 'न्यूयॉर्क बुक रिव्यू' भी इसका उदाहरण है। अपने देश में ही बंगला, मराठी, तमिल, मलयालम आदि भाषायी अखबारों में पुस्तक समीक्षाएँ खूब छपती हैं। टेलीविजन पर जब पुस्तक समीक्षा का कार्यक्रम लोकप्रिय हो सकता है तो हिन्दी अखबारों में क्यों नहीं ? पहले हिन्दी अखबार समीक्षाएँ सप्ताह में एक दिन छापते थे तथा उनसे जुड़ी साप्ताहिक पत्रिकाएँ भी होती थीं जिनमें समीक्षा के लिए जगह मिलती थी। आज अखबारों ने हिन्दी समीक्षा की दुर्गति की है। वैसे तो ये अखबार हिन्दी प्रेम खूब दिखाएँगे। हाँ, यह बात भी है कि इधर कुछ अखबारों ने समीक्षा के लिए पर्याप्त जगह दी है। यह भी सौभाग्य है कि हिन्दी अखबारों के अधिकांश सम्पादक साहित्यकार हैं। एक बड़ी तथा कई छोटी समीक्षाएँ अखबारों में जरूर छपनी चाहिए। पुस्तकों की सूची भी देनी चाहिए क्योंकि अखबार का काम सूचना देना भी है। इसमें कुछ जिम्मेदारी हिन्दी प्रकाशकों को भी निभानी चाहिए। उन्हें अखबारों में पुस्तकों का विज्ञापन भी देना चाहिए। अखबारों में पुस्तक समीक्षा को बढ़ावा देने के लिए अखबारों के साथ प्रकाशकों का तालमेल बहुत जरूरी है क्योंकि पुस्तक समीक्षा तो एक तरह से पुस्तकों का विज्ञापन ही होता है।

चैतन्य : समीक्षक के तौर पर कमलेश्वर जी के लेखन के बारे में आपकी कोई टिप्पणी ?

नामवर सिंह : क्यों ? कमलेश्वर जी के बारे में टिप्पणी के लिए हठ क्यों ? कमलेश्वर जी अक्सर मेरे बारे में टिप्पणियाँ किया करते हैं, जरूरी नहीं कि जवाब में मैं भी टिप्पणी करूँ। कुछ समय पहले एक साप्ताहिक पत्र में अपने संस्मरणों के दौरान कमलेश्वर जी ने जिस तरह मुझे याद किया, उसे पाठक अच्छी तरह जानते हैं। उनके लेखन के बारे में कोई टिप्पणी नहीं करना चाहता।

[साभार : 'हिन्दुस्तान', 4 अगस्त, 2018]

लोग इसे मुकम्मल इतिहास समझने की भूल न करेंगे

[नामवर सिंह से पवन उपाध्याय की बातचीत]

[हिन्दी के शीर्षस्थ समालोचक डॉ. नामवर सिंह समय-समय पर शब्द, संस्कृति, समाज और विचारधारा पर अपना मत व्यक्त करते रहे हैं। हिन्दी का हृदय प्रदेश कहे जाने वाले उत्तर प्रदेश की मानसिकता का विवेचन करते हुए उन्होंने 'नागरिक उत्तर प्रदेश' से एक महत्त्वपूर्ण बातचीत की। 'वाचिक' परम्परा का समर्थन एवं लेखन योजनाओं की स्थिति, वर्तमान में पूर्व की भाँति कविता और कहानी के प्रतिमानों की आवश्यकता, हिन्दी आलोचना और उसके सर्जनात्मक साहित्य के सम्बन्धों का निरन्तर अहंकार की परिधियों में सिमटता जाना, आलोचकों द्वारा रचनाकारों की सही शिनाख्त; संजीव जैसे रचनाकारों की रचना-प्रक्रिया पर सख्त टिप्पणियों का आशय, हिन्दी कहानी में प्रेमचन्द की परम्परा की पहचान, प्रेमचन्द के 'रंगभूमि' को लेकर खड़े नये विवादी माहौल के सम्बन्ध में प्रतिक्रिया, 'हंस' के दलित विशेषांक में प्रकाशित साक्षात्कार के आधार पर 'दलित लेखन' और 'स्त्री लेखन' के सन्दर्भ में बदलते विचारों का कारण, 'प्रलेस और जलेस' की खोई भूमिका के बाद नये संगठन की आवश्यकता का सन्दर्भ, पूँजीवाद के नये तांडव के बीच लेखकों के सम्मुख चुनौतियाँ, 'रचना और समाज' के बीच बनने वाले नये रिश्तों की रूपरेखा, हिन्दीभाषी राज्यों में हिन्दी की दुर्गति के रोना रोने की परम्परा में किसी परिवर्तन की सम्भावना, विश्वविद्यालयों में हिन्दी अध्यापन को लेकर किए गए संघर्षों के बाद का फर्क, साहित्य में सक्रिय होने से पूर्व की जाने वाली मानसिक तैयारी, जीवनभर संघर्षरत साहित्य साधकों एवं रचनाकारों के लिए किसी शासकीय सहायता के प्रावधान की आवश्यकता आदि मुद्दों पर उनके विचार जानने की जिज्ञासा लिये हमारी मुलाकात उनके दिल्ली स्थित आवास पर हुई। उनके द्वारा व्यक्त ये विचार सांस्कृतिक पुनर्जागरण की प्रक्रिया को रेखांकित करते हैं। डॉ. नामवर सिंह लखनऊ, इलाहाबाद और बनारस जैसे नगरों की जगर-मगर के बीच यथार्थ का 'सच्चा व सँवलाया मुख' उजागर

करते हैं। उम्मीद है, इस बातचीत में निहित चिन्ताएँ पाठकों की चेतना को उदीप्त करेंगी।]

डॉ. नामवर सिंह : आज हमारी बातचीत 'नागरिक उत्तर प्रदेश' पत्रिका के लिए हो रही है। इसलिए मैं उत्तर प्रदेश के साहित्य-संसार के बारे में ही बात करना उचित समझता हूँ। इसलिए भी कि मैं उत्तर प्रदेश का ही एक नागरिक हूँ और दिल्ली में वर्षों से रहने के बाद भी मैं अपनी मूल जन्मभूमि को भूल नहीं सकता। मेरा संकेत काशी की ओर है और चूँकि जो कुछ संस्कार मुझे साहित्यिक और सांस्कृतिक मिला है, वह उत्तर प्रदेश से ही मिला है। यह भी एक विशेष कारण है कि मैं 'नागरिक उत्तर प्रदेश' नामक पत्रिका के लिए अपनी आज की बातचीत को उसी पर केन्द्रित करना चाहता हूँ और इससे जो आनुषंगिक प्रश्न उठेंगे, उन पर भी हम लोग बातचीत कर सकते हैं। मैं बार-बार 'बातचीत' शब्द का प्रयोग इसलिए कर रहा हूँ कि यह रूढ़ अर्थों में साक्षात्कार नहीं है कि आप प्रश्न करें और मैं उत्तर दूँ बल्कि आपकी समान भागीदारी होगी। मेरे मन में कुछ प्रश्न उठेंगे, मैं आप लोगों से पूछूँगा, आप लोग भी उसका जवाब दें...और आपके जो प्रश्न होंगे, यथासम्भव मैं भी उसका उत्तर मुखर चिन्तन के रूप में ढूँढ़ने की कोशिश करूँगा। क्योंकि पहले से कोई सधे-बँधे, बने-बनाए विचार मेरे नहीं हैं। इस भूमिका के बाद मैं अपनी मुख्य चिन्ता पहले व्यक्त कर दूँ। एक समय, और वह समय...यानी लगभग आज से 30 वर्ष पहले तक हिन्दी साहित्य का अर्थ था : लगभग उत्तर प्रदेश में लिखा जाने वाला हिन्दी साहित्य। और उसके केन्द्र हुआ करते थे—लखनऊ, इलाहाबाद, बनारस। इसके अलावा—आगरा, कानपुर जैसे शहर भी रहे हैं। अगर याद करें तो इसमें कौन प्रधान है, कौन गौण है, इसकी चर्चा फिलहाल हम नहीं करेंगे। शुरू हम लखनऊ से ही करते हैं।

एक जमाना था जब लखनऊ में यशपाल, भगवतीचरण वर्मा, अमृत लाल नागर—तीन बड़े कथाकार लखनऊ में होते थे।...और इन कथाकारों का मिलन नियमित रूप से लखनऊ के 'कॉफी हाउस' में हुआ करता था। मुझे यह भी याद आता है कि जब यशपाल जी महानगर (लखनऊ का पॉश इलाका) नहीं गए थे और हीवेट रोड पर 'आकाशवाणी भवन' के सामने रहते थे तो 'लेखक संघ' की नियमित बैठकें (लखनऊ लेखक संघ कहलाता था) यशपाल जी के घर पर हुआ करतीं थीं, और उसमें गिरिजा कुमार माथुर, जो आकाशवाणी में हुआ करते थे, वे आते थे। इसके अलावा नई पीढ़ी के लेखकों में मनोहर श्याम जोशी, रघुवीर सहाय, कृष्ण नारायण कक्कड़ और कुँवर नारायण भी कभी-कभी आया करते थे। उसके बाद की नई पीढ़ी के लोग भी और नये लेखक भी आते थे। नाम उसका 'लखनऊ लेखक संघ' था लेकिन एक तरह से 'प्रगतिशील लेखक संघ' का ही

रूप था।...और एक ऐसी साहित्यिक चेतना बनी थी कि बाहर के लेखक भी, मैं भी कभी-कभी बनारस से...मन होता था कि कोई कार्यक्रम बना या बना करके लखनऊ जाते थे...और इन साहित्यकारों से हम लोग मिलते थे। गाँव की गोष्ठियों में भाग लेते थे। आज देखें तो उस लखनऊ में, बहुत पहले रघुवीर सहाय छोड़कर चले आए, मनोहर श्याम जोशी छोड़कर चले आए। अब अकेले...और तीनों बुजुर्ग लेखक हमारे दिवंगत हो गए। कुँवर नारायण भी छोड़ करके लखनऊ से दिल्ली आ गए। केवल श्रीलाल शुक्ल बचे हैं। अलग-थलग पड़े हुए अकेले।...एक नाम और याद आ रहा है—डॉ. देशराज। दर्शन के वे विद्वान थे लेकिन वे कथाकार और कवि भी थे और आलोचक भी थे। एक पत्रिका भी 'संचेतना' नाम की निकालते थे। लखनऊ से और भी साहित्यिक पत्रिकाएँ कई निकली हैं। सबका नाम गिनाना यहाँ जरूरी नहीं है। और गहमा-गहमी थी साहित्य में।

आज लखनऊ से एक पत्रिका निकल रही है : 'तद्‌भव'। बहुत अच्छी पत्रिका है। और निकालने वाले हैं—अखिलेश। नये लेखकों-प्रतिभाओं की कमी नहीं है। वीरेन्द्र यादव उसमें बहुत अच्छा लिख रहे हैं। इस समय एक और पत्रिका निकल रही है : 'कथाक्रम'। और उसका वर्ष में एक बार नवम्बर में वार्षिक उत्सव भी होता है, पुरस्कार भी मिलता है...और कथाकारों का जमघट भी होता है। यदि मैं भूलता नहीं तो कात्यायनी भी लखनऊ में ही हैं। एक प्रकाशन संस्था उनकी है। स्वयं बहुत अच्छी कवयित्री हैं लेकिन कुल मिलाकर 'तद्‌भव' लखनऊ में रहते हुए अखिलेश निकालते हैं लेकिन उनका मुद्रण और प्रकाशन और वितरण दिल्ली से होता है। भले ही उसका पता लखनऊ हो लेकिन स्वयं लखनऊ से उसका कितना सम्बन्ध है, कहना कठिन है। वह कहीं से भी निकल सकती है... तो अब साहित्य के नाम पर मैं लखनऊ को इस रूप में भी याद करना चाहता हूँ कि स्वाधीनतता के ठीक बाद हिन्दी के लिए एक 'हिन्दी समिति' सरकार की एक संस्था बनी थी और उससे कुछ बहुत महत्त्वपूर्ण पुस्तकें प्रकाशित हुई थीं दर्शन की। कुछ अनुवाद हुए थे। बल्कि मद्दाह का उर्दू-हिन्दी कोश, इतने संस्करण हुए हैं, बिके हैं, पहली बार वहीं से छपा था। डॉ. देवराज की, दर्शन की—'भारतीय संस्कृति'—एक किताब निकली थी। पी.बी. काणे के 'धर्मशास्त्र का इतिहास' नाम के विशाल ग्रन्थ का अनुवाद वहाँ से हुआ था। इतने उच्चकोटि के प्रकाशन हिन्दी समिति से हुए थे।

आगे चलकर वह हिन्दी समिति के स्थान पर 'उत्तर प्रदेश हिन्दी संस्थान' कायम हुआ जो आज भी है। उस संस्थान में भी आरम्भिक वर्षों में कुछ उच्च कोटि के प्रकाशन हुए उनके द्वारा।...और उसका एक भवन है...बड़ा भव्य भवन है : 'पुरुषोत्तम दास टंडन भवन'। मेरा सम्बन्ध कुछ वर्षों तक उस संस्था से रहा है। हिन्दी का सबसे बड़ा पुरस्कार 'भारतीय ज्ञानपीठ पुरस्कार' आज भी माना

जाता है। अकेला और वह भी गैर-सरकारी। लेकिन उत्तर प्रदेश हिन्दी संस्थान की ओर से एक लाख रुपये का सबसे बड़ा पुरस्कार आरम्भ किया गया। पहला पुरस्कार महादेवी वर्मा को दिया गया था, दूसरा अज्ञेय को दिया गया था। बड़े साहित्यकारों को। अब इसी उत्तर प्रदेश में आगे चल करके उससे बड़े कुछ पुरस्कार दिये जा रहे हैं, और उसका नाम है : 'भारत-भारती' पुरस्कार। अब तो ढाई-ढाई लाख रुपये के पुरस्कार दिये जा रहे हैं—राम मनोहर लोहिया के नाम पर, और ये सब हो रहे हैं...।

लेकिन मैं यह कह रहा था कि संस्थाएँ अब बिलकुल नई बनी हैं। कुल मिला करके लखनऊ एक जमाने में जो साहित्यिक चेतना का केन्द्र हुआ करता था, अब लखनऊ हिन्दी साहित्य का केन्द्र रह नहीं गया है। यद्यपि लखनऊ के आसपास के इलाके में स्वतंत्र रूप से, वैयक्तिक रूप से रचना करनेवाले नई प्रतिभाओं की कमी नहीं है—बरेली, लखनऊ के पास है...और वहाँ है वीरेन्द्र डंगवाल जैसा एक कवि, बहुत अच्छा माना हुआ कवि। उसी प्रकार देखें तो लखनऊ से कुछ दूर बस्ती में अभी एक नई प्रतिभा का उदय हुआ है—अष्टभुजा शुक्ल। ये दो ही नाम ले रहा हूँ। कानपुर में भी कुछ नई प्रतिभाएँ हैं—पंकज चतुर्वेदी। कविताएँ भी लिखते हैं लेकिन उनकी पुस्तक 'उपन्यास और आत्मकथा' नाम से अभी एक आई है। शोध-कार्य किया है।...तो लखनऊ के अगल-बगल नई प्रतिभाएँ हैं लिखने वाली।

हिन्दी साहित्य उसी पीढ़ी के साथ समाप्त नहीं हो गया। लेकिन वह साहित्यिक चेतना जो लखनऊ से निकलती थी, वह फैलती थी दूर-दूर तक। वहाँ के कुछ लोग यानी उस शहर की एक लम्बी परम्परा रही है...वह उन्नीसवीं शताब्दी से शुरू होती है...और उर्दू की और हिन्दी की—दोनों की मिली-जुली परम्परा थी, क्योंकि लखनऊ...मैं इसलिए लखनऊ का नाम ले रहा हूँ—'प्रगतिशील लेखक संघ' का आरम्भ लखनऊ से हुआ था 1936 में। प्रेमचन्द बनारस से गए थे। उसकी अध्यक्षता उन्होंने स्वीकार की थी...और वह प्रगतिशील लेखक संघ जो एक विशाल अखिल भारतीय आन्दोलन के रूप में आगे चलकर फैला, उसकी शुरुआत इलाहाबाद-बनारस से न हो करके लखनऊ से हुई थी। इसका मतलब कि लखनऊ इस समय हिन्दी के रूप में था, जहाँ से साहित्य की नई चेतना, नई धारा का उदय हुआ था। प्रगतिशील लेखक संघ, जैसाकि मैंने बताया, उसके बाद भी लखनऊ में चलता रहा संगठन। 'लेखनऊ लेखक संघ' था यशपाल जी का। उसके बाद भी हजरतगंज में एक बैठक हुआ करती थी, एक पत्रिका भी यह निकालता था। (प्रबोध मजूमदार तथा गोपाल उपाध्याय थे) तो प्रगतिशील लेखक संघ उसके बाद भी चलता रहा। और मैं इसलिए जिक्र कर रहा हूँ कि फिर 1986 में 'प्रगतिशील लेखक संघ' की जब 50 वर्ष होने पर स्वर्ण जयन्ती मनाई...तो

लखनऊ में मनाई थी हमने...और दिल्ली से भीष्म साहनी गए थे, मैं भी गया था और बम्बई से लोकराज आनन्द आए थे। उसमें उर्दू के बहुत बड़े-बड़े लेखक आए थे। पाकिस्तान से कई लोग आए थे उसमें। ये सारी चीजें लखनऊ से शुरू हुईं और लखनऊ से एक प्रगतिशील चेतना का आरम्भ हुआ और आगे चल करके इससे जुड़नेवाले अनेक लोग थे जो उससे थोड़े भिन्न लेकिन एक नई कविता की प्रयोगशीलता की धारा के थे। रघुवीर सहाय का, कुँवर नारायण का जुड़ाव हुआ था, तो ये लोग थे।

इसके साथ अगर याद करें तो साहित्य के समानान्तर जो संगीत महाविद्यालय है, एक जमाने में संगीत के बहुत अच्छे विद्यालयों में गिना जाता था। एक जमाने में वहाँ कुछ बहुत अच्छे-अच्छे चित्रकार हुए। जो चित्रकला, संगीत और साहित्य, और बौद्धिक दृष्टि से याद करें तो अनेक अच्छे पत्रकार थे समाचारपत्रों में। हिन्दी का उस समय 'स्वतंत्र भारत' और 'नवजीवन' था। 'नेशनल हेरल्ड' वहाँ से निकलता था। पत्रकारों में...विचारकों व बुद्धिजीवियों में राधाकमल मुखर्जी, दीप चट्टोपाध्याय और डी.पी. मुखर्जी...पत्रकारों में चलपति राव...और आचार्य नरेन्द्र देव जी जिसके केन्द्र में होते थे। आचार्य नरेन्द्रदेव यानी समाजवाद का अड्डा था और कांग्रेस का भी अड्डा था। एक राजनीतिक चेतना, सांस्कृतिक चेतना और साहित्यिक चेतना—इन तीनों का लखनऊ केन्द्र हुआ करता था। आज जो वीरानी-सी छाई हुई है...वही लखनऊ अब बंजर दिखाई पड़ रहा है। इक्के-दुक्के उसमें कुछ प्रतिभाएँ हैं जो अलग-अलग पड़ी हुई हैं, फिर भी बची रह गई हैं। लेकिन कुल मिला करके एक सन्नाटा-सा दिखाई पड़ रहा है। ऐसा लगता है, जैसे लखनऊ की कोई भूमिका नहीं है। क्यों? क्या कारण है? मेरे पास इसका जवाब नहीं है। लेकिन यह ऐसा प्रश्न है जो 'नागरिक उत्तर प्रदेश' पत्रिका में...बहस के लिए यह बात उठाई जानी चाहिए और वहाँ के साहित्यकारों और बुद्धिजीवी इस पर विचार करें और उनकी प्रतिक्रिया आप छापें, इसलिए मैं आपके सामने ये बातें रख रहा हूँ कि 'क्या कारण है?' इसका जवाब केवल उत्तर प्रदेश की या लखनऊ की राजनीति के ऊपर डाल करके हम निश्चिन्त नहीं हो सकते। यह एक सतही जवाब होगा। यह सही है कि सामाजिक-राजनीतिक कारण होते हैं लेकिन एकमात्र कारण वही है, यह मैं स्वीकार नहीं करता। यह जो गिरावट है, जो ह्रास है, उस पर आपकी पत्रिका में इस पर विचार होना चाहिए। और बेहतर है कि वे लोग जो अभी हैं मौजूद लखनऊ में, वे जवाब दें इसका, और वे लोग भी दें, जो लखनऊ छोड़कर चले आए हैं, उनसे यह पूछा जाना चाहिए।

अब उत्तर प्रदेश का दूसरा शहर जो लखनऊ से कुछ बातों में अधिक महत्त्वपूर्ण है, और वह है इलाहाबाद। मैं 1947 के बाद के ही इलाहाबाद से शुरू करना चाहता हूँ। इलाहाबाद में स्वाधीनता के बाद जो बड़े साहित्यकार...सुमित्रा नन्दन

पन्त का वह शहर है। महादेवी वर्मा, लक्ष्मीकान्त वर्मा, निराला भी उस समय इलाहाबाद में थे। इसके अलावा कथाकारों में इलाचन्द्र जोशी भी थे और जालंधर वगैरह से चल करके उपेन्द्रनाथ 'अश्क' आ गए थे यहाँ पर। यही नहीं बल्कि बनारस छोड़कर प्रेमचन्द के दोनों पुत्र श्रीपति राय अपना 'सरस्वती प्रेस' का मुख्य कार्यालय इलाहाबाद में ले आए। खुद रहने आ गए। और अमृतराय भी बनारस छोड़कर इलाहाबाद आ गए और 'हंस' प्रकाशित हुआ। ये बड़े साहित्यकार थे।...और उसके बाद भी पीढ़ी के लोग...वहाँ भी प्रगतिशील लेखक संघ की एक शाखा थी जिसमें प्रकाश चन्द्र गुप्त थे, नेमिचन्द्र जैन थे। कुछ दिनों के लिए इलाहाबाद में 'तारसप्तक' के कवियों में प्रभाकर माजरे, भारत भूषण अग्रवाल भी आ गए थे और युद्ध समाप्त होने के बाद बल्कि 1946 के आसपास ही आ गए थे। 1946-47 में सच्चिदानन्द वात्स्यायन 'अज्ञेय' और यहाँ से 'प्रतीक' पत्रिका का प्रकाशन शुरू किया उन्होंने। त्रैमासिक पत्रिका। इस तरह यदि आप देखें तो इलाहाबाद में एक और 'हंस' निकल रहा था। दूसरी ओर 'प्रतीक' नाम की नई पत्रिका का प्रकाशन शुरू हुआ। और अज्ञेय जी के साथ ही सम्बन्ध बना 'परिमल' से। उस 'परिमल' के संस्थापकों में धर्मवीर भारती, विजयदेव नारायण साही, लक्ष्मीकान्त वर्मा, सर्वेश्वर दयाल सक्सेना, गिरिधर गोपाल, केशवचन्द्र वर्मा जैसे साहित्यकार थे और स्वयं अज्ञेय जी भी इस 'परिमल' के साथ सम्बद्ध हो गए। और दो शिविर स्पष्ट दिखाई पड़ते थे इलाहाबाद में। एक ओर 'प्रगतिशील लेखक संघ' और दूसरी ओर 'परिमल'। प्रगतिशील लेखक संघ के लोग मार्क्सवादी समझे जाते थे और दूसरी ओर 'परिमल' प्रयोगवादी और मार्क्सवाद विरोधी। इन दोनों संस्थाओं में वैचारिक द्वन्द्व भी था, संघर्ष भी था लेकिन साहित्यकारों में आपस में मिलने-जुलने का सिलसिला चालू था—एक-दूसरे की गोष्ठियों में जाना, सहयोग करना। विवाद भी होते थे, और उस विवाद से एक वैचारिक उत्तेजना पैदा होती थी, और सर्जनात्मक प्रतिद्वन्द्विता भी थी। 'परिमल' की ओर से 'नई कविता' नाम की एक पत्रिका निकली। धर्मवीर भारती ने 'निकष' निकाला। और 'लीडर प्रेस' से कुछ दिनों तक साप्ताहिक निकलता था। शायद...'भारत' नाम था या ऐसे ही...। धर्मवीर भारती उसके सम्पादन से जुड़े हुए थे। और इन नई प्रतिभाओं के साथ पन्त जी का और जुड़ाव था। निराला जी इसमें बहुत कम आते थे। महादेवी वर्मा थीं। बाहर से आने वालों में भगवती बाबू अक्सर आते थे। और एक तरह से डॉक्टर राममनोहर लोहिया का वह अड्डा हुआ करता था। लगभग दो वर्षों तक...तीन वर्षों तक कम्यूनिस्ट पार्टी के पूर्व महासचिव पी.सी. जोशी भी वहाँ रहते थे। और 'इंडिया टुडे' नाम की एक मासिक निकालते थे अखिलेश जी। और इलाहाबाद विश्वविद्यालय का एक अलग बौद्धिक वातावरण, और बड़े-बड़े लोग, प्रोफेसर और विद्वान हुआ करते थे। इसमें से कई लोग

विश्वविद्यालय में पढ़ाते भी थे। अनेक गोष्ठियाँ वहाँ हुईं, सम्मेलन हुए साहित्यकारों के। 'परिमल' की ओर से भी हुए और प्रगतिशील लेखक संघ की ओर से भी। प्रगतिशील लेखक संघ का सबसे बड़ा सम्मेलन 1957 का 'लेखक संघ' की ओर से हुआ। और इसके बाद 'परिमल' ने भी एक 1952 या '53 में किया था और दूसरा उन लोगों ने...मेरा खयाल है कि 1958 या 59 के आसपास किया था, जिसमें बड़े-बड़े साहित्यकार आए थे। ये सारी चीजें इलाहाबाद के...यानी लगभग एक दशक इलाहाबाद का...1960 के आसपास तक कहना चाहिए। एक दशक तक इलाहाबाद एक तरह से साहित्य का केन्द्र था, धुरी इलाहाबाद बना। 'अश्क जी' ने 'संकेत' निकाला था। वो बड़े-बड़े विशेषांक निकले थे हिन्दी में। और इन सम्मेलनों में पूरे भारत से लेखक आए थे। लखनऊ की ही तरह इलाहाबाद में भी हिन्दी के साथ उर्दू के लोग जुड़े हुए थे—फिराक गोरखपुरी, फिराक साहब इलाहाबादी...एक नाम मैंने छोड़ दिया है क्योंकि स्वाधीनता के कुछ समय बाद ही बच्चन जी कुछ वर्षों बाद दिल्ली चले आए थे। लेकिन बीच-बीच में आते रहते थे। लेकिन इलाहाबाद छोड़ दिया था। वे दिल्ली चले आए थे लेकिन लगभग यह स्थिति बनी 60 के दशक के मध्य में—यह सब कुछ बिखर गया। भारती 'धर्मयुग' के सम्पादक होकर मुम्बई चले गए। यद्यपि 'परिमल' के साथी रह गए लेकिन बहुत दिनों तक 'परिमल' उतना जीवन्त नहीं रह गया। और प्रगतिशील लेखक संघ का संगठन भी बिखर गया। 1965-67 के आस-पास। वैसे कहने के लिए श्रीराम शाही भी वहीं थे। ईश्वर चन्द्र वर्मा, लक्ष्मीकान्त वर्मा, केशवचन्द्र वर्मा, रामस्वरूप चतुर्वेदी वहीं थे लेकिन वह जो ऊर्जा थी, समाप्त हो गई थी। लखनऊ में निष्क्रिय हो गईं ये संस्थाएँ।

उस समय एक नई पीढ़ी तैयार हो रही थी जिसमें प्रगतिशील लेखक संघ के लेखकों में मुख्य रूप से—अमरकान्त, शेखर जोशी, मार्कंडेय, कमलेश्वर—यह कथा-पीढ़ी थी।...और इस कथा पीढ़ी को जिनसे संरक्षण प्राप्त हुआ, भैरों प्रसाद गुप्त जो इन लोगों से बूढ़े थे लेकिन जिन्होंने 'कहानी' पत्रिका पहले निकाली, फिर 'नई कहानी' निकाली। इसके जरिये कहानी में एक नई चेतना उत्पन्न हुई। तो ये लोग थे। और उसके बाद की पीढ़ी में जो नये लोग आए, उसमें दूधनाथ सिंह, और दूधनाथ सिंह के बाद में एक और नई पीढ़ी इलाहाबाद विश्वविद्यालय में पढ़ने वाले लोगों के बीच पैदा हुई, वो तीन युवा प्रतिभाएँ—एक देवीप्रसाद मिश्र, बोधिसत्व, और बद्री नारायण।...आज स्थिति यह है कि इनमें से इलाहाबाद में सिर्फ अमरकान्त और मार्कंडेय रह गए हैं। कमलेश्वर बहुत पहले इलाहाबाद छोड़कर दिल्ली चले आए थे, और फिर बम्बई गए थे। देवीप्रसाद मिश्र दिल्ली आए और फिर बम्बई चले गए। बोधिसत्व दिल्ली आए और बम्बई चले गए। इस समय मार्कंडेय रह गए हैं जो...स्वास्थ्य की वजह से उनका लिखना बन्द हो गया

है—'कथा' नाम की बहुत अच्छी पत्रिका निकाली थी मार्कंडेय ने। वर्षों बाद रवीन्द्र कालिया भी इलाहाबाद आए। आजकल वे कलकत्ता में हैं ममता जी के साथ। सुना है कि शेखर जोशी भी अब इलाहाबाद छोड़कर दिल्ली अपने बेटे के पास आ गए हैं या आते-जाते रहते हैं।...तो कुल मिलाकर आप देखें तो अब इलाहाबाद की स्थिति यह है कि वहाँ अमरकान्त, दूधनाथ और बद्री नारायण रह गए हैं। अब शायद ही इन लोगों में आपस में मिलना-जुलना होता हो। इसलिए सामूहिक वह जो वातावरण था, एक जमाने में बना हुआ था, वह लगभग दिखाई नहीं पड़ता है। वैसे इलाहाबाद में इसका श्रेय देना पड़ेगा सत्य प्रकाश जी को, जो इलाहाबाद विश्वविद्यालय में हिन्दी के प्रोफेसर हैं और वे 'हिन्दी साहित्य सम्मेलन' तथा 'इलाहाबाद-संग्रहालय' दोनों से जुड़े हुए हैं और इन दोनों संस्थाओं की ओर से समय-समय पर साहित्यिक और वैचारिक संगोष्ठियों का आयोजन करते रहते हैं।...और इसके साथ ही इलाहाबाद से किसी समय 'माध्यम' नाम की पत्रिका निकलती थी, जिसके सम्पादक बालकृष्ण राव हुआ करते थे। वह पत्रिका 60 के दशक के अन्त में किसी समय बन्द हो गई। उसे सत्यप्रकाश जी ने पुन: प्रकाशन प्रारम्भ कर दिया है। पत्रिका अच्छी निकल रही है इसलिए इलाहाबाद से निकलने वाली साहित्यिक पत्रिका अकेली वही रह गई है—'माध्यम'।

'माध्यम' का नाम लेते ही एक बात याद आ गई—रह गई थी, कि उस 50 के दशक में जो बड़े साहित्यकार थे, उसमें बालकृष्ण राव भी एक थे और राव साहब ने एक 'विवेचना' नाम की संस्था शुरू की थी जिसमें किसी एक पुस्तक को केन्द्र बनाकर गोष्ठी हुआ करती थी। उस गोष्ठी में मुझे भी मुक्तिबोध की 'एक साहित्यिक डायरी' पढ़ने का...समीक्षा पढ़ने का अवसर मिला।...फिर एक बार 'राग दरबारी' पर भी समीक्षा की थी। बहुत अच्छी गोष्ठी थी। उन संगोष्ठियों में पढ़े हुए निबन्धों का संकलन भी प्रकाशित हुआ।

इलाहाबाद लगभग दो दशकों तक हिन्दी साहित्य का केन्द्र रहा। इसका एक प्रमाण तो यह भी है कि 'राजकमल प्रकाशन', जो 1948 के आसपास दिल्ली में शुरू हुआ था, ने इलाहाबाद में शाखा खोली और वहाँ से उन्होंने 'नई कहानियाँ' पत्रिका का प्रकाशन शुरू किया, और वह कॉफी हाउस के बगल में होने के कारण लगभग लेखकों का एक अड्डा हुआ करता था यानी दिल्ली का एक बड़ा प्रकाशक इलाहाबाद में अपनी शाखा खोले, यह इस बात का सुबूत है कि इलाहाबाद साहित्य का एक बहुत बड़ा केन्द्र हो गया है, जहाँ लेखक वहीं रहते हैं। यह और बात है कि उसके पहले से 'नीलाभ प्रकाशन' शास्त्री जी का था, 'सरस्वती प्रेस' था, 'हंस प्रकाशन' था अमृत राय का; और संस्थाएँ थीं। लेकिन इलाहाबाद आम तौर से पाठ्य-पुस्तकें छापने के लिए प्रसिद्ध था या 'लॉ जनरल' छपता था वहाँ से। 'हिन्दी साहित्य सम्मेलन' का मुद्रणालय था, उसका प्रकाशन था लेकिन साहित्य

के प्रकाशन के लिए केन्द्र इलाहाबाद बन गया था इस दशक में। आजकल वहाँ, उसी दुकान में सिविल लाइन्स में 'लोक भारती' प्रकाशन ने उसकी जगह ले ली।

तो इस वैभवशाली युग को स्मरण करने के बाद आप अगर देखें...इलाहाबाद में गिनती की तीन-चार प्रतिभाएँ अब बची रह गई हैं। पहले की पीढ़ी के अमरकान्त, शेखर जोशी और नई पीढ़ी के लेखकों में बद्री नारायण। लखनऊ की तरह इलाहाबाद भी उजाड़ है। आपसी बातचीत में ये बातें सभी स्वीकार करते हैं, लेकिन ऐसा क्यों हुआ, कैसे हुआ, और इसे...इस सूरत को बदलने का तरीका क्या है, इस पर गम्भीरता से विचार किसी गोष्ठी में नहीं होता। क्या 'नागरिक उत्तर प्रदेश' इस दिशा में कोई पहल कर सकता है?

उत्तर प्रदेश का तीसरा साहित्य केन्द्र है हमारी 'काशी'। और जब मैं 'हमारी काशी' कहता हूँ तो उसका अर्थ है—विशेष रूप से आधुनिक युग। प्रेमचन्द, प्रसाद और रामचन्द्र शुक्ल की काशी।...ये विभूतियाँ स्वाधीनता के पहले ही दिवंगत हो चुकी थीं। और मुझे तो उन्हें देखने का सौभाग्य भी प्राप्त नहीं। किन्तु स्वाधीनता के बाद 1950 में आचार्य हजारी प्रसाद द्विवेदी के काशी आगमन के साथ एक नया ज्ञानोदय हुआ। यदि मैं भूलता नहीं तो आचार्य नरेन्द्रदेव की प्रेरणा से आचार्य हजारी प्रसाद द्विवेदी के हाथों काशी में ही 'नव संस्कृति संघ' का शुभारम्भ हुआ और कुछ वर्षों तक यह संस्था सक्रिय भी रही। इसके साथ काशी में 'प्रगतिशील लेखक संघ' की भी एक इकाई थी। और बुजुर्ग साहित्य-प्रेमियों की एक सम्भ्रान्त संस्था 'प्रसाद परिषद' भी पहले से मौजूद थी। इनसे पहले ठाकुर प्रसाद सिंह 'युवक साहित्यिक संघ' नाम की एक संस्था चला रहे थे। किन्तु उनके बनारस छोड़कर बाहर चले जाने के कारण वह संस्था 1954-55 के आसपास निष्क्रिय हो गई। उन दिनों बनारस में गीतकार के रूप में शम्भूनाथ सिंह, ठाकुर प्रसाद सिंह तथा केदारनाथ सिंह जैसी नई प्रतिभा का उदय 50 के दशक में ही हुआ। और आगे चलकर इसी कड़ी में धूमिल जैसे तेजस्वी कवि का नाम जुड़ा। जहाँ तक कथा-सृजन का सम्बन्ध है—उसमें सबसे पहले दो नाम उल्लेखनीय हैं। और संयोग से दोनों ही शिव प्रसाद हैं। आखिर शिव की नगरी में शिव प्रसाद नहीं होंगे तो और कहाँ होंगे? एक—'बहती गंगा' के यशस्वी कथाकार—शिव प्रसाद मिश्र 'रुद्र काशिकेय' और दूसरे हैं—शिव प्रसाद सिंह जो 'अलग-अलग वैतरणी' तथा अन्य कई उपन्यासों, कहानियों के यशस्वी लेखक के रूप में याद किए जाते हैं। कथा के क्षेत्र में ही आगे चलकर एक और नाम जुड़ा—काशीनाथ सिंह, जिन्होंने लगभग धूमिल के साथ ही साहित्य के क्षेत्र में प्रवेश किया। इससे अधिक उनके बारे में मेरा कुछ भी कहना उचित नहीं है क्योंकि वे मेरे सगे भाई हैं।

इस प्रसंग में एक तथ्य की ओर ध्यान आकृष्ट करना आवश्यक है कि 'बाणभट्ट की आत्मकथा' के यशस्वी उपन्यासकार हजारी प्रसाद द्विवेदी ने और उपन्यास

काशी में रहते हुए ही लिखे, जिनके नाम हैं--'चारु चन्द्रलेख', 'पुनर्नवा' और 'अनाम दास का पोथा'।

इस समय काशी में अकेले काशीनाथ सिंह ही रह गए हैं। अन्य सभी प्रतिभाएँ दिवंगत हो गईं। हाँ, आलोचकों में एक अब भी वहाँ सक्रिय हैं और वे हैं—डॉ. बच्चन सिंह। इनके अलावा प्रखर आलोचक चन्द्रबलि सिंह का भी उल्लेख आवश्यक है। यद्यपि ये कई वर्षों से अस्वस्थ चल रहे हैं। वैसे इस बीच उनके अविस्मरणीय काव्यानुवाद प्रकाशित हुए हैं जिनमें 'पाब्लो नेरुदा' सबसे अधिक प्रशंसित हुआ है। और इसी क्रम में बर्तोल्त ब्रेख्त, वाल्ट ह्विटमैन, नाजिम हिकमत की कविताओं के अनुवाद भी प्रकाशनाधीन हैं।

इस प्रकार काशी का भी साहित्यिक आकाश लखनऊ और इलाहाबाद की तरह ही चाँद और सितारों से शून्य दिखाई पड़ता है। ऐसा क्यों और कैसे हुआ, यह भी विचारणीय है।

यह सच है कि 'उत्तर प्रदेश' समूचा हिन्दी साहित्य नहीं है लेकिन इस बात से भी इनकार नहीं किया जा सकता कि एक लम्बे समय से उत्तर प्रदेश हिन्दी साहित्य का केन्द्र रहा है और इस केन्द्र के दुर्बल होने से समूचे हिन्दी साहित्य का प्रभावित होना स्वाभाविक है। इसीलिए इन तीन शहरों के साहित्य का प्रभावित होना स्वाभाविक है। इसीलिए इन तीन शहरों के माध्यम से मैंने हिन्दी साहित्य के वर्तमान परिदृश्य की एक झलक देने की कोशिश की है। इसे सिर्फ झलक के रूप में लेना चाहिए। मुझे उम्मीद है कि लोग इसे कोई, किसी प्रकार का मुकम्मल इतिहास समझने की भूल न करेंगे।

[साभार : 'नागरिक उत्तर प्रदेश', संयुक्तांक--सितम्बर, 2004-मई, 2005]

हिन्दी की विडम्बना है इसकी तीन दुनिया बनना

[नामवर सिंह से संजय कुन्दन की बातचीत]

[नामवर सिंह हिन्दी के साहित्यिक-बौद्धिक जगत में लोकप्रियता के शिखर पर हैं। कुछ लोग तो मजाक में उन्हें 'हिन्दी साहित्य का अमिताभ बच्चन' कहते हैं। इसमें कोई दो राय नहीं कि हिन्दी के साहित्यिक-वैचारिक विमर्श का हर रास्ता नामवर सिंह से होकर गुजरता है। क्या मजाल जो कोई उन्हें नकार दे! लोग या तो उनसे सहमत होते हैं या उनका विरोध करते हैं। हिन्दी आलोचना को नई जमीन देने वाले नामवर सिंह ने कविताएँ लिखीं, पत्रकारिता की, कम्यूनिस्ट पार्टी में काम किया, चुनाव लड़ा और अनन्त यात्राएँ कीं। वे पेशे से अध्यापक रहे हैं, शायद इसीलिए व्याख्यान देने का उन्हें व्यसन-सा हो गया। पहले क्लास में व्याख्यान देते थे, अब देश भर में घूम-घूमकर व्याख्यान दे रहे हैं। लेखक हों या पत्रकार, साहित्य के छात्र हों या संस्कृतिकर्मी, सब उन्हें सुनना चाहते हैं। वे बुजुर्गों से लेकर युवाओं के भी स्टार हैं। भारतीय से लेकर पाश्चात्य काव्यशास्त्र, अपभ्रंश से लेकर उत्तर-आधुनिक साहित्य पर समान अधिकार रखने वाले नामवर सिंह सामाजिक-राजनीतिक मुद्दों से मुठभेड़ करते हैं और युवतर लेखन पर पैनी नजर रखते हैं। उनका मानना है कि साहित्य की प्रासंगिकता हर युग में बनी रहेगी। वे कहते हैं कि हर तरह के प्रहारों के बावजूद हिन्दी पूरी मजबूती के साथ बची रहेगी। पेश है भाषा-साहित्य, समाज और राजनीति के कुछ ज्वलन्त सवालों पर डॉ. नामवर सिंह से संजय कुन्दन की बातचीत।]

संजय कुन्दन : हिन्दी के बारे में इन दिनों दो तरह की बातें कही जा रही हैं। एक तो यह कि बाजार के बढ़ते असर और सूचना-क्रान्ति के विस्फोट ने इसके अस्तित्व पर संकट पैदा कर दिया है लेकिन एक तबका यह भी कहता है कि इसका निरन्तर प्रसार हो रहा है और हिन्दी ने अपने को नये समय के अनुरूप ढाल लिया

है, आधुनिक तकनीक और संचार की जरूरतों के हिसाब से उसका एक नया रूप विकसित हो रहा है। आप क्या सोचते हैं?

नामवर सिंह : हिन्दी के साथ विडम्बना यह है कि इसकी तीन दुनियाएँ हो गई हैं यानी आज इसके तीन रूप हैं। पहला तो राजभाषा वाला रूप है; दूसरा वह, जिसमें साहित्य रचा जा रहा है और तीसरा वह, जो टीवी या मीडिया में प्रचलित है। आजादी की लड़ाई के दौरान हिन्दी को राष्ट्रभाषा बनाने का अभियान चला। उस समय हिन्दी के एक निश्चित रूप की तलाश चल रही थी, उसे एक व्यवस्थित रूप दिया जा रहा था। आजादी के बाद उसे राजभाषा घोषित किया गया और इस तरह एक सरकारी हिन्दी सामने आई। सरकारी कामकाज के हिसाब से उसे विकसित किया गया। अब इसी क्रम में उसे विश्व-भाषा बनाने पर भी जोर है। इसके लिए उसमें कुछ अंग्रेजी के शब्द शामिल किये जा रहे हैं। लेकिन गौर करने की बात है कि इन कोशिशों में हिन्दी का साहित्यकार शामिल नहीं है। यह काम गैर-साहित्यिक लोगों ने किया और कर रहे हैं।

हिन्दी का दूसरा रूप वह है जिसमें साहित्य रचा जा रहा है। यह हिन्दी के वृहत्तर समाज की भाषा है, जनता की भाषा है। इसमें समाज की आत्मा बोलती है। इसमें अद्भुत वैविध्य है। इसमें विभिन्न अंचलों, क्षेत्रों की बोलियों की खनक है, मुहावरे हैं। यह एक तरफ रेणु, केदारनाथ अग्रवाल और त्रिलोचन जैसे रचनाकारों की भाषा है तो दूसरी तरफ प्रभाष जोशी जैसे पत्रकार की। इनमें ठेठ हिन्दी का ठाठ झलकता है।

तीसरी हिन्दी वह है जिसका प्रयोग मीडिया कर रहा है। असल में यह बाजार की भाषा है। वैसे बाजार की भाषा तो उर्दू भी थी लेकिन वह एक अलग तरह का बाजार था। आज का बाजार अलग है। यह विश्व-बाजार है जिसमें उत्पादन और विपणन की प्रणाली बिलकुल बदल चुकी है। आज ब्रैंड पर जोर है। आज उत्पादों और ब्रांडों के नाम अंग्रेजी में हैं, इसलिए भाषा में अंग्रेजी के शब्द आ रहे हैं। देश का नवधनाढ्य वर्ग खुद को इसी में अभिव्यक्त कर रहा है।

संजय कुन्दन : कुछ लोग इस भाषा से चिन्तित हैं और इसे हिन्दी पर खतरे के रूप में देखते हैं?

नामवर सिंह : ऐसी बात नहीं है। हिन्दी को किसी से कोई खतरा नहीं है। कोई भी जीवित भाषा दूसरी भाषाओं से शब्द लेती है और उन्हें अपने भीतर पचा लेती है। हिन्दी ने भी यह काम किया है और कर रही है। अंग्रेजी के कई शब्द हिन्दी में घुल-मिल गए हैं। एक दौर में फारसी का वर्चस्व था। लेकिन फारसी से हिन्दी को कोई नुकसान नहीं पहुँचा। फारसी से अनेक शब्द हिन्दी में आए और उनका तद्भवीकरण हुआ। तुलसीदास की रचनाओं में फारसी के शब्द भरे पड़े हैं। इसलिए अंग्रेजी से हिन्दी को कोई नुकसान नहीं होगा। वैसे साहित्य की जो

भाषा है, वही सबसे ज्यादा टिकाऊ रहेगी। हाँ, शिक्षण के स्तर पर यह ध्यान रखना होगा कि हम व्याकरण का ज्ञान कराते रहें, उसे न छोड़ें।

संजय कुन्दन : साहित्य के पाठक कम हुए हैं, किताबें कम बिकती हैं। क्या इसे साहित्य की कम होती प्रासंगिकता के लक्षण मानें? क्या समाज साहित्य से मुँह मोड़ रहा है?

नामवर सिंह : साहित्य की प्रासंगिकता न कम हुई है, न होगी। किसी भी सभ्यता को हम उसके साहित्य और कला के जरिये ही जानते हैं। एक लुप्त हो गई सभ्यता-संस्कृति के बारे में जानकारी प्राप्त करने का एक अहम जरिया साहित्य ही होता है। अब जैसे गुप्त काल को लें। इसके बारे में हम उस दौर के साहित्य से ही बहुत कुछ जानते हैं। कालिदास की रचनाएँ उस दौर के मानस को अभिव्यक्त करती हैं। यही बात वैदिक और मौर्य काल के साथ भी है। उस समय के सामाजिक-आर्थिक जीवन की जानकारी साहित्य से होती है। मुगल काल को इस साहित्य से जानते हैं या स्थापत्य से। लेकिन सिन्धु घाटी सभ्यता के बारे में हमारी जानकारी अपेक्षाकृत कम है क्योंकि उसका साहित्य हमारे पास नहीं है। हम उसकी लिपि तक नहीं पढ़ पाए हैं। स्वाधीनता संग्राम या उस दौर के बारे में कई चीजें तो सरकारी रिपोर्टों और बहसों में भी उपलब्ध हैं मगर हकीकत बयान करेगा साहित्य ही। साहित्य तो हमारी धड़कनों से जुड़ा है। इसे किसी व्यवस्था ने नहीं शुरू किया। यह न तो राजतंत्र की देन है, न धर्मतंत्र की, न भूमंडलीकरण की। साहित्य हर दौर में रहेगा। इसकी मूल आत्मा है लोकतंत्र। प्रजातंत्र इसका मूल स्वभाव है। यह जनतंत्र ही तो है कि साहित्य में अज्ञेय और मुक्तिबोध एक साथ हैं। भक्तिकाल में वैविध्य देख लीजिए। जिस रीतिकाल में विविधता में कमी थी, उसका साहित्य कमजोर माना जाता है और उस दौर को सम्मानजनक स्थान प्राप्त नहीं है। समाज में लोकतंत्र खत्म हो भी जाए, साहित्य में वह जीवित रहेगा। जब देश में आपातकाल लागू हुआ तो साहित्य ने उसका विरोध किया। इसलिए साहित्य हमेशा प्रासंगिक रहेगा। उसे इस आधार पर न आँका जाए कि उसे ज्यादा लोग पढ़ रहे हैं या कम। लोकप्रियता उत्कृष्ट साहित्य का कोई मापदंड नहीं है। श्रेष्ठ साहित्य या कला सर्वसुलभ हो, यह भी जरूरी नहीं है। हर समय में उत्कृष्टता का एक उच्चतर पैमाना होता ही है। नोबेल पुरस्कार किसी कमजोर लेखक को नहीं मिल जाता। हॉलीवुड की फिल्में बिजनेस खूब कर लें पर वे उत्कृष्ट नहीं मानी जातीं। बड़े पुरस्कार कला फिल्मों को ही मिलते हैं। कॉन्स फिल्म फेस्टिवल जैसे आयोजनों में अच्छी और कलात्मक फिल्मों का ही दबदबा रहता है। यूरोप में तो कला फिल्में ही मुख्यधारा की फिल्में मानी जाती हैं। जिस पॉपुलर कल्चर की बात की जा रही है, वह बहुत टिकने वाला नहीं है। अभी हम एक संक्रमण काल से गुजर रहे हैं। जल्दी ही लोग श्रेष्ठ साहित्य और कला की तरफ मुड़ेंगे।

संजय कुन्दन : साहित्य में इन दिनों व्यक्तिगत टीका-टिप्पणी खूब हो रही हैं। एक-दूसरे पर कीचड़ उछालने का सिलसिला-सा चल पड़ा है।

नामवर सिंह : यह कोई नई बात थोड़े ही है। पहले भी ऐसा होता आया है। असल में हम लोग निम्न मध्यवर्गीय पृष्ठभूमि से आए हैं। हमारी प्रतिक्रिया कई बार निजी और वैयक्तिक कोण ले लेती है। आज भी साहित्य में कई गुट हैं। इनमें खींचतान चलती रहती है। लेकिन सच्चाई यह है कि इनमें आपस में कोई बुनियादी मतभेद नहीं है। साहित्य के सरोकारों को लेकर सब एक राय रखते हैं।

संजय कुन्दन : इधर यह कहा जाने लगा है कि नई पीढ़ी कुछ खास नहीं कर रही है। वह पुरानी चीजों को ही दोहरा रही है?

नामवर सिंह : यह गलत आरोप है। हिन्दी साहित्य की विशेषता है कि इसमें हर दस साल के बाद एक नई पीढ़ी एक नई भाषा, एक नई पहचान के साथ सामने आ जाती है। पिछले एक दशक में जो पीढ़ी आई है, वह पुरानी पीढ़ी से काफी अलग है। लेकिन इस नई पीढ़ी ने अपनी पुरानी पीढ़ी को खारिज नहीं किया है, उससे काफी कुछ ग्रहण कर अपना अलग रास्ता तैयार किया है। इस पीढ़ी का अपना एक अलग अन्दाज है, मुहावरा है। आज हर क्षेत्र में एक ताजगी दिखती है चाहे वह कविता हो, कहानी हो या आलोचना।

संजय कुन्दन : वैसे कहा तो यह भी जाता है कि युवा कवियों ने केदारनाथ सिंह या विष्णु खरे की भाषा की नकल की है?

नामवर सिंह : जो कह रहे हैं, उन्हें कहने दीजिए, पर मैं ऐसा नहीं मानता। आज जो भी नये कवि हैं, उन पर किसी का प्रभाव नहीं है। वे लीक नहीं पीट रहे। उनकी अपनी भाषा है जो सिर्फ उनकी है। आप युवतर कवियों को देख लीजिए, चाहे वे शिरीष मौर्य हों या हरे प्रकाश उपाध्याय, सबका अपना तरीका है बात को कहने का। ये अपने विशिष्ट अनुभव के साथ आए हैं। कहानियों के साथ भी यही बात है। नीलाक्षी सिंह की कहानी 'परिन्दे का इन्तजार-सा कुछ' एक अद्‌भुत प्रेमकथा है, जिसमें बाबरी मस्जिद विध्वंस का सिर्फ रेफरेंस आया है लेकिन यह इस मामले पर लिखी गई कई कविताओं और कहानियों से बेहतर है। आलोचना में भी बहुत कुछ अच्छा काम हो रहा है। कृष्णमोहन की हाल में आई किताब उल्लेखनीय है। उनके पास काफी अच्छी समझ है। इसी तरह मनमोहन (हालाँकि उम्र के हिसाब से वे वरिष्ठ हैं) की किताब भी महत्त्वूर्ण है। आप साहित्य से हटकर देखिए। मीडिया में भी एक नई पीढ़ी आ चुकी है। आज पुराने लोग नहीं रह गए हैं। इस नई पीढ़ी की सोच और तरीका बिलकुल अलग है। इसने मीडिया को काफी बदला है। यह बात मैं किसी रणनीति के तहत नहीं कह रहा हूँ।

संजय कुन्दन : आपने वामपंथी राजनीति को करीब से देखा है। क्या आपको नहीं लगता कि वामपंथ की चमक कमजोर पड़ी है, उसमें बिखराव आया है?

नामवर सिंह : उसमें बिखराव कहाँ आया है—आज भी उनका एक मोर्चा है—चाहे वह पश्चिम बंगाल में हो या केन्द्र की राजनीति में। महत्त्वपूर्ण सवालों पर ये पार्टियाँ स्टैंड लेती हैं। मुझे लगता है, नेपाल की घटना का इन पर असर होगा। आने वाले समय में इनमें नये सिरे से गोलबन्दी हो सकती है और इनकी गतिविधियाँ भी तेज होंगी।

संजय कुन्दन : लेकिन वामपंथ से प्रभावित साहित्यिक-सांस्कृतिक संगठनों की गतिविधियों में एक ठंडापन आया है?

नामवर सिंह : ऐसा ऊपरी तौर पर लगता है, पर हकीकत यह नहीं है। सभी लेखक-संगठन सक्रिय हैं। उनके बीच में कोई दीवार नहीं है, एक खुलापन है। सब एक-दूसरे से मिल रहे हैं, विचार-विमर्श और बहस कर रहे हैं। उनकी पत्रिकाएँ निकल रही हैं। वे बड़े-बड़े आयोजन भी कर रहे हैं। अभी 1857 के सवाल पर सबने अपने-अपने तरीके से बहस में हिस्सा लिया। इसी पर केन्द्रित 'नया पथ' का अंक आया। लेखक और संस्कृतिकर्मी सामाजिक-राजनीतिक सवालों पर अपनी राय व्यक्त कर रहे हैं, स्टैंड ले रहे हैं। पिछले दिनों नन्दीग्राम के मुद्दे पर वामपंथी बुद्धिजीवियों ने लेफ्ट सरकार की आलोचना की।

संजय कुन्दन : मायावती की सोशल इंजीनियरिंग को कुछ लोग राजनीति के नये प्रस्थान-बिन्दु के रूप में देख रहे हैं। माना जा रहा है कि इससे समाज का बना-बनाया ढाँचा टूटेगा, एक नया समीकरण तैयार होगा और जाति-प्रथा शिथिल होगी।

नामवर सिंह : मायावती की इस सोशल इंजीनियरिंग में कुछ भी नया नहीं है। कांग्रेस ने इस जातीय समीकरण को पहले ही आजमाया है। दरअसल आरक्षण की राजनीति की अपनी एक सीमा है। बाबा साहब अम्बेडकर ने भी कहा था कि रिजर्वेशन एक खास समय तक के लिए ही लागू किया जाए। लेकिन उनके अनुयायियों ने इसे एक हथियार की तरह इस्तेमाल करना शुरू कर दिया है। इससे एक अलग तरह का कास्ट सिस्टम बनता जा रहा है। जाति-प्रथा के बावजूद पहले सामाजिक जीवन में सौहार्द था, भाईचारा था। हिन्दू-मुस्लिम या कुछ जातियों के बीच खानपान न होने के बावजूद उनमें विद्वेष नहीं था। सम्बन्धों में एक सहजता थी। प्रेमचन्द की 'पंच परमेश्वर' कहानी याद कीजिए। पर आज कटुता बढ़ गई है। सहजता खत्म हो गई है। सरकारी नौकरियों में जगह पा लेने या सुविधाएँ जुटा लेने के लिए एक होड़-सी लगी हुई है, जबकि सिर्फ इससे कुछ नहीं होगा। हाँ, एक बात जरूर है कि लोकतांत्रिक अधिकारों के प्रति एक जागरूकता आई है।

संजय कुन्दन : आज दुनिया में साम्राज्यवाद का खतरा बढ़ा है। लेकिन इसे लेकर कोई मजबूत प्रतिरोध नहीं दिखाई देता।

नामवर सिंह : प्रतिरोध शुरू हो गया है। आज बुश का वर्चस्व टूटा है। खुद उन्हीं के देश में उनका विरोध हो रहा है। इराक में उन्होंने जो कुछ किया, वह फासिज्म था। आज उनके इराक अभियान की अपने ही देश में आलोचना हो रही है। मुझे लगता है, इराक उनकी कब्र बनेगा। नये पूँजीवाद को लेकर भी अर्थशास्त्रियों में बहस शुरू हो गई है। बाजार आधारित अर्थव्यवस्था के अन्तर्विरोध सामने आने लगे हैं। अब इस बात की पड़ताल की जाने लगी है कि इसका कृषि और पर्यावरण पर क्या असर पड़ रहा है। नये वैकल्पिक ढाँचे की तलाश जारी है। दुनिया में अलग-अलग स्तरों पर विरोध शुरू हो गया। धीरे-धीरे यह और भी तेज होगा।

[साभार : दैनिक अखबार 'नवभारत टाइम्स', नई दिल्ली, 24 जून, 2007]

वर्ग-चेतना को कभी नहीं भूलते स्वयं प्रकाश

[नामवर सिंह से पल्लव की बातचीत]

[आदरणीय नामवर जी से जब मैंने आग्रह किया कि 'बनास' का स्वयं प्रकाश जी पर केन्द्रित अंक निकाल रहे हैं तो उन्होंने तुरन्त स्वीकृति दी कि 'मैं जरूर कुछ दूँगा'। वह सात अक्टूबर, 2007 की साँझ थी। कुछ-कुछ अस्वस्थ और थके हुए नामवर जी के घर हम पहुँचे। हम यानी अरबिन्दो कॉलेज के डॉ. राजकुमार वर्मा, मिहिर और मैं। पहले काफी देर तक डॉ. वर्मा से नामवर जी उनके कॉलेज का हालचाल लेते रहे, फिर मिहिर से उसके विभाग की बातचीत का सुख चाय और मिठाई-नमकीन के साथ ऐसा मिला कि छोटा मगर एक अविस्मरणीय संस्मरण बन गया।]

पल्लव : सर, आज हम लोग स्वयं प्रकाश जी की कहानियों पर आपसे बात करने आए हैं। आपको याद होगा 'कहना न होगा', जो आपके साक्षात्कारों का संचयन है, में जब आपसे अपने प्रिय कहानीकार का नाम पूछा गया था तब आपने नाम लिया था—स्वयं प्रकाश। क्या मैं जान सकता हूँ कि स्वयं प्रकाश में ऐसी कौन-सी विशेषताएँ हैं कि हिन्दी में और भी कई बड़े कहानीकारों के होने पर भी आपने उनका नाम लिया?

नामवर सिंह : मुझे याद नहीं है कि वह बातचीत कब हुई थी। लेकिन स्वयं प्रकाश...सम्भव है कि उस समय उनकी कोई ताजा कहानी मैंने पढ़ी हो और पहले की यादें ताजा हो गई हों, क्योंकि जहाँ तक मुझे याद है, 'पार्टीशन' कहानी उनकी पहली कहानी थी जो मैंने पढ़ी थी और उस पर टिप्पणी भी की थी और मुझे वह बहुत ही महीन कहानी...कहानी कहने की जो पूरी कला थी, वह मुझे पसन्द आई थी। उसके बाद उनकी कहानियाँ मैं लगातार पढ़ता रहा हूँ और मुझे लगा कि ज्ञानरंजन की पीढ़ी के कहानीकारों के बाद जो कहानी के क्षेत्र में नई प्रतिभाएँ आई थीं, उनमें सबसे अधिक ध्यान आकृष्ट किया स्वयं प्रकाश ने। और जिन्दगी को देखने की एक पैनी नजर और उसके साथ ही कहानी कहने का अन्दाज, जिसको क़हते हैं कि गम की कहानी मजे ले-ले के कहना, तो वे कहानी कहने में रस लेते हैं।

...तो बहुत-सी कहानियाँ पार्टीशन पर लिखी गई थीं, एक जमाने में—हिन्दी में, उर्दू में लेकिन उसके बाद यह कहना कि जहाँ कहानी खत्म होती है, इतिहास की किताब में कहा गया है, कि पार्टीशन हो गया। पार्टीशन तो अब भी है। यह हकीकत... इसकी कोई याद नहीं दिलाना चाहता कि जो एक बार पार्टीशन हुआ, उसके बाद यह समझते हैं कि अब पार्टीशन बन्द हो गया लेकिन वह समाज में है और किस तरह से कुर्बान भाई में इतना बदलाव आया।

एक छोटी-सी घटना कि दुकान पर बैलगाड़ी टिका दी और कोई आदमी कुर्बान भाई के साथ नहीं आया, दिखाई नहीं पड़ा। आखिर में वही कुर्बान भाई...यही नहीं कि वे सेकुलर हो गए थे। वे नमाज पढ़ने जाते थे शुक्रवार के दिन...उस दिन भी शुक्रवार था। जब कहानी खत्म होती है तो कहानी जहाँ खत्म करते हैं—टोपी पहनकर जाते हुए दिखाई पड़े हैं, जवाब नहीं दिया उन्होंने और गुमसुम हो गए...अपने अन्दर बन्द हो गए।

खास बात जो हुई कि इस बीच में खुद हमारे समाज में विभाजन के साठ बरस बाद भी, आज भी खुलकर बातचीत दोनों के बीच लगभग नहीं हो पाती। हम यह नहीं जानते कि जो अल्पसंख्यक हैं, मुसलमान हैं, जब वहाँ कोई हिन्दू नहीं होता, आपस में क्या बात करते हैं, हम नहीं जानते। बिलकुल नहीं जानते। खुलते नहीं वे। आज भी यह स्थिति है। वह जो पार्टीशन हो गया है, एक बार जो हुआ, ऐसा समझा गया कि वह खत्म हो गया। वह खत्म नहीं हुआ है। इस गहरी सच्चाई को, आज के जीवन की, बताना कि वह आज भी मौजूद है।

यद्यपि कहानी पन्द्रह-बीस साल पहले लिखी है, लेकिन मैं देखता हूँ कि उसके बाद वर्ग-समस्या आज भी कायम है।...हमारे एक दोस्त हैं मुजीब भाई। जामिया में हिन्दी के प्रोफेसर रहे हैं—बहुत खुले दिमाग के। पंडित सुन्दरलाल के साथ इलाहाबाद में रह चुके हैं। बड़े रौशन-खयाल वाले आदमी हैं वे। उन्होंने कहा कि आप नहीं जानते कि जब हम लोग होते हैं, कोई हिन्दू उसमें नहीं होता, तो हम क्या बातें करते हैं, आपको अन्दाजा नहीं है। यह बात उन्होंने उस समय कही थी जब मैंने एक लेख लिखा था उर्दू के बारे में—'बासी भात में खुदा का साझा'। तो बोले कि हमको बहुत पीड़ा हुई कि आपने यह लिखा।

तो बात यह हो रही थी कि हम अब भी नहीं जानते कि समाज में एक अलग घेटो है, यह अन्दाजा नहीं है। जैसे ही कोई मुसलमान बीच में आ जाता है तो इस विषय पर कैसी बातें होती हैं? ...और जब नहीं होता है मुसलमान तो आप लोग खुद कैसी बातें करते हैं? यह आइडिया नहीं है। चले तो गए कुर्बान भाई! कैसे उनमें परिवर्तन हुआ?...लेकिन अन्त जहाँ कहानी का हुआ, वह मैं सुनाना चाहता हूँ:

'वे घुट रहे थे और घुल रहे थे...पर खुल नहीं रहे थे। हम उन्हें नहीं खोल पाए। एक दिन जब मैं पहुँचा, मेरी तरफ उनकी पीठ थी, किसी से कह रहे थे—

आप क्या खाक हिस्ट्री पढ़ाते हैं? कह रहे हैं, पार्टीशन हुआ था! हुआ था नहीं, हो रहा है, जारी है—और मुझे देखते ही चुप होकर काम में लगे गए...।

असल में लेखक जहाँ सामने आता है, वह भी देखें, इस कहानी का अन्त अच्छा नहीं है। मैं चाहता हूँ कि आप उसे नहीं पढ़ें। और पढ़ें तो यह जरूर सोचें कि क्या इसका कोई और अन्त हो सकता था? अच्छा अन्त? अगर हाँ, तो कैसे?

बात बस, यह बची है कि कई दिन बाद जब एक दोपहर मैं आजाद चौक से गुजर रहा था—जिसका नाम अब संजय चौक कर दिया गया था—और वह शुक्रवार का दिन था—मैंने देखा कि कुर्बान भाई की दुकान के सामने लतीफ भाई खड़े हैं...। और कुर्बान भाई दुकान में ताला लगा रहे हैं।...और उन्होंने टोपी पहन रखी है...और फिर दोनों मस्जिद की तरफ चल दिये हैं।

अब बिना कहे हुए, एक छोटा-सा वाक्य कि आजाद चौक संजय चौक में बदल गया है, यह चौक का नाम बदलना? यह कहानी उस दौर की है जब मैं नहीं जानता कि भारतीय जनता पार्टी सत्ता में आई थी कि नहीं आई थी...आभास भी नहीं था। बीस साल बाद जो घटित हुआ...जब राजस्थान में उनकी सरकार बनी, मध्यप्रदेश में बनी, केन्द्र में ये सत्ता में आए...यह इसके पहले की लिखी हुई कहानी है। कहानीकार जिन्दगी की उस सचाई को पेश कर रहा है जो अन्दर-अन्दर समाज में पनप रही है, फैल रही है और लोगों का ध्यान नहीं है। लोग समझ रहे हैं कि हम लोग उन तमाम बातों को भूलकर, पार्टीशन की बातों को भूलकर सेकुलर हो गए हैं। सच जो छिपा हुआ है, जिसे कोई कहता नहीं है। उस सचाई को सामने रखना स्वयं प्रकाश की ही दृष्टि है...और इस टिप्पणी के साथ कि इस कहानी का अन्त अच्छा नहीं है। कुर्बान भाई जैसा आदमी बदल गया, उसको जाना पड़ा...यह स्थिति पैदा कर दी है कि जो आदमी सचमुच साम्प्रदायिक नहीं है, उस बिरादरी में जो जाना नहीं चाहता...छोड़ दी थी सोहबत उन लोगों की कुर्बान भाई ने...उस कुर्बान भाई को लगा कि अन्ततः हमारी जगह तो वहीं है। हमक़ो सहारा अगर कहीं मिल सकता है तो वहीं मिल सकता है...इतना सब करने के बाद भी हमको सहारा नहीं मिला। और कितनी ठोकर खाकर वह आदमी आया था...एक लम्बा सफर किया था पार्टीशन के बाद से। किन-किन जगहों से? जिन जगहों का नाम लिया है, वे बड़ी सार्थक जगहें हैं...और अन्त में किस जगह वह आदमी पहुँचा था?

बँटवारे पर बहुत-सी कहानियाँ लिखी गई हैं। सन् 1947-48 के जमाने में मंटो ने लिखी थीं, कृश्न चन्दर ने लिखी थी, पंजाब से आए तमाम लोगों ने लिखी...लेकिन उसके बाद जैसे अब नॉस्टेल्जिया का रूप ले लिया बँट्वारे ने। उसका असर कितना गहरा हुआ है, उस सच को पेश करनेवाली पहली कहानी थी, इसलिए मेरा ध्यान इसने आकृष्ट किया था। खास तौर से इस कहानी का

मुकम्मल है यह...इशारे में बहुत सारी बातें कही गई हैं...सारी चीजें बयान नहीं की गई हैं। कुर्बान भाई साहित्यकार भी हो गए थे, एक कविता भी कोट की है कहानी में :

फ़क़त पासे-वफ़ादारी है, वरना कुछ नहीं मुश्किल है,
बुझा सकता हूँ अंगारे, अभी आँखों में पानी है।

यह शेर जो आदमी लिख सकता हो...कुर्बान भाई शायर हैं। वे लिखते हैं लेकिन फेंक देते हैं और पेशेवर शायर नहीं बन सके लेकिन उनमें इल्म है, हुनर है, और वे जबान जानते हैं। अभी हौसला है कि 'आँखों में पानी है'। पानी पर श्लेष है। आँसू ही नहीं हैं, वे पानीदार आदमी हैं। तो पानी है अभी बाकी, इसलिए इन्सानियत बाकी है। उस इनसानियत के बदौलत हम अंगारे बुझा सकते हैं।

यह शेर लिखने वाला आदमी आखिर में फिर मस्जिद की ओर...हम उसको जैसे धक्का देकर मस्जिद में फेंकते हैं क्योंकि और कोई जगह नहीं है। जिस आदमी ने सोचा था कि एक छोटी-सी दुकान खोलकर गुजारा करेगा। नहीं भी है पैसा तो लोगों को सामान दे दीजिए, ईमानदारी से दुकान चलाने वाले...हर आदमी के लिए उनके भीतर जगह थी, सब कुछ था और वही आदमी आखिर में देखता है कि आसरा तो नहीं मिलेगा। ताकत वहीं से मिलने वाली है क्योंकि कोई आदमी मदद करने वाला उसको नहीं मिला, जब उसके साथ दुर्व्यवहार हुआ। एक भी आदमी नहीं था। यह एक सचाई थी और इस कहानी को बड़े इत्मीनान से लिखा गया है। जहाँ से वे शुरू करते हैं, कहते हैं : 'आप कुर्बान भाई को नहीं जानते?' इस तरह परिचय देते हैं। कहानी कहने की कला और जो जबान है इनकी, वह देखें। इसलिए ऐसी थीम पर प्रेमचन्द की परम्परा में अगर इसे रखकर देखें तो उस दौर में भी प्रेमचन्द ने शायद ही ऐसी कोई लिखी, मुझे याद नहीं आता। प्रेमचन्द की 'मन्दिर और मस्जिद' बड़ी मशहूर कहानी है। उसमें उन्होंने हृदय-परिवर्तन दिखा दिया है। लेकिन ऐसा परिवर्तन होता नहीं है जिन्दगी में।

पल्लव : इस कहानी का एक और पाठ हो सकता है : प्रगतिशील ताकतों की विफलता। इस कहानी में जो वाचक हैं, वे कुर्बान भाई के दोस्त भी हैं। और भी ऐसे दोस्त हैं। वे सब कुर्बान भाई की दुकान पर अड्डा लगाने लगे हैं। वहाँ पढ़ाई-लिखाई की बातें होने लगी हैं। एक वातावरण बन रहा है। वे सारे लोग भी कुछ कर नहीं पाए। कहानी में ही एक पंक्ति आती है लेकिन यह सब बहानेबाजी थी। सच यह है कि कुर्बान भाई को एकदम अकेला छोड़ दिया गया था। शायद हम उनकी तकलीफ को शेयर कर ही नहीं सकते थे। मगर हमें कोशिश जरूर करनी चाहिए थी।

नामवर सिंह : हाँ। यह कह सकते हैं कि एक तरह से प्रगतिशील ताकतों की भी कमजोरी है। क्योंकि आखिर में एक जगह लिखा गया है : 'एक अपराध

के तहत हम भी कुर्बान भाई से कटे-कटे रहने लगे।' यह अपरोधबोध क्या है? महत्त्वपूर्ण यही अपराधबोध है। लेकिन यह सक्रियता का रूप नहीं लेता। अहसास यह है कि राजनीतिक शक्ति अपनी जब तक नहीं बढ़ेगी, प्रगतिशील ताकतें तो हैं लेकिन आप पाँच से पचास नहीं होते हैं तो इक्के-दुक्के आदमी रहकर सहानुभूति देने से आप दुखी हो सकते हैं लेकिन समस्या का हल यह नहीं है। इसलिए यह पूरी कहानी चुनौती देती है कि तुम अपनी तादाद बढ़ाओ। असफलता की ओर इशारा नहीं करती। समस्या का हल राजनीतिक स्तर पर ही हो सकता है, व्यक्तिगत सम्बन्धों से समस्या हल नहीं हो सकती। वे लिखते हैं : 'हमें लग रहा था...हमारे दोस्त पर हमला हुआ और हम कुछ नहीं कर सके। किसी काम नहीं आ सके। यह भी लग रहा था कि ज्यादा उत्साह दिखाया तो कुर्बान भाई के लिए और मुसीबतें खड़ी हो जाएँगी, हम कुछ नहीं कर पाएँगे। यह भी लग रहा था कि जो हुआ, उसमें पुलिस से हस्तक्षेप और सहायता की उम्मीद बेकार है, इसका मुकाबला राजनीतिक स्तर पर ही किया जा सकता है, जिसके लिए जल्दी-से-जल्दी अपनी शक्ति बढ़ानी चाहिए। पाँच से पचास हो जाना चाहिए।'

अन्त में कहते हैं : 'लेकिन यह सब बहानेबाजी थी। सच यह है कि कुर्बान भाई को एकदम अकेला छोड़ दिया गया था। शायद हम उनकी तकलीफ को शेयर कर ही नहीं सकते थे। पर हमें कोशिश जरूर करनी चाहिए थी।'

यह कहानी बहुत फैसला नहीं देती है—उस असमंजस का, उस दुविधा का, उस दर्द का, उस शर्म का, कहना चाहिए कि पूरा अहसास कराती है कुल मिलाकर कि हम कुर्बान भाई को, जो मिलना चाहिए था, वह नहीं दे सके। यह तथ्य है। पूरी कहानी पढ़ने के बाद हमें अपनी अक्षमता का, उसकी कमी का अहसास यह कहानी करवाती है। जो आदमी राजनीतिक दृष्टि से बहुत चौकस है, उस दृष्टि से लिखी हुई कहानी है यह। यह केवल अनुभव के आधार पर लिखी हुई कहानी नहीं है। अनुभववाद का विरोध भी अपने लेखों में किया है उन्होंने। सचाई को साफ कहना न कि उसका एक सस्ता-सा हल निकालकर पर्दा डालना, यह इस कहानी में नहीं है।

पल्लव : मैं एक कहानी की याद दिलाऊँ : 'चौथा हादसा'! आपने एक इंटरव्यू में कहा था : 'चौथा हादसा' में भी इस उलझन का एक और संकेत है कि कैसे एक हिन्दू मुसलमान समझ लिया जाता है...अपने कई दोस्तों के साथ जिनमें हिन्दू भी हैं और एक मुसलमान भी...और ज्ञात लेखक हैं जैसे ये, सच्ची घटना मालूम होती है...और कहानी के अन्त में हबीब कैफी की ओर से टिप्पणी करवाई गई है जो इस स्थिति के ज्यादा नाजुक पहलू की ओर संकेत करती है। अब यहाँ दो-टूक स्टैंड लेने से या हिन्दू-मुस्लिम का सपाट हल दिखाने पर यह कहानी चौपट हो जाती। आज की सचाई पर पर्दा पड़ जाता। वह सपाटबयानी

की कहानी नहीं है लेकिन कहानी में उलझन कहीं नहीं है। बहुत साफ लिखी गई है। जो सामने आने वाला यथार्थ है, उसकी जटिलता का अहसास वह कराती है।

नामवर सिंह : वह कहानी अभी मेरे सामने है नहीं—'चौथा हादसा'। देखिए, हर पार्टी दावा करती है सेकुलर होने का और बड़ा आसान हल दिखाई पड़ता है हमें। लेकिन यह इतना आसान नहीं है, पेचीदा है। इस पर उनकी और कहानियाँ देखें हम। जैसे—'रशीद का पाजामा'।

कहानी में आया है कि स्कूल से आठ लड़के चुने गए थे। स्काउट का कैम्प होने वाला था नैनीताल में, उसमें रशीद चुन लिया गया था। रशीद बहुत खुश था। तो यह गरीब लड़का चुना गया था। इत्मीनान से नैनीताल का वर्णन किया है। निहायत गरीब है। उसकी गरीबी का पूरा अहसास कहानी में हो जाता है। घर के लोगों ने उसे भेज दिया। आखिरी घटना में पाजामे का वर्णन है। जब वे लौट रहे थे और उन्हें गाड़ी बदलनी थी वगैरह। वहाँ से तमाम लोगों ने खरीद-फरोख्त की। वह बेचारा क्या ले जाता? आपको प्रेमचन्द की वह कहानी याद होगी—'ईदगाह'। रशीद कुछ खरीदा ही नहीं सिवाय एक बेंत के जो सात रुपये में मिल गई थी, जिस पर सुन्दर पच्चीकारी थी। जिसे रशीद यह सोचकर ले आया था कि पापा सँभालकर रख लेंगे और बुढ़ापे में काम लेंगे। बिलकुल वैसे ही बुढ़िया दादी के लिए हामिद चिमटा लाया था और यहाँ बेत। तभी दिल्ली वाले सर खबर लाए कि अपनी गाड़ी एक घंटे बाद नहीं, पच्चीस मिनट बाद आ रही है। स्टेशन पर रशीद नहाने के लिए बाथरूम में घुस गया तो हुआ यह कि लोग जल्दी निकलने को कह रहे थे और नेफे में नाड़ा फँस गया। उसके तौलिए की लम्बाई इतनी थी नहीं कि लपेटकर आ जाता...और जब पतलून पहनकर आया तो सोफिया ने पूछा—क्या बात हो गई थी रशीद? अब उसे बताना पड़ा, पाजामे का नाड़ा नेफे के भीतर घुस गया था। बाकी सब लड़के एक साथ हँस पड़े। स्नेहलता भी, जो अब जरा भी सुन्दर नहीं लग रही थी। इशारे में बता दिया है कि कैसे गुजरे हैं दिन। नन्दकिशोर चिल्लाकर बोला—पाजामा! साले पाजामे, तू टॉवेल लपेटकर बाहर नहीं निकल सकता था? फिर सब हँसे। नन्दकिशोर स्नेहलता से बोला—ये कटवे साले ऐसा ही करते हैं। (जोर देकर—कटवे साले) रशीद रुआँसा हो गया। उसे समझ में नहीं आया कि इसमें कटवे वाली बात कहाँ से आ गई? सोफिया को भी बुरा लगा। वह सारे रास्ते रशीद के पास ही बैठी रही गाड़ी में और बीच-बीच में कई बार चुपचाप रोती रही। पता नहीं, क्यों? इस घटना को बहुत साल बीत चुके हैं। रशीद बड़ा हो गया है। वह इंजीनियर-विंजीनियर कुछ नहीं बन सका। स्नेहलता, सोफिया जाने कहाँ गईं! नन्दकिशोर छोटा-मोटा लीडर बन गया अपनी जाति का (जोर देकर—जाति

का)। कभी-कभी उसका नाम और फोटो अखबार में छपता है। जब भी रशीद नन्दकिशोर का नाम या फोटो अखबार में देखता है, उसे यह घटना याद आ जाती है। लेकिन उसे आज तक समझ में नहीं आया कि पाजामे के नेफे में नाड़ा घुस जाने का उसके धर्म से क्या सम्बन्ध था? लेखक अन्त में पूछता है—क्या आपको समझ में आया? यह अन्दाज, पाठक से रू-ब-रू, कोई टिप्पणी किए बिना, सवाल पूछते हुए, कि क्या आपको समझ में आया? अर्थात् फिर वही 'पार्टीशन' वाली बात है कि तमाम चीजों के होते हुए यह जो फर्क है कि यह हमसे अलग है, दूसरा है, यह मुसलमान है...सब होते हुए अन्त में—है, तो कटवा ही। इसलिए खास तौर पर यह ध्यान रखने की बात है कि उनके बारे में कहा गया है जो क्लास के हिसाब से, वर्ग के हिसाब से गरीब हैं। यह लड़का तो 'पार्टीशन' वाले कुर्बान भाई से भी ज्यादा गरीब लड़का है इसलिए लगभग यह जो मजहब के आधार पर अपने से अलग, भिन्न मानना, हिकारत की नजर से देखने वाली बात है। गरीबों के साथ ज्यादा होती है। यह कहानी कायदे से, जिसको कहें कि साम्प्रदायिकता पर यह कहानी नहीं है। हम कहानी में रशीद नाम के उस बच्चे...जैसा मैंने कहा कि 'हामिद' को ध्यान में रखें...किस वर्ग का है, किस क्लास का है। यह वर्ग-चेतना या वर्ग-बोध बहुत गहरा है स्वयं प्रकाश में। स्वयं प्रकाश मजहबी फर्क की कहानी नहीं लिखते बल्कि वे सचमुच जिस जगह से देखते हैं, वह वर्ग-चेतना दृष्टि है जो उस कहानी में भी दिखाई पड़ती है और इस कहानी में भी दिखाई पड़ती है।

इसलिए तुम जो कहानी कह रहे थे—'चौथा हादसा', उसे मैं फिर देखूँगा।

मिहिर : 'क्या तुमने कभी कोई सरदार भिखारी देखा?' के आखिरी वाक्य की याद दिलाना चाहता हूँ, जो साम्प्रदायिकता की समस्या पर लिखी गई सबसे महत्त्वपूर्ण कहानी मानी जाती है। वह यह है कि 'लौटते में देखा कि तीनों सम्भ्रान्त सिगरेटें पी रहे हैं और ठाठ से ताश खेल रहे हैं। अर्थात उन्हें पूरी घटना से कोई फर्क नहीं पड़ा।' आखिर में कहानी जहाँ ले जाती है, छोड़ती है, वहीं से पूरी कहानी का असल अर्थ खुलता है। सर! मुझे यह भी याद आया कि जो सवाल है कि वर्ग का सवाल ज्यादा महत्त्वपूर्ण है, साम्प्रदायिकता का सवाल स्वयं प्रकाश के यहाँ महत्त्वपूर्ण नहीं होता, गरीब...।

नामवर सिंह : सचाई यह है, देखिए...हकीकत है कि राजनीतिक पार्टियों में उच्च-मध्य वर्ग के सम्पन्न नेता हैं, यहाँ तक की बीजेपी में भी हैं। वे जिस वर्ग के हैं, जिस क्लास के हैं—जैसे समाजवादी पार्टी में आजम खाँ, मुलायम सिंह के साथ रहे हैं तो जिस वर्ग के वे लोग हैं, वहाँ कोई भेदभाव नहीं है। उनका जो कहर बरपाता है, वह हमेशा गरीबों पर होता है। वहाँ एक तरह का आपस में तालमेल और सम्बन्ध है।

पल्लव : यह चीज हमने गुजरात में देखी थी जब अमीर हिन्दू महिलाएँ दुकानें लूट रही थीं।

नामवर सिंह : हाँ-हाँ, तो इसलिए यह वर्ग-दृष्टि...।

मिहिर : गुजरात वाला जो ट्रेंड है, उसमें यह अन्तर दिखता है कि जिन मुसलमानों का आर्थिक-सामाजिक स्तर ठीक था, उनको भी जानबूझकर निशाना बनाया गया और आर्थिक हमला किया गया पूरी-की-पूरी कम्यूनिटी पर। पूरा बोहरा कम्यूनिटी पर जिस तरह कार्रवाई हुई है, मुझे लगता है, यह थोड़ा अन्तर है—स्वयं प्रकाश की कहानी जो कहती है, उससे। एहसान जाफरी वाला केस ही देख लें।

नामवर सिंह : ऐसा है कि जर्मनी में जब फासिज्म आया तो केवल गरीबों पर नहीं, जो यहूदी बहुत सम्पन्न थे, उन पर भी हमला हुआ। उस रूप में तो होगा लेकिन रोजमर्रा की पॉलिटिक्स जिस तरह चलती है, उस पॉलिटिक्स में यह तालमेल रहता है। अब आप देखें कि फिर मोदी गुजरात में मुसलमानों को पुरस्कार दे रहा है...अभी-अभी अखबारों में खबर आई थी कि वह कुछ मुसलमान लोगों को पुरस्कार भी दे रहा है, यह बताने के लिए कि...तो देंगे।...दोनों चीजें साथ चल सकती हैं। हत्या और पुरस्कार, दोनों साथ चल सकते हैं। मंत्रिमंडल में भी शरीक हो सकते हैं बाकी जब मौका आएगा तो...सामूहिक रूप से करेंगे ही।

एक कहानी 'क्या तुमने कभी कोई सरदार भिखारी देखा?' की बात अभी की। जब इनका संग्रह आया था तब अगर मैं भूलता नहीं हूँ, हमारे मित्र विश्वनाथ त्रिपाठी को यह कहानी बहुत अच्छी लगी थी। उन्होंने प्रशंसा की थी। उन्हें पसन्द है। मुझे भी यह कहानी पसन्द है, खास कर इसमें कहानी का जो अन्त है...। उसके अलावा ट्रेन के उस लम्बे सफर में जो हमारे बराबर होते गए हैं, वह खास चीज है कथानक में। कहानी तो अन्त में होती है जब वे उतरने लगते हैं, घायल हो जाते हैं और केवल चाय के पैसे माँगते हैं—वह भी लौटाने के लिए कि हम वापस कर देंगे। यह नहीं कि भीख माँग रहे हैं। उधार माँग रहा है और कुछ नहीं माँगता इतना करने के बाद भी। मैं नहीं जानता कि 1984 में हमारे यहाँ जो दंगे हुए थे, सिखों के विरुद्ध, इस पर किसी ने इतनी सशक्त कहानी लिखी हो या कविता लिखी हो। नहीं लिखा किसी ने। दिल्ली में जो माहौल था...मैं जानता हूँ कि उस पूरे सिलसिले में केवल जवाहरलाल नेहरू विश्वविद्यालय के अध्यापकों और छात्रों ने आसपास के लोगों को अपने यहाँ लाकर सुरक्षा देने की कोशिश की, अन्यत्र बिलकुल मिलीभगत थी। राजसत्ता बिलकुल चाहती थी, और सिखों की हत्या हुई। उसी तरह से गुजरात में इन लोगों ने किया। इस दौर में अकेली यह हिन्दी कहानी स्वयं प्रकाश ने लिखकर एक ऐतिहासिक काम किया है...।

पल्लव : क्षमा करें, मैं एक और कहानी की याद दिलाना चाहता हूँ। भीष्म साहनी जी की 'झुटपुटा'।

नामवर सिंह : हाँ, भीष्मजी की यह कहानी...।

पल्लव : आप सारा श्रेय स्वयं प्रकाश जी को ही न दें।

नामवर सिंह : सारा श्रेय नहीं दे रहे हैं। ठीक तुमने याद दिलाई, भीष्म साहनी की 'झुटपुटा'...यह भी बहुत अच्छी कहानी लिखी गई है।

स्वयं प्रकाश के बारे में लोग समझते हैं कि ये मध्य वर्ग के ही लेखक हैं। गाँव के लोगों के बारे में नहीं लिखते। महत्त्वपूर्ण यह नहीं कि गाँव के लोगों के बारे में लिखा जाए, महत्त्वपूर्ण है दृष्टि। इसलिए मध्यवर्ग की आलोचना जिस दृष्टि से करते हैं, उसका सबसे अच्छा नमूना है—'बर्डे'। और 'बर्डे' में ठेठ मध्य वर्ग, वह भी निम्न मध्य वर्ग, खाता-कमाता नहीं। वह कैसे ऊपर के मध्य वर्ग का हिस्सा बनना चाहता है और उसका नमूना है कि वह 'बर्थ डे' मनाकर साबित करना चाहता है कि हम मामूली नहीं हैं, हम उन लोगों में हैं जो 'बर्थ डे' मनाते हैं। कहानी का शीर्षक 'बर्थ डे' नहीं, 'बर्डे' है...।

पल्लव : सम्भवतः विकृत मानसिकता की ओर इशारा करने के लिए।

नामवर सिंह : वही, 'बर्डे'। तो विस्तार से श्रीमती बैजल से कि किस तरह बर्थ-डे से पहले बनती-ठनती हैं, कभी यह पहनती हैं, वह पहनती हैं—बहुत विस्तार से वर्णन किया है। यानी बच्चा कैसे रहे, उसकी चिन्ता नहीं। स्वयं माँ जो है, सिंगार-पटार दुनिया भर का कर रही है। यह देखकर उस सिंगार के खोखलेपन का...और अन्त में सब कुछ कैसे बेकार चला जाता है। दूसरा, इसकी भाषा भी...मैं यह कहना चाहता हूँ कि मुहावरे से पता लगता है कि गाँव की दृष्टि से कहानी लिखी गई है...।

तो जो मुहावरे इस्तेमाल करते हैं जब वह कहती है—क्या मुसीबत है! एक ही नौकर, और वह भी चपरासी। न सुने, न समझे, न गाँठे। जरा-सा कुछ कह दो तो मुँह फुलाकर चल दे। और एक वह...इतनी पटरानी सीता! कहो खेत की, सुने खलिहान की। कहो हरिद्वार, सुने फर्रुखाबाद। कोई काम उसके भरोसे छोड़ा नहीं जा सकता। औरतों की बोलचाल में मुहावरे ज्यादा आते हैं, कहावतें आती हैं। पुरुषों में कम। औरतों में इस तरह की चीजें ज्यादा आती हैं। इससे मालूम होता है कि कुल मिलाकर निहायत निम्न मध्यवर्ग की महिला है और मुहावरे हैं अभी उसके जेहन में, चाहे वह सिंगार-पटार जितना कर ले।

पल्लव : यह जो है, उसकी नौकरानी का वर्णन है?

नामवर सिंह : हाँ, वह अपनी नौकरानी के बारे में कहती है लेकिन वह स्वयं यह सोचते हुए कहती है। बात-बात में जो लटका है उसका कि 'मरी यह नहीं करती, मरी वह नहीं करती है' तो कुल मिलाकर इसके सोचने का जो तरीका है,

उससे लेखक बताना चाहता है कि वह निहायत निम्न मध्यवर्ग की है। इनका वर्ग बदला नहीं है। ऊपर सिंगार-पटार जितना कर ले, मानसिकता वही है। इसमें कला है, छोटी-छोटी चीजों के ब्यौरे, जो दिये गए हैं : 'कल्पनालोक में खो गईं श्रीमती बैजल। मधुर यादों में। पार्टी खत्म हो चुकी है। (हालाँकि हुई नहीं है) सारे मेहमान उनके खाने और इन्तजाम की तारीफ करते हुए जा चुके हैं। बिखरे हुए ड्राइंगरूम में...गुब्बारों के टुकड़ों में...चिपकी हुई टोपियों में...इधर-उधर पड़ी रह गई मिठाई किसी अधखाई प्लेट में...फूलों की कुचली हुई पांखुड़ियों में...हर चीज में बच्चों की मोहकता का असल बिम्ब सुगंधित है। और वह मीठी-मीठी थकान और तृप्ति में डूबी...उपहारों का एक-एक पैकेट खोलकर देख रही है : 'अच्छा, तो आहूजा साहब ने बैट्रीवाली ट्रेन दी है ?...और यह लाल पैकेट किसका है ? भार्गवाज का ? क्या है ? हाय, कित्ता प्यारा सूटपीस है ! स्वीटू पर खूब फबेगा। और ये शेख साहब इतना भारी क्या उठा लाए ? जापान का स्लाइड प्रोजेक्टर ? गजब करते हैं। और जरा वह बैंगनीवाला पैकिंग तो देखें...देखिए...क्या खूबसूरत एलबम है...यह तो इम्पोर्टेड है ! लूथराज सचमुच बहुत फॉर्मेलिटिज करते हैं...लीजिए, जितना खर्च हुआ, इससे चार गुना तो वसूल हो गया।' आखिर में जो सचमुच मिलता है...यह कंट्रास्ट दिखाने के लिए कि जो ख्वाबों में है...। महत्त्वपूर्ण बच्चे का जन्मदिन नहीं है बल्कि बर्थ-डे एक गिफ्ट लेने का, गिफ्ट देने का ही उपक्रम है। इस फार्मलिटिज में सारी तैयारी की जाती है। कितना गिफ्ट मिलता है, एक ओर इन खयालों में डूबी है और आखिर में जब मिलता है तो ठीक यही वर्णन कंट्रास्ट दिखाने के लिए करते हैं। और जूठा गुलाबजामुन उसी के बच्चे स्वीटू को खाना पड़ता है, जो उस ताँगे वाले को दे रही थी। यह जो विडम्बना-बोध है, वह द्रष्टव्य है। बर्ड-डे पार्टी में एक वर्ग की असलियत को दिखाना ही ध्येय लगता है लेकिन पूरी कहानी विडम्बना की—आयरनी की कहानी है। इतनी गहरी मार करनेवाली है कि मैं समझता हूँ, मध्यवर्ग पर मैंने इधर अरसे से ऐसी कोई कहानी देखी हो।

कहानी के केन्द्र में माँ है जबकि 'बर्ड-डे' बच्चे का है। उसे बच्चे की बिलकुल परवाह नहीं है। बच्चा कुछ नहीं चाहता। बच्चा, जो बर्थ-डे का मुख्य आधार है, आलम्बन है, वही निर्लिप्त है। आयरनी यह भी है कि स्वयं बच्चा, जिसकी बर्थ-डे मनाई जा रही है, उसके साथ कैसा व्यवहार है ? मनाने वाली माँ कितना सिंगार-पटार करती है ? बाप की क्या भूमिका है ? सारी-की-सारी चीजें...लिखा है कि 'घंटे भर बाद स्वीटू घर में इधर-से-उधर धमाचौकड़ी कर रहा था। पापा को चौथी बार बता रहा था कि उसने सुबह ही बन्ने भाय से कह दिया था कि शाम को जरूर-जरूर-जरूर आना, आज शाम को हमारी बर्डे होगी।' और उसकी गर्दन में अब भी गेंदे के फूलों का बड़ा-सा हार पड़ा था जो बन्ने उसके लिए लाया था। तमाम लोगों ने तो दिया लेकिन वह जो गरीब आदमी है

ताँगेवाला, वह गेंदे की फूल की माला लाया। प्यार और मोहब्बत उस आदमी में है। कहानी से अगर यह निकाल लिया जाए तो किस नजर से, किस दृष्टि से लिखी गई कहानी है जिसको मैं कहता हूँ कि स्वयं प्रकाश वर्ग-चेतना कभी नहीं भूलते! इस पूरे ड्रामा में ताँगेवाले को गेंदे की माला आने पर पता चलता है कि असली ममत्व, असली स्नेह कहाँ है। वह धन-दौलत, पैसे और बर्थ-डे की सारी चीजों में बच्चे के लिए तो सबसे बड़ा गिफ्ट गेंदे की माला है, जो ताँगेवाला लेकर आया था। श्रीमती बैजल उसे जूठा ही दे रही थीं। विचित्र विडम्बना है कि ताँगेवाले ने बच्चे को ही वह खिला दिया। वह जूठा गुलाब जामुन बहुत कुछ कहता है। एक छोटी-सी चीज इस पूरी कहानी में...। यह कला है कहानी की, कि कैसे टचेज देते हैं, जैसे पेंटिंग में होता है। टच, जो कहानी में मार्ग बनाने वाले हैं। यह कला है इनके पास। इसलिए मैं स्वयं प्रकाश की कहानी-कला का मुरीद हूँ। वे जानते हैं कि एक अच्छे आर्टिस्ट को कहाँ कौन-सा टच देना है। वह देकर वे कहानी में सही जगह चोट करते हैं।

कहानी का अन्त देखिए—और जूठे बर्तनों के पहाड़ के सामने बैठी श्रीमती बैजल सोच रही थीं कि उनकी तो किस्मत ही खराब है। सारा दोष किस्मत का। जूठे बर्तनों के पहाड़ के सामने—कुल मिलाकर बर्थ-डे एक तरह की जूठन है। निम्न मध्यवर्ग ऊपर के वर्गों की जूठन ही एक तरह से कर रहे हैं। पूरी पार्टी—खिलाना-पिलाना—जूठन है। बर्थ-डे एक प्रकार की सांस्कृतिक जूठन है। पूरा-का-पूरा व्यंग्य है।

मिहिर : मध्य वर्ग की विडम्बना भी महिला के माध्यम से ही सामने आ रही है। इसमें पुरुष की भूमिका को कहीं सवाल के घेरे में नहीं लिया गया। यहाँ पुरुष पवित्र आसन पर बैठा है। देखिए यह अंश—उन्हें तो अब भी शक है कि चिरंजीलाल बद्रीप्रसाद वाले केस में सुधीर फँस गए थे। फँस ही गए होंगे...वरना इतनी अच्छी नौकरी छोड़कर ये फटीचरी करने कौन आता... ?

नामवर सिंह : यही खास बात है। एक लाइन में ही बता दिया है कि यह इतना भ्रष्ट आदमी है। जब अफसर था। अब लेक्चरर बना है...।

मिहिर : अपनी मर्जी से नहीं आया है ?

नामवर सिंह : यूँ नहीं आया है वह। इसलिए बाप बीच में नहीं आता है। बाप की सारी करतूत औरत में दिखाई पड़ती है—इतने गहने पहनना और बाकी की चीजें करना। यह एक खास वाक्य है कि चिरंजीलाल वाले केस में फँसे थे।

मिहिर : और वे जो सपनों में बड़े-बड़े गिफ्ट आ रहे थे, क्यों आ रहे थे, यह भी पता चलता है।

नामवर सिंह : हाँ, वही है। पहले जो बर्थ-डे मनाई थी, अब तो यह पाँचवीं है न। पहले जब उस तरह की नौकरी थी तो वे लोग आते थे। जब वह अफसर था

तो भ्रष्टाचार की पूरी गुंजाइश थी। स्कूल के टीचर को कौन देगा? लेकिन वह बता दिया है इसीलिए बाप को अलग रखा है। अकेले माँ उस पूरी कहानी के केन्द्र में है, बाप को कहीं बीच में आने नहीं दिया...।

एक अन्तिम कहानी जिसका मैं जिक्र करना चाहता हूँ, वह है 'एक खूबसूरत घर'। यह सब कहानियों से अलग कहानी है। इस कहानी के चरित्रों में से किसी का नाम नहीं है। कहानी घर की है और कहानी शुरू होती है मम्मी, पापा और दो बच्चों से। किसी का नाम नहीं है कहानी में। देखिए, कहानी किस तरह शुरू होती है— और ताज्जुब की बात है कि वह था, वह घर। दिखने में बिलकुल आम घरों जैसा। घर में एक मम्मी थी (एक मम्मी याद रखिए), दो बच्चे थे और एक पापा थे। दो बच्चे इसलिए नहीं थे कि मम्मी-पापा को अपने देश से बहुत प्यार था या उनके भविष्य की उन्हें बड़ी चिन्ता थी बल्कि इसलिए कि इससे ज्यादा वे अफोर्ड ही नहीं कर सकते थे। ऐसा और भी कई अच्छी बातों के साथ था। अच्छाई मजबूरी थी। यह जो टुकड़ा है जहाँ व्यंग्य करते हैं स्वयं प्रकाश—अच्छाई मजबूरी थी—और वे कहीं इनका नाम नहीं लेते। एक मम्मी, एक पापा और दो बच्चे। पापा क्या थे और मम्मी क्या थी? तो पापा की जो खूबियाँ बताई गईं—पापा पुलिस थे...क्षमा दे सकते थे। आगे कहा—'पापा डंडा थे...सेनापति भी थे।' तो पापा नाम की एक अमूर्त चीज है, नाम कोई नहीं। पापा इतने योग्य थे। काम सारे-के-सारे पापा करते थे। पापा के और भी कई उपयोग थे। लोहे की अलमारी पापा ही सरका सकते थे। टूटे स्टूल की मरम्मत पापा ही कर सकते थे। खराब रेडियो पापा ही ठीक कर सकते थे। रसोई में घुस आया साँप या चूहा पापा ही मार सकते थे। गेहूँ पापा ही पिसवाकर ला सकते थे। राइट का पासटेंस पापा को ही आता था। रिमेम्बर की स्पेलिंग पापा को ही आती थी। अच्छे-खासे कैलेंडर और डायरियाँ रद्दी कहकर पापा ही फेंक सकते थे। बच्चों को हवा में उछालकर पापा ही झेल सकते थे। यह जो पापा-पापा लगातर आया है...और ये पापा कितने दयनीय थे कि आखिर में आधी रात को जब उनका इन्तजार किया जा रहा था तो जब लौटे तो कहानी के अन्त में देखिए :

'इतनी देर कहाँ लग गई? मैं शर्मा जी के...' मम्मी बोली।

'पहले तो मीटिंग लम्बी चल गई, फिर स्कूटर खराब हो गया। रास्ते में। पहले तो करंट ही नहीं मिल रहा था, फिर साली किक ही टूट गई। ठेलता हुआ लाया हूँ। मैकेनिक की दुकान भी बन्द। बाप रे! थक गए यार! क्या हुआ?'

बिन नाम लिये भी जो व्यंग्य है, वह यह कि घर, सचमुच खूबसूरत है भी कि नहीं, यह बता रहे हैं।

और मम्मी की खूबियाँ बताई गई थीं। खटना इनका काम था। हाँ, 'पापा मॉर्निंग वॉक, बी.बी.सी. और लौकी के घोर प्रशंसक हैं।' इसमें लौकी जो बीच में जोड़ी गई है, तीन चीजों को एक साथ जोड़ा गया है—यह व्यंग्य होता है। एक

तरह का अलंकार होता है यह। उनके खुद के शब्दों में : दिनभर खटती थीं। लेकिन उनका खटना दिखाई नहीं देता था। उनका परिश्रम टेकन फॉर ग्रांटेड था। घर के सब लोगों को अपने कपड़े धुले, प्रेस किए मिल जाते थे। दोनों वक्त खाना पका मिल जाता था। घर झड़ा-पुँछा, सजा हुआ मिल जाता था। इसलिए यह सब कैसे और किस मेहनत से हुआ, इस बेकार के सवाल पर कोई माथापच्ची नहीं करता था। हाँ, कोई कसर रह जाए किसी चीज में तो सब मम्मी को सुनाना नहीं भूलते थे। मम्मी चुपचाप सारा दोष स्वीकार कर लेती थी।

मम्मी को देखने के लिए दफ्तर जाते पापा, स्कूल से लौटते बच्चे और आजू-बाजू के मकानों की खिड़कियाँ थीं (यह सारा पेसिव वॉइस में कहा गया है)। सुनने के लिए रेडियो और मनोरंजन के लिए टीवी सीरियल या चित्रहार। वे अखबार उठातीं तो मैले कपड़े बुला लेते। पत्रिका उठातीं तो महँगाई का झींकना झींकनेवाली और सारे मोहल्ले की लेडीज की बुराइयाँ करनेवाली पड़ोसन और सिलाई-कढ़ाई उठातीं तो सब्जीवाला, ब्रेडवाला वगैरह...।

मम्मी पेसिव वॉइस में है। खटने वाली औरत है यह। पापा, दुनिया भर का जिनका ओजस्वी व्यक्तित्व रखा गया है। इन दो के बीच बच्चे हैं। हाँ, मम्मी को जरा और देखिए : मम्मी के पैरों में ढेरों बिवाइयाँ थीं, मन में अपार थकन और मस्तिष्क में अनन्त ऊब। मम्मी के बाल पूँछड़ी जैसे रह गए थे।

लोग स्त्री-विमर्श की बहुत सारी चर्चा करते हैं। यह व्यंग्य है कि यह खूबसूरत घर है, जिसमें, उस खूबसूरती में, सबसे ज्यादा शोषित, पीड़ित, दमित एक स्त्री है, जिसके कारण घर खूबसूरत बना हुआ है। इसलिए बगैर कहे हुए, स्त्रियों पर अत्याचारों की लम्बी कहानी नहीं बल्कि रोजमर्रा की जिन्दगी में डे-टू-डे लाइफ की जो रुटीन है, जो ऊब है, वह औरत के लिए सबसे बड़ी सजा है, न कि उसको मारना या हत्या करना। उसको कोई नहीं मारता, कोई नहीं पीटता, कोई अत्याचार नहीं करता है, कोई गाली नहीं देता है लेकिन ऐसा खूबसूरत घर है कि एक निर्जीव मशीन की तरह उसकी जिन्दगी हो जाती है। एक भारतीय स्त्री, निम्न मध्यवर्गीय परिवार की स्त्री के लिए कुल मिलाकर रोजमर्रा की जिन्दगी जीना ही एक मशीन की जिन्दगी में पिसना हो जाता है। नारी-विमर्श की बहुत चर्चा लोग करते हैं, ऊपरी बातों की बहुत चर्चा करते हैं कि सेक्सुअल हरेसमेंट होता है, और क्या-क्या होता है—सताया जाता है, मारा जाता है, पीटा जाता है लेकिन यह नहीं देखते कि कुछ मिलाकर एक मामूली गृहस्थी वह घर है—वहीं ऐसी मरती है, जिसमें स्त्री पिसती है। बिना कहे हुए वह दास है। यह तो दाता है स्त्री की और दिलचस्प बात यह है कि इसको एक खूबसूरत घर कहा गया है और कोई नाम नहीं है उसका। जैसे अनाम है। कोई भी घर हो सकता है, कहीं का भी हो सकता है। इसलिए यह दूसरे नये ढंग की कहानी है।

इन चार कहानियों के आधार पर स्वयं प्रकाश जी का पूरा मूल्यांकन तो उचित नहीं कहा जा सकता है लेकिन शायद ये कुछ संकेत हैं जिनके आधार पर मुझे लगा कि स्वयं प्रकाश बहुत ही महत्त्वपूर्ण कहानीकारों में हैं। बिना प्रचार के, बिना महत्त्वाकांक्षा के, चुपचाप अपना काम करते रहे हैं। एक सच्चे कथाकार, लेखक के रूप में रहने के कारण चर्चा भले कम हुई है लेकिन निश्चित रूप से पिछले बीस-पच्चीस सालों में जिन लोगों ने कहानियाँ लिखी हैं, उनमें जो महत्त्वपूर्ण कथाकार हैं, उनमें स्वयं प्रकाश का नाम है। अब तो वरिष्ठ कथाकार हैं। वे साठ साल से ऊपर के हो चुके हैं। कोई बच्चे नहीं है। लगभग तीस साल का लेखन उनका है ही। इन तीस सालों में जो महत्त्वपूर्ण तीन-चार कथाकार हैं, उनमें निश्चित रूप से स्वयं प्रकाश का नाम लिया जाएगा।

[साभार : बनास प्रवेशांक, 2008]

कथा कोलाज है काशी का अस्सी

[नामवर सिंह से पल्लव व मिहिर की बातचीत]

[वह एक सर्द सुबह थी। जनवरी की सुबह। इससे पहले वाली साँझ को हमने (मैंने व मिहिर ने) नामवर जी को 'काशी का अस्सी' की प्रति दी थी। उनकी अपनी प्रति कोई ले गया था शायद। सुबह जब मैं पहुँचा तो वे तैयार थे और बातचीत शुरू हुई। बातचीत और आगे जाती लेकिन समय का अभाव था। नामवर जी को जाना था और रात में वे पूरा उपन्यास दुबारा नहीं पढ़ पाए थे। इति भूमिका।]

नामवर सिंह : हम दोनों भाइयों के जो सम्बन्ध हैं बल्कि तीनों भाइयों के सम्बन्ध कहिए, उन पर इतना लिख चुके हैं काशी कि उसमें अपनी ओर से मैं जोड़ूँ...यह तो याद करना पड़ेगा लेकिन उनकी जबरदस्त याददाश्त है। उनकी किताबों-कहानियों और संस्मरणों को पढ़ने से पता चल जाता है कि उन्हें छोटे-से-छोटे बारीक ब्यौरे तक कैसे याद रहते हैं। मैं केवल यही कह सकता हूँ कि दस साल का फासला हम दोनों भाइयों के बीच में है लेकिन हमारे गाँव में मिसाल दी जाती है तीनों भाइयों की कि ऐसी राम-लक्ष्मण जैसी जोड़ियाँ बहुत कम देखने में आती हैं।...छात्रावास जीवन से मुक्त होकर मैंने नौकरी शुरू की, वह मेरा खयाल है कि 1952 के आसपास की बात है। अस्सी पर रहने के लिए मकान लिया था तब काशी के हाई स्कूल पास करने के बाद इंटरमीडिएट में पढ़ने के लिए मैं उनको अपने साथ ले आया। तब से बराबर हम लोग 1952 से लेकर 1965 तक एक ही घर में रहे और चौबीस घंटे का साथ था। सबसे बड़ा अफसोस मुझे होता है, दुख होता है कि घर की सारी जिम्मेदारियों से काशी ने मुझे मुक्त कर दिया था, एक तरह से यह उनका शोषण भी था। यह अपराधबोध मेरे मन में बराबर रहा है कि सारी घर-गृहस्थी उन्होंने सँभाली। मैं तो जानता ही नहीं था, बाजार से क्या आता है और कैसे खाना बनता है, कैसे हम लोग खाते हैं। सारी जिम्मेदारी इतनी कम उम्र में घर-गृहस्थी की निभाई तब से लेकर। और तो और, जब मैं दिल्ली चला आया तो काफी दिनों तक मेरे माँ-बाप, मेरी बेटी (पत्नी बहुत बाद में आईं, मेरा बेटा उनको ले गया

और अपनी जरूरत के अनुसार ले गया, यह नहीं कि देखभाल के लिए ले गया), बेटे को भी कुछ दिनों तक...सारी जिम्मेदारियाँ उन्होंने सँभालीं। मुझे जैसे मुक्त छोड़ दिया था, घर की—पूरी गृहस्थी की—जिम्मेदारी काशी ने उठाई। यह इतना बड़ा शोषण था काशी का। मेरी बेटी पापा उन्हीं को कहती है। इतनी बड़ी जिम्मेदारी निभाकर मुक्त किया और इस मुक्त करने के कारण यदि मैं कुछ लिख-पढ़ सका तो उसका सारा श्रेय काशी को है। और यह ऐसा कर्ज है जो अदा नहीं किया जा सकता। एक तो उनके प्रति यह भाव मेरे मन में है जिसको कभी उन्होंने अहसास न मुझे करने दिया और न यह महसूस होने दिया कि काशी हमारे ऊपर अहसान कर रहे हैं, कर्तव्य निभा रहे हैं। कच्ची उम्र में अपना पूरा परिवार, मेरा परिवार, माँ-बाप का परिवार और...अन्तिम दिनों में पिताजी उन्हीं के यहाँ रहे। मैंने तो माँ-बाप की सेवा भी नहीं की, जो काशी ने की। मँझले भाई के परिवार के लोगों की भी देखभाल करते रहे। तो एक अद्‌भुत किस्म का था यह हम लोगों के बीच। इसका अधिकांश खामियाजा भुगतना पड़ा काशी को। इसके बीच ही वे अपना लेखन करते रहे। एक यही भाव मेरे मन में आता है काशी के प्रति...।

पल्लव: यह बात आरोप के स्वर में कही जाती रही है कि काशीनाथ जी के लेखन की प्रसिद्धि में आपका बड़ा योगदान रहा, जबकि काशीनाथ जी के प्रारम्भ के सारे कहानी संग्रह नामालूम प्रकाशकों के यहाँ से छपे हैं, मिलते नहीं हैं। इसी तरह से 'अपना मोर्चा' भी किसी छोटे प्रकाशक के यहाँ से छपा था, बहुत बाद में राजकमल ने पेपरबैक्स में लिया।

नामवर सिंह : पत्रिकाओं में अगर उनकी कहानियाँ छपीं, 'कृति' में छपीं तो स्वयं श्रीकान्त वर्मा ने लेकर छापीं। किसी पत्रिका में उनके अपने प्रयास से ही छपीं। उनके अपने सम्बन्ध बने। उनकी अपनी मित्र-मंडली रही। ज्ञानरंजन, दूधनाथ सिंह, कालिया और काशी—'किस्सा साढ़े चार यार' जो कहलाते थे। तो उनकी दोस्ती अलग थी। उनके सम्बन्धों के कारण ही मेरे इन लोगों से सम्बन्ध बने। सहज सम्बन्ध इन लोगों से थे। पहले दूधनाथ से बना, कालिया से मेरा अलग से भी सम्बन्ध था काशी के बिना लेकिन यह समानान्तर चलता रहा।...बनारस रहते हुए और बनारस छोड़ने के बाद भी उनकी अधिकांश रचनाओं का पहला पाठक मैं ही रहा—छपने से पहले, सब नहीं तो अधिकांश। कभी वे भेज देते थे, कभी मैं जाता था तो वहाँ उन पर बात भी होती थी और मुझे जो लगता था, मैं वैसी प्रतिक्रिया व्यक्त कर देता था। कभी परिवर्तन भी उसके अनुसार उन्होंने किया तो बहुत सारा नहीं भी किया। यह उनके ऊपर था। मैं अपनी बेलाग राय दे दिया करता था। कठिनाई यह हुई कि इस संकोच के मारे कि अपने भाई के बारे में लिख रहा हूँ, मैंने कभी काशी के बारे में कुछ लिखा नहीं है। कभी हुआ कि नये लोगों के नाम ले रहा हूँ, उनमें एक नाम उनका भी है। पहली बार, जब 'कहन'

का एक अंक उन पर निकला था, उनकी एक कहानी पर मैंने लिखा था। सचमुच अच्छी लगी थी वह कहानी और आग्रह यह था कि उन पर नहीं तो उनकी एक कहानी पर तो लिख दें। हम लोगों में पत्र-व्यवहार निरन्तर होता रहा है। मेरे लिखे हुए पत्रों को तो काशी ने प्रकाशित कर दिया है, 'कहन' में भी उनके कुछ पत्र छपे हैं। मैं चाहता था कि 'काशी के नाम' जो किताब है, उसमें दोनों भाइयों के पत्र साथ-साथ छपें। उन्होंने कहा कि नहीं। आग्रह करके मना किया। मैं ले आया था पत्र और कहा कि देने जा रहा हूँ।...तो रोक लिया। 'कहन' में कुछ पत्र उनके छपे हुए हैं, मैं चाहता हूँ कि काशी के वे पत्र छपें...अलग। मैं रहूँ न रहूँ, मेरे बाद वे छपवाएँ। उन पत्रों से काशी का व्यक्तित्व बहुत कुछ खुलेगा।

तो मैंने लिखा नहीं, अपनी टिप्पणियाँ मैं बराबर मौखिक रूप से उनकी हर रचना पढ़ने के बाद देता रहा हूँ। लिखा नहीं, इसलिए यह संकोच कि लोग कहेंगे कि अपने भाई की तारीफ कर रहा है। एक और कारण भी था कि यूँ भी मेरे दुश्मन मैंने काफी बनाए हैं, दोस्त कम बनाए हैं। लिखने से काशी के भी दुश्मन हो जाएँगे। नतीजा यह हुआ कि दुश्मन तो कुछ हुए, उनकी झलक मिलती रहती है, 'रेहन पर रग्घू' पर 'हंस' में टिप्पणी छपी है जिससे अन्दाजा लगेगा।...तो काशी को अहसास है, मेरे भाई होने का फायदा तो उनको मिला नहीं, नुकसान ही ज्यादा उनको मिला है। उनके अपने विरोधी जो हों-सो हों, मेरे विरोधी उनके विरोधी हो गए। उसके कारण यही हुआ कि उनकी उपेक्षा बहुत हुई। आप कुल मिलाकर देखें तो दूधनाथ, कालिया, ज्ञान और काशी—इन चारों में ज्ञान कहानी लिखना बन्द कर चुके हैं, बहुत थोड़ी-सी कहानियाँ उन्होंने लिखीं। एक अरसे से कालिया भी कहानी लिखना बन्द कर चुके हैं। दूधनाथ लिखते हैं और बहुमुखी प्रतिभा के धनी हैं, इसमें कोई सन्देह नहीं : आलोचना, उपन्यास, कविता और कहानी। दूधनाथ ने अपना लेखन कहानी से तो शुरू किया था।...तो काशी और दूधनाथ ही सक्रिय हैं। यह इत्तफाक ही था कि ज्ञान के बेटे के साथ काशी की बेटी की शादी होते-होते रुक गई। काशी चाहते थे, बेटी ही नहीं चाहती थी। मैं जानता हूँ कि यह तय हो चली थी। काशी चाहते थे, जैसे दूधनाथ के यहाँ उन्होंने रिश्ता रखा तो ज्ञान से भी बने तो अच्छा है। वह नहीं बन सका। इसमें काशी का बस नहीं था।...खैर! हुआ यह कि उपेक्षा के शिकार हुए काशी। उनके अपने कुछ दोस्त-मित्र, युवा पीढ़ी के लोगों ने इस उपेक्षा की कुंठा उनमें नहीं होने दी। कुंठा काशी में बिलकुल नहीं है। और लिखने के लिए कभी नहीं लिखा। दुनियाभर की जिम्मेदारियाँ निभाते हुए, खास तौर से मेरा खयाल है कि मैं जितना ही घुमक्कड़ी करता हूँ, काशी उतना ही यात्रा-भीरु हैं। वे तो कहीं जाते ही नहीं। बहुत मुश्किल से...मुझे अचम्भा हुआ कि तुमने उनको कम-से-कम चित्तौड़ बुला लिया...नहीं तो जाते ही नहीं। वे बनारस में इतने रमे हुए हैं कि मुझे लगता है कि जैसी हमारे

यहाँ कहावत है—'मथुरा क बेटी, गोकुला क गाय, करम फूटै ते ससुरे जाय'। मथुरा की बेटी और गोकुल की गाय करम फूटने पर ही कहीं जाती है, नहीं तो नहीं जाती है। तो काशी बनारस के उन लोगों में से हैं जिन्हें बनारस के बाहर कहीं कुछ अच्छा लगता ही नहीं। उस बनारस में अब भी नियमित रूप से एक चक्कर अस्सी का लगा आते हैं। उनका मन रमता है, उनका जीवन रमता है और इसको कहें कि मीरा ने तो कहा था कि 'सन्तन ढिंग बैठ-बैठ लोक लाज खोई, मेरे तो गिरधर गोपाल दूसरो न कोई'। काशी को साहित्यकारों से मिलने में उतनी रुचि नहीं है जितनी आम-मामूली लोगों और अस्सी मुहल्ले के गैर-साहित्यिक लोगों से। उनमें ज्यादा रमते हैं जो आम आदमी हैं, मामूली लोग हैं। इस मामले में बहुत कुछ उनका स्वभाव प्रेमचन्द जैसा है। प्रेमचन्द लमही से जिस तरह जुड़े हुए थे, मैं समझता हूँ कि सब होते हुए...शहर में प्रेस हो गया था, 'हंस' निकलता था लेकिन इक्के पर चढ़कर...लमही वाले अपने मकान में ही रहना पसन्द करते थे। काशी का बस चले तो अस्सी उनके लिए दुनिया है और ज्यादातर उनकी कहानियाँ गाँव के लोगों को लेकर लिखी गई हैं, अस्सी को लेकर लिखी गई हैं।

मेरा खयाल है कि देर आए दुरस्त आए! उनके लेखन का मूल्यांकन-पुनर्मूल्यांकन कब कैसे होगा, कौन लोग करेंगे? नई पीढ़ी के लोग करेंगे या नहीं! मुझे लगता है कि कभी काशी के लिए, छपाने के लिए न सही...और यह कोई ऋण-शोध भी नहीं होगा लेकिन तबीयत होती है कि जिन चीजों को पढ़ा है तो उनकी कृतियों पर जमकर लिखने का मेरा मन है। अब कब समय मिलेगा, कैसे मिलेगा...जो अच्छे काम हैं, जरूरी काम हैं, उनके लिए तो समय नहीं मिलता।...काशी की कहानी, काशी का नाटक और इसके अलावा उन्होंने एक आलोचना पुस्तक भी लिखी है। आलोचना भी रचना है, जो उनकी आलोचनात्मक क्षमता का उदाहरण है। धूमिल पर उन्होंने लिखा है, 'गोदान' पर लिखा है। और अच्छे अध्यापक थे काशी, जैसा मैंने सुना है। पालि पर उन्होंने शोध किया है। मुझे कहीं लगता है कि उनके मन के ज्यादा अनुकूल थी पालि-जातकों की कथा। जातक शैली का उन पर असर पड़ा है। 'जंगलजातकम्' उनकी अच्छी कहानी है। इस रचनात्मक प्रतिभा की अभिव्यक्ति जितने रूपों में हुई है, उन तमाम चीजों को ध्यान में रखकर नई पीढ़ी के लोगों को काशी के लेखन को रेखांकित करना चाहिए। करेंगे, मेरा खयाल है। हर विधा में काशी ने अपनी अलग पहचान बनाई है।

पल्लव : कुछ लोग उन्हें उपन्यासकार से ज्यादा कहानीकार मानते हैं?

नामवर सिंह : काशी की उस समय धूमिल के साथ खास तरह की नक्सलवादी राजनीति थी तो उस सन्दर्भ में 'अपना मोर्चा' लिखा। फिर 'काशी का अस्सी' और 'रेहन पर रग्घू'। कायदे से उनके तीन उपन्यास हैं जो लघु उपन्यास हैं, छोटे हैं। बड़े उपन्यास जैसेकि दूधनाथ सिंह ने एक बड़ा उपन्यास लिखा चार सौ पृष्ठों

का। काशी ने लघु उपन्यास लिखे, वैसे ही, जैसे जैनेन्द्र ने 'परख', 'त्यागपत्र', 'सुनीता'। ये छोटे-छोटे उपन्यास थे। फिर भी उपन्यासकार वे माने जाते हैं। मुझे लगता है कि लोगों के जेहन में भरा हुआ है कि काशी तो कहानीकार हैं, उपन्यासकार नहीं। उनके उपन्यासों को लोग उपन्यास मानने के लिए तैयार नहीं। मैं नहीं समझता कि यदि 'परख' उपन्यास है, 'त्यागपत्र' उपन्यास है तो 'रेहन पर रग्घू' या 'काशी का अस्सी' या 'अपना मोर्चा' को उपन्यास क्यों नहीं माना जाए? कोई जरूरी नहीं कि उपन्यास महाकाव्य के रूप में विस्तार वाला हो। हर उपन्यास 'गोदान' हो या 'प्रेमाश्रय' हो, ऐसा जरूरी नहीं है। प्रेमचन्द ने लिखा था : 'निर्मला'—अपना सबसे छोटा उपन्यास। 'ओल्ड मैन एंड द सी' जो दुनिया का सबसे छोटा उपन्यास है। पता नहीं, अजीब बात है, लोग समझते हैं कि जब तक चार-पाँच सौ पेज नहीं हों तब तक उपन्यास नहीं है! वृहत्तर जीवन होना चाहिए। लोग भूल जाते हैं कि एक छोटी-सी रचना 'ओल्ड मैन एंड द सी' जब उपन्यास हो सकता है तो उपन्यास के आकार को मुद्दा नहीं बनाना चाहिए। और काशी की कहानियों में जो नाटकीयता है, उसे रंगमंच पर उतारकर उषा गांगुली ने दिखा दिया।

जो सामान्य बात मैं कहना चाहता हूँ, वह काशी की भाषा पर है। जो गद्य काशी लिखते हैं, किसी के लिए भी ईर्ष्या की वस्तु हो सकती है। एक भोजपुरी-भाषी आदमी खड़ी बोली के गद्य में भोजपुरी का छौंक देते हैं। ऐसा गद्य बहुत कम मिलता है। मेरे लिए यह स्पर्धा की चीज है कि मैं वैसा गद्य आलोचना में लिख सकूँ। एक जानदार भाषा, जो उनके समकालीनों में भी वैसा गद्य लिखने वाला मुझे कोई नहीं दिखाई देता। जिन लोगों का गद्य मुझे पसन्द है, रंग दूसरा है, उनमें जैनेन्द्र का गद्य, 'परख' का गद्य पढ़ें आप। छोटे-छोटे वाक्यों वाला लखोरी ईंटों से बनी हुई इमारत हुआ करती है—बड़ी नहीं, छोटी-छोटी पतली ईंटों वाली, वह दीवार अद्‌भुत दृश्य देती है। मेरी भाषा किताबी हो जाती है। मुझे अच्छी तरह याद है कि काशी ने 'दूसरी परम्परा की खोज' पढ़कर जो चिट्‌ठी लिखी थी, उसमें इसकी भाषा उन्हें बहुत पसन्द आई थी। ये चीजें ऐसी हैं कि...कभी कहने-लिखने का मौका नहीं मिला, मिलेगा भी कि नहीं, मैं नहीं जानता। काशी की उपस्थिति मेरे लिए प्रेरणा रही है। यही वजह है कि जब शहर दिल्ली की जिन्दगी से और वातावरण से जी घबराता है तो बहाना ढूँढ़ता रहता हूँ कि बनारस चला जाऊँ—काशी से मिलने का बहाना। वे तो बहुत कम आते हैं। जब उनसे मुलाकात होती है तो तरोताजा हो जाता हूँ। काशी ने मुझे कई तरह से जिन्दगी दी है।

पल्लव : अच्छा, तो अब जीवन से रचना की ओर बढ़ें यानी 'काशी का अस्सी' की बात की जाए।

नामवर सिंह : इस उपन्यास में उनकी पाँच कहानियाँ हैं या पाँच खंड हैं। ये उपन्यास के रूप में नहीं लिखे गए थे। वे उपन्यास कहकर छपा रहे हैं तो स्वीकार

कर लेना चाहिए कि उपन्यास का ढाँचा काफी ढीला-ढाला भी होता है। और ढीले-ढाले ढाँचे वाले काफी उपन्यास लिखे गए हैं। 'डॉन क्विगजोट' लगभग इसी तरह लिखा गया है। तो उपन्यास की विधा ऐसी है कि आप इसमें एक सधा-बँधा, जिसका आदि हो, अन्त हो, मध्य हो, ऐसी कथानक में कही हुई कोई उपन्यास कृति हो, यह ढीला-ढाला ढाँचा है। हम चाहें तो कह सकते हैं इसको उपन्यास। लेकिन मैं इसे कथा-कोलाज कहना पसन्द करूँगा। यह पाँच कथाओं का कोलाज है। और कोलाज भी एक कृति होती है। इसलिए कि एक नाम देकर इस विधा को और लगभग यह...जिसे कहते हैं कि फिल्म टेक्निक है यह, शॉट करते चले जाते हैं और अन्त में उसका सम्पादन करते समय जो कृति धीमी रफ्तार से...आप शूटिंग करते चले जाते हैं। ऐसा लगता है कि एक उपन्यास लिखने की परिकल्पना से, जो चीज तैयार की गई थी, इसका एक प्रमाण तो यही है कि 'याद हो कि न याद हो' में 'देख तमाशा लकड़ी का' छपा हुआ संस्मरण मिलता है। लगता है कि 1990-92 के आसपास उन्होंने कहानी लिखी थी बाबरी मस्जिद के ध्वंस के समय, उस समय यह पहली चीज 'देख तमाश लकड़ी का' और अगर मैं भूलता नहीं तो 1991 के आसपास काशी अस्सी वाले मकान में नहीं थे, यूनिवर्सिटी से आ चुके थे, अस्सी छूट चुका था। वह एक चीज बनी, बाद में वे चाहे जहाँ रहे, एक बार घूमकर अस्सी जरूरी पहुँचते थे। पान खाने के बहाने, लोगों से मिलने, पप्पू की दुकान पर जाते थे। धीरे-धीरे अस्सी को आधार बनाकर, उस जीवन को अस्सी के छूट जाने के बाद अस्सी से ज्यादा ममता हो गई। दूर जाने पर अस्सी के जीवन की स्मृतियाँ और बाकी चीजें उनके ध्यान में आती रहीं। इसलिए वे अस्सी से जुड़ी हुई चीजों को धीरे-धीरे एक कहानी के रूप में लिखते गए।

...और मैं भूलता नहीं तो यह 'काशी का अस्सी' मेरा ही दिया हुआ नाम है और मेरे मन में था कि इसमें एक श्लेष है, काशी शहर भी है और काशीनाथ सिंह भी है। काशी का अपना देखा हुआ अस्सी और काशी का एक हिस्सा अस्सी। उन चीजों को ध्यान में रखते हुए जो पहली ही कहानी है : 'देख तमाशा लकड़ी का'। इसमें लिखा है उन्होंने कि भारतीय भूगोल की एक भयानक भूल ठीक कर लें। अस्सी बनारस का मुहल्ला नहीं है। अस्सी 'अष्टाध्यायी' है और बनारस उसका 'भाष्य'। पिछले तीस-पैंतीस वर्षों से 'पूँजीवाद' के पगलाए अमेरिकी यहाँ आते हैं और चाहते हैं कि दुनिया इसकी 'टीका' हो जाए...मगर चाहने से क्या होता है? तो अस्सी बनारस का अंश होते हुए भी स्वयं अस्सी क्या है और अस्सी को अष्टाध्यायी कहना, पूरे बनारस को उस अष्टाध्यायी का भाष्य कहना और अन्त में यह कहना कि तमाम विदेशी आकर अस्सी पर ठहरते हैं क्योंकि वहाँ से बनारस का एक सिरा है। हम लोग रहा करते थे। छोटी-सी बात मुझे याद आती है—जब मैं अस्सी पर रहा करता था तब एक बार विद्यासागर नौटियाल आए तो उन्होंने

कहा कि डॉक्टर साहब, अस्सी का महत्त्व इसलिए है कि तुलसीदास सारा शहर छोड़कर रहने के लिए अन्तिम दिनों में अस्सी पर आ गए थे। इसलिए तुलसीदास बड़े नहीं हैं कि वे बनारस के थे बल्कि इसलिए बड़े हैं कि वे अस्सी पर रहते हुए सरवाइव कर गए। यह अस्सी के माहौल पर टिप्पणी भी है। मैं कहना चाहूँगा कि अस्सी पर रहते हुए काशी सरवाइव कर गए। जो उस मुहल्ले का नक्शा है, जिस तरह के लोग हैं और उस पर टिप्पणी काशी की कहानियों से ही मालूम होती है। उससे लगता है कि अस्सी से जाने के बाद उस अस्सी का एक नॉस्टेल्जिया उनके दिमाग में रहा और उन लोगों को लेकर जो किसी एक कहानी में नहीं आ सकते थे, उन्होंने लिखा। खास तौर पर जब धूमिल जिन्दा थे तो काशी, नागानन्द और ये लोग अस्सी होकर निकलते थे। इस अस्सी का बार-बार जिक्र किया है। जो मिलने का एक केन्द्र था, चाय की दुकान, जहाँ मैं सारे लोगों को लेकर बैठा करता था।...तो वह जो सेंटर था, केन्द्र था, उसको बड़ा करके अलग-अलग समय पर लिखी कहानियाँ, सारी कहानियों को अन्त में जोड़कर, मुझे लगता है कि शायद अब भी कुछ बचा रह गया हो अस्सी का, अभी एकाध कहानी वे और लिख सकते हैं।

पल्लव : 'हंस' में एक प्रसंग और आया था जिसमें बीएचयू का जिक्र है।

नामवर सिंह : क्या नाम था उसका?

पल्लव : 'लंका बाँके चारि दुआरा'।

नामवर सिंह : तो अभी अस्सी खत्म नहीं हुआ है। मेरा खयाल है कि और कहानियाँ अस्सी को लेकर लिखेंगे। कई लोग अभी छूट गए हैं और मैं जाऊँगा तो पूछूँगा कि वे लोग कहाँ हैं अस्सी के, जो बिलकुल हमारे पड़ोसी थे? शान्तिप्रिय द्विवेदी का तो जिक्र आ गया है लेकिन उनके अलावा ऐसे कई अद्‌भुत चरित्र हैं जिन चरित्रों को लेकर भी अलग आयाम, अलग कोण हैं।...यह कहानी ('देख तमाशा लड़की का') जब लिखी तो बाबरी मस्जिद के ध्वंस का समय था। बाबरी मस्जिद के ध्वंस पर दूधनाथ सिंह ने लगभग चार सौ पृष्ठों का बड़ा उपन्यास लिखा है और काशी ने केवल यह एक कहानी लिखी। उस पूरी कहानी में, जिन लोगों ने उसे तोड़ा था, बगैर अयोध्या गए हुए, अस्सी से बाबरी मस्जिद के ध्वंस पर लिखा जा रहा है। इस कहानी को दूधनाथ सिंह के उपन्यास से मिलाकर देखें, एक चार सौ पृष्ठों का उपन्यास है और दूसरी पच्चीस-तीस पृष्ठों की कहानी।...तो ध्वंस की जो राजनीति है, ध्वंस का जो दृश्य है...कोई भी पढ़कर देख सकता है कि यह कहानी ज्यादा गहरा प्रहार करती है, तीखे ढंग से प्रहार करती है। अकेले। और उसमें यही नहीं है बल्कि जो छूट गया है, वह भी है।...क्योंकि बाबरी मस्जिद का ध्वंस अपने-आपमें एक घटना नहीं है बल्कि भारतीय लोकतंत्र की एक घटना है। वह पूरी जो राजनीति है, वह परिप्रेक्ष्य में कैसे आई है, यह उपन्यास

में नहीं आया है।...मखौल ज्यादा है उसमें। इसलिए मैं कहता हूँ कि जो एक अस्सी को केन्द्र बनाकर मध्यवर्ग, निम्नमध्य वर्ग, निम्नवर्ग के लोगों की दृष्टि से...यह जो लोकदृष्टि है, आम आदमी कैसे देखता है, कैसे अवसरवाद होता है? साथ ही विदेशी भी आते हैं इस कहानी में। उन विदेशियों की दृष्टि में अस्सी क्या है? जो परिदृश्य है, एक राजनीतिक समझ है।...आम आदमी की नजर में, वह घटना एक भारतीय लोकतंत्र के परिप्रेक्ष्य में रखी गई है। केवल एक छोटी-सी साम्प्रदायिक घटना मानना, मन्दिर-मस्जिद का मामला मानना बल्कि मन्दिर-मस्जिद उसका एक मोहरा है। कोई राजनीतिक विचारधारा बची नहीं है इसमें। कांग्रेस भी आती है, समाजवादी भी आते हैं, उन तमाम लोगों को मामूली आदमी कैसे देखता है? सबसे बड़ी बात है इस पूरी कहानी की शैली में, अंग्रेजी में जिसे कहते हैं, 'विट्', हम जिसे 'वाग्वैदग्ध्य' कहते हैं। उस आम आदमी की जबान में कितनी ज्यादा विट् है! मैं समझता हूँ कि ऐसा विटी लेखक...हिन्दी में विट् का इतना प्रयोग, जो बोलियों के आधार पर आता है और एक-एक संवाद, एक-एक वक्तव्य, एक-एक टिप्पणी कहें कि डल मोमेंट नहीं आता। पठनीयता कह लो, यह पहली कहानी से मालूम हो जाता है। आम लोगों की जो कॉमन सेंस है, कॉमन सेंस से एक बड़ी समस्या की ओर इशारा कर देना, यह ताकत इसमें मिलती है। कहीं कोई व्याख्यान नहीं, लेखक की जीवन-दृष्टि क्या है, उसकी विचारधारा क्या है, कहीं अपनी ओर से नहीं है।...और बीच-बीच में क्षेपक के रूप में अपने लोगों की कहानी भी आ जाती है, मेरा भी जिक्र कहीं आ जाता है। पहले यहाँ ऐसा हुआ था, एक कवि सम्मेलन हुआ था साठवें वर्ष पर। खूबी यह है कि पप्पू की दुकान में, खुद कवि और साहित्यकार कैसी भूमिका निभाते थे, एक तरह का भरा-पूरा समुदाय, सारी राजनीतिक पार्टियाँ और स्वयं लेखक हैं। वह केवल कैमरा लेकर सारी चीजों की छवि उतारता जा रहा है, अपनी ओर से एक भी टिप्पणी कहीं नहीं है। वह सारी चीजें ध्वनित होती हैं, व्यंजित होती हैं एक-दूसरे की काट से। बिना किसी टिप्पणी के लेखक जो कहना चाहता है, कह देता है। यह निर्वैयक्तिकता, निष्पक्षता, तटस्थ होकर 1990-91 के संक्रमण काल पर उसकी भूमिका बनाते हैं। इसलिए एक छोटी-सी कहानी पूरे इतिहास के दौर को चित्रित करती है। और अस्सी अस्सी नहीं रह जाता। बाकी और कहानियों को भी इसी रोशनी में देखें। जो आखिरी कहानी है, वहाँ तक जाते-जाते पूरा दशक, जिसको नब्बे का दशक कहेंगे, 2000 तक, सदी के अन्तिम दशक पर यह पुस्तक टिप्पणी करती है। उसके लिए जरूरी है कि मैं दुबारा ध्यान से पूरी पुस्तक पढ़ूँ।

'काशी का अस्सी', सच पूछिए तो अस्सी के दशक के बाद नब्बे से शुरू होता है, सहस्राब्दी के अन्तिम दशक की कहानी है। एक छोटे से मुहल्ले में, मैं कहूँगा, कभी अमृतलाल नागर जी ने 'बूँद और समुद्र' लिखा था, काशी बूँद में

समुद्र दिखाना चाहते हैं। बूँद और समुद्र नहीं है, बूँद में ही समुद्र है। जिसको गालिब ने कहा था—कतरे में दरिया देखना, तो एक कतरे में दरिया देखा है। त्रिलोचन जी ने अपने सॉनेट में कहा है कि आगरे के किले में एक छोटी-सी नग जड़ी हो, आगरे के किले में जो नग है, उसमें पूरा ताज दिखाई पड़ता है। तो कतरे में दरिया देखना, एक नग में पूरी कायनात देखना, उसी तरह से अस्सी नाम का छोटा-सा चौराहा है, उस चौराहे में काशी पूरे भारत को, पूरे भारत के साथ ही भूमंडलीकरण भी देखते हैं। वह जो कहानी है 'पांडे कौन कुमति तोहें लागी', जिस पर उषा जी ने नाटक बनाया है 'काशीनामा', उसमें वैश्वीकरण, भूमंडलीकरण, ग्लोबलाइजेशन, ग्लोबल मार्केट, विश्व-बाजार की बात करते हैं। इसमें यह दिखाने की कोशिश की है कि नितान्त पंडिताऊ संस्कारों वाले, पूजा-पाठ करनेवाले पंडित जी कैसे घर में रखे शिवजी के लिंग को हटाकर टॉयलेट बना देते हैं। यह विडम्बना कि जितने पुराने विचारों वाले लोग हैं, रामभक्ति वाले, हिन्दुत्व किस तरह बाजारवाद का शिकार होता है, शिकार ही नहीं होता बल्कि स्वागत करता है। 1991 के बाद हमारा ग्लोबलाइजेशन शुरू हुआ, इस दशक की सबसे महत्त्वपूर्ण घटना, जिस पर सबसे ज्यादा लिखा जा रहा है और उसकी चपेट में स्वयं धर्म कैसे आता है। धर्म में भी हिन्दू धर्म। एक पंडित जी किस तरह से बदलकर आते हैं और अपने घर में बने मन्दिर को टॉयलेट में बदल देते हैं। इसलिए मैंने कहा कि बाबरी मस्जिद के ध्वंस से लेकर भूमंडलीकरण में बाजार किस तरह हावी होता है, एक छोटा परिवार भी उसमें ग्रस्त होता है, दुनिया बदल जाती है। यहाँ तक की यह लम्बी यात्रा की गई है। इसलिए 'काशी का अस्सी' केवल एक मुहल्ले की दास्तान नहीं है बल्कि सहस्राब्दी के अन्तिम दशक में भारत कहाँ पहुँचा है और भारतीय जीवन में क्या परिवर्तन हुए हैं, को देखता है। काशी सबसे पुरानी नगरी है, जिसकी हजारों सालों की संस्कृति है, वह संस्कृति कैसे टूटकर बाजार का शिकार बनती है, इस पर यह किताब इशारा करती है। इस चीज पर अखबारों में न जाने कितने लोग लेख लिख रहे हैं, लेकिन मूल बिन्दु पर जाकर चोट करनी चाहिए थी, उसको नहीं छुआ। इस दृष्टि से इसका महत्त्व है। जहाँ तक रूप की बात है, मैंने कहा, यह कथा-कोलाज है इसलिए अस्सी तो एक कतरा है, उस कतरे में किस हद तक वह दरिया दिखाई पड़ता है, शायद इसलिए उन्होंने इसे उपन्यास कहा है क्योंकि उपन्यास की कोई बँधी-बँधाई परिभाषा है नहीं। उपन्यास 'डॉन क्विगजोट' जैसा बड़ा ढीला-ढाला हो सकता है और छोटा भी हो सकता है। इसकी संरचना के कई रूप हो सकते हैं और आकार से या अध्यायों से, एक सधे-बँधे, इकहरे कथानक से उपन्यास उपन्यास नहीं बनता है बल्कि टुकड़े-टुकड़े दास्तान में दास्तान तो है। एक सूत्र तो है। इसलिए उपन्यास के रूप-विधान की दृष्टि से एक नये ढंग का उपन्यास है। जो क्लासिकल ढाँचा होता है, उस संरचना से अलग है। नई बात

इस दृष्टि से नहीं है कि एक शहर, एक कस्बा, एक मुहल्ले को लेकर पहले भी लिखा गया है बल्कि मैं यह मानता हूँ कि उपन्यास आम तौर से काल से ज्यादा स्थान की कला है। जेम्स ज्वायस लिखता है, फॉकनर ने एक इलाके के बारे में लिखा है, रूसी उपन्यास बहुत हैं। प्रेमचन्द को देखें तो सारे उपन्यास लमही और पांडेपुर के इर्द-गिर्द घूमते हैं। 'रंगभूमि' तो बिलकुल पांडेपुर की कहानी है। नाम 'रंगभूमि' रखा गया है लेकिन रंगभूमि कौन है, वो पांडेपुर है। सारी घटनाएँ वहीं घटित होती हैं। प्रेमचन्द अगर पांडेपुर की कहानी न कहकर 'रंगभूमि' कहें तो उपन्यास होता है और 'काशी का अस्सी' के नाम पर काशी लिखें तो कह दिया जाए कि नहीं, यह तो उपन्यास नहीं है बल्कि अलग-अलग कहानियाँ लिख दी गई हैं। अन्तर्वस्तु रूप-विधान का निर्धारण करती है। रूप-विधान का बना-बनाया साँचा लेकर कोई उपन्यास लिखे, वह उपन्यास की खानापूरी होगी। इस दृष्टि से काशी ने कथा-कोलाज को जुटाकर एक साथ एक परिघटना के आधार पर उपन्यास कहते हैं तो इसमें कोई आपत्तिजनक बात नहीं दिखाई पड़ती है। कहा जा सकता है कि उपन्यास की अनेक संरचनाओं में से एक यह है। देखिए, कहानी तो एक खयाल पर होती है, स्थान पर नहीं होती लेकिन आम तौर पर कथाकृति देशबद्ध अधिक होती है। काल की कला नहीं है, काल की कला तो संगीत है, द्रुत से विलम्बित होकर संगीत का रूप धारण करता है। कथाकृति की एक जमीन होती है और वह जमीन निश्चित ही स्थिर होती है, वहीं घूमती है कथा वरना वह दर्शन हो जाएगी। जमीन से हटा दें तो फिर वह कथाकृति नहीं बन सकती। संगीत अमूर्त हो सकता है लेकिन कथाकृति नहीं। इसलिए स्थान के आधार पर उपन्यास के नये ढाँचे की दृष्टि से भी इस कथाकृति पर विचार किया जा सकता है।

पल्लव : एक समस्या है, वह यह है कि इतना बढ़िया उपन्यास और इसे भली महिलाएँ और सज्जन नहीं पढ़ सकते क्योंकि इसमें एलकेडी है, तमाम गालियाँ हैं।

नामवर सिंह : दुनिया में बहुत सारी ऐसी कृतियाँ हैं जिनको लोगों ने अश्लील माना है। अश्लीलता के आरोप की शिकार अनेक महत्त्वपूर्ण कृतियाँ हुई हैं। जेम्स ज्वायस में भरा हुआ है, अनेक लोगों में है। कायदे से देखा जाए तो जो पहला उपन्यास 'डॉन क्विग्जोट' है, उसमें बहुत सारी ऐसी चीजें हैं। एक तरह का तथाकथित भद्रलोक जिसे कहते हैं, सुरुचि...इस सुरुचि के विरुद्ध तो रघुवीर सहाय लिखते रहे हैं। सुरुचि बुर्जुआ कन्सेप्ट है, भद्रलोक की दृष्टि है। शिष्टता के नाम पर बहुत सारी चीजें लोग छिपा जाना चाहते हैं। गाँव के जीवन में गालियाँ गालियाँ नहीं होतीं, हर बात में गाँव वाला गाली में बात करता है। और गालियाँ एक तरह से तकियाकलाम हैं। उनकी अश्लीलता पर लोगों का ध्यान नहीं जाता।

गाँव के लोगों के लिए, मजदूरों के लिए अश्लीलता का प्रश्न ही नहीं है। सुरुचिसम्पन्न तथाकथित भद्रलोक जो हैं, उनकी भद्र बातें ज्यादा अश्लील होती हैं अपनी अन्तर्वस्तु में। भाषा सभ्य-संस्कृत हो लेकिन अन्दर से अधिक अश्लील होती है। संकेत में बताई हुई अश्लीलता से ज्यादा ठीक है आप खुलकर कह दें, इससे अश्लीलता की ओर ध्यान ही नहीं जाता। शरीर के जिन अंगों को लेकर गाली देते हैं, अनेक उपन्यासों में रति-प्रसंग का वर्णन होता है, किसी जमाने में अश्लील समझा जाता था, आजकल सहजीवन हो गया है। समलैंगिक सम्बन्धों को किसी जमाने में निहायत आपत्तिजनक समझा जाता था, आज वही पश्चिमी बुर्जुआ समाज कानून बनाकर उसको स्वीकृति दे रहा है। कल को यहाँ भी हो सकता है। जहाँ सख्त जिन्दगी होगी जेलों में, आर्मी में, रनिवासों में, वहाँ ऐसा होगा। श्लील और अश्लील पर विचार करें कि वह काम क्या करता है, प्रभाव क्या पड़ता है ? जिस तरह 'देख तमाशा लकड़ी का' ऐसे प्रसंगों से भरा हुआ है, गाली के बिना पात्र बात ही नहीं करते लेकिन कठिनाई यह है कि इसमें किसी को कोई आपत्ति नहीं है क्योंकि इस ओर ध्यान ही नहीं जाता। ध्यान जाता है उस अर्थ पर जिसके लिए किताब में इनका प्रयोग हुआ है। ध्वनित-व्यंजित अश्लीलता की ओर ध्यान नहीं जाता बल्कि चोट लगती है।...नौजवानों का चरित्र बिगाड़ने और बनाने के लिए कहानियाँ नहीं लिखी गई हैं। इनको पढ़कर किसी आदमी का चरित्र नष्ट हो जाए, ऐसा नहीं है।

पल्लव : लेकिन एक आरोप तो लगाया ही गया है कि वैचारिक रूप से यह बड़ा अराजक उपन्यास है। उपन्यास की राजनीतिक विचारधारा तो यही निकलती है : 'माँ चुदाए दुनिया, हम बजाएँ हरमुनिया'। कोई दर्शन नहीं है।

नामवर सिंह : देखिए, ऐसा है कि था एक जमाना प्रगतिशील लेखन का, प्रतिबद्ध लेखन भी जिसे कहा गया है। तमाम चीजों का खंडन करने के बाद यह कहें कि यही सही रास्ता है। हम लोग जिस दौर से गुजर रहे हैं, उस दौर की सारी राजनीतिक पार्टियों पर यह एक टिप्पणी है। वामपंथी पार्टियों पर भी। हम लोग जिस संक्रमण काल से गुजर रहे हैं, उस दौर में कोई सीधी लकीर दिखाई नहीं पड़ती कि यही रास्ता है। ऐसा न हो तो लेखक से क्या उम्मीद करें कि वह आसमान से उतारकर रास्ता दिखा देगा ? जैसा प्रेमचन्द अपने उपन्यासों का अन्त करते थे या रास्ता बताते थे...कि विधेयात्मक होना चाहिए, एक सन्देश जाना चाहिए...तो निष्कर्षवादी और सन्देहवादी लेखन होता था, जिसकी सीमाएँ अब मालूम हुई हैं। प्रेमचन्द के जिस उपन्यास में कोई दिशा नहीं है, वही सबसे अच्छा है 'गोदान'।...समाधान नहीं है। जहाँ समाधान दिया है उन्होंने, 'रंगभूमि' में देने की कोशिश की है, 'प्रेमाश्रय' में देने की कोशिश की है तो वह उसका सबसे कमजोर पहलू माना गया है। काशी ने अगर नहीं दिया है तो लगभग उसी रास्ते पर हैं जिस पर 'गोदान' है, कोई रास्ता तो नहीं दिखाई पड़ता...हल तो नहीं है

उसका। मैं समझता हूँ कि चेखव की अधिकांश कहानियों में ऐसा ही है। टॉल्स्टॉय ने जहाँ देने की कोशिश की है, 'वार एंड पीस' में या 'अन्ना कैरेनिना' में ईसाइयत को डालने की कोशिश की है। अगर काशीनाथ, जिन्होंने 'सुधीर घोषाल' वाली कहानी लिखी थी, अगर उसी सुधीर घोषाल वाले अन्दाज में लिखें तो मैं समझता हूँ कि 'जसम' के लोगों को बहुत अच्छा लगेगा। बहुत अच्छा लगेगा 'जसम' के लोगों को। यह छोड़ दिया तो इसका कारण यही है कि कलाकृति के कुछ अपने तर्क भी होते हैं, अपने नियम भी होते हैं, उसी नियम से चलेगी। कोई जरूरी नहीं है कि अन्त में कोई चीज निकले। उदाहरण के लिए 'देख तमाशा लकड़ी का' बाबरी मस्जिद ध्वंस और बाकी चीजों के बाद कहीं उन्होंने नहीं बताया कि निकलता क्या है। यह तो नहीं निकलता कि 'मन्दिर वहीं बनाएँगे'। एक जगह डॉयलाग आता है कि 'मस्जिद वहीं बनाएँगे'। खैर, तो यह भी दिखा दिया है कि जितना गलत यह कहना है कि मस्जिद वहीं बनाएँगे, उतना ही गलत है जितना मन्दिर वहीं बनाएँगे कहना। जो हो चुका सो हो चुका, आगे देखिए। क्योंकि हर आदमी जानता है कि सवाल मन्दिर और मस्जिद का नहीं है, सवाल कुछ और है। यह तो एक साधन है, एक निमित्त है। इसलिए हल कहीं नहीं बताया गया है लेकिन एक जगह कह दिया गया है कि वे लोग कहते हैं 'मन्दिर वहीं बनाएँगे' तो दूसरे कहते हैं कि 'मस्जिद वहीं बनाएँगे'। यह भी है। उनका मखौल उड़ा दिया गया है। दोनों का। इसका मतलब यह है कि यह मुद्दा नहीं है क्योंकि यह एक तरह का साधन है जिसके बहाने करना कुछ और चाहते हैं। राजनीतिक सत्ता चाहिए। उन लोगों को न मन्दिर से मतलब है, न मस्जिद से। अगर राम मन्दिर से उनको मतलब होता तो अब तक मन्दिर बन जाना चाहिए था। उनकी सरकार तो थी, क्यों नहीं बनवा लिया? उधर, दूसरे आदमियों ने उस पर मस्जिद को क्यों नहीं बनवा दिया? दोनों ही समान हैं। आज तक मामला कोर्ट में लम्बित है। इससे मालूम होता है कि यह केवल एक बहाना था। यह कहानी यही सन्देश देती है।...तो निष्कर्षवादी कहानी का हश्र आप देख चुके हैं। और अगर कोई सावधान-सतर्क लेखक है तो उसका काम अलग-अलग दावों की कलई खोल देना है। यह कोई राजनीतिक या चुनावी घोषणापत्र नहीं है कि जिसके आधार पर वादा करे कि हम यह करने के लिए लिख रहे हैं। काशी ने नहीं किया तो अच्छा काम किया है क्योंकि कलाकृति यह काम नहीं करती।

[साभार : 'बनास', अंक 2, वर्ष 2010]

मैं साहित्य का प्रचारक हूँ

[नामवर सिंह से श्रीकान्त श्रीवास्तव की बातचीत]

श्रीकान्त श्रीवास्तव : नामवर जी, आपने जहाँ एक ओर शिक्षक की जिन्दगी जी, वहीं हिन्दी साहित्य की साधना में अपना सर्वस्व अर्पित किया। आपको साहित्य अकादमी, भारत भारती सहित अनेक महत्त्वपूर्ण पुरस्कारों से सम्मानित भी किया गया है और आज हिन्दी साहित्य के क्षेत्र में आपका नाम एक सशक्त हस्ताक्षर के रूप में मौजूद है। सबसे पहले हम यह जानना चाहेंगे कि आपने जो साहित्य और शिक्षक का जीवन चुना, इसकी प्रेरणा आपको कहाँ से मिली? आपके गुरु कौन थे? खास तौर पर आपने जब हिन्दी साहित्य में पदार्पण किया तो पहले किससे सीखा?

नामवर सिंह : गुरु अनेक हुए और उनकी संख्या गिनाई नहीं जा सकती है। लेकिन मुख्य रूप से आरम्भ से लेकर अन्त तक प्राइमरी में, मिडिल में, हाई स्कूल में, विश्वविद्यालय में जिन गुरुओं को मैं स्मरण करता हूँ, उनमें सबसे पहले तो मुझे हाई स्कूल में हिन्दी पढ़ाने वाले हमारे अध्यापक मार्कंडेय जी थे और ये रामचन्द्र शुक्ल के प्रशंसक थे, उनके भक्त थे और उनका गहरा प्रभाव उनके व्यक्तित्व पर, उनके साहित्य-बोध पर और उनकी भाषा पर पड़ा था। इसलिए हाई स्कूल में जो भाषा और साहित्य के प्रति विवेक और संस्कार दिया, वह मार्कंडेय सिंह जी ने दिया। उनको आज भी मैं याद करता हूँ।

उसी तरह से संस्कृत के अध्यापक मुझे मिले पं. विजयशंकर मिश्र। उन्होंने संस्कृत भाषा के प्रति अनुराग पैदा किया। बहुत अच्छे अध्यापक थे और वह जो दृढ़ संस्कार उन्होंने हाई स्कूल, इंटर मीडिएट तक बनाया, वह अन्त तक बना रहा।

इसके अलावा हमारे प्रिंसिपल थे जे.पी. सिंह। इतने अच्छे वक्ता थे, वे आगरा के पढ़े हुए थे और अनेक चीजों में, संगीत में, रुचि थी। गाते बहुत अच्छा थे। उनका अधिकार अंग्रेजी पर तो था ही, बोलने में भी था। उस समय काशी में डॉ. राधाकृष्णन् थे वाइस चांसलर, उनको टक्कर देनेवाले वक्ता के रूप में प्रिंसिपल जे.पी. सिंह थे। इन तीन भाषाओं का—हिन्दी, संस्कृत और

इंग्लिश का बहुत गहरा प्रभाव पड़ा था और वह संस्कार आगे चलकर विश्वविद्यालय के जीवन में भी काम आया।

मैं उदय प्रताप कॉलेज में इंटर मीडिएट पास करने के बाद काशी हिन्दू विश्वविद्यालय में बी.ए. और एम.ए. और पी-एच.डी. करने के लिए गया। काशी हिन्दू विश्वविद्यालय का उस समय बड़ा मान था। इलाहाबाद और काशी हिन्दू विश्वविद्यालय में एक तरह से होड़ थी। मेरे दुर्भाग्य से आचार्य रामचन्द्र शुक्ल का निधन एक साल पहले हो गया था। विश्वविद्यालय में हमें पढ़ाने वाले हिन्दी के अध्यक्ष पं. केशवप्रसाद मिश्र मिले। वे जयशंकर प्रसाद के प्रशंसकों में से थे। 'कामायनी' पढ़ाते थे। संस्कृत के बहुत अच्छे पंडित थे। उनके कारण ही मुझे प्राचीन कविताएँ और आधुनिक छायावादी कविताएँ पढ़ने का अवसर मिला। साथ ही उन्होंने संस्कृत भाषा और साहित्य का संस्कार दिया। भाषाविज्ञान पढ़ाते थे। उन्हीं के कारण मेरी गहरी दिलचस्पी भाषाविज्ञान में हुई। आगे चलकर अपना शोध-कार्य भाषाविज्ञान के क्षेत्र में ही किया। उन्हीं के कारण किया। एक तो आचार्य पं. केशव प्रसाद मिश्र।

उनके बाद जब मैं एम.ए. अन्तिम वर्ष में था तो मेरे सौभाग्य से आचार्य हजारी प्रसाद जी द्विवेदी विभाग में प्रोफेसर और अध्यक्ष होकर विश्व भारती शान्तिनिकेतन से आए और वही अन्तिम आचार्य मुझे मिले, जिनके निर्देशन पर मैंने 'अपभ्रंश' पर काम किया, जो एम.ए. पाठ्यक्रम के अन्तर्गत लघु शोध में था। उन्हीं के कारण मैंने आगे चलकर पृथ्वीराज रासो की भाषा पर काम किया और पृथ्वीराज रासो की भाषा अभट्ट और पुरानी राजस्थानी मानी जाती है तो उस पर काम किया। यह काम इसलिए किया कि पंडित जी ने कहा कि भाषाविज्ञान पढ़ाने वाला केशव जी के बाद अब कोई है ही नहीं। वे रिटायर भी हो गए, दिवंगत भी हो गए। तो भाषाविज्ञान पर काम करोगे तो इस नाते विश्वविद्यालय में तुमको मैं तुरन्त अध्यापक नियुक्त कर सकता हूँ क्योंकि भाषाविज्ञान पढ़ाने वाला कोई आदमी नहीं है।

इस तरह वहीं मैंने अध्यापक का कार्य भी आरम्भ किया और सात-आठ वर्षों तक मैं काशी हिन्दू विश्वविद्यालय में अध्यापक भी रहा। 1947 से लेकर लगभग 1959 तक काम किया वहाँ।

एक तरह से अपना संक्षिप्त जीवनवृत्त ही बता रहा हूँ। मैं छह साल तक बेकार रहा और यह वही समय था जब हजारी प्रसाद द्विवेदी भी काशी हिन्दू विश्वविद्यालय से हटा दिये गए। उनको तो पंजाब विश्वविद्यालय में कुछ ही महीने बाद नौकरी मिल गई। लेकिन मैं पाँच साल बेकार रहा। दिल्ली चला आया। यहाँ कम्यूनिस्ट पार्टी के हिन्दी साप्ताहिक का सम्पादक बना। तुरन्त ही मुझको राजकमल प्रकाशन में साहित्यिक सलाहकार के रूप में रखा गया। यह

बात 1965 के आसपास की है और 'आलोचना' नाम की एक त्रैमासिक पत्रिका निकलती थी, उसके सम्पादक का दायित्व भी कई दशकों तक किया। आज भी उसका सम्पादन कर रहा हूँ। वह त्रैमासिक पत्रिका है और हिन्दी की बड़ी आलोचना की पत्रिका है।

इस तरह शिक्षक के रूप में कुछ वर्षों तक शिक्षा संस्थाओं से, विश्वविद्यालय से अलग रहने के बावजूद मुझे सहसा बिना किसी प्रयास के जोधपुर विश्वविद्यालय से सीधे प्रोफेसर का ऑफर मिला और वहाँ मैं चार वर्षों तक प्रोफेसर-अध्यक्ष रहा। उसके बाद विश्वविद्यालयों से सम्बन्ध बना रहा। कुछ दिनों तक मैं आगरा विश्वविद्यालय के कन्हैया लाल माणिक लाल मुंशी संस्थान का प्रोफेसर-निदेशक था। थोड़े समय के लिए था। उसके बाद नया-नया खुला था जवाहरलाल नेहरू विश्वविद्यालय और जवाहरलाल नेहरू विश्वविद्यालय में 1974 में मुझे आमंत्रित किया गया। कोई चयन समिति वगैरह का सामना मुझे जीवन में नहीं करना पड़ा। 1974 से लेकर के 1992 तक मैं जवाहरलाल नेहरू विश्वविद्यालय का संस्थापक प्रोफेसर-अध्यक्ष रहा और वहाँ से 65 साल की उम्र में अवकाश ग्रहण करने के बाद आजकल विश्वविद्यालय से अलग होते हुए भी प्रोफेसर इमेरिटस के रूप में अब भी विश्वविद्यालय का मैं सदस्य हूँ और उसके साथ-साथ एक नया अन्तरराष्ट्रीय विश्वविद्यालय, महात्मा गांधी हिन्दी विश्वविद्यालय वर्धा में खुला है और उसका लगभग तीन साल मैं कुलाधिपति रहा और फिर उसके बाद दुबारा तीन साल के लिए विश्वविद्यालय का कुलाधिपति नियुक्त किया गया और अब भी मैं इस समय उस विश्वविद्यालय का कुलाधिपति हूँ।

श्रीकान्त श्रीवास्तव : नामवर जी, आपने अपनी यात्रा बनारस से शुरू की। काशी यानी बनारस, बनारस यानी यहाँ पर रस बराबर बना रहा है। बनारस का जो बनारसीपन है, इसने साहित्यिक जीवन को कहाँ तक प्रभावित किया, साहित्यिक रचनाओं को खास कर?

नामवर सिंह : मेरा वेश-विन्यास तो देख ही रहे हैं कि दिल्ली में रहते हुए भी धोती-कुर्ता कभी नहीं छोड़ा। विदेश यात्राओं में पैंट पहनी वरना मैं अपने देश में बनारसी वेशभूषा में रहता हूँ और आज भी बनारस का गहरा संस्कार, मेरे ऊपर है क्योंकि बनारस की छाप तो जिसके ऊपर पड़ जाती है, एक बार काशी विश्वनाथ का प्रसाद मिला जिसे, कहते हैं कि 'चना चबेना गंगाजल जो पुरवे करतार काशी कबहूं ना छोड़िए विश्वनाथ दरबार।' तो मेरा बस चलता तो मैं काशी छोड़ता ही नहीं। काशी वाले कहीं और नहीं जाते। इसलिए काशी का गहरा संस्कार मेरे ऊपर खान-पान, रहन-सहन, वेशभूषा और उसकी भाषा और उसकी साहित्यिक-सांस्कृतिक संस्कार जो है, अब भी मैं अपने को बनारसी ही मानता हूँ।

श्रीकान्त श्रीवास्तव : हिन्दी आलोचना के क्षेत्र में आपने कई नये प्रतिमान स्थापित किए हैं। आलोचना के क्षेत्र में कैसे आना हुआ?

नामवर सिंह : मैंने कहा कि हिन्दी साहित्य का जहाँ तक सम्बन्ध है, काशी पांडित्य की नगरी है और हिन्दी आलोचना में कीर्तिमान स्थापित किए आचार्य रामचन्द्र शुक्ल ने और आचार्य रामचन्द्र शुक्ल जिस शहर के हों, वहाँ आदमी की पहली इच्छा होगी कि शुक्ल जी की चिन्तन-परम्परा को, शुक्ल जी की आलोचना-परम्परा को आगे बढ़ाया जाए और इसका विकास किया जाए। इसलिए मैं शुरू में कविताएँ भी लिखता था। छपी भी हैं। किताब भी छपने वाली थी लेकिन मैंने आलोचना को ही चुना और आलोचना में मैंने और एक इतिहास आचार्य शुल्क ने लिखा था। उसके अलावा आलोचना का प्रतिमान होता है मानदंड। आचार्य शुक्ल एक 'मानदंड' नाम की पत्रिका निकालना चाहते थे जो निकाल नहीं पाए जीते-जी। तो 'कविता के नए प्रतिमान' नाम की एक पुस्तक हमारी है जिस पर अकादमी का पुरस्कार भी मिला है, तो आलोचना का क्षेत्र मैंने चुना। व्यावहारिक आलोचना भी मैंने की, सैद्धान्तिक आलोचना भी की और इतिहास का जहाँ तक सम्बन्ध है, मेरी बहुचर्चित पुस्तक है 'दूसरी परम्परा की खोज' और मैंने यह कहा कि परम्परा एक नहीं होती, परम्पराएँ होती हैं, इसलिए जो परम्परावादी होता है, वह एक लीक पीटता है। एक दूसरी रेखा खींचे, दूसरे धारा बहाए। इस देश में केवल एक गंगा ही नहीं है, यमुना भी एक नदी है तो यमुना की अलग संस्कृति है, गंगा की अलग संस्कृति है, इसलिए गंगा-जमुनी धारा होनी चाहिए। बनारस में यमुना नहीं बहती लेकिन दिल्ली में तो यमुना ही है। इसलिए बनारस में गंगा का प्रवाह ही चित्त में भरा, और दिल्ली में आकर मैंने यमुना को अपनाया। सरस्वती तो यूँ ही लुप्त है। दिखाई नहीं पड़ती। उसका नाम पीछे मिलता है इसलिए सरस्वती के पीछे कौन पड़े! तो गंगा और यमुना दो धाराएँ हैं, दो परम्पराएँ हैं। यही भारतीय संस्कृति का अंग है। इसी का मैं भरसक स्नान करके और कुछ मिलता है, तो वह दुनिया को देने की कोशिश करता हूँ।

श्रीकान्त श्रीवास्तव : नामवर जी, आपने आलोचना ही नहीं बल्कि हिन्दी साहित्य की कई विधाओं पर कलम चलाई है। आपने आत्मकथा भी लिखी है। क्या मुक्कमल आत्मकथा लिखने का आपका कोई विचार है?

नामवर सिंह : नहीं नहीं, आत्मकथा वे लिखें, जैसे महात्मा गांधी ने लिखा, जवाहरलाल नेहरू ने लिखा तो ये जिन लोगों का काम है, आत्मकथा लिखना चाहते हैं, लिखें। अपने जीवन में क्या कोई बड़ा भारी काम कर दिया है कि...वह लिखने लायक कहानी नहीं है। इसलिए आत्मकथा लिखने की कोई इच्छा नहीं है।

श्रीकान्त श्रीवास्तव : आज हिन्दी साहित्य में जो कुछ भी लिखा जा रहा है—चाहे गद्य या पद्य हो, उससे आप कहाँ तक सन्तुष्ट हैं?

नामवर सिंह : 'असन्तुष्टा द्विजा नष्टा' कहा गया है। जो पंडित असन्तुष्ट होगा, वह नष्ट हो जाएगा। जो है, थोड़ा-सा सन्तोष तो होना ही चाहिए। इसलिए मैं प्रसन्न हूँ कि भारतीय साहित्य में और विश्व साहित्य में तमाम विरोधों के बावजूद, यह अंग्रेजीयत का वातावरण रहते हुए भी, हिन्दी के साहित्यकार बेचारे छोटे-छोटे इलाकों से आते हैं, गरीब घर से आते हैं जो लिख रहे हैं बिना किसी सरकारी मदद के कहानी, कविता, उपन्यास, बहुत अच्छे लिख गए हैं और अन्त में यही चीजें टिकेंगी। जो लेखक हैं, जो सरस्वती पुत्र हैं, ये जिन्दा रहेंगे इतिहास में। बहुत बड़ा काम हिन्दी ने किया है।

श्रीकान्त श्रीवास्तव : आज जो पश्चिमी उपभोक्तावाद अपने पंख पसार रहा है और हमारी जो प्राचीन संस्कृति थी, इसके जो मूल्य थे, वे धीरे-धीरे टूट रहे हैं, इससे साहित्य को आप कहाँ तक प्रभावित देखते हैं?

नामवर सिंह : इस उपभोक्तावाद में जो फल-फूल रहे हैं, उनको तो आप देख ही रहे हैं। लेखक नहीं फल-फूल रहे हैं। हमारा किसान नहीं फल-फूल रहा है। इसलिए उपभोक्तावाद आम जनता के लिए जितना कष्टकर है, आपदा है, यह उसी तरह से हम साहित्यकारों के लिए भी है। सारा—सब कुछ हुआ लेकिन बताइए कि कलाकारों का क्या कुछ बन गया? कौन धन्ना सेठ हो गया? साहित्यकार कलाकार हो गया है या मामूली किसान हो गया है? हम लोगों के लिए, धरती-पुत्रों के लिए उपभोक्तावाद विनाश की घड़ी है।

श्रीकान्त श्रीवास्तव : इस समय आप किस विषय पर कार्य कर रहे हैं हिन्दी साहित्य में?

नामवर सिंह : आजकल तो जो लिखा जा रहा है, जो बहुत अच्छा लिखा जा रहा है, उसे पढ़ना, पढ़ने का आनन्द लेना और दूसरों को उसकी ओर आकृष्ट करके आनन्द लेने की कोशिश करना। यह कह लीजिए, मैं साहित्य का प्रचारक हूँ। कोई राजनीति का प्रचार कर रहे हैं, मैं साहित्य का प्रचार कर रहा हूँ।

श्रीकान्त श्रीवास्तव : उम्र में 86 साल या इससे भी ज्यादा उम्र आपकी लग रही है मुझे। इस उम्र में भी इतने फिट हैं। स्वास्थ्य को कैसे इतना मेनटेन कर रखे हैं?

नामवर सिंह : बात यह है कि मेरे पिताजी 84 साल तक जिए तो मैंने कहा कि उतना तो मुझे जीना ही पड़ेगा। उससे ज्यादा जिऊँ तो समझूँगा कि उन्हीं का आशीर्वाद है, लोगों का प्रेम-मुहब्बत और आशीर्वाद मिल रहा है। संयम से रहता हूँ। दिल्ली में रहकर भी मैं बनारसी ढंग से ही रहता हूँ। बस, गंगा-स्नान का सुख नहीं मिलता है। यदि संयत जीवन रहे तो उम्र तो हम लोगों के यहाँ तो 'जीवेम शरद: शतम्'—सौ साल तक जीने की कामना लोग इस देश में किया करते थे। इसलिए यदि मैं 85 तक पहुँचा हूँ तो कोई बहुत गर्व की बात नहीं है, अभी बहुत बाकी है सौ साल में।

श्रीकान्त श्रीवास्तव : नामवर जी, आप खाली समय में क्या करना पसन्द करते हैं? साहित्य-साधना से अगर कुछ समय मिल जाए तो?

नामवर सिंह : मैं पढ़ता हूँ और लिखता हूँ और कोई व्यसन मेरा है नहीं। कभी-कभी कुछ खबरें दूरदर्शन पर थोड़ी देर के लिए देख लिया करता हूँ। बाकी और कोई व्यसन नहीं है और गोष्ठियों से फुर्सत ही नहीं मिलती है हमको और साहित्य का समझ लीजिए, सेवक हूँ।

[साभार : 'आकाशवाणी समाचार भारती', वर्ष 2012]

छोटे वाक्यों से भाषा असरदार होती है

[नामवर सिंह से तराना परवीन की बातचीत]

[शनिवार, दिनांक 8.9.2012 के खुशगवार मौसम में सुबह सवा नौ बजे जब हल्की फुहार हो रही थी, खूबसूरत फतहसागर झील के किनारे बने हुए सर्किट हाउस में प्रो. नामवर सिंह जी से एक यादगार मुलाकात हुई। अब तक उनका नाम ही बहुत सुना था, आज मुलाकात हुई। बातचीत हुई तो समझ आया कि आखिर नाम का नामवर सिंह जी से रिश्ता क्या है। क्या हिन्दी की यह कहावत सही है कि 'नाम में क्या रखा है?']

तराना : अगर आपको अपना इंटरव्यू खुद लेना होता, तो आप अपने-आपसे क्या प्रश्न करते? कुछ प्रश्न जो आपको बहुत महत्त्वपूर्ण लगते हों? दो दिन से आप उदयपुर में हैं और आपको लग रहा हो कि कुछ सवाल हैं, जो बहुत अहम हैं, वे आपसे नहीं किये गए और जिनके बारे में आप खुद कुछ कहना चाहते हैं?

नामवर सिंह : मुश्किल यह है कि दूसरों से ही बातचीत होती रहती है, खुद-ब-खुद बात करने का मौका ही नहीं मिलता है। मैं रूबरू अपने आईने के सामने भी ठीक से नहीं हो पाता हूँ तो...ये जिन्दगी की मसरूफियात का असर है। अपने-आपसे तभी बातचीत होती है जब दूसरे सवाल पूछते हैं, तब कुछ बातें सूझ जाती हैं।

तराना : हिन्दी में कहावत है—'नाम में क्या रखा है?' क्या प्रो. नामवर सिंह इससे सहमत हैं?

नामवर सिंह : हाँ, सही है। लोग कम जानते हैं, क्योंकि आम तौर से नामवर नाम कम होता है और यह नाम मेरे माँ-बाप ने नहीं दिया था। छोटा-सा गाँव है हमारा। मेरे पिताजी स्कूल में टीचर थे। मैंने अपनी माँ से सुना है कि जब खबर मिली कि मास्टर के घर पहला बेटा हुआ है, तो पड़ोस की एक बूढ़ी औरत आई और आकर कहा कि इसका नाम 'नामवर' रखो।

तराना : क्या वह इस शब्द का मतलब समझती थी?

नामवर सिंह : नहीं। वह जाने क्यों आई और आकर कहा कि इसका नाम नामवर रखो और चली गई और एक हफ्ते के अन्दर कुत्ते के काटने से उसकी

मृत्यु भी हो गई। मेरे पिताजी मेरा नाम 'रामजी' रखना चाहते थे। रामजी, रामजी करते थे। तो बात आई-गई हो गई। मेरी माँ बताती थी कि कोई मुझे 'रामजी' बुलाता या पिताजी मुझे 'रामजी' बुलाते तो मैं रोने लगता था, तो लोगों ने कहा कि आप इसका नाम वही चलने दीजिए जो वह बूढ़ी औरत दे गई है। पिताजी को 'रामजी' नाम इतना पसन्द था कि जब दूसरा भाई हुआ तो उसका नाम रामजी रखा। यह नाम बूढ़ी औरत का दिया हुआ है, चिपक गया हमारे साथ।

तराना : वर्तमान दौर में हिन्दी की दशा के बारे में आप क्या सोचते हैं?

नामवर सिंह : बहुत धड़ल्ले से हिंग्लिश बोली जा रही है, खिचड़ी हिन्दी में अंग्रेजी शब्दों की मिलावट। पढ़े-लिखे लोगों में भी है। यहाँ तक कि जो पढ़े-लिखे नहीं हैं, वे भी अंग्रेजी मिलाकर बोलते हैं और एक हीनता ग्रन्थि का यह सूचक है। वे साबित करना चाहते हैं कि वे आधुनिक हैं, गँवार नहीं हैं, इसलिए वे अंग्रेजी के कुछ शब्द बीच में डालते रहते हैं। हमारे एक अध्यापक थे, काशी हिन्दी विश्वविद्यालय में, भाषाविज्ञान पढ़ाते थे—पं. केशव प्रसाद मिश्र। उन्होंने एक दिन क्लास में पढ़ाते हुए बनारस के पास की घटना बताई कि लड़के गंगाजी से लौट रहे थे, नाव पर चढ़कर बैठे एक-दूसरे से कह रहे थे कि 'आज हम खूब रोए।' वे चौंक गए कि क्यों रोए? थोड़ी देर बाद मालूम हुआ कि 'रो' (नाव) जो अंग्रेजी का शब्द है, उसे हिन्दी में मिलाकर लड़कों ने इस्तेमाल किया कि 'आज हम खूब रोए, रोइंग की।' वे कहते थे कि मेरा कोई विद्यार्थी अगर इस तरह की हिन्दी बोलेगा तो मैं उसे क्लास में घुसने नहीं दूँगा। यह मैं आपको बता रहा हूँ, तीस साल पुरानी बात है और बनारस में प्रसार परिषद् थी, तो वहाँ नियम बना रखा था कि कोई आदमी अगर हिंग्लिश बोलेगा गोष्ठी में, तो उस आदमी पर एक रुपये का जुर्माना लगेगा। एक भी शब्द अंग्रेजी का प्रयोग हिन्दी में करेगा तो जुर्माना लगेगा। हिन्दी का, राजभाषा का जो आन्दोलन चल रहा था, प्रसार परिषद् ने नियम बना रखा था कि बोलो तो सिर्फ हिन्दी, उर्दू के शब्द आ सकते हैं। जो हिन्दी में अंग्रेजी मिलाएगा तो एक शब्द पर एक रुपया जुर्माना होगा। यह सावधानी थी एक जमाने में जबान के लिए। एक जमाने में उर्दू में फारसी हो तो ठीक, लेकिन कोई अरबी का इस्तेमाल करे तो उर्दू वाले खुद नाखुश होते। क्या खूबसूरत थी अकबर इलाहाबादी की जबान! मैं कहता हूँ कि वे आदर्श हैं हमारे लिए। पुराने शायरों में मीर की जबान थी, नजीर अकबराबादी की थी, और जो आधुनिक शायर हैं, आजमगढ़ के लोग, राही तो हमारे क्लास फैलो थे। तो राही मासूम रजा हैं, कैफी हैं, लखनऊ वाले हैं। लखनऊ वाले तो जबान के मामले में चौकस थे। और उसमें भी अच्छी जबान शिया खानदानों में, माफ करना, सुन्नी लोग अगर बुरा न मानें तो, क्योंकि हमारे यहाँ लखनऊ में, इलाहाबाद में तो खूबसूरत जबान क्या होती है, वह आप देखें। अपनी जबान के बारे में उर्दू के लोग जितने चौकस थे, उतने हिन्दी में नहीं हैं।

प्रेमचन्द बहुत मुश्किल लिखते थे उर्दू में। लोगों को शिकायत थी, तो वे कहा करते थे कि आखिर मैं कायस्थ का बेटा हूँ, आधा मुसलमान हूँ। बहुत मुश्किल उर्दू प्रेमचन्द लिखा करते थे और बहुत देर से उन्हें हिन्दी में हुनर हासिल हुआ, तो बाद वाली कहानियों में वह आ गई है।

हमारे यहाँ कायस्थों को आधा मुसलमान कहा जाता था। मुंशीगीरी का काम था, मुंशी प्रेमचन्द कहलाते थे। इसलिए मैं कह रहा हूँ कि एक जमाने में गांधी जी ने जब हिन्दुस्तानी चलाई थी, उसका बहुत मजाक उड़ाया गया था। हिन्दुस्तानी में गलत तरह से फारसी लाते थे, और वह बदसूरत हिन्दी होती थी, बदसूरत हिन्दुस्तानी होती थी। गांधी जी ने हिन्दुस्तानी वाला आन्दोलन इसलिए चलाया था। हम भूल जाते हैं कि गुजराती में तीन तरह की गुजराती चलती थी—एक पारसी गुजराती होती थी, एक मुस्लिम गुजराती होती थी। तीनों में जो लफ्ज होते थे, वे अलग-अलग होते थे, बाद में उसको मिलाया गया। ग्वालियर सल्तनत के तहत गुजरात तो गुजराती का बहुत बड़ा गढ़ था। मुगलों के जमाने में हिन्दी से ज्यादा अरबी-फारसी के लफ्ज मराठी में होते थे। उस हिसाब से हिन्दी में वह नहीं हुआ और अब मैं समझता हूँ कि बिहार में संस्कृत और भोजपुरी की मिलावट होती है। नया लेखन, जैसे कविता में तो नहीं होता, लेकिन नॉवेल में होता है, कहानी में होता है। आंचलिक उपन्यास जो फणीश्वरनाथ रेणु ने लिखा था, तो उसमें बोलियों की घुली-मिली चीज थी। तो बोलियाँ आएँ जो खूबसूरत हैं। आम जनता को समझ में आने लगेगा इसलिए हिन्दी अगर अपनी बोलियों से शब्द लेती है तो बहुत अच्छा है। खास तौर से रचनात्मक साहित्य में। मैं खुद लिखने में यह कोशिश करता हूँ, क्योंकि हम जो पढ़ाने वाले लोग हैं, जो आलोचना पढ़ाते हैं, क्लास रूम लेक्चर में वह संस्कृतनिष्ठ ज्यादा होती है। मैं भी शिक्षक रहा हूँ, लेकिन मेरे लिए आदर्श सरल भाषा है। सरल भाषा की पहली जरूरत है—वाक्य छोटे हों। जैसे ही लम्बा वाक्य हुआ तो वह क्लिष्ट हो जाएगा, इसलिए छोटे वाक्य लिखो। गांधी जी की भाषा भी बहुत अच्छी लगती है मुझको। वे बहुत छोटे-छोटे वाक्य लिखते थे। हमारे यहाँ जो मकान बनते हैं—एक बड़ी ईंट के, एक छोटी ईंट के—छोटी ईंट को यहाँ लखौरी ईंट कहते हैं। छोटी ईंट से बना हुआ मकान आप देखें। उसी तरह छोटे वाक्यों से भाषा असरदार होती है। जिसका चिन्तन उलझा हुआ होगा, उसका वाक्य-विन्यास भी उलझा हुआ होगा। उलझन जहाँ होगी, किताबी हिन्दी होगी। माफ करना, पूरा लेक्चर दे गया।

तराना : वर्तमान पीढ़ी में जो कट-कॉपी-पेस्ट की प्रवृत्ति है, ऐसे में जो बड़े लेखक हैं, वे उनको कैसे मार्गदर्शन दें? ऐसी पीढ़ी को कैसे रास्ता दिखाएँ जो पढ़ती ही नहीं है?

नामवर सिंह : देखो, आजकल जो खास तौर से लेख लिखे जाते हैं, आलोचनात्मक लेख लिखे जाते हैं, उनमें उदाहरण बहुत होते हैं। अमुक ने कहा है,

इन्होंने कहा है, पांडित्य बघारने के लिए देशी–विदेशी दोनों के उदाहरण बहुत देते हैं। तो मैं यूँ मान के चलता हूँ कि समर्थ आदमी किसी के कन्धे का सहारा लेकर चलेगा तो उसकी चाल बिगड़ेगी। आप खुद चलेंगे तो अच्छे ढंग से चलेंगे, लेकिन अगर आप किसी के कन्धे का सहारा लेकर चलेंगे तो चाल खराब होगी। तो इसलिए दूसरों का उदाहरण देते हुए अगर लोग ज्यादा लिखते हैं, तो उसमें पंडिताई झलकती है। खुद अपना सोचा हुआ लिखो। गांधी जी कितना सरल बोलते थे, सरल वाक्य लिखते थे। विनोबा भी बहुत अच्छा और सरल लिखते थे, तो हमारे सामने तो गांधी जी और विनोबा हैं। लोहिया हिन्दी में अन्य नेताओं में बहुत सुन्दर लिखते थे। राम–कृष्ण, धरती माता, कृष्ण पर उनके जो लेख पढ़े हैं, वे आदर्श लेख हैं।

तराना : वर्तमान पीढ़ी का आलोचना और आलोचकों के प्रति क्या रवैया है? क्या यह पीढ़ी सिर्फ यह चाहती है कि आलोचक सिर्फ उनकी तारीफ करें? क्योंकि लोगों में बर्दाश्त की ताकत इतनी कम हो गई है कि वे अपने बारे में कुछ बुरा सुन नहीं सकते।

नामवर सिंह : हाँ। पुस्तक समीक्षाएँ तो काफी लिखी जा रही हैं, और पुस्तक समीक्षा को पढ़कर लगता है कि लगभग ये प्रायोजित हैं।

तराना : ऐसा लगता है, किसी दोस्त ने या स्वयं लेखक ने ही लिख दी हो?

नामवर सिंह : हाँ, ऐसा ही मालूम होता है। यदि किसी पुस्तक को पढ़कर ऑफ मन में लगे कि इसके बारे में लिखना चाहिए, तो वह आलोचना है। पर यदि लिहाज में लिखा जाए कि चलो, कहा है, लिख़ना ही है तो जिस पर लिखने का मन हो—चाहे उसके खिलाफ ही लिखें। कोई जरूरी नहीं कि तारीफ करें, लेकिन उस पुस्तक को पढ़कर ऑफ मन में तुरन्त लगे कि यह किताब इस लायक है कि इस पर लिखा जाना चाहिए, तो मैं यूँ आजकल अनुभव करता हूँ। दूरदर्शन पर समीक्षा का छोटा–सा कार्यक्रम होता है, तो उस कार्यक्रम में मैं किताब पढ़ता हूँ और उसका नमूना यह रखा है कि उस किताब का एक हिस्सा चुन करके, जिसे पढ़कर लोग जान जाएँ कि किताब कैसी है, छपा हुआ दिखा देते हैं। एक लड़की वह पढ़ देती है और हमारे साथ में पाठक पढ़ते हैं। जो खटकने वाली चीजें हैं, उस ओर भी इशारा कर देता हूँ। छोटी समीक्षा होती है। यह समीक्षा नहीं है, परिचय है, क्योंकि दूरदर्शन पर आप समीक्षा नहीं कर सकते हैं, परिचय दे सकते हैं कि दर्शक देखकर उसको पढ़े, या पढ़ने की इच्छा जागे। जानबूझकर ऐसी ही किताब चुनता हूँ जिसके बारे में लगता है कि दर्शकों को, पाठकों को किताब पढ़नी चाहिए। किताब इस लायक है, तो जिसको कहें कि सच्चे अर्थों में छोटी ही सही। सिद्धान्त बघारने के लिए उन पुस्तकों की समीक्षा, कविता, कहानी, उपन्यास जैसे लिखे जा रहे हैं, आ रही हैं समीक्षाएँ, इसमें कोई शक नहीं है कि नये लोग बहुत अच्छा

लिख रहे हैं। और एक अच्छी घटना हुई है, तुम तो पूछोगी नहीं, यह देखकर कि स्त्री लेखिकाएँ बड़ी संख्या में बहुत लिख रही हैं। कहानियाँ, उपन्यास, कविताएँ लिख रही हैं। इसमें मुश्किल यह है कि तुमने पूछा नहीं, पर बता दें कि स्त्री लेखिकाओं की कहानियाँ बहुत अच्छी हैं, कविताओं में नहीं आ रही हैं। वे कहानियाँ और उपन्यास बहुत अच्छा लिख रही हैं।

तराना : स्त्री लेखिकाओं द्वारा कविताएँ कम या अच्छी नहीं लिखने की वजह क्या है?

नामवर सिंह : असल में कविता हमारे यहाँ बड़े संकट से गुजर रही है। वह यह है कि कविता गद्य की तरह लिखी जा रही है। लोग भूल जाते हैं कि हिन्दी के सबसे बड़े प्रयोगवादी कवि अज्ञेय थे। तो अज्ञेय की कोई भी कविता उसमें तुक न हो, अनुप्रास जरूरी नहीं कि हो, लेकिन लय तो होनी ही चाहिए! मैं तो यहाँ तक मानता हूँ कि गद्य की भी एक लय होती है। बोलचाल का जो लहजा है, वही लय है गद्य की और चूँकि कविता संगीत के निकट आती है, इसलिए कविता में एक लय, एक रिद्म होना चाहिए। अब मान लो कि कुछ लम्बी (बड़ी) बहर में कविता लिखी जाती है, जैसे : मफाएलातुन मफाएलातुन मफाएलातुन जिसमें अमीर खुसरो की यह गजल है :

जहाले मिस्किन मुकुन तगाफुल बराए नैनाँ बनाए बतियाँ के ताबे-हिजराँ, नदारम ए जाँ, न लीहो काहे लगाए छतियाँ।

इसकी रिद्म ही बताती है कि सचमुच छाती से लगने की इच्छा है और छाती से लगाने की इच्छा है।

शबान-ए, हिज्राँ दराज चूँ जुल्फ वा राज-ए वसलत चो उम्र कोताह, सखी पिया को जो मैं न देयूँ तो कैसे काटूँ अँधेरी रतियाँ।

यकायक अज दिल दो चश्मे-जादू बसद फरबीन बबर्द तस्फीं किसे पड़ी है जो जा सुनावे, प्यारे पी को हमारी बतियाँ।

चू शम्मा सोजा, चू जर्रा हैराँ, हमेशा गिरयाँ बइश्के-आँ मह, न नींद नैनाँ, न अंग चैना, न आप आएँ, न भेजे पतियाँ।

यह बहर बड़ी लम्बी है। फारसी और खड़ी बोली की है। एक जमाने में बहर हिन्दी में बहुत प्रचलित थी। जयशंकर प्रसाद की 'हिन्दू की विशाल किरणें, प्रकाश तेरा बता रही है'—यह हिन्दी की बहर है, फारसी-उर्दू की तर्ज पर। इसे सँभालना बहुत मुश्किल है। बड़ी बहर में लिखना मुश्किल है। छोटी बहर में लिखना आसान है, जैसे मीर तकी मीर की अधिकतर शायरी-जबान भी आसान है। क्योंकि संस्कृत के छन्द हिन्दी में प्रचलित नहीं थे, वे संस्कृत में लिखे थे। संस्कृत के छंद संस्कृत भाषा के हैं, उर्दू के छंद तो बोलचाल से आए हैं। तो बोलचाल के जो छंद हैं, वह संस्कृत में तो आ ही नहीं सकता। हमारी बोलचाल तो है, दोहा है, चौपाई है, जिसे

तुलसीदास ने लिखा है। चौपाई हमारा छंद है और सौरठिया तो राजस्थान का है। 'ढोला मारू रा दूहा'—ठेठ राजस्थान का छंद दोहा है। हिन्दी में इसलिए तुलसीदास ने 'दोहावली' लिखी। दोहा सोरठा हो जाता है, यह राजस्थान का छंद है। तो लोक-बोलियों में जो छंद चलते हैं, लोक-गीतों के जो छंद हैं, उन्हें हिन्दी में देखें, क्योंकि खड़ी बोली तो कायदे से उर्दू भी है और उर्दू में लोगों ने दोहे लिखे हैं, कोई तो बात होगी। पाकिस्तान में इतना दोहा लोगों ने लिखा है कि लगता है, दोहा कोई उर्दू का ही छंद है। हिन्दी का तो रहा नहीं। अब हिन्दी में दोहा कोई लिखता ही नहीं।

तराना : वर्तमान पीढ़ी में नामवर सिंह जी जैसे खरे आलोचकों को समझने का दमखम है, या वे उन्हें दरकिनार करने में लगे हैं?

नामवर सिंह : या रब ना वो समझें
दे और दिल उनको
जो न दे मुझको जबाँ और।

पुनरुत्थानवाद हमेशा बुरा नहीं होता

[नामवर सिंह के साथ अवधेश कुमार सिंह की बातचीत]

[नामवर सिंह हिन्दी आलोचना में हद और बेहद तजकर चलने वाले अपनी तरह के अकेले आलोचक हैं। उनके पास विलक्षण ऐतिहासिक बोध है तथा आलोचनात्मक एवं साहित्यिक विमर्शों में वे शास्त्रार्थ की मुद्रा अपनाते हैं। विगत पाँच दशकों से वे हिन्दी और भारतीय आलोचना और साहित्यिक विवेचनों तथा विमर्शों में सार्थक हस्तक्षेप करते रहे हैं। अपनी कृतियों के माध्यम से वे दूसरी आलोचना-परम्परा की खोज तथा नये प्रतिमानों की तलाश में सतत संलग्न हैं।

जिन्हें नामवर सिंह को सुनने का अवसर मिला है, वे उनकी वाग्मिता और भाषणकला के महत्त्व से परिचित हैं और हिन्दी में नामवर सिंह का स्थान जानते हैं। जब भी और जहाँ भी वे बोलते हैं और लिखते हैं, कोई-न-कोई विवाद जरूर खड़ा हो जाता है और जिस पर वे नहीं बोलते या लिखते तो उनसे शिकायत भी बनी रहती है। चाहे आप उनसे सहमत हों या असहमत, उनसे निरपेक्ष नहीं हो सकते। उनका अलग-अलग व्यक्तित्व-विश्लेषण और मूल्यांकन विभिन्न लोग अपने ढंग से करते हैं। रूपवादी उन्हें कट्टर मार्क्सवादी मानते हैं तो मार्क्सवादियों की नजर में वे एक मार्क्सवादी का रूपवादी के रूप में विचलन हैं। सच तो यह है कि हिन्दी में किसी भी आलोचक ने किसी कृति के सौन्दर्यपरक या रूपात्मक विश्लेषण का वैसा अद्‌भुत विश्लेषण नहीं किया है, जैसा नामवर सिंह ने किया है। यह कहना उचित होगा कि हिन्दी आलोचना में रामचन्द्र शुक्ल के बाद उनसे ज्यादा चर्चित, उल्लेखनीय और विवादास्पद आलोचक दूसरा कोई नहीं है—उनके गुरु हजारी प्रसाद द्विवेदी भी नहीं। फिर भी उनको सिर्फ हिन्दी आलोचक कहना उचित नहीं होगा अपितु वे अखिल भारतीय आलोचक हैं क्योंकि भारतीय भाषाओं की रचनाशीलता और उनमें होनेवाले विमर्शों से वे भली भाँति परिचित हैं। हिन्दी आलोचना में भी वे उन आन्दोलनों, विमर्शों तथा रचनात्मक परिदृश्य के माध्यम से नये और विस्तृत मानक

फलक पर व्यापक परिप्रेक्ष्य में विचार करते हैं। उन भाषाओं को क्षेत्रीय भाषा न मानते हुए वे अखिल भारतीयता और समग्रता-बोध से उनका विश्लेषण और मूल्यांकन भी करते हैं। यहाँ उनका तुलनात्मक साहित्य अध्येता का रूप भी सामने आता है। प्रस्तुत हैं उनसे हुई विस्तृत बातचीत के कुछ अंश :]

अवधेश कुमार सिंह : आप हिन्दी, भारतीय भाषाओं पर पश्चिमी साहित्य-जगत में रचनात्मकता और आलोचना के क्षेत्र में हो रहे कार्यों को बड़ी बारीकी से देखते-समझते रहे हैं पर अनेक वर्षों से आपके लेखन, भाषणों और साक्षात्कारों में इस बात पर बल है कि भारतीय परिप्रेक्ष्य को विशेष महत्त्व दिया जाना चाहिए। इस महत्त्वपूर्ण एवं सकारात्मक परिवर्तन का कारण क्या है?

नामवर सिंह : सच तो यह है कि मैंने मुख्यतः अपने जीवन के प्रारम्भिक काल में हिन्दी साहित्य और उसमें भी कविता तक अपने को केन्द्रित किया। यद्यपि भारतीय कविता हमेशा मेरे विवेचन में कहीं थी। पिछले दो दशकों से मैंने भारतीय उपन्यास के उदय के विषय में सोचना शुरू किया तब मुझे लगा कि सिर्फ हिन्दी उपन्यासों के सहारे हम न तो हिन्दी उपन्यास की अवधारणा को सही ढंग से समझ सकते हैं, न ही भारतीय उपन्यास की अवधारणा की कल्पना कर सकते हैं। उस दौरान मेरा ध्यान 19वीं शताब्दी के हिन्दी, बांग्ला, गुजराती, उड़िया तथा उर्दू उपन्यासों की ओर गया, तब मुझे लगा कि यदि हिन्दी या भारतीय भाषा का कोई आलोचक अपनी भाषा में कोई सार्थक काम करना चाहता है तब उसका परिप्रेक्ष्य और दृष्टिकोण अखिल भारतीय होना चाहिए। यह धारणा मुझे अपने गुरु हजारी प्रसाद द्विवेदी से विरासत में मिली। भक्ति साहित्य के सन्दर्भ में उन्होंने देखा कि हिन्दी भक्ति आन्दोलन को सही ढंग से समझने के लिए विभिन्न भारतीय भाषाओं में लिखे गए साहित्य को भी ध्यान में रखना होगा। इसके सूत्र सभी भारतीय भाषाओं में मिलते हैं। हिन्दी भक्ति कविता के सूत्र भी उनकी भाषाओं की रचनात्मकता से जुड़ते हैं। यह असम से जुड़ती है तो तमिलनाडु, गुजरात और हिन्दी से भी जुड़ती है। द्विवेदी जी ने यह बताने की कोशिश की जो उनकी पुस्तक 'हिन्दी साहित्य की भूमिका' के कुछ लेखों में दिखाई देती है। मैंने महसूस किया कि यह बात प्राचीन साहित्य, मध्यकालीन साहित्य और आधुनिक भारतीय साहित्य के बारे में भी सच है क्योंकि औपनिवेशिक शासन या अंग्रेजी राज में भारत विभिन्न राज्यों या प्रान्तों का देश नहीं रह गया था अपितु उसकी एक भारतीय पहचान बन गई थी या बन रही थी और एक समग्र राष्ट्र के रूप में वह उभर रहा था। ऐसी दशा में हमारे साहित्य का भविष्य अन्य भाषाओं के भविष्य के साथ जुड़ा था। इसका प्रमाण यह है कि हमारे विवेचन और विमर्श में 'अखिल भारत'

शब्द-युग्म बहुत लोकप्रिय हो गया है। हम अपनी राष्ट्रीय संस्थाओं और अन्य निगमों को देखें तो समझ जाएँगे। हमारी रेडियो सेवा में 'ऑल इंडिया' शब्द जुड़ गया और उसे ऑल इंडिया रेडियो कहा जाने लगा। 'इंडिया' के पहले 'ऑल' शब्द मेरे लिए बहुत सार्थक है। इसके पहले ऑल इंडिया या होल इंडिया के सन्दर्भ में हम नहीं सोचते थे। आगे चलकर 'अखिल' या 'निखिल' शब्द का प्रयोग व्यापक अर्थ में होने लगा। यहाँ तक कि हमारे बच्चों के नाम 'अखिल या निखिल' रखे जाने लगे। अंग्रेजी के हमारे अध्यापकों और विद्वानों का एक अखिल भारतीय दृष्टिकोण होता है और आप अंग्रेजी के प्रोफेसर हैं तो आप भी अखिल भारतीय परिप्रेक्ष्य में सोचते हैं और अखिल भारतीय दृष्टिकोण रखते हैं क्योंकि आपका सवाल ही इससे जुड़ा है।

इसलिए हमारा दृष्टिकोण भारतीय होना चाहिए जिसमें विभिन्न भाषाओं में लिखे साहित्य को शामिल करने की सदिच्छा हो। इस बात को ध्यान में रखते हुए मैंने स्वयं को पिछले दशकों में सजग और सचेत रूप से बदला। खास तौर से जब मैं जवाहरलाल नेहरू विश्वविद्यालय आया और हिन्दी विभाग से जुड़ा, जिसका नाम भारतीय भाषा केन्द्र था। यह अलग बात है कि तब उसमें केवल हिन्दी और उर्दू—दो भाषाएँ ही थीं और हमारे सारे प्रयासों के बावजूद तमिल, बांग्ला, मराठी जैसी भाषाएँ नहीं जुड़ पाईं (अब उनमें से तमिल और बांग्ला जुड़ी हैं)। लेकिन मेरा दृष्टिकोण वहाँ हिन्दी और उर्दू तक सीमित नहीं रहा। यह अलग बात है कि हिन्दी और उर्दू किसी क्षेत्र विशेष की भाषाएँ नहीं हैं और एक अर्थ में वे अखिल भारतीय भाषाएँ हैं। उर्दू पूरे देश में बोली जाती है। आप अगर कर्नाटक जाएँ तो वहाँ भी उर्दू बोली जाती है। आप इलाहाबाद जाएँ, तमिलनाडु या कश्मीर जाएँ, आपको उर्दू बोलने वाले मिलेंगे और हिन्दी की उन जगहों पर मौजूदगी है। इसलिए एक अखिल भारतीय दृष्टिकोण का विकास करना जरूरी है।

इस सन्दर्भ में मुझे भी एक अखिल भारतीय दृष्टिकोण विकसित करना पड़ा और इसके प्रति सजग, सचेत होना पड़ा। जैसा मैंने पहले कहा, इसकी शुरुआत उपन्यास से हुई। यह उस दबाव या विवशता की उपज थी जिसे आजकल हम उत्तर-औपनिवेशिक काल कहते हैं। इसकी माँग थी कि हम अपने साहित्य में एक अलग अस्मिता या पहचान कायम करें—विश्व में भारतीय अस्मिता या भारतीय पहचान को कायम करना इस दौर का ही यह दबाव था कि हमने भारतीय उपन्यास या भारतीय कविता की अवधारणा विकसित की। विश्व साहित्य में हम इंग्लिश नोवेल (ब्रिटिश नोवेल) या अमेरिकन नोवेल की बात सुनते हैं। यद्यपि सब अंग्रेजी में ही है किन्तु अमेरिकी उपन्यास की अलग कोटि है। आस्ट्रेलियाई उपन्यास या अफ्रीकी उपन्यास चाहे वह हिन्दी में हो, मलयालम, बांग्ला, गुजराती या किसी अन्य भारतीय भाषा में हो, इसलिए एक भारतीय दृष्टिकोण का विकास

करना जरूरी है। दूसरे लोगों की तरह मैं भी उस समय की माँग या दबाव से प्रेरित हुआ जो उत्तर-औपनिवेशिक काल में सामने आई। मुझे लगा कि हमारी रचनाओं में जो भारतीय छाया, परिप्रेक्ष्य और परिवेश है, उस पर विचार करना चाहिए और उसे रेखांकित करना चाहिए। इसी तरह दूसरे सवालों की तरह एक और सवाल था : 'क्या भारतीय आलोचना जैसी कोई चीज है ?' या 'भारतीय आलोचना की कोई अवधारणा बन सकती है ?' उदाहरण के लिए एक पुस्तक है 'Empire writes back' जिसे तीन लेखकों ने लिखा है। इसमें भारतीय काव्यशास्त्र पर एक अध्याय है। मुझे यह जानकर आश्चर्य हुआ था कि इसमें लेखकों ने भारतीय काव्यशास्त्र के नाम पर केवल संस्कृत काव्यशास्त्र की चर्चा की है। इसका अर्थ है कि भारतीय आलोचना या साहित्य-सिद्धान्त के नाम पर हमारे पास केवल 1000 साल पुराना संस्कृत काव्यशास्त्र है। यूरोपीय आलोचना में प्राचीन यूनानी काव्यशास्त्र, रोमन रेटारिक या आधुनिक फ्रांसीसी, अंग्रेजी या अमेरिकी आलोचना है। और हमारे समग्र देश में केवल प्राचीन संस्कृत काव्यशास्त्र है, जैसे हमने पिछले 800 सालों में कुछ किया ही नहीं, बस, यही दिमाग में था और अभी भी है कि मुझे इस पर एक अखिल भारतीय परिप्रेक्ष्य में विचार करना चाहिए, लिखना चाहिए। लेकिन मैं इसे तुलनात्मक साहित्य जैसे भ्रामक पद से सम्बोधित नहीं करना चाहूँगा। अब एक जैसा आपने अपने सवाल में पहले कहा कि यह मेरे दिमाग में पिछले अनेक वर्षों से एक अखिल भारतीय अवधारणा के रूप में पनप रहा है, विकसित हो रहा है।

अवधेश कुमार सिंह : इस प्रश्न का एक हिस्सा पिछली शताब्दी के अन्त में भारतीय सृजनधर्मिता और विभिन्न भारतीय भाषाओं में लिखे जा रहे साहित्य और उनकी प्रवृत्तियों से सम्बन्धित था। समकालीन भारतीय रचनात्मकता के विषय में आपकी क्या राय है ?

नामवर सिंह : देखिए, मेरे लिए यह सम्भव नहीं है कि मैं भारतीय रचनात्मकता के विषय में सामान्य तरीके से टिप्पणी करूँ। इसलिए मैं अपनी बात कुछ उदाहरणों के माध्यम से रखना चाहूँगा। पिछले कुछ दशकों में कुछ उपन्यास लिखे गए, कुछ कहानियों की रचना हुई और कुछ कविताएँ भी सामने आईं। इनमें से कइयों का अंग्रेजी में अनुवाद हुआ। इस अर्थ में स्थिति थोड़ी बेहतर है। दूसरी बात यह है कि जो कुछ भी लिखा जा रहा है, वह केवल पश्चिमी साहित्य का दुहराव या उसका रूपान्तरण नहीं है। यदि मैं कुछ नाटकों के उदाहरण दूँ तो विजय तेन्दुलकर का 'घासीराम कोतवाल' या गिरीश करनाड का 'तुगलक' या 'हयवदन'—ये रचनाएँ किसी पश्चिमी शैली या नाटक के अनुकरण नहीं हैं। 'घासीराम कोतवाल' में जो समस्याएँ व्यक्त हुई हैं या 'तुगलक' या बादल सरकार के 'शेष इतिहास' के द्वारा जिन समस्याओं को उठाया गया है, वे भारतीय जनता की समस्याएँ हैं।

मैंने साहित्यिक विधाओं में से जान-बूझकर नाटक को चुना क्योंकि नाटक या रंग-आन्दोलन हमारे देश में बहुत कमजोर है। इसके बावजूद हमने नाटक के क्षेत्र में कुछ नया एवं महत्त्वपूर्ण कार्य किया है। इसी तरह उपन्यास की बात करें तो कुछ अत्यन्त उल्लेखनीय रचनाएँ सामने आई हैं। फनीश्वरनाथ रेणु का 'मैला आँचल', श्रीलाल शुक्ल का 'राग दरबारी', मराठी के भालचन्द्र नेमाड़े के 'कोसला' या ओड़िया में गोपीनाथ मोहन्ती के 'पारिजात' का उल्लेख किया जा सकता है। ये उपन्यास सिर्फ क्षेत्रीय उपन्यास नहीं हैं बल्कि इन उपन्यासों के माध्यम से भारत की वास्तविक रचनात्मक अभिव्यक्ति हुई है। इन पर यदि गम्भीरता से विचार किया जाए तो ये ब्रिटिश या अमेरिकी उपन्यास से अलग दिखाई देंगे जिनमें उनका अपना यथार्थ है और अलग यथार्थवाद शैली है। कविता के विषय में भी यही बात सही है। विश्व कविता ने आम तौर पर पिछले तीन दशकों में एक खास रूप अख्तियार कर लिया है।

इसी प्रकार का मुहावरा विश्व कविता में भी इस्तेमाल होता दिखाई दे रहा है। कविता की भाषा साहित्य की अन्य विधाओं की तुलना में ज्यादा सार्वभौमिक और विश्वव्यापी है। लेकिन यदि मैं हिन्दी कविता में मुक्तिबोध के बाद की पीढ़ी को देखता हूँ और कुछ कवियों का नाम लेना चाहूँ तो हिन्दी में रघुवीर सहाय, बांग्ला में शंख घोष, उर्दू में अख्तर-उल-इमाम आदि, तो मुझे लगता है कि इनकी कविता की विशिष्ट पहचान है। इसके यथार्थ का स्रोत गाँवों, शहरों और कस्बों के जीवन और उनकी समस्याओं में है। इस कविता की अपनी विशिष्ट पहचान है। इसकी भाषा विभिन्न है। मुझे लगता है कि इस मामले में भारतीय जनमानस उससे ज्यादा परिपक्व है जितना वह सोचा जाता है। भारतीय जनता ने अपना मन बना लिया है कि इसे अपना रास्ता खुद बनाना होगा पूरी विनम्रता के साथ, बिना किसी दर्प के। मैं पूरे विश्वास के साथ यह कहना चाहूँगा, क्योंकि हममें से कुछ लोग अंग्रेजी के माध्यम से विश्व साहित्य में रचित कविताओं और उपन्यासों को पढ़ते रहते हैं। अंग्रेजी ही नहीं, दूसरी भाषाओं के माध्यम से भी हम जान पाते हैं और पश्चिमी विचारक भी यह मानते हैं कि तथाकथित तीसरी दुनिया का लेखन पश्चिमी जगत से बेहतर है जिनमें एशिया, अफ्रीका, लैटिन अमेरिका आदि शामिल हैं। इसे डब्ल्यू.टी. मिशेल जैसे अमेरिकी आलोचकों ने स्वीकार किया है जोकि सम्पादक हैं। उन्होंने कहा कि हम साहित्य सिद्धान्त में चाहे जितना भी आगे हों किन्तु विकासशील तीसरी दुनिया का रचनात्मक साहित्य विकसित देशों के साहित्य से बेहतर है। तीसरी दुनिया के साहित्य में वैविध्य एवं जीवन्तता है। पश्चिम में लोग बनी-बनाई लीक पर चल रहे हैं और यदि मिशेल को यह मानना पड़ा है तो यह कहना होगा कि विकासशील देशों की रचनात्मकता में कुछ तो महत्त्वपूर्ण बात है। और इस तीसरी दुनिया में भारत और भारतीय साहित्य का विशिष्ट स्थान है

क्योंकि हमारे भारतीय साहित्य में 15–16 भाषाओं में विकसित साहित्य है, समृद्ध साहित्य है जिनकी 1000 वर्षों से ज्यादा पुरानी साहित्यिक परम्परा है जो अपने-आपमें कोई साधारण बात नहीं है। ये अफ्रीकी आदिवासी भाषाएँ जनभाषाएँ नहीं हैं। हमारे पास 1000 वर्षों से पुराना साहित्य है।

अवधेश कुमार सिंह : आपने मिशेल के साक्ष्य पर सही कहा कि हमारा रचनात्मक लेखन बहुत समृद्ध है लेकिन जहाँ तक आलोचना का सवाल है, हमारा सैद्धान्तिक पक्ष बहुत कमजोर है। यदि मैं सामान्यीकरण के स्तर पर बात करूँ तो भारतीय आलोचना अनुकरण और पुनरुत्थान के बीच झूल रही है। दूसरी ओर हमारे यहाँ लोक और शास्त्र की एक सुदृढ़ परम्परा है। पूर्वी और पश्चिमी विचारों के समन्वय से हमारी भाषाओं में एक तीसरी आलोचना-परम्परा का भी रूप सामने आया है जिसके प्रबल प्रमाण स्वयं आप हैं—इसके प्रवर्तक भी और प्रतिपादक भी। आपकी पुस्तक 'दूसरी परम्परा की खोज' पढ़ते हुए मैंने प्राय: महसूस किया कि आपकी दूसरी परम्परा की अवधारणा में, 'अन्य' में वास्तव में तीसरी परम्परा के बीज तत्त्व निहित हैं और यह परम्परा शुक्ल की परम्परा, द्विवेदी की परम्परा तथा आपकी अवधारणा से निर्मित है जिसमें शुक्ल और द्विवेदी, दोनों की परम्परा के तत्त्व मौजूद हैं। समकालीन भारतीय आलोचना के विषय में आपकी क्या राय है? इसका सैद्धान्तिक पक्ष कमजोर क्यों है? इन समस्याओं और सम्भावनाओं के बारे में आप क्या सोचते हैं?

नामवर सिंह : पहली बात तो यह कि मैं कोई प्रवर्तक या प्रतिपादक नहीं हूँ। मैं तो अपने-आपको मानता हूँ : 'हों पंडितन को पछलग्गू'। तो मैं तो पंडितों का पिछलग्गू ही अपने को मानता हूँ। फिर भी जब मैंने कहा कि भारतीय रचनात्मकता स्वस्थ, समृद्ध है और उसकी तुलना में भारतीय आलोचना कमजोर है तो उसका तात्पर्य यह है कि इसे स्वीकार करने में मुझे कोई संकोच नहीं है। सच तो यह है कि आलोचना वही सशक्त होती है जहाँ विचार और दर्शन की आधारशिला मजबूत होती है; जहाँ विचार और दर्शन विकसित होते हैं। जब प्राचीन काल में संस्कृत काव्यशास्त्र का विकास 15000 वर्षों में हुआ तब भारतीय दर्शन, भारतीय तर्कशास्त्र और भाषाविज्ञान अपने शीर्ष पर थे।

हमारे यहाँ भामह, आनन्दवर्धन, अभिनव गुप्त और मम्मट जैसे महान आचार्य और सिद्धान्तकार हुए हैं जिनकी तुलना का विश्व में अभी तक कोई आचार्य और सिद्धान्तकार नहीं हुआ है। उनका इतना उत्कर्ष इसलिए हो सका क्योंकि तब तक उपनिषदों की रचना हो चुकी थी। पाणिनि जैसे वैयाकरण तब थे जिनके सामने दुनिया के सारे वैयाकरण श्रद्धा से नतमस्तक होते हैं। बौद्ध दार्शनिक पिन्नार्क, धर्मबुद्ध, धर्मकीर्ति तथा नागार्जुन तब तक हो चुके थे। महान वेदान्त दार्शनिक और विचारक शंकराचार्य पहले ही मौजूद थे। इस प्रकार हमारे यहाँ तब तक

दर्शन, व्याकरण और न्याय की व्यापक पृष्ठभूमि मौजूद थी। इसीलिए काव्यशास्त्र को व्याकरण की 'पूँछ' कहा जाता है : 'व्याकरणमस्य पुछम्'। अब वह बकरा कहाँ है जिसकी पूँछ हम पकड़ें? हमारे पास दुनिया के सामने पेश करने के लिए दर्शन के नाम पर आखिर आज क्या है? हम राधाकृष्णन् को महान दार्शनिक मानते हैं लेकिन आखिर डॉ. राधाकृष्णन् का योगदान क्या है? उन्होंने शंकराचार्य और अन्य भारतीय दर्शनों का सरलीकृत रूप पेश किया और उसका अंग्रेजी में अनुवाद कर पश्चिमी जगत को बताया कि भारत में हमारे पास यह सब भी है। इस सन्दर्भ में अरविन्दो को भी याद किया जाता है कि उन्होंने 'योग' की ओर हमारा ध्यान आकृष्ट किया, रवीन्द्रनाथ टैगोर ने उपनिषदों की चर्चा की। इस प्रकार ये सब योग और आध्यात्मिकता के पुनरुत्थान की समय-समय पर उठने वाली लहरें थीं। और हमारे दर्शन उसके बाद से प्रत्यक्षवाद और भाषिक दर्शन की शिक्षा-दीक्षा से ही दार्शनिक बनने का प्रयास किया। इस प्रकार हमारे देश में समूचे औपनिवेशिक काल में भारतीय दर्शन जैसी कोई चीज विकसित नहीं हो सकी। औपनिवेशिक काल के आरम्भ से पहले ही दर्शन की परम्पराएँ खत्म हो चुकी थीं। इसलिए जब स्वदेशी दर्शन की कोई पृष्ठभूमि नहीं है तब स्वदेशी आलोचना कैसे हो सकती है? क्योंकि दर्शन में पुनरुत्थानवाद है। जिस शब्द का प्रयोग आपने हमारी आलोचना के सन्दर्भ में बहुत सही अर्थ में किया तो आलोचना में भी पुनरुत्थान तो होगा ही। हमने स्वतंत्र भारत में पिछले पचास वर्षों में आखिर क्या किया? हमने भामह, अभिनव गुप्त, भरतमुनि के नाट्यशास्त्र और मम्मट आदि का अनुवाद किया। टीका, भाष्य, संस्करण—ये चीजें हुईं। ये अच्छी चीजें थीं इसलिए काफी हद तक पुनरुत्थान तो हुआ है।

यह कहने के बावजूद मैं कहना चाहूँगा कि औपनिवेशिक काल में और खास तौर से 20वीं शताब्दी के आरम्भिक दशकों में स्वतंत्रता-संघर्ष के दौरान लगभग सभी भारतीय भाषाओं में कुछ बहुत ही महत्त्वपूर्ण विचारक-चिन्तक हुए, जैसे रामचन्द्र शुक्ल और हजारी प्रसाद द्विवेदी हिन्दी में, मराठी में डी.के. विजयकर—विश्व-विचार के लेखक, मलयालम में कृष्णकुट्ट, कृष्णभरार तथा बांग्ला में गुरुदेव रवीन्द्रनाथ टैगोर जैसे लोग हुए। इन लोगों ने प्राचीन संस्कृत काव्यशास्त्र तथा अंग्रेजी आलोचना से श्रेष्ठ तत्त्वों को ग्रहण किया जिसे मैं पूर्व और पश्चिम का संघात कहना चाहूँगा। इस घात-प्रतिघात से उन्होंने अपने लिए उपयोगी चीज पश्चिमी चिन्तन से ग्रहण कर एक देशज भारतीय आलोचना का विकास किया। ऐसा अंग्रेजी में लिखी पुस्तकों में नहीं देखा गया। वास्तव में अधिकांश अंग्रेजी विद्वान और अध्यापक इन स्वदेशी परम्पराओं से परिचित नहीं हैं। अंग्रेजी वाले और संस्कृत के पंडित अंग्रेजी में किताबें लिखते रहे। उदाहरण के लिए पी.वी. काणे तथा एस.के. डे ने संस्कृत काव्यशास्त्र पर किताबें लिखीं

जरूर, पर अंग्रेजी में। यदि डे ने बांग्ला में और काणे ने मराठी में अपनी पुस्तकें लिखी होतीं तो इससे भारतीय भाषाओं को लाभ हुआ होता लेकिन इन लोगों ने अंग्रेजी में लिखीं और अंग्रेजी वाले और अंग्रेजी के अध्यापक अरस्तु आई.ए. रिचर्ड्स तथा इलियट के सम्मोहन से मुक्त नहीं हो सके थे। शुक्र है कि कुछ लोग देसी भारतीय भाषाओं में ऐसे थे जो अपनी भाषा में नई कलम और पौधे लगाने की कोशिश कर रहे थे। इसके साथ ही एक और अच्छी बात हुई जिसकी चर्चा प्रायः नहीं की जाती लेकिन मैं इसका उल्लेख करना चाहूँगा। हमारे कुछ रचनाकार खास तौर से कवि और कुछ उपन्यासकार तथा कहानीकारों ने कुछ आलोचनात्मक और साहित्य-सिद्धान्तों को अपनी रचनात्मकता और रचनात्मक अनुभवों के माध्यम से प्रस्तुत किया। इस प्रकार इन रचनाकारों की रचनात्मक कार्यशाला से जो सिद्धान्त हमें मिले, वे हमारी आलोचना के लिए अत्यन्त महत्त्वपूर्ण साबित हुए। मैं व्यक्तिगत रूप से मानता हूँ कि अनेक तथाकथित आलोचकों की तुलना में जयशंकर प्रसाद, हजारी प्रसाद द्विवेदी, अज्ञेय तथा मुक्तिबोध जैसे रचनाकारों और सृजनात्मक लेखकों का योगदान आलोचना में ज्यादा सार्थक और महत्त्वपूर्ण है। इसके बाद की पीढ़ी में निर्मल वर्मा ने भी सर्जनात्मक लेखक कथाकार के अपने अनुभवों के माध्यम से वैसा ही कार्य किया। बांग्ला में बुद्धदेव वासु ने भी यही किया। इसलिए मेरे लिए इन रचनाकारों-सृजनात्मक लेखकों की आलोचना ज्यादा महत्त्वपूर्ण है। यूरोपीय साहित्यों में भी यही बात कही जा सकती है। सृजनात्मक लेखकों ने पश्चिमी आलोचना में भी नये सिद्धान्तों का विकास किया। इलियट, पाउंड, जॉन क्रोरैंसम, एलन टेट—ये सभी कवि थे। यही बात विश्व की दूसरी भाषाओं के बारे में भी सच है। इसलिए इतिहास में बहुत कम ऐसा होता है जब मानव-विवेक दर्शन की चिन्ता नहीं करता या दर्शन के लिए अवकाश नहीं निकाल पाता है। ऐसी हर अवधि में रचनात्मक लेखन के रचनात्मक अनुभवों से जो सिद्धान्त-सूत्र या विचार उपजते हैं, वे एक नये साहित्य-सिद्धान्त को जन्म देते हैं। श्रेष्ठ आलोचक अपने आलोचनात्मक उपकरणों और पद्धतियों के माध्यम से आगे चलकर इन बिन्दुओं को स्वतंत्र और पूर्ण सिद्धान्त के रूप में विकसित कर देता है। मैंने भी ऐसा ही कुछ करने का प्रयास किया है। मैंने अपने पारम्परिक काव्यशास्त्र की जड़ों तक जाने की कोशिश की है और पश्चिमी साहित्य और सिद्धान्तों से जो भी सम्भव हुआ, मैंने पढ़कर और अपने ढंग से विचार कर उन्हें ग्रहण किया। इसके अलावा हमारी परम्परा में आचार्य रामचन्द्र शुक्ल, हजारी प्रसाद द्विवेदी, रवीन्द्रनाथ टैगोर, बुद्धदेव वासु और विभिन्न भारतीय भाषाओं में हमारे अनेक आलोचकों और रचनाकारों ने लिखा है और मैंने इन सबको ध्यान में रखने की कोशिश की है। इसकी कुछ झलक आपको मेरी पुस्तक 'कविता के नए प्रतिमान' तथा 'दूसरी परम्परा की खोज' में खास तौर से मिलेगी। इन कृतियों

में मैंने इन सभी परम्पराओं को ध्यान में रखते हुए एक साहित्य-सिद्धान्त निर्मित करने का प्रयास किया है। मेरी चिन्ता यह नहीं रही कि ये सिद्धान्त नया हो, विशिष्ट या अन्य सिद्धान्तों से अलग हो। मेरी चिन्ता यह थी कि क्या यह हमारे सामाजिक जीवन, राष्ट्रीय जीवन और साहित्य-सृजन के लिए सार्थक है और क्या यह किसी हद तक इन समस्याओं को सुलझाने में सहायक हो सकता है। अभी तो मैं यही कह सकता हूँ।

और हाँ, जिस 'पुनरुत्थानवाद' शब्द का आपने इस्तेमाल किया, वह पूरी तरह से कोई बुरा शब्द नहीं है। हमारा आधुनिक साहित्य 19वीं शताब्दी के पुनरुत्थान का परिणाम है। रवीन्द्रनाथ टैगोर जैसा महान कवि भी पुनरुत्थानवादी कवि है। निराला पुनरुत्थानवादी हैं। यदि हम पश्चिमी लेखन की बात करें तो अमेरिका में रेटारिक को पुनर्जीवित किया गया और आप जानते हैं कि रेटारिक प्राचीन रोम से उपजा है। आजकल वे पूरी आलोचना को रेटारिक मानते हैं, चाहे वह नई समीक्षा हो या विखंडनवाद। रूपक काव्य को भी पुनर्जीवित किया गया था। क्या यह पुनरुत्थानवाद नहीं है? उन्होंने आखिर क्या किया? क्या वे अपनी जड़ों की ओर नहीं लौटे? दर्शन की भी यही कहानी है। दर्शनशास्त्र या तत्त्व-मीमांसा में हेडेगर प्राचीन ग्रीक यूनानियों की तरफ देखते हैं। आधुनिक आलोचक अलंकार का प्रयोग करते हुए यह भूल जाते हैं कि रेटारिक की तरह अलंकार भी एक शास्त्र है और रेटारिक के दोनों ही अर्थ हैं। आप तो अंग्रेजी के हैं इसलिए यह अच्छी तरह जानते हैं कि आग्रह की भाषा ही रेटारिक नहीं होती। हमारे यहाँ अलंकार की समृद्ध परम्परा रही है। क्या वहाँ रेटारिक का पुनरुत्थान कोई दोष नहीं है? इसलिए पुनरुत्थान अपने-आपमें कोई बुरी चीज नहीं है, किन्तु बिना पहचान के पुनरुत्थान खतरनाक हो सकता है। तुलसीदास ने कहा है : 'संग्रह त्यागु न बिनु पहिचाने' (ग्रहण या त्याग बिना पहचान के नहीं करना चाहिए)। यदि आप किसी अन्धे व्यक्ति के सामने फल को फेंक दें और पत्थर रख दें तो यह सम्भव है कि वह पत्थर को उठा ले और फल को फेंक दे।

बिना विवेक, बिना दृष्टि के हम क्या करेंगे? सूर्यकान्त त्रिपाठी निराला ने भी कहा : 'भ्रम में जो लिया, ज्ञान में लो तुम गिन-गिन; भ्रम में जो दिया, अपने में दो तुम गिन-गिन'। जो कुछ तुमने अज्ञानता में स्वीकार किया, उसे ज्ञानपूर्वक स्वीकार करो; जो कुछ तुमने अज्ञानता में अस्वीकार किया, उसे तुम्हें सविवेक करना चाहिए। इसलिए हमें अज्ञानता और ज्ञान के बीच फर्क को समझना होगा। जैसे अन्धे व्यक्ति ने मूल्यवान सोने और हीरे फेंक दिये और पत्थरों को सँभालकर रखा— यह कहावत कही जाती है। उसी तरह हमने अपने प्राचीन काव्यशास्त्र और अलंकारशास्त्र को फेंक दिया है। इसके विपरीत देखिए, पश्चिमी लोगों ने अपनी परम्परा से सोने लिये और उसके आधार पर दीर्घकाल से सिद्धान्तों का विकास

कर रहे हैं। हमें भी ऐसा ही करना चाहिए। इस अर्थ में पुनरुत्थानवाद बुरा नहीं है, यदि यह विवेक से सही-गलत की पहचान तथा सुविचारित ढंग से किया जाए। हम अपने प्राचीन काव्यशास्त्र में स्वदेशी काव्यशास्त्र के बीज खोज सकते हैं। यही नहीं, मैं तो मानता हूँ कि हमारी आत्म की खोज का मार्ग इतना छोटा नहीं है, जैसा वह प्रतीत होता है। कभी-कभी आदमी अपने घर बहुत दूरी तय करके लम्बी यात्रा के बाद पहुँचता है। यह बात हमारे भारतीय बुद्धिजीवियों के बारे में ज्यादा लागू होती है। वे पूरे विश्व की यात्रा करने के बाद जाकर भारत पहुँचते हैं। वे भारत से चलते हैं और सैनफ्रांसिस्को टोकियो होते हुए दिल्ली पहुँचते हैं। कभी-कभी आदमी अपने घर पूरी दुनिया की यात्रा करने के बाद पहुँचता है। लेकिन जब वह लौटता है तो वह घर वह जगह वैसी ही नहीं रहती। यात्रा पर जाने से पहले जो जगह थी, वह लौटने पर अलग और नई लगने लगती है। इसीलिए जब हम पूरे पाश्चात्य साहित्य और काव्यशास्त्र के अवगाहन और उसकी यात्रा के बाद अपने आचार्यों को देखते हैं, उन्हें फिर से पढ़ते हैं तो हमें लगता था कि जिस रूप में हम पहले उन्हें समझते-जानते थे, वे उनसे भिन्न हैं। उदाहरण के लिए फर्डीनेंड दा सास्यूर ने भाषा के विषय में जो विवेचन और चिन्तन सामने रखा है, उसे क्रान्ति कहा जाता है। जिस तरह से कॉपरनिकस ने विज्ञान में क्रान्तिकारी परिवर्तन किया, उसी तरह सास्यूर ने साहित्य और साहित्य सिद्धान्त के क्षेत्र में क्रान्तिकारी परिवर्तन किए। द्वितीय विश्वयुद्ध के बाद के सारे साहित्य सिद्धान्त किसी-न-किसी रूप में उनके विचारों पर आधारित हैं। किन्तु यदि हम पश्चिमी चिन्तन से भारतीय चिन्तन की ओर लौटें तो हमको पता चलेगा कि भर्तृहरि ने भी यही बात कही थी लेकिन उन्होंने 'वाक्यपदीयम्' में यह बात बड़ी दृढ़ता और स्पष्टता से कही थी। कहावत है : 'घर में वस्तु धरी न सूझति, बाहर खोजना आवे'। जब हम बाहर से कोई चीज ढूँढ़ने के बाद घर लौटते हैं तो हमको पता चलता है कि वह तो घर में ही पड़ी है। यही बात पुनरुत्थानवाद के सन्दर्भ में भी सही है। मुझे यकीन है कि जब मैं पुनरुत्थानवाद की बात कर रहा हूँ तो कुछ मित्रों को यह मेरा नया शौक या पैंतरा लगेगा। वे यह भी कहेंगे कि जैसे विश्व हिन्दू परिषद् हिन्दुत्व की खोज कर रही है और भारतीय जनता पार्टी भारतीयता की तलाश कर रही है, नामवर सिंह भी नये आधुनिक काव्यशास्त्र को गढ़ने के लिए प्राचीन काव्यशास्त्र की ओर रुख कर रहे हैं, इसलिए वे भी पुनरुत्थानवादी हैं। उनको जो जी में आए, कहें और सोचें। लेकिन मैं मानता हूँ कि आज के समय में हमें कुछ अनमोल चीजों पर रोशनी डालनी चाहिए। हमारी प्राचीन धरोहर से कुछ हीरे-मोती-जवाहरात जरूर मिलेंगे। मैं अपनी तरह से विनम्र प्रयास कर रहा हूँ। यदि मुझे इसमें कुछ मिलता है तो इस उत्खनन की कुछ सार्थकता होगी अन्यथा मैं मान लूँगा कि यह एक और यात्रा थी।

अवधेश कुमार सिंह : हमारे अकादमिक जगत में पश्चिमी आलोचनात्मक सिद्धान्तों का अन्धानुकरण हो रहा है—ऐसा मुझे प्रतीत होता है। हमारे आलोचक पश्चिमी सिद्धान्तों को बिना परीक्षण, प्रतिरोध या उनको अपने अनुभव और परिस्थितियों के साथ जोड़कर देखे बगैर अपनाते जा रहे हैं। इसलिए ग्रहण क्या-क्या किया जाए और कैसे? किसका अनुकरण किया जाए? क्या आप इन अनुकर्ताओं को कुछ दिशा-निर्देश देंगे?

नामवर सिंह : अवधेश, आप भाषा के व्यक्ति हैं—भाषा में काम करते हैं। आप जानते हैं कि अनुकरण नकल नहीं है। एक तरह से तो समूचा साहित्य ही अनुकरण है। जिस कवि ने अपने समय के भारत का अनुवाद किया, वह अपने-आपमें एक भारत है किन्तु 'महाभारत' में वर्णित, भारत वह भारत नहीं है, जैसे वास्तव में वह रहा होगा। इसलिए यदि हम पश्चिम का अनुकरण करना भी चाहें तो एक अर्थ में ऐसी कल्पना सम्भव ही नहीं है। यदि कोई व्यक्ति किसी अच्छे गायक का अनुकरण करता है तब भी वह कुछ नया कर जाता है क्योंकि कोई भी अनुकरण सोलह आना या सौ फीसदी हो ही नहीं सकता। कार्बन कॉपी भी हू-ब-हू मूल प्रति के समान नहीं होती। हम कहते हैं सत्य प्रतिलिपि—ट्रू कॉपी, लेकिन प्रमाणित प्रतिलिपि सत्य प्रतिलिपि नहीं होती। मशीन भी सही तरीके से कॉपी नहीं कर सकती। इस समय मेरी आवाज टेप हो रही है, बाद में इसे आप सुनेंगे, जब इसे लिपिबद्ध करेंगे तब आपको यह अलग लगेगी। यदि मशीन कॉपी नहीं कर सकती तो एक सजीव व्यक्ति और मस्तिष्क कैसे किसी चीज का अनुकरण कर सकता है? वह इसमें जरूर कुछ-न-कुछ जोड़ेगा। आप कश्मीर से कोई पौधा उठाएँ और उसे गुजरात में लगा दें तो पौधा वही नहीं रहेगा। यदि आप भारतीय आम इंग्लैंड में ले जाकर लगाएँ तो उसका फल भारतीय आम जैसा नहीं होगा। इसलिए कोई भी अनुकरण सही मायने में अनुकरण नहीं होता। हाँ, यह जरूर है कि हमें अनुकरण और नकल के बीच अन्तर को ध्यान में रखना होगा। फिर भी जो लोग पश्चिमी आलोचकों का अनुकरण करते हैं, वे भी कुछ नया रचते हैं। इसके बावजूद कि वे अनुकरण करते हैं। इस तरह से अनुकरण ने उनके काव्यशास्त्र के अन्य रूपों की नींव रखी। हमारे भरतमुनि ने भी कहा : 'अवस्थानुकृतिनताकम्' (नाटक किसी मनोदशा का अनुकरण है)। उन्होंने नाटक को विश्व की प्रतिध्वनि कहा। नाटक तीनों लोकों की प्रतिध्वनि है। वे इस बात को बड़े सम्मान के साथ रेखांकित करते हैं। हिन्दी और उर्दू में इसे नकल कहा जाता है लेकिन क्या वैसी ही नकल है, जैसी कुछ परीक्षार्थी परीक्षा के दौरान या नकल नवीस अदालतों में करते हैं? साहित्य में यह एक रचनात्मक कार्य-व्यापार है। मैं तो यही मानता हूँ। इसलिए यह चलते रहना चाहिए।

अवधेश कुमार सिंह : आपने भारतीय काव्यशास्त्र की स्वदेशी आधारशिला की बात की। आप इस काव्यशास्त्र का निर्माण किस रूप में करना चाहेंगे, उन समस्याओं और सम्भावनाओं को भी समझाइए जो आपने इस निर्माण-प्रक्रिया में अनुभव कीं ?

नामवर सिंह : मैंने पहले ही भारतीय काव्यशास्त्र की कुछ समस्याओं और सम्भावनाओं का उल्लेख किया है। इसलिए मैं उन्हें दोहराना नहीं चाहता। जब लोग मेरे पास ऑटोग्राफ के लिए आते हैं तो मैं लिखता हूँ—क्रिया केवल उत्तरम्—कार्य ही एकमात्र उत्तर है। मैं सिर्फ बोलकर अपनी ऊर्जा नहीं नष्ट करना चाहता। मैं आपके प्रश्न का उत्तर कुछ ठोस कार्य करके दूँगा। अन्यथा सब तो अनुमान है। जब तक मेरे अनुमान लिखित रूप में न आ जाएँ तब तक उन पर सिर्फ बोलने का कोई मतलब नहीं।

अवधेश कुमार सिंह : आपने जो कुछ पहले कहा, उसके अलावा क्या आप उन बिन्दुओं को रेखांकित करना चाहेंगे जिनके आधार पर हमारे काव्यशास्त्र या आलोचना की नींव रखी जानी चाहिए ?

नामवर सिंह : देखिए, हमें अपने शास्त्र, आलोचना या सिद्धान्त को अपने रचनात्मक अनुभव से जोड़ना होगा। शास्त्र से मेरा अभिप्राय: भारत की भाषिक परम्परा से है, जिसका मुख्य आधार भर्तृहरि का 'वाक्यपदीयम्' है। इन दिनों मैं इसे पढ़ रहा हूँ। नया काव्यशास्त्र भाषिक दर्शन से उपजेगा। दूसरा है—हमारा लोक-जीवन और लोक-अनुभव, जिसे हम कॉमनसेंस के रूप में जानते हैं। हमारे लोक-जीवन में अनेक कहावतें प्रचलित हैं। शताब्दियों का हमारा जो सामान्य बोध है, वह हमारी लोककथाओं और लोकगाथाओं में मौजूद है और वहाँ से हमें ऐसे मुहावरे और पद मिलते हैं जिनसे साहित्यिक कृतियों के विश्लेषण, मूल्यांकन तथा अपनी आलोचनात्मक शब्दावली को समृद्ध करने में मदद मिल सकती है। उदाहरण के लिए आज सुबह हम लोग एक शब्द के लिए किसी उपयुक्त शब्द की तलाश कर रहे थे। यह स्कॉटमान के एक कथन की चर्चा के दौरान आया। (कविता को सुनना नहीं अपितु ध्यान से सुनना चाहिए।) हमने एक संस्कृत शब्द 'अतिश्रवण' चुना 'Over Heard' के समानार्थक रूप में। तब चौहान साहब (डॉ. महावीर सिंह चौहान) और आपने भी एक लोकशब्द 'कनसुआ' कहा जो पश्चिमी उत्तर प्रदेश के ब्रज क्षेत्र में बोला जाता है। इसलिए कविता कानों के लिए नहीं है, 'कनसुआ' के लिए है। अब आप देखिए, जहाँ शास्त्र हमारी मदद नहीं कर सका वहाँ लोक ने ऐसा कर दिया। आप देखिए, हमें एक आलोचनात्मक शब्द (पद) मिल गया जिससे हम कविता को परिभाषित कर सकें। यह हमें अपनी बोली से मिला, हमें उधार माँगने की जरूरत नहीं है। शायद 'कनसुआ' 'Over heard' से ज्यादा अर्थपूर्ण है। यह तो एक उदाहरण है। इसी तरह हम अपने आम लोगों से

ऐसी बहुत-सी चीजें सीख सकते हैं जो साहित्य को समझने में सहायक होंगी। इसे ही मैं कॉमनसेंस कहता हूँ। यह आश्चर्यजनक लगेगा किन्तु सत्य है कि कॉमनसेंस शब्द साम्राज्यवादी चिन्तकों को बहुत प्रिय था। डॉ. जॉन्सन यद्यपि उनके बड़े कठोर आलोचक और बहुकुख्यात थे। आप उनको कुछ भी कहें, वे उनके विचारों के विरुद्ध थे। हमारा देश इस कॉमनसेंस का विस्तृत भंडार है। आप बुद्ध की जातक कथाओं को पढ़ें और आपको अलग विशिष्ट कॉमनसेंस मिलेगा। यह कॉमनसेंस शताब्दियों के अनुभव से संचित और संगृहीत है। यह वास्तव में व्यावहारिक कॉमनसेंस है। यह व्यवहार का नतीजा है। हम शिक्षित लोग शास्त्रों और पुस्तकों में जीते हैं और विशाल और समृद्ध अक्षय स्रोत को भूल जाते हैं जिनसे रचनात्मक साहित्य निर्मित हुआ है। मुझे लगता है कि हमें उस समृद्ध भंडार का उपयोग अपने साहित्य-सिद्धान्तों और काव्यशास्त्र के निर्माण में करना चाहिए। ईश्वर चाहेगा तो मैं इस सम्बन्ध में कुछ करूँगा और मैं पूरी तरह इसी कॉमनसेंस पर भरोसा करूँगा।

अवधेश कुमार सिंह : आपका बहुत-बहुत धन्यवाद।

[**भाषान्तर :** राजेन्द्र प्रसाद पांडेय]

[साभार : 'आलोचना' पत्रिका, अक्टूबर-दिसम्बर, 2013 अंक]

युवा कहानी

[नामवर सिंह और कवि-पत्रकार मदन कश्यप की बातचीत]

[नमस्कार। 'सबद निरन्तर' में आपका स्वागत है। आज हम चर्चा करने जा रहे हैं हिन्दी की युवा कथाकार इन्दिरा दाँगी के पहले कथा संग्रह 'एक सौ पचास प्रेमिकाएँ' पर। तो आइए, इस पर बात करते हैं डॉ. नामवर सिंह से।]

मदन कश्यप : नामवर जी, बहुत दिनों के बाद एक ऐसी महिला कथाकार हिन्दी में आई है जिसके पास नया यथार्थ भी है और अभिव्यक्ति का नया अन्दाज भी।

नामवर सिंह : जी, मुझे इस संग्रह को पढ़कर बहुत प्रीतिकर आश्चर्य हुआ। ये जो चौदह छोटी-बड़ी कहानियाँ हैं, उन्हें पढ़कर पाठक चमत्कृत रह जाता है। लेखिका का यह पहला ही संग्रह है और इसमें उसने जिस आत्मविश्वास के साथ, तीखे के साथ, इतनी बारीकियों में जाकर वर्णन किया है, वह काबिले-तारीफ है। खास तौर पर इसकी भाषा।

मदन कश्यप : अच्छी सधी हुई भाषा है।

नामवर सिंह : बड़ी गठी हुई भाषा है और एक सिद्धहस्त लेखिका द्वारा लिखा हुआ गद्य है।

मदन कश्यप : बहुत दिनों के बाद कोई महिला कथाकार ऐसी आई है।

नामवर सिंह : एक ऐसी प्रतिभा कहानी में आई है जिसमें साहस है। छोटी-बड़ी कई कहानियाँ इस संग्रह में हैं। जिस कहानी पर इस संग्रह का नाम दिया हुआ है 'एक सौ पचास प्रेमिकाएँ', यह आर्मी वालों की जिन्दगी के बारे में लिखी कहानी है।

मदन कश्यप : अपनी तरह के अद्भुत पात्र हैं।

नामवर सिंह : जी, तो यह साहस है। यह कहानी और कहानियों से अपेक्षाकृत लम्बी है।

मदन कश्यप : जी हाँ, ये प्राय: छोटी कहानियाँ लिखती हैं।

नामवर सिंह : इस कहानी का नायक है राजवीर सिंह और कहानी का

कथानक बहुत छोटा-सा है। राजवीर सिंह किरायेदार होकर अरुण सिंह के यहाँ रहने आया है। वह खुद मिलिटरी का कोई बड़ा अफसर नहीं है बल्कि नौजवान लांस नायक है। परिवार है, बच्चे हैं, बीवी है। अशिक्षित-सी बीवी है और कहानी का कथानक बहुत छोटा-सा है कि अरुण सिंह की कार में बैठकर ये लोग कहीं जाते हैं और रास्ते में बातचीत करते चले जाते हैं। राजवीर सिंह स्वयं अपने बारे में बताता है कि वह इतने सात्विक वृत्ति का आदमी है कि कोई नशा नहीं करता।

मदन कश्यप : पान भी नहीं खाता?

नामवर सिंह : जी हाँ। यह पहला फौजी मिला जो शराब नहीं पीता, बीयर का स्वाद तक नहीं जानता। सिगरेट और पान के निमंत्रणों पर निषेध में मुस्कुराकर रह जाता है। वह भी नहीं लेता। दिलखुश एक नौजवान आदमी। अब यह आदमी, इसकी अपनी जिन्दगी क्या है, केवल एक चीज है, वह है औरतें। शादीशुदा है, सुखी परिवार है। कार ड्राइव करते हुए कहानी चलती है। कथानक इतना ही है। कोई बहुत बड़ा नहीं है। इस पूरी दास्तान में कहानी बताती है कि वह किन-किन औरतों से कब-कब मिला और उसका पूरा बयान है इसमें और वह बताता है कि उसकी कोई एक सौ पचास प्रेमिकाएँ रही हैं। एक हिस्सा देख लेते हैं इसका। इससे अन्दाजा लग जाएगा :

'राज, तुम कभी प्रेम में पड़े हो?'

'प्रेम नहीं, प्रेमों में पड़ा हूँ!'

वह खिलखिलाकर हँस दिया—सर्दी की धूप-सी प्यारी हँसी!

'तुम इतने खूबसूरत हो, लड़कियाँ तो तुम्हें प्यार करेंगी ही!'

'नहीं अरुण, उलटा है; लड़कियों से मैं प्यार करता हूँ, इसलिए खूबसूरत हूँ।'

हँसने की बारी अब मेरी थी और वह जैसे सफाई देने लगा :

'एक्चुअली, जब हम किसी खूबसूरत से प्यार करते हैं तो उसकी सुन्दरता की अदृश्य महक हममें भी आ मिलती है और सदा-सदा को हमारी महीन रेखाओं में रच जाती है। अपनी उम्र के अब तक के सालों में, मैंने बहुत-बहुत लड़कियों को जिया है और उन खूबसूरतों से प्यार की प्रक्रिया में जाने कब मैं खुद भी इतना खूबसूरत हो गया! अब आईना देखता हूँ तो अजनबी जान पड़ता हूँ—एक खूबसूरत अजनबी!'

'तो अब तक कितने प्रेमों में पड़े हो?'

'ऊँअअ, तकरीबन एक सौ पचास।'

'व्हाट?' और मैं इन्तहा गैरयकीनी में गाड़ी का सन्तुलन खोते-खोते बचा।

नामवर सिंह : शेरो-शायरी से भरी हुई कहानी है। नायक बात-बात पर शेर सुनाता है।

मदन कश्यप : बहुत ही सृजनात्मक इस्तेमाल किया है शेरों का।

नामवर सिंह : जी, बड़ा ही सृजनात्मक इस्तेमाल। और नायक की उम्र भी कोई बहुत ज्यादा नहीं है, छत्तीस साल का है। दरअसल लेखिका की उम्र भी लगभग तैंतीस साल की है। तो यह नौजवान राजवीर जो है, शेर-ओ-शायरी का शौक रखता है : 'होश वालों को खबर क्या, बेखुदी क्या चीज है। इश्क कीजे, फिर समझिए, जिन्दगी क्या चीज है।' यह कैसेट चल रहा है जो जगजीत सिंह का गाया हुआ है। बीच-बीच में शेर-ओ-शायरी भी चलती रहती है। यह जो गद्य है, उसमें डायलॉग जो लिखे हैं, बड़े गठे हुए हैं।

मदन कश्यप : और मुझे सबसे ज्यादा जो चीज इसमें आकर्षित कर रही है, वह यह कि पहली बार हिन्दी में ऐसा हुआ है कि किसी लेखिका ने पुरुष-प्रेम पर, उसके मनोविज्ञान पर इतने विस्तार से लिखा है। कह सकते हैं कि पुरुष-प्रेम का स्त्री-पाठ है इसमें। एक पुरुष कैसे प्रेम करता है, उसके क्या रूप हो सकते हैं? और, एक और इसमें गौण-सा पात्र है, जिसके प्रेम की कथा इसमें छोटी-सी है। तो एक तरफ समर्पण का भाव होता है एक प्रेम में, तो दूसरी तरफ प्रेम में समर्पण कराने का भाव होता है। और समर्पण कराने वाला जो भाव है जिसमें पुरुष का अहम बिलकुल बचा रहता है, वह प्रेम असफल होता है। वह अन्ततः कुछ नहीं हो पाता। और जहाँ पुरुष समर्पित होता है, वहीं प्रेम सफल होता है। और यह एक लेखिका के द्वारा, एक स्त्री-लेखक के द्वारा पुरुष-प्रेम का जो विश्लेषण है, यह जो मूल्यांकन है और अलग-अलग बँटवारा है, वह अद्भुत है। जैसे मैं कविताओं में देखता हूँ कि एक प्रेम अज्ञेय का है। अज्ञेय की प्रेम-कविताएँ हैं, जहाँ वे कहते हैं कि 'प्यार जो मैंने दिया है, उसी में तुम रहो।' यानी कि यह पुरुष अहम बोल रहा है। और दूसरी तरफ शमशेर का प्रेम है जिसमें पूरी तरह समर्पण है। तो इसमें जो दो पक्ष हैं, उसका जिस तरह से विश्लेषण किया है एक महिला-लेखक ने, चमत्कृत करता है। यह तो, मुझे नहीं लगता कि हिन्दी में इससे पहले किसी ने पुरुष-प्रेम का ऐसा विश्लेषण किया है।

नामवर सिंह : सबसे बड़ी बात है कि यह पुरुष की दृष्टि से वर्णन नहीं किया गया बल्कि स्वयं स्त्री की दृष्टि से, स्त्रियों के प्रति अलग-अलग तरह के तमाम प्रेमों का वर्णन किया गया है। इनकी अन्य कहानियों में आम तौर से कथानक बहुत झीना और छोटा है।

मदन कश्यप : जी हाँ, और सभी कहानियों की पृष्ठभूमि अलग-अलग है और उनके माध्यम से यथार्थ के किसी-न-किसी महत्त्वपूर्ण पहलू को उद्घाटित करने की कोशिश की गई है। किसी में ग्रामीण जीवन का यथार्थ है तो किसी में शहर के निम्न मध्यवर्गीय परिवार की मुश्किलों का वर्णन। एक अलग तरह की कहानी है : 'पार्क फेसिंग घर'। यह केवल बिल्डरों की ठगी के बारे में ही नहीं

बताती बल्कि मानवीय संवेदना के कई पहलू उजागर करती है। यह बात इनकी कहानियों में है।

नामवर सिंह : बहुत! केवल कहानी की जो शक्ति है, वह उसकी वर्णन-क्षमता है, कहानीपन है। सभी कहानियाँ बहुत सशक्त और भाषा इतनी अच्छी है, वाक्य इतने गठे हुए हैं कि लगता ही नहीं है कि यह किसी नवोदित कथाकार का पहला संग्रह है। मैं लेखिका को बधाई देता हूँ और उम्मीद करता हूँ कि आगे और भी अच्छा लिखेगी।

[साभार : 'परिकथा', पत्रिका अंक, मार्च-अप्रैल, 2014]

बाल-साहित्य भविष्य की नींव है

[बाल-साहित्य पर हिन्दी साहित्य के प्रसिद्ध आलोचक नामवर सिंह से 'कथा' के सम्पादक अनुज की बातचीत]

अनुज : हिन्दी में बाल-साहित्य की क्या स्थिति है?

नामवर सिंह : बाल-साहित्य पर बात करें तो इस मामले में हिन्दी साहित्य में दरिद्रता है। बांग्ला में देखें तो वहाँ सब बड़े साहित्यकार बच्चों के लिए, लिखते हैं। हम सब जानते हैं कि रवीन्द्रनाथ ने जितना बड़ों के लिए लिखा उतना ही बच्चों के लिए भी लिखा है। बहुत लिखा है। कविताएँ लिखीं, कहानियाँ लिखीं और उससे भी बड़ी बात यह है कि वे कहते थे कि प्रौढ़ साहित्य से ज्यादा चुनौती भरा काम है—बाल-साहित्य लिखना। उसमें ही आपकी प्रतिभा का पता चलता है। बच्चे ही किसी देश की बुनियाद होते हैं तो उनके लिए क्या लिखा जाए और कैसे लिखा जाए, साथ ही उन्हें स्वयं भी लिखने के लिए कैसे ट्रेन किया जाए—इन सब बातों पर गम्भीरता से सोचा जाना चाहिए। क्योंकि बच्चों का साहित्यिक संस्कार अच्छा होगा तो आगे चलकर उसका परिणाम सुनहरा होगा। जैसे सत्यजीत राय के पिता शिवकुमार राय की पुस्तक 'आबोल-ताबोल' की कविताएँ तो बच्चे गाते हैं। 'आबोल-ताबोल' बहुत खूबसूरत रचना है। लेकिन हिन्दी में ऐसी रचनाएँ नहीं के बराबर हैं।

कभी-कभी बच्चों की रचनाओं को भी बाल-साहित्य कह दिया जाता है पर लेखन की यह चुनौती बच्चों के लिए नहीं है बल्कि बड़े रचनाकारों के लिए है।

अनुज : सर, तो फिर हम बाल-साहित्य को कैसे परिभाषित करेंगे?

नामवर सिंह : हिन्दी की प्रारम्भिक पत्रिकाओं में बंगालियों की प्राइवेट लिमिटेड संस्था 'इंडियन प्रेस' ने 1917 में 'बालसखा' पत्रिका का प्रकाशन प्रारम्भ किया। इसके सम्पादक पं. बदरीनाथ भट्ट थे। द्वितीय युग की यह सर्वाधिक लोकप्रिय पत्रिका रही। 'बालसखा' सबसे अधिक समय अर्थात 53 वर्षों तक प्रकाशित होती रही। इस पत्रिका ने बाल पाठकों को बहुत प्रभावित किया तथा बाल-साहित्यकारों की अच्छी-खासी संख्या भी तैयार की। आजकल हिन्दी में उस तरह की पत्रिकाएँ नहीं निकलती हैं। 'बालसखा' में निरंकार देव सेवक की

कविताएँ छपती थीं। इतनी सुन्दर कविताएँ होती थीं कि आज भी उसकी कुछ पंक्तियाँ मुझे याद हैं। एक कविता थी :

ये दुनिया इतनी बड़ी
मगर संसार हमारा छोटा-सा
चाभी से चलनेवाला मोटरकार हमारा छोटा-सा
ये दुनिया इतनी बड़ी
मगर संसार हमारा छोटा-सा।

बच्चों की दृष्टि से देखी गई दुनिया, प्रकृति और समाज का चित्रण हो, वही बाल-साहित्य है।

अनुज : बाल-साहित्य के बड़े साहित्यकार अधिकतर प्रकृति का चित्रण करते हैं तो इसका क्या कारण है?

नामवर सिंह : क्योंकि बच्चे प्रकृति के दृश्यों (पशु-पक्षी) को ज्यादा पसन्द करते हैं।

अनुज : सर, हिन्दी साहित्य में जो अभी के साहित्यकार हैं या यूँ कहें कि हम लोगों की पीढ़ी या उससे थोड़े पहले के, उन लोगों ने भी बाल-साहित्य ज्यादा नहीं लिखा है, ऐसा क्यों है? ये रिलक्टेंस क्यों हैं?

नामवर सिंह : ना, बिलकुल नहीं लिख रहे हैं। असल में यह तो मिशन की बात है और बाल-साहित्य तो घाटे का सौदा है तो क्यों लिखेंगे लोग? जब यह कहा जाता है कि 'चाइल्ड इज द फादर ऑफ द मैन' तो इसका मतलब है कि जब हम नींव की उपेक्षा करेंगे तो उस पर कैसा घर बनेगा? तो बाल-साहित्य एक तरह से नींव है। कहानी और अन्य बड़ी चीजें छोड़ दो, हिन्दी में अच्छी नर्सरी राइम्स तक नहीं हैं, जिन्हें बच्चे खुशी से झूमकर गा सकें।

अनुज : सर, एक बात है कि जब से कविता का नया सिस्टम बना है— छन्द तोड़कर लिखने का, तो मुझे लगता है कि इससे शायद बाल-साहित्य का कुछ नुकसान हुआ है।

नामवर सिंह : हाँ, बिलकुल हुआ है। यदि इसे व्यापक रूप में देखें तो इसका एक सम्बन्ध जीवन से भी है। दरअसल आज लोगों के जीवन का छन्द टूट गया है। लोग स्वच्छन्द हो गए हैं तो वे बच्चों को क्या देंगे?

अनुज : जो आप कह रहे हैं, उसे हम समझें तो कहेंगे कि बाल-साहित्य को एक छन्द, एक डिसिप्लिन चाहिए।

नामवर सिंह : हाँ! बच्चों के लिए तो सबसे बड़ी सजा ही है कि कोई कहे कि हिलो-डुलो नहीं, बस बैठे रहो। सावधान की मुद्रा में बैठे रहो। उनके लिए तो साहित्य वह है जो उन्हें हिलाए, डुलाए और दुलराए भी यानी वे खुशी से झूम उठें।

मैं तो यही कहूँगा कि बड़ों के बजाय बच्चों के लिए लिखने की ज्यादा सलाहियत चाहिए। दूसरी बात, उसकी रचना-प्रक्रिया सरल, सहज और बच्चों के समझ में आनेवाली होनी चाहिए। जो अपने भाव में उन्हें भावविभोर कर ले, वही बाल-साहित्य है।

[साभार : 'कथा' पत्रिका अंक, 19 अक्टूबर, 2014]

पहला पुरस्कार निराला जी के हाथों मिला

[नामवर सिंह से महावीर अग्रवाल की बातचीत]

महावीर अग्रवाल : नामवर जी, प्रणाम स्वीकारें। पिछले वर्ष नवम्बर, 2014 में आपको हिन्दी आलोचना में विशिष्ट योगदान के लिए 'कुवेन्यू राष्ट्रीय पुरस्कार' प्रदान किए जाने की घोषणा की गई। दिल्ली में सर्वोच्च न्यायालय के न्यायाधीश गोपाल गोवड़ा के हाथों मार्च, 2015 में सम्मानित किया गया। बहुत-बहुत बधाई आपको। आप कैसा महसूस करते हैं ?

नामवर सिंह : महावीर जी, बधाई के लिए बहुत-बहुत धन्यवाद। उम्र कितनी भी हो, पुरस्कृत होना अच्छा लगता है क्योंकि किसी-न-किसी रूप में यह साहित्य-समाज में 'कलम' का सम्मान है, स्वीकृति है। मैं सोचता हूँ, सम्मानित होना सभी को अच्छा लगता होगा। एक बात और—अब जीवन के इस मोड़ पर 88 साल की उम्र में पुरस्कार को लेकर वैसा कोई थ्रिल नहीं है, जैसा निराला जी के हाथों पुरस्कार मिलने के समय मेरे मन में था। उमंग की हलचल तो थी ही, मैं उत्साह और खुशी से भरा हुआ था। सच तो यह है कि हमारा लेखक समुदाय सामान्यत: अभावों में जीवन जीता है लेकिन लेखक भाव के करीब होते हैं और यह भाव-ताव और मोल-भाव न होकर हृदय का भाव है। यह भी देखना चाहिए कि पुरस्कार देनेवाले की, और पुरस्कार पानेवाले की प्रामाणिकता कितनी प्रामाणिक है। रचनाकर्म की प्रामाणिकता ही पुरस्कार के प्रति विश्वास और आकर्षण को जन्म देती है। कुल मिलाकर यह प्रसंग सुखद है।

महावीर अग्रवाल : आपके विचार सुनते हुए मुझे, ज्ञानपीठ पुरस्कार के अवसर पर, 28 नवम्बर, 1983 को महादेवी वर्मा द्वारा दिये गए वक्तव्य की ये पंक्तियाँ याद आ रही हैं : 'आप सभी जानते हैं, पुरस्कार के लिए साहित्य नहीं लिखा जाता और न कोई पुरस्कार उसे महत्त्वपूर्ण बनाने में समर्थ है, परन्तु पुरस्कारों की पृष्ठभूमि में जो सुधीजनों की स्वीकृति होती है, वही लेखक के सन्तोष का कारण होती है।'

नामवर सिंह : मेरी भावना को आपने पूरी तरह समझा है। आप कहाँ-कहाँ से इतने सार्थक प्रसंग जुटा लेते हैं ? अपने पुरस्कारों के सम्बन्ध में महादेवी जी के विचार बहुत ही मूल्यवान हैं।

महावीर अग्रवाल : साहित्य-जगत में यह माना जाता है कि हिन्दी के अधिकांश महत्त्वपूर्ण पुरस्कार आपकी इच्छा के अनुसार प्रदान किये जाते हैं। इस बात में कितनी सत्यता है?

नामवर सिंह : पुरस्कारों की दुनिया में किसी के ऊपर भी आरोप लगाना बहुत सरल है महावीर जी। सच तो यह है कि पुरस्कारों पर निर्णय लेने के लिए कमेटियाँ बनती हैं। मुझे भी कहीं-कहीं पुरस्कार की कमेटियों में एक सदस्य रखा जाता है। और लोग भी होते हैं। मैं अकेला निर्णायक नहीं रहता। पुरस्कार देने में पुरस्कार समिति के सभी सदस्यों की भूमिका महत्त्वपूर्ण होती है। भारतीय साहित्य की दुनिया के अनेक महत्त्वपूर्ण नाम हैं जिनको ज्ञानपीठ पुरस्कार मिलना चाहिए। मैं भारतीय ज्ञानपीठ पुरस्कार समिति में वर्षों रहा हूँ, इसके बाद भी उनको अपनी इच्छानुसार पुरस्कार नहीं दिलवा सका। कहने का अर्थ यह है कि पुरस्कार समिति में निर्णय या चीजें पूरी तरह किसी एक व्यक्ति के हाथों में नहीं रहतीं। इसके बाद भी यदि मुझे श्रेय दिया जाता है तो यह मुफ्त में मिलने वाला यश ही है।

महावीर अग्रवाल : सोवियत लैंड नेहरू पुरस्कार साहित्य में बहुत प्रतिष्ठित पुरस्कार रहा है। सोवियत लैंड नेहरू पुरस्कार में तो आप ही की मोनोपली हमेशा बनी रहती थी, ऐसा आज भी कहा जाता है। क्या यह सही है?

नामवर सिंह : यह जरूर सच है कि सोवियत लैंड नेहरू अवार्ड में लम्बे समय तक मेरी निर्णायक भूमिका रही है। उस दौर की सूची से पता चलेगा कि जिन लोगों को मैंने पुरस्कार दिलाया था, वह उचित था या नहीं। पुरस्कार की दुनिया में सारे अन्तर्विरोधों को देखने और जानने के बाद भी मैं यह जरूर कहूँगा कि पुरस्कार का महत्त्व उसकी राशि से नहीं आँका जाना चाहिए बल्कि उसकी गुणवत्ता का, मूल्य-दृष्टि का व उसकी चयन-प्रक्रिया का महत्त्व अधिक है।

महावीर अग्रवाल : वर्ष 2008 में 'परम्परा' के विशिष्ट सम्मान के अवसर पर कुछ बातें अधूरी रह गई थीं। पुरस्कारों की संख्या और राशि लगातार बढ़ती जा रही है। पुरस्कार देने वालों की इस प्रवृत्ति पर तात्कालिक रूप से आप क्या कहना चाहेंगे?

नामवर सिंह : हिन्दी में पुरस्कार समूची ताकत के साथ उफान पर है। पुरस्कार देने वालों की सदाशयता लगातार विकास की ओर अग्रसर है। सदाशयता से मेरा आशय बढ़ती हुई पुरस्कार राशि से है। दुर्भाग्य से या सौभाग्य से आज पुरस्कारों की संख्या इतनी अधिक हो गई है कि सभी पुरस्कारों की जानकारी होना असम्भव नहीं तो कठिन अवश्य हो गया है। किसी तरह जानकारी हो भी जाए लेकिन सभी पुरस्कारों के नाम याद रखना सम्भव नहीं है। पुरस्कारों की बन्दरबाँट में अब लाख-दो लाख रुपए के पुरस्कार भी अब सामान्य लगने लगे हैं।

इसकें बाद भी अनेक पुरस्कार हैं जिनकी राशि लाख से कम है परन्तु उनकी मान्यता लखटकिया पुरस्कारों से कम नहीं है।

महावीर अग्रवाल : नामवर जी, साहित्य अकादमी पुरस्कार जब भी किसी को मिलता है, कोई-न-कोई बात ऐसी उठती है कि उस पर विवाद होने लगता है।

नामवर सिंह : यह मनुष्य का स्वभाव है महावीर जी। पुरस्कार की एक सामान्य प्रक्रिया है। जहाँ तक मेरा सम्बन्ध है, साहित्य अकादमी के एक्जीक्यूटिव बोर्ड का मैं 1972 से 1977 तक सदस्य था। उस समय एक्जीक्यूटिव बोर्ड का सदस्य जूरी का भी मेम्बर हुआ करता था। आज मैं स्वीकार करता हूँ कि मेरे पास एक सूची थी। वह सूची ऐसे लोगों की थी जिन्हें मेरी दृष्टि में साहित्य अकादमी पुरस्कार मिलना चाहिए था लेकिन नहीं मिला था। मेरी इच्छा थी कि राही मासूम रजा को पुरस्कार मिले लेकिन ऐसा नहीं हो सका था। उस सूची में यशपाल का नाम सबसे ऊपर था क्योंकि उनके उपन्यास 'झूठा सच' को न देकर अज्ञेय या दिनकर को तब साहित्य अकादमी पुरस्कार दिया गया था। उस समय मेरी अपनी सूची में शमशेर, त्रिलोचन, हजारी प्रसाद द्विवेदी, धूमिल, केदारनाथ अग्रवाल, कृष्णा सोबती, रघुवीर सहाय सहित अनेक रचनाकारों के नाम थे। ऐसा काम करने के बाद भी मुझे यदि अपयश मिलता है तो मुझे अपयश भी शिरोधार्य है।

महावीर अग्रवाल : साहित्य अकादमी पुरस्कार का सम्बन्ध तथाकथित गणित से है अथवा रचनाकार की श्रेष्ठता से माना जाता है?

नामवर सिंह : यह बात काफी पुरानी हो गई है लेकिन जरूरी है। मंगलेश डबराल, अरुण कमल और राजेश जोशी को साहित्य अकादमी पुरस्कार मिले थे। युवाओं की इस श्रृंखला में अलका सरावगी के उपन्यास 'कलिकथा : वाया बाई पास' को साहित्य अकादमी पुरस्कार मिला तो अनेक वरिष्ठ लेखकों की त्योरियाँ चढ़ गई थीं। वहीं अनेक वरिष्ठ और अपने को सुपात्र मानने वाली लेखिकाएँ ठगी-सी देखती रह गई थीं। मैं कहना यह चाहता हूँ कि पुरस्कार का उम्र और वरिष्ठता से कोई सीधा सम्बन्ध नहीं है। 'रचना' की विशिष्टता तथा रचनात्मक श्रेष्ठता से है। आप देख ही रहे हैं, पिछले कई वर्षों से हिन्दी में जो साहित्य अकादमी पुरस्कार दिये गए हैं, उनमें उदय प्रकाश के पुरस्कृत होने के समय भी कहीं लिखित या मौखिक आपत्ति नहीं देखी गई। ऐसा माना गया कि उदय प्रकाश पुरस्कार के सही हकदार हैं। एक जेन्यूइन रचनाकार को साहित्य अकादमी पुरस्कार मिला है। यही बात वर्ष 2011 में काशीनाथ सिंह के पुरस्कृत होने के समय भी मानी गई। सबसे कम आपत्ति 'काशी का अस्सी' पर हुई थी। इसी तरह 2012 में यह पुरस्कार कवि चन्द्रकान्त देवताले को, 2013 में मृदुला गर्ग को और 2014 में

रमेश चन्द्र शाह को दिया गया है। पिछले कुछ वर्षों से समाज में व्यापक विरोध के स्थान पर स्वीकृति और अनचाही प्रसन्नता का भाव देखा जा रहा है। यह मनुष्य का स्वभाव है। वर्ष 2015 तक की रचना-यात्रा में विशिष्टताओं के साथ रचनात्मक श्रेष्ठता की व्यापक स्वीकृति के बाद भी हिन्दी में मुक्तिबोध से लेकर नई पीढ़ी के कई अनूठे रचनाकारों तक अनेकानेक हैं, जिन्हें अभी तक साहित्य अकादमी पुरस्कार नहीं मिला है।

महावीर अग्रवाल : साहित्य अकादमी पुरस्कार जिन्हें नहीं मिला, ऐसे कुछ नाम मुझे भी याद आ रहे हैं—वृन्दावन लाल वर्मा, फणीश्वरनाथ रेणु, मोहन राकेश, राजेन्द्र यादव, मार्कंडेय, विद्यानिवास मिश्र, नेमिचन्द्र जैन, कृष्ण बलदेव वैद्य, मन्नू भंडारी, नासिरा शर्मा, चित्रा मुद्‌गल, ज्ञानरंजन, संजीव और अखिलेश, आलोक धन्वा, देवीप्रसाद मिश्र सहित पचासों विशिष्ट रचनाकार हैं जिन्हें अभी तक यह पुरस्कार नहीं मिला है। इस सम्बन्ध में आप क्या सोचते हैं ?

नामवर सिंह : मेरे सोचने और कहने का कोई अर्थ नहीं रह गया है। मैं पुरस्कारों के मामले में प्रूफरीडर हूँ, जो भूल-सुधार का काम करता है। मैंने यह काम जीवन भर किया है। उत्तर प्रदेश और मध्य प्रदेश के संस्कृति विभाग के पुरस्कारों से भी मैं समय-समय पर जुड़ा रहा हूँ। उस दौर के पुरस्कार पाने वालों की सूची देखकर साहित्य-समाज पता लगा सकता है कि मैं अपने निर्णय में व्यक्तिगत दुश्मनी और विरोध को किनारे रखकर अपने विचार व्यक्त करता हूँ। पुरस्कारों के लिए सुपात्र का चयन करते समय हमेशा साधुमत और लोकमत के अनुसार ही मैंने काम किया है। पुरस्कार से जुड़ी एक पुरानी बात जरूर लिखिए—अपने जीवन में साहित्य के लिए पहला पुरस्कार एक सौ रुपए का मुझे निराला जी के हाथों मिला था। यह पुरस्कार उन्होंने मुझे मेरी कविता पर दिया था। यह लगभग सात दशक पुरानी बात है, आनन्द और खुशी की वह तरंग अनोखी थी महावीर जी। उस तरंग की स्मृति मुझे आज भी पुलकित कर देती है।

महावीर अग्रवाल : स्मरण हो तो तनिक विस्तार से बताइए, निराला जी के हाथों वह पहला पुरस्कार आपको कब और किस सम्बन्ध में प्राप्त हुआ था ?

नामवर सिंह : जहाँ तक मुझे स्मरण है, यह 1947 की बात है। उन दिनों मैं उदय प्रताप कॉलेज में बारहवीं कक्षा का विद्यार्थी था। काशी की सभी साहित्यिक संस्थाओं द्वारा मिलकर सूर्यकान्त त्रिपाठी निराला जी की स्वर्ण जयन्ती मनाई गई थी। उस आयोजन में निराला जी के मुख से 'राम की शक्ति-पूजा' सुनने का सौभाग्य मिला था। 'हर धनुभंग को उठा हस्त' पढ़ते हुए निराला जी के दाहिने हाथ का ऊपर उठना और स्वरों का वह अनोखा आरोह-अवरोह मैं आज तक नहीं भूला हूँ। महाकवि का अभिनन्दन करते हुए एक बड़ी धनराशि निराला जी

को उस सभा में अर्पित की गई। वह धनराशि 'औघड़दानी' ने वहीं तत्काल दस युवा लेखकों को पुरस्कारस्वरूप दान कर दी। संयोग से इन भाग्यशाली दस युवकों में एक नाम मेरा भी था। निराला जी की कितनी सार्थक पंक्तियाँ हैं :

तुमने जो दिया दान-दान वह
हिन्दी के हित का अभिमान वह
सच्चा कल्याण वह अकथ है।
यह सच है।

मैं एक फरमाइशी लेखक हूँ

[नामवर सिंह से बलराम प्रसाद की बातचीत]

बलराम प्रसाद : सौन्दर्य का वृहत्तर रूप मनुष्य के अन्तर्मन में भाषा के जरिये ही उतरता है। भाषा कभी वरदान तो कभी अभिशाप भी बन जाती है। छोटे से लेकर बड़े रचनाकारों की रचना के तिलिस्म का प्रवेश-द्वार भी भाषा ही है। आपको इतनी समृद्ध सुसंस्कृत भाषा की चेतना, पहचान और संस्कार कैसे, कहाँ और किससे मिली?

नामवर सिंह : भाषा अभिव्यक्ति का सशक्त माध्यम है। रचना के तिलिस्म खोह में प्रवेश करने के लिए भाषा पर मजबूत पकड़ होना निहायत जरूरी है। मैं खुशकिस्मत हूँ कि मुझे आरम्भिक दौर में ही सबसे पहले स्कूल में अंग्रेजी भाषा का संस्कार अंग्रेजी पढ़ाने वाले अध्यापक टीपी सिंह से और हिन्दी भाषा का संस्कार हिन्दी पढ़ाने वाले अध्यापक मार्कंडेय सिंह से मिला। साथ ही भाषा का एक संस्कार बनारस में मिला। काशी की सुसंस्कृत परम्परा से। काशी और प्रयाग की गंगा-जमुनी संस्कृति का मेरे ऊपर ऋण है और आज जो मैं हूँ, भाषायी संस्कार जो मुझमें है, उसी संस्कृति की देन है।

बलराम प्रसाद : राष्ट्रभाषा हिन्दी सहित साहित्य और संस्कृति को बढ़ावा देने में देश के सरकारी संस्थाओं के मुकाबले गैर-सरकारी संस्थानों का क्या योगदान है?

नामवर सिंह : अब तक के अनुभवों के आधार पर, मेरा मानना है कि साहित्य-संस्कृति-कला को बढ़ावा देने में देश के सरकारी शासकीय संस्थानों के मुकाबले गैर-सरकारी संस्थाओं की भूमिका कहीं ज्यादा असरदार रही है। साहित्य-संस्कृति-कला की लोक-परम्परा कभी भारतेन्दु मंडली की 'नागरी प्रचारिणी सभा' और 'हिन्दी साहित्य सम्मेलन' जैसी संस्थाओं का साहित्य और संस्कृति के साथ-साथ कला के विकास को बनाये रखने में भारी योगदान रहा है। 'सरस्वती', 'धर्मयुग', 'हंस' जैसी पत्रिका का प्रकाशन सरकार ने नहीं किया था। इसे किसी सामान्य व्यवसायी ने शुरू किया था। आज साहित्य के क्षेत्र में भारतीय ज्ञानपीठ की ओर से दिया जाने वाला पुरस्कार साहित्य की बड़ी-बड़ी संस्थाओं के पुरस्कारों से कहीं ज्यादा सम्मानित है।

बलराम प्रसाद : आपकी और राजेन्द्र यादव की दोस्ती जग-जाहिर थी। आप कई बार उन्हें 'लंगोटिया यार' कह चुके हैं। अभी कुछ अरसा पहले ही आप दोनों की दोस्ती ने साठ साल की उम्र पार की थी। 29 अक्टूबर, 2013 को राजेन्द्र यादव नहीं रहे, उनका स्वर्गवास हो जाने पर आप कैसा महसूस करते हैं?

नामवर सिंह : राजेन्द्र निःसन्देह बहुत अच्छे मित्र थे। मित्र-धर्म कोई उनसे सीखे। मैं उनके कई व्यक्तिगत गुणों का प्रशंसक रहा हूँ। उनका दिल बहुत बड़ा था और दिमाग बहुत तेज। वे बड़े खुले दिल के व्यक्ति थे। अपनी तिकड़ी में सबसे बेहतर मनुष्य। हालाँकि हमारे बीच कई मुद्दों पर असहमतियाँ बनी रहती थीं, तीखी बहसें भी होती थीं लेकिन इसका कोई असर हमारे निजी रिश्तों पर कभी नहीं पड़ा। मसलन, मैं साहित्य में आरक्षण के खिलाफ हूँ। पढ़ाई, नौकरियों, जीवन-स्तर-सुधार आदि विषयों में आरक्षण होना चाहिए लेकिन एक पीढ़ी तक। कोई भी समाज स्थायी आरक्षण के बल पर विकास नहीं कर सकता। दलित, स्त्री, अल्पसंख्यक या पिछड़े वर्गों से आने वाले लेखन को गुणवत्ता के आधार पर मुख्यधारा में स्वीकार कर लेना चाहिए। इसके लिए अलग से आरक्षण की जरूरत नहीं है। उसी तरह राजेन्द्र के दलित-विमर्श को मैंने कभी समर्थन नहीं दिया। यदि यह काम तुलसीदास या ओमप्रकाश वाल्मीकि करें तो बात समझ में आती है, पर राजेन्द्र करते थे तो मेरी समझ से बिलकुल परे है। कुछ लोग राजेन्द्र के इस काम को दलित का नेता बनने की महत्त्वाकांक्षा के रूप में देखते थे। साहित्य की कसौटी तो गुणवत्ता है, जाति नहीं। परन्तु मैं अब महसूस करता हूँ कि राजेन्द्र की दुनिया बड़ी थी—हम सबकी दुनिया से भी बड़ी।

मुझे राजेन्द्र के जाने के बाद इस बात का गहरा अहसास हो रहा है कि एक आदमी के जाने से जगह कितनी खाली हो जाती है। साहित्य-संसार में तो खालीपन आ ही गया है, मेरी निजी जिन्दगी में भी खालीपन आ गया है। उसके चले जाने से जो रिक्त स्थान खाली हुआ है, उसे अब दिगंत भी नहीं भर सकता : 'यानी कि 'राजेन्द्र यादव' के रिक्त स्थान को, नहीं भर सकता स्वयं दिगंत।'

बलराम प्रसाद : क्या कारण है कि हिन्दी में नाट्य-विधा पर आलोचनाएँ कम उपलब्ध हैं जबकि अंग्रेजी एवं संस्कृत में तो काफी लिखा गया है?

नामवर सिंह : मैं यह स्वीकार करता हूँ कि हिन्दी में नाट्य-समीक्षा कमजोर है। अफसोस तो इस बात से है कि जिस हिन्दी साहित्य की शुरुआत नाटकों से हुई हो, उसमें सबसे कमजोर कोई विधा है तो वह नाटक है। उसी तरह उसकी समीक्षा की स्थिति है। हालाँकि जयशंकर प्रसाद के बाद मोहन राकेश ने इसे कुछ हद तक सँभाला परन्तु स्थिति चिन्ताजनक ही है जबकि संस्कृत में सबसे ज्यादा नाटकों पर लिखा गया है तथापि नाटकों के मंचन पर तो हिन्दी में फिर भी लिखा

जाता है लेकिन नाटकों पर लिखा ही नहीं जाता और स्थिति सुधरने के बजाय बिगड़ती जा रही है।

बलराम प्रसाद : पिछले सौ वर्षों में हिन्दी साहित्य-लेखन के मुख्य प्रस्थान बिन्दु क्या हैं?

नामवर सिंह : वैसे गहन मन्थन करने के बाद विचारों और भाषा की दृष्टि से भी हमारा विकास इकहरा नहीं है। मैं हिन्दी साहित्य के इतिहास की त्रिवेणी के रूप में देखता हूँ। इनमें कई दिग्गजों सहित आचार्य रामचन्द्र शुक्ल का योगदान मूल्यवान है। कई परम्पराएँ साथ चलती हैं। अन्य भाषाओं में भी ऐसा है। हिन्दी में उन सबके बीच आदान-प्रदान है और टकराव भी है।

बलराम प्रसाद : आजादी के 67 साल पार करने के बावजूद हिन्दी राष्ट्रभाषा नहीं बन पाई जबकि एक सम्पूर्ण पीढ़ी पली, बढ़ी और अन्त हो गई लेकिन राष्ट्रभाषा बनाम राजभाषा सम्पर्क भाषा का मुखौटा पहनाकर सारे काम अंग्रेजी में किए जाते हैं। आखिर इसका क्या कारण है?

नामवर सिंह : हिन्दी को राष्ट्रभाषा बनाम राजभाषा, सम्पर्क भाषा बना दिया गया है ताकि जनता इस मकरजाल में फँसी रहे। भाषायी ज्ञान और समझ के मामले में हमसे अंग्रेजों की सूझबूझ बेहतर थी। पहले प्रशासनिक सेवा की जगह आईसीएस होता था। वह भी लन्दन में। तब ग्रियसन ने सर्वे करके ब्रितानिया सरकार को रिपोर्ट भेजी थी कि अगर यहाँ पर (भारत में) शासन करना है तो यहाँ की भाषा जानना बेहद जरूरी है। और इस तरह जो भी आईसीएस में चयनित होता था, वह एक भाषा को सीखने के लिए खास ट्रेनिंग के लिए स्कूल ऑफ ओरिएंटल एंड अफ्रीकन स्टडीज (एसओएएस) में भाषायी अध्ययन करता था। अगर तमिलनाडु में उसे नियुक्त करना है तो तमिल सिखलाई जाती थी, बंगाल में नियुक्त करना है तो बांग्ला और बिहार में तो हिन्दी। पर भारत सरकार सिर्फ अंग्रेजी से ही काम चलाना चाहती है।

बलराम प्रसाद : क्या भारत में हिन्दी कभी राष्ट्रभाषा बन पाएगी?

नामवर सिंह : हिन्दी वैसे गुपचुप तरीके से राष्ट्रभाषा का दर्जा पा चुकी है। कश्मीर से लेकर कन्याकुमारी तक देश की कुल 80 प्रतिशत आबादी किसी-न-किसी रूप से हिन्दी से जुड़ी है जिसमें मजदूर से लेकर बड़े-बड़े व्यवसायी वर्ग शामिल हैं। हिन्दी में आंचलिकता का, बोलियों का योग है और विचारधाराओं का योग भी।

बलराम प्रसाद : हमारे यहाँ श्रेष्ठ आलोचना की कमी है, इस सन्दर्भ में आपके क्या विचार हैं?

नामवर सिंह : मैं ऐसा नहीं मानता हूँ। बहुत अच्छे आलोचक हमारे यहाँ हैं। कई रचनाकारों ने भी बहुत ही अच्छी आलोचनाएँ की हैं। हाँ, गड़बड़ी यह हुई है

कि हम सृजनशीलता को बढ़ावा नहीं दे रहे। हम लोग शोध-प्रबन्धों के नाम पर आलोचना पैदा कर रहे हैं, लेखक नहीं।

बलराम प्रसाद : अपसंस्कृति के बारे में आपकी क्या राय है?

नामवर सिंह : भारतीय संस्कृति में अंग्रेजी संस्कार घुसपैठ कर रही है। यह राष्ट्र के लिए भयावह है और घातक भी। समय रहते अगर चेता नहीं गया तो इसके दुष्परिणाम भयंकर सिद्ध हो सकते हैं। जब संस्कृति भ्रष्ट हो जाती है तो उसे 'अपसंस्कृति' कहते हैं। मगर विडम्बना यह है कि फिर भी उसे 'संस्कृति' कहते हैं।

बलराम प्रसाद : जहाँ और रचनाकारों ने मोटे-मोटे ग्रन्थ लिख डाले, उनके बनिस्बत आपने बहुत कम लिखा है, फिर भी आप शिखर-पुरुष कहलाते हैं, इसका क्या राज़ है?

नामवर सिंह : यह बात सही है कि आखिर मैंने लिखा क्या है? अक्सर लोग कहते, पूछते हैं, मैंने क्या लिखा है? यह बात सही है। मैंने बहुत कम लिखा है। मुझे पढ़ने का ज्यादा शौक था। यह इच्छा मेरी जवाहरलाल नेहरू विश्वविद्यालय में पूरी हुई। जे.एन.यू. में मैं बोला और 'आलोचना' जैसी पत्रिका में लिखा। मेरे नहीं लिखने के एक कारण के तौर पर यह भी है कि पढ़ने का इतना शौक होता है कि मैं पढ़ने में लगा रहता हूँ। मेरे आधे दिन इलाहाबाद में और आधे बनारस में बीते। बाकी दिल्ली में तबाह हो गए हैं। वैसे एक बात मैं साफगोई से आपको बता दूँ कि मैं एक फरमाइशी लेखक हूँ। जब कहा गया तो लिख दिया। मेरा सारा-का-सारा लेखन फरमाइशी है।

बलराम प्रसाद : आपकी सबसे प्रिय पुस्तक 'दूसरी परम्परा की खोज' के परिप्रेक्ष्य में राष्ट्रभाषा हेतु 'तीसरी परम्परा की खोज' लिखने का मन नहीं किया?

नामवर सिंह : किया था, पर अब मैं बूढ़ा हो गया हूँ। हाथ-पाँव के साथ दिमाग की गति भी क्षीण हो गई है। हाँ, कोई शोधार्थी अगर इस विषय में लिखना चाहे तो मैं सलाह एवं मार्गदर्शन कर सकता हूँ।

[साभार : 'आजकल' पत्रिका, जून, 2015]

अब किसी के एजेंडे में नहीं है समाज-सुधार

[नामवर सिंह से प्रीति सिंह परिहार की बातचीत]

प्रीति सिंह परिहार : आप आज जहाँ खड़े हैं, वहाँ से पीछे मुड़कर देखते हैं तो क्या महसूस करते हैं?

नामवर सिंह : वर्तमान के दबाव इतने होते हैं कि पीछे मुड़कर देखने का खयाल ही नहीं आता। कभी-कभी जरूरत पड़ने पर ही पीछे मुड़कर देखता हूँ, वरना मैं आगे देखने में ही विश्वास करता हूँ। आज क्या हो रहा है, कल क्या होगा, इसकी चिन्ता ज्यादा रहती है। मैं उन लोगों में नहीं हूँ जो अतीतजीवी होते हैं और अतीत की स्मृतियों में ही खोए रहते हैं। मैं उस मन:स्थिति में अभी नहीं पहुँचा हूँ। आम तौर पर मेरी उम्र में यही होता है कि भविष्य नहीं दिखाई पड़ता है। लोग अतीतजीवी हो जाते हैं और बीते हुए दिनों में से कुछ अच्छे दिनों को, खास तौर पर याद कर, जीना चाहते हैं। इस दृष्टि से मैं अतीतजीवी नहीं हूँ। जो बीत गई, सो बात गई। मेरी जीवनदृष्टि भविष्यदर्शी है।

प्रीति सिंह परिहार : चलिए, आज की बात करते हैं। आज जो हालात हैं, उसमें देश का क्या भविष्य नजर आता है?

नामवर सिंह : मैं निराशावादी नहीं हूँ। अतीतजीवियों को अतीत बहुत सुन्दर लगता है और वे उससे आज की तुलना करते रहते हैं और कहते हैं कि कल की अपेक्षा आज का समय बहुत बुरा है। सवाल यह है कि अगर बुरा है तो उसको बदलो। उसमें अच्छा क्या हो सकता है, इस बारे में सोचो और उसके लिए पहल करो। मनुष्य होने के कारण हमारा कर्तव्य है कि हम सक्रिय रूप से अपने वर्तमान में हस्तक्षेप करें।

प्रीति सिंह परिहार : आपने आजादी के बाद का पूरा दौर देखा है, आर्थिक-सामाजिक विषमता बढ़ी है या घटी है?

नामवर सिंह : यह तो अर्थशास्त्री और समाजशास्त्री ही बेहतर बता सकते हैं। लेकिन मेरा खयाल है कि स्वाधीनता के बाद बहुत से क्षेत्रों में विकास हुआ है। भारत में अनेक चीजों का उत्पादन बढ़ा है या शुरू हुआ है। कुल मिलाकर देखें तो स्वाधीनता के पहले का जो भारत था, जिसे हमने देखा है, वह अब नहीं

है। गाँव तक बदल गए हैं। पहले गाँव में सड़कें नहीं थीं लेकिन अब हैं। टेलीफोन और टेलीविजन पहुँच गया है। यातायात के साधन बढ़े हैं। लोगों की पोशाक बदल गई है इसलिए विकास तो हुआ है और कई पैमानों पर विकास हुआ है। शिक्षा के क्षेत्र में देश ने बहुत प्रगति की है। नये स्कूल और विश्वविद्यालय खुले हैं। सांस्कृतिक संस्थाओं की स्थापना हुई। साहित्य अकादमी, संगीत नाटक अकादमी, ललित कला अकादमी की स्थापना हुई। विकास के इस क्रम के कई दौर देखे जा सकते हैं। एक दौर लम्बा चला है जो मोटे तौर पर नेहरू के साथ जुड़ा हुआ है, दूसरा दौर इन्दिरा गांधी का आया। कांग्रेस की सरकार हटी तो गैर-कांग्रेसी सरकारें बनीं, वह दौर भी हमने देखा है। एक नया दौर आजकल चल रहा है जिसमें फिर कुछ नई योजनाएँ आ रही हैं। अब स्थिति उनकी जैसी भी हो लेकिन इसमें कोई शक नहीं कि बहुत बड़े पैमाने पर लोगों को रहन-सहन, खान-पान, मकान, यातायात और शिक्षा की सुविधाएँ मिलीं। सवाल यह है कि ये संस्थाएँ जिन सपनों के साथ खुली थीं, क्या उसे पूरा कर रही हैं? असल में जो परिवर्तन हुए, उसमें ह्रास भी है। कुल मिलाकर देखो तो हमारा जो अर्थतंत्र है, इसमें पूँजी की शक्तियाँ हावी हैं। हमारे देश में जितनी तेजी से पूँजीवाद का विकास हुआ है, उसकी तुलना में आम लोगों का विकास कम हुआ है। बेशक, लोगों के रहन-सहन में बहुत फर्क आया है लेकिन विषमता की लकीर मोटी ही हुई है। अमीर बहुत अमीर हो गए हैं, गरीब और ज्यादा गरीब हो गए हैं। हम लोग जो सोचा करते थे कि एक समतामूलक समाज बनाएँगे, आर्थिक खाई कम होगी, वह नहीं हो पाया। एक जमाने में हमारे यहाँ बड़े पूँजीपति बहुत कम थे। लोग टाटा-बिड़ला, यही गिने-चुने नाम जानते थे। आज देखें तो भारत में पूँजीपतियों की बहुत बड़ी संख्या है। वहीं गरीबों की स्थिति में कोई बड़ा परिवर्तन नहीं आया है। अब भी एक बड़ी आबादी अभाव और बदहाली में जी रही है। हाँ, इस बीच एक नया मध्यमवर्ग जरूर पनपा है। बहुत लोगों को नौकरियाँ मिलीं लेकिन इसके साथ बेकारी भी उसी अनुपात में बढ़ी। खेती-किसानी में कोई बड़ा परिवर्तन नहीं हुआ। किसानों को जो सुविधाएँ मिलनी चाहिए थीं, नहीं मिलीं। कम-से-कम पहले किसान आत्महत्या तो नहीं करते थे लेकिन आज वह आत्महत्या करने को मजबूर हैं। हमारे देश को कृषिप्रधान देश कहा जाता है लेकिन इस पहचान को कायम रखने के लिए कोई ठोस काम नहीं हुआ। एक जमाने में खूब नहरें बनीं, हरित क्रान्ति का नारा दिया गया, इसके अलावा कुछ नहीं हुआ। प्रकृति पर तो इनसान का बस नहीं। बेमौसम बरसात से फसलें खराब हो जाती हैं। पर्याप्त बारिश न होने पर उपज प्रभावित होती है। सरकारें उसकी क्षतिपूर्ति का प्रयास भी करती हैं लेकिन इस स्थिति से निपटने के लिए कोई ठोस पहल आज तक नहीं हो सकी है। इतने दिन में कोई ऐसा मजबूत

सिस्टम नहीं बना, जो किसान और खेती-बाड़ी के लिए हो। मैं कृषि विशेषज्ञ या अर्थशास्त्री तो हूँ नहीं लेकिन एक आम नागरिक के नाते जो लगता है, वह सब तो यही है।

प्रीति सिंह परिहार : मूल्य के रूप में धैर्य और सहिष्णुता कम हुई है या फिर बढ़ी है?

नामवर सिंह : अज्ञेय की कविता की एक पंक्ति है : 'मूत्र-सिंचित मृत्तिका के वृत्त में / तीन टाँगों पर खड़ा, नतग्रीव, धैर्य-धन गदहा'। गदहा सबसे धैर्य धन होता है। कम विद्रोह करनेवाला, सन्तोषी प्रवृत्ति का। हमारा देश भी इस मामले में धैर्य-धन है। पिछले कुछ समय से जो स्थिति चल रही है देश में, उस स्थिति में विद्रोह हो सकता था, पर नहीं हुआ। यह वही देश है, जिसमें गांधी जी के नेतृत्व में सत्याग्रह आन्दोलन हुआ, किसानों ने कितने सारे आन्दोलन किए थे। आज कहाँ कोई आन्दोलन हो रहा है? लम्बे अरसे से विद्रोह कहीं नहीं दिखाई पड़ रहा है। विद्रोह तो छोड़िए, कोई विरोध प्रदर्शन तक नहीं हो रहा है। इसका मतलब यह नहीं है कि सब सुखी हैं। हमारे यहाँ विद्रोह और आन्दोलन की एक लम्बी परम्परा रही है, उसे देखते हुए लगता है कि हमारे यहाँ की आम जनता में धीरज बढ़ा है। अपार धीरज है हमारे यहाँ की आम जनता में। आजादी की लड़ाई के बाद भी कितने सारे आन्दोलन हुए थे। इमरजेंसी लगी तो जयप्रकाश नारायण और उससे पहले राम मनोहर लोहिया के नेतृत्व में बड़ा आन्दोलन हुआ था। मजदूरों की न जाने कितनी हड़तालें हुई हैं। उसकी तुलना में देखें तो आज देशव्यापी आन्दोलन की कहीं हवा तक नहीं है। यहाँ तक कि कोई राजनीतिक पार्टी भी आन्दोलन करनेवाली नहीं है। अब जुलूस निकलते हैं, आन्दोलन नहीं होते। इस रूप में देखें तो लगता है कि जनता की सहनशीलता में बहुत ज्यादा इजाफा हुआ है और उसी के बल पर राज-काज चल रहा है। एक जमाने में जिस तरह की राजनीतिक चेतना लोगों में थी, मैं कहना चाहूँगा कि वह अब मद्धिम पड़ गई है। लोकतंत्र में मजबूत विपक्ष का होना जरूरी है जो कि आज नहीं है। यही स्थिति चिन्ताजनक है।

प्रीति सिंह परिहार : आज के समय में कौन-सी चीज है, जो आपको सबसे ज्यादा परेशान करती है?

नामवर सिंह : बहुत-सी बातें हैं ऐसी। सबसे बड़ी समस्या है रोजगार का न होना। पढ़-लिखकर आनेवाले युवाओं की एक बहुत बड़ी कतार है, उनके लिए काम नहीं है। शिक्षा का प्रसार हो गया है, बड़ी संख्या में युवा पढ़-लिखकर तैयार हो रहे हैं लेकिन वह क्या काम करें? सब खेत मजदूर तो हो नहीं सकते। ऐसे लोगों के लिए सरकार को सोचना चाहिए। आप विद्यालय, विश्वविद्यालय तो खोल रहे हैं लेकिन वहाँ पढ़कर निकल रहे बच्चों का क्या भविष्य है? लड़कियाँ

भी आज खूब पढ़ रही हैं लेकिन शिक्षा प्राप्त करके अधिकतर क्या कर रही हैं? गृहस्थिन ही बनकर रह जा रही हैं। जॉब नहीं है उनके लिए। उत्तर भारत में ऐसी लड़कियों की बहुत बड़ी संख्या है, जो उच्च शिक्षा हासिल करने के बाद भी जॉब में नहीं जा सकीं, क्योंकि उनके लिए मौके ही नहीं थे। परिवार और समाज की मानसिकता भी एक हद तक जिम्मेदार है। सरकार के पास समाज-सुधार का कोई कार्यक्रम नहीं है। एक जमाने में राजनीतिक पार्टियाँ समाज-सुधार का भी काम करती थीं। अब उनका मकसद रह गया है सिर्फ चुनाव लड़ना और जीतना। उनके पास पॉलिटिकल एजेंडा तो है, लेकिन सोशल एजेंडा नहीं है।

प्रीति सिंह परिहार : अभी आप हिन्दी साहित्य को किस स्थिति में पाते हैं?

नामवर सिंह : मैं दुनिया भर का साहित्य पढ़ता हूँ। रूसी, अंग्रेजी, बांग्ला, तमिल, कन्नड़ सहित देश-विदेश की लगभग हर भाषा के साहित्य का आपको हिन्दी में अनुवाद मिल जाएगा। हिन्दी को संविधान में भले राजभाषा का दर्जा दिया गया हो लेकिन राष्ट्रभाषा के रूप में हिन्दी अपनी भूमिका निभा रही है। दिल्ली में लगने वाले विश्व पुस्तक मेले में आप देखिए, हिन्दी की मौलिक किताबों सहित अन्य भाषाओं में हिन्दी में अनूदित किताबों के स्टॉल पर कितनी भीड़ होती है। साहित्य की हर विधा में हिन्दी में बड़े पैमाने पर लिखा ही जा रहा है।

प्रीति सिंह परिहार : अपनी प्रिय पुस्तकों के बारे में बताएँ?

नामवर सिंह : यह सूची बहुत लम्बी है। अनेक प्रिय पुस्तकें, प्रिय कवि और लेखक हैं, जिनको मैं बार-बार पढ़ता हूँ। सबका नाम गिनाने में वक्त लगेगा और अब मेरी याददाश्त भी साथ नहीं देती। भारतीय भाषाओं के साथ ही विश्व साहित्य भी मैंने खूब पढ़ा है। एक जमाने में रूसी साहित्य बहुत अच्छा लगता था, तो तॉलस्तॉय, चेखव, पूश्किन को खूब पढ़ा। अंग्रेजी के अलावा फ्रेंच, जर्मन, रूसी यहाँ तक कि अफ्रीकी भाषा का साहित्य भी, जो अंग्रेजी में आया है, एक जमाने में मैंने खूब पढ़ा। वैसे भी और कोई शौक तो था नहीं मुझे, सिर्फ किताबें पढ़ने का शौक था। मैं किताबी कीड़ा था। अब भी हूँ। आप मेरी लाइब्रेरी देखकर अन्दाजा लगा सकती हैं।

प्रीति सिंह परिहार : आप इस उम्र में भी इतने सक्रिय हैं। इस ऊर्जा का स्रोत क्या है?

नामवर सिंह : मैं 90 के करीब पहुँच रहा हूँ। अब बैठकर लिखने की शक्ति नहीं रह गई है और बोलकर लिखवाने की आदत नहीं है। कभी ऐसी आदत विकसित नहीं की मैंने। क्लास रूम में व्याख्यान जरूर दिया, लेकिन लिखा हमेशा अपने हाथ से ही। अब वह शक्ति नहीं रही है कि बैठकर लिख सकूँ और रात भर जागकर किताब पूरी कर सकूँ।

प्रीति सिंह परिहार : लिख भले ही नहीं रहे हैं लेकिन साहित्य-जगत में आप बेहद सक्रिय हैं!

नामवर सिंह : क्या नया आ रहा है, उसे जानने की, उससे परिचित होने की उत्सुकता है। इसका प्रमाण यह है कि नये-से-नये लेखकों की भी किताबें पढ़ता हूँ। दूरदर्शन में एक कार्यक्रम होता है हर सप्ताह, उसमें एक नई पुस्तक पर चर्चा करता हूँ। अभी एक किताब आई है माधव हाड़ा की : 'पचरंग चोला पहन सखी री', इसको पढ़ा है। कल इसकी चर्चा करूँगा। मीरा पर उन्होंने यह अद्‌भुत किताब लिखी है। कविता की भी एक पुस्तक पढ़ी है अभी, मिथलेश श्रीवास्तव की : 'पुतले पर गुस्सा'। इसकी चर्चा आगे करूँगा। मेरे घर में आपको जितनी हिन्दी की किताबें मिलेंगी, उतनी ही अंग्रेजी की भी मिलेंगी। ये किताबें खरीदी हैं मैंने। मेरा पूरा घर लाइब्रेरी है। पढ़ने का शौक रहा है, आज भी पढ़ता हूँ। इसमें सुख मिलता है।

प्रीति सिंह परिहार : हिन्दी में नई पीढ़ी के रचनाकारों का क्या भविष्य नजर आता है आपको?

नामवर सिंह : प्रतिभाओं की कमी नहीं है हिन्दी में। अच्छे कवि, अच्छे कहानीकार, यहाँ तक कि अच्छे आलोचक भी हैं। बहुत अच्छा लिखा जा रहा है। हिन्दी साहित्य को हम किसी से पीछे नहीं मान सकते। आज के लेखक अपने समाज के प्रति बहुत सजग और चौंकन्ने हैं। विद्रोह का स्वर है उनमें। समाज को बदलने वाली दृष्टि है। बड़ी संख्या में स्त्रियाँ लिखने के मैदान में आई हैं और बहुत अच्छा लिख रही हैं।

प्रीति सिंह परिहार : क्या साहित्य का कोई विकल्प है?

नामवर सिंह : कोई विकल्प नहीं हैं साहित्य का। साहित्य पढ़ने की चीज है, दृश्य के रूप में सिनेमा और नाटक है। एक जमाना था जब सामाजिक उद्‌देश्य को लेकर फिल्में बना करती थीं, इन फिल्मों को देखने के लिए भीड़ उमड़ पड़ती थी। साहित्यिक कृतियों पर फिल्में बनती थीं और बहुत अच्छी फिल्में बनती थीं। वह फिल्मों का स्वर्णयुग था, जो बीत गया। एक वक्त था, जब ऐसे नाटक हुआ करते थे, जिनकी खूब चर्चा होती थी। अच्छे नाटक अब भी होते हैं लेकिन नाटक का जो सुनहरा युग हबीब तनवीर और इब्राहिम अल्काजी के जमाने में हुआ करता था, वह बीत गया। इसलिए दृश्य-श्रव्य माध्यम तो कमजोर पड़ गए हैं लेकिन साहित्य में आज भी बहुत अच्छा लिखा जा रहा है। पुस्तक मेलों में किताबों के प्रति लोगों का जुनून देखा जा सकता है। प्रकाशकों की संख्या बढ़ी है। प्रोडक्शन की क्वालिटी बढ़ी है।

प्रीति सिंह परिहार : फिल्म की बात की आपने। अपनी पसन्दीदा फिल्मों और कलाकारों के बारे में बताएँ?

नामवर सिंह : ऐसा कोई नाम तो याद नहीं लेकिन आजादी के बाद का जो दौर था, उस समय की फिल्मों की सूची ले लो तो उनमें अधिकतर टॉप की फिल्में

मिलेंगी। राजकपूर और नरगिस हों या दिलीप कुमार—सभी टॉप के कलाकार थे। उस वक्त कोलकाता भी फिल्मों का केन्द्र था। मैं बनारस में रहता था, जहाँ हिन्दी के साथ-साथ अक्सर बांग्ला फिल्में भी देखने को मिल जाती थीं। सत्यजीत रे की 'पाथेर पंचाली' और गुरुदत्त की 'प्यासा' सब वहीं देखीं।

प्रीति सिंह परिहार : पहले हर क्षेत्र में विशेषज्ञों को काम करने के लिए एक अलग ढंग की स्वायत्तता मिलती थी। किसी का दखल नहीं होता था, यानी चीजें ऊपर से तय नहीं होती थीं। इसके उत्कृष्ट परिणाम भी होते थे। क्या इस तरह की स्वायत्तता आज है?

नामवर सिंह : आज भी स्वायत्त हैं संस्थाएँ। कोई अंकुश नहीं है उनमें। उच्च शिक्षण संस्थाओं और विश्वविद्यालयों का जहाँ तक सवाल है, उनमें कोई हस्तक्षेप नहीं कर रहा है। लेकिन यह एक हकीकत है कि हर संस्था का एक स्वर्णयुग होता है, जिसके बीत जाने के बाद उसमें गिरावट आती है। इसका अपना आंतरिक नियम होता है। एक दौर था, जिसे साहित्य अकादमी, राष्ट्रीय नाट्य विद्यालय, संगीत नाटक अकादमी और ललित कला अकादमी का स्वर्णयुग कह सकते हैं। वह आरम्भिक दौर था। तब एक उत्साह था—उत्कृष्ट काम करने का। इस तरह का नेतृत्व देनेवाले लोग थे। अब इन संस्थाओं में थोड़ी गिरावट आई है। शिक्षा संस्थाओं में भी आई है। जवाहरलाल नेहरू विश्वविद्यालय अब वैसा नहीं रह गया है, जैसा शुरू के दौर में था। दिल्ली विश्वविद्यालय के कई प्रतिष्ठित कॉलेज अब वैसे नहीं रहे, जैसे एक दौर में हुआ करते थे। उत्थान-पतन का एक ऐतिहासिक नियम है। अनेक संस्थाओं में गिरावट आई है। स्वयं संसद में गिरावट आई है। आज संसद में हंगामा ज्यादा होता है, बहस कम होती है। ऐसा इसलिए है क्योंकि संस्थाओं का अपना आंतरिक नियम होता है, उत्थान-पतन का। स्वाधीन भारत के निर्माण का एक दौर था, जिसमें हम शिखर पर पहुँचे थे। अब देखें तो उस शिखर में थोड़ी गिरावट आ रही है। अब वह दौर नहीं रहा, न वह उत्साह, आशा और विश्वास रहा।

प्रीति सिंह परिहार : क्या वह दौर आनेवाले समय में लौटेगा?

नामवर सिंह : मैं ज्योतिषी तो हूँ नहीं, भविष्यवाणी कर नहीं सकता लेकिन लौटेगा जरूर।

प्रीति सिंह परिहार : गुरु-शिष्य-परम्परा को किस रूप में देखते हैं? क्या यह परम्परा अवसान की ओर है?

नामवर सिंह : हमारे देश में गुरु-शिष्य-परम्परा सदियों से चली आ रही है। यह केवल शिक्षा में नहीं है—संगीत, नृत्य सहित कला की लगभग सभी विधाओं में है लेकिन इस महत्त्वपूर्ण भारतीय परम्परा में आज थोड़ी शिथिलता आई है। क्यों आई है, मैं कह नहीं सकता, लेकिन आई जरूर है।

प्रीति सिंह परिहार : क्या मौजूदा समाज को सूचनायुक्त पर ज्ञानरहित समाज कहा जा सकता है?

नामवर सिंह : देखो, सूचनातंत्र केवल सूचना देने के लिए है, ज्ञानवर्द्धन के लिए नहीं है। ज्ञानवर्द्धन मीडिया और इंटरनेट से नहीं हो सकता। शिक्षण संस्थाएँ हैं ज्ञान के लिए, ज्ञान के स्रोत तो साधना की चीजें हैं।

प्रीति सिंह परिहार : क्या दुनिया को बदलने वाली विचारधारा के तौर पर मार्क्सवाद आज भी प्रासंगिक है? भारत में आज कम्यूनिस्ट पार्टियाँ मुख्यधारा की राजनीति में हस्तक्षेप करने की स्थिति में क्यों नहीं हैं?

नामवर सिंह : यह बहुत पेचीदा सवाल है। एक दौर था जब दुनिया दो हिस्सों में बँटी हुई थी : एक समाजवादी दुनिया थी, दूसरी पूँजीवादी। तब लगभग एक-तिहाई दुनिया समाजवादी थी। रूस, चीन तथा लैटिन अमेरिका के कई देशों में समाजवाद था। अफ्रीकी देशों में था। यूरोप के कई देश थे, जिनमें आम तौर पर लेबर पार्टी हुआ करती थी। फिर हमने एक और दौर देखा, जिसमें रूस में ही समाजवाद खत्म हो गया, चीन में खत्म हो गया है। मार्क्सवाद के आधार पर जो समाजवादी संसार बना था, वह खत्म हो गया। और तो और, इंग्लैंड में कभी जो लेबर पार्टी बहुत मजबूत हुआ करती थी, आज उसका बुरा हाल है। अमेरिका तक में यह पार्टी थी। अब ये इतिहास की बातें हो चुकी हैं। लेकिन यह एक परिवर्तन है, जिसे स्वीकार करना होगा। हमारे देश में भी कभी समाजवादी पार्टी और कांग्रेस पार्टी मजबूत हुआ करती थीं। ट्रेड यूनियन मजबूत हुआ करती थी। आज नहीं है। अब इसके लिए जिम्मेदार कौन है, यह कहना कठिन है। इतिहास के चक्र के जो नियम होते हैं, उनका विश्लेषण करना पड़ेगा। इसके लिए किसी एक व्यक्ति या एक पार्टी को दोष नहीं दिया जा सकता है।

प्रीति सिंह परिहार : आज मार्क्सवाद की प्रासंगिकता पर क्या कहेंगे?

नामवर सिंह : देखो, इतिहास तो बदलेगा ही। कभी लोग समझते थे कि पूँजीवाद नहीं जाएगा लेकिन पूँजीवाद एक-तिहाई दुनिया में खत्म हो गया था और समाजवाद आ गया था। फिर अन्तर्विरोध पैदा हुआ, समाजवाद खत्म होने लगा और पूँजीवाद आ गया लेकिन पूँजीवाद कोई अमरौती खाकर नहीं आया है। पूँजीवाद के पहले सामन्तवाद था। परिवर्तन इतिहास का नियम है। बदलाव तो होगा ही, यह और बात है कि उसे देखने के लिए मैं रहूँ, न रहूँ। परिवर्तन के अपने नियम होते हैं। जिस तरह पूँजीवाद के अन्दर से ही समाजवाद पैदा हुआ था, उस तरह से फिर एक संकट खड़ा होगा और फिर एक नई व्यवस्था आएगी। अब उसका नाम समाजवाद हो, न हो।

प्रीति सिंह परिहार : मौजूदा समय में मीडिया की भूमिका को कैसे देखते हैं?

नामवर सिंह : मीडिया के पास आज जितनी ताकत है, पहले कभी नहीं थी। लेकिन आजकल चूँकि बाजारवाद चल रहा है, मार्केट इकोनॉमी है इसलिए हर

मीडिया संस्थान मार्केट के अधीन है। पहले वह ध्यान रखता था कि उसकी कुछ जिम्मेदारियाँ हैं, नियम और नैतिकताएँ हैं लेकिन आज सब पर बाजार हावी है। हमारे यहाँ आम तौर पर 'बाजार' शब्द बुरा माना जाता है। किसी को बाजारू कह दो तो देखो, फिर क्या होगा! लेकिन आज हर चीज बिकाऊ है और हर चीज खरीदी जा सकती है। यह स्थिति मानवीय नहीं, अमानुषिक है। अब कुछ ही चीजें रह गई हैं, जो बिकाऊ नहीं हैं। मानवीय रिश्ते बिकाऊ नहीं हैं। इनमें नफा-नुकसान नहीं देखा जाता। बाजार इसलिए बुरा है क्योंकि इसके नियम के अनुसार हर चीज को हम बेचने-खरीदने की कतार में लाकर खड़ा कर देना चाहते हैं, यहाँ तक कि मानवीय भावनाओं को भी। लोग हर काम के पहले सोचने लगे हैं कि क्या फायदा होगा। यह पूँजीवाद का तर्क है। कुछ चीजें होती हैं, जिनमें नुकसान होता है फिर भी हम वह करना चाहते हैं। बिके न बिके, फायदा हो न हो लेकिन हम करेंगे। बेशक मीडिया में बाजार हावी है लेकिन पत्रकारिता का उद्देश्य पूरी तरह खत्म नहीं हुआ है।

प्रीति सिंह परिहार : आपको अगर व्यवस्था में बदलाव का मौका मिले तो कौन-सी चीजें आप बदलना चाहेंगे?

नामवर सिंह : यह तो बड़ा सवाल है। मैं चूँकि लेखन के क्षेत्र से हूँ तो लोगों के दिल और दिमाग बदलना चाहूँगा। समाज को बदलने के लिए आन्दोलन की, संगठन की जरूरत होगी। लेकिन कलम समाज के बड़े हिस्से को न सही, कुछ लोगों को तो बदल ही सकती है। आज युवाओं में बहुत निराशा है। उनको हिम्मत देने की जरूरत है कि तुम बहुत कुछ कर सकते हो।

[साभार : 'प्रभात खबर' विशेष, राँची, 20 जून, 2015]

भीष्म जी ने एक बड़ी दुनिया रची है

[नामवर सिंह के साथ मो. जाहिदुल दीवान की बातचीत]

मो. जाहिदुल दीवान : भीष्म जी से आपकी मुलाकात कहाँ और कैसे हुई थी?

नामवर सिंह : भीष्म जी से मेरी मुलाकात बनारस हिन्दू विश्वविद्यालय में हुई थी जब मेरे गुरुदेव आचार्य हजारी प्रसाद द्विवेदी विश्वभारती शान्तिनिकेतन से प्रोफेसर और विभाग के अध्यक्ष पद से निवृत होकर आए थे। पंडित जी उनके बड़े भाई बलराज साहनी को बहुत पहले से जानते थे। बड़े भाई बलराज साहनी ने विश्वभारती के हिन्दी विभाग में अध्यापक रहकर पढ़ाया था। भीष्म जी बलराज जी के छोटे भाई हैं, पंडित जी इस बात को जानते थे, और भीष्म जी का इतना ही परिचय था पंडित जी से।

भीष्म जी यहाँ दिल्ली विश्वविद्यालय के एक कॉलेज में—पहले जो दिल्ली कॉलेज कहलाता था, आजकल जाकिर हुसैन कॉलेज है—अंग्रेजी पढ़ाते थे। चूँकि उनके बड़े भाई पंडित जी के पास रह चुके थे, यह सोचकर भीष्म जी भी अपने रिसर्च के काम से वहाँ गए हुए थे। जब वह पहुँचे, इत्तफाक से मैं भी पंडित जी के यहाँ उपस्थित था। चूँकि मैं छात्रावास में रहता था, तो पंडित जी ने मुझसे कहा, कि मैं वार्डेन से कह दूँ कि उनके रहने की व्यवस्था वे कर दें और मुझसे जो बातचीत वह करेंगे, वे बातें मैं पंडित जी को बता दूँ।

वह उपन्यासों पर काम कर रहे थे, तो यह पहला परिचय भीष्म जी से था। मुलाकात वहीं हुई। हमारे पास वे रहे तीन-चार दिन। उनको बनारस घुमाया मैंने। काशी पहली बार गए थे तो उनको कुछ खास-खास जगहों पर ले गया।

मो. जाहिदुल दीवान : क्या उन दिनों आप भी रिसर्च स्कॉलर थे?

नामवर सिंह : मैं उन दिनों अध्यापक हो गया था। मेरी शिक्षा समाप्त हो चुकी थी। रिसर्च करने के साथ मैं वहाँ विश्वविद्यालय में लेक्चरर हो गया था।

मो. जाहिदुल दीवान : गुरु जी, क्या आपको सन् याद है?

नामवर सिंह : यह सन् '52 की बात है—1952 की।

तो उनको काशी घुमा के दिखा भी दिया, जो-जो वे देखना चाहते थे। वह तीन-चार दिन रुके थे। एक यह भी सम्बन्ध था कि मैं प्रगतिशील लेखक संघ से

जुड़ा हुआ था और वे भी दिल्ली में प्रगतिशील लेखक संघ के सदस्य थे। साहित्यिक मान्यताएँ और जो विचारधारा हो सकती थी, हम दोनों की एक थी। और नाम मैंने सुन रखा था लेकिन मिलना नहीं हुआ था।

उसके वर्षों बाद की यह बात होगी। मैं विश्वविद्यालय में पढ़ाता रहा। वहाँ से छुट्टी हो गई हमारी। जिस पंचवर्षीय योजना के तहत मैं काम कर रहा था, परमानेंट नहीं हुआ। विश्वविद्यालय से नौकरी छूटने के बाद मैं दिल्ली आ गया। यह 1965 की घटना है। चूँकि वहाँ की तब की मुलाकात थी और मुझे मालूम था कि वे दिल्ली कॉलेज में अंग्रेजी पढ़ाते हैं।

वहाँ से आने के बाद मैं राजकमल प्रकाशन से जुड़ा। श्रीमती शीला सन्धू थीं। साहित्यिक दुनिया से परिचित नहीं थीं तो मुझे उन्होंने साहित्यिक सलाहकार के रूप में जोड़ लिया। आया तो था मैं कम्यूनिस्ट पार्टी के दफ्तर में 'जनयुग' के सम्पादन के लिए। पार्टी ने मुझे बुलाया था। इत्तफाक से उसका दफ्तर करोलबाग में था। तो करोलबाग में दफ्तर रहते हुए भी मुझसे वह मिलते रहे। करोलबाग में ही उनका मकान था, जो हमारे पास पड़ता था और तब की हमारी मुलाकात थी।

दिल्ली में जिन साहित्यकारों को मैं जानता था, उनमें भीष्म जी भी थे, मोहन राकेश भी वहीं रहते थे। कुछ और साहित्यकार भी रहते थे। तो मिलता रहता था। मैंने उनसे कहा कि मैं राजकमल में आ गया हूँ और यहाँ से एक पत्रिका निकलती है 'नई कहानियाँ' और मैं चाहता हूँ कि उसका सम्पादक, अगर आपको असुविधा न हो तो आप ही बन जाएँ। वह दिल्ली कॉलेज में अंग्रेजी पढ़ाते थे। उन्होंने कहा कि अगर तुम चाहते हो तो बन जाऊँगा। मैंने कहा—हम सभी चाहते हैं क्योंकि ओमप्रकाश जी पहले उसके प्रकाशक थे, उनसे उनकी जगह श्रीमती शीला सन्धू ने ले ली थी। ये लोग कम्यूनिस्ट पार्टी से जुड़े हुए थे। तो मैं उनके कॉलेज गया। वह भी आते रहते थे। तो मैंने कहा—आपके लिए कॉलेज बहुत करीब है। नौकरी करते हुए भी आप पत्रिका का सम्पादन तो कर ही सकते हैं। वे तैयार हो गए। इस नाते हमारा मिलना-जुलना शुरू हुआ।

मैं दोनों जगह काम करता था—कम्यूनिस्ट पार्टी का भी काम करता था और राजकमल का भी। आधा दिन यहाँ रहता था और आधा दिन वहाँ रहता था। शाम को जब खाली हुए तो कभी-कभी उनके करोलबाग वाले मकान में भी जाता था। यह हमारा रिश्ता उनके साथ बहुत ही घनिष्ठ था। विचारधारा भी एक थी और द्विवेदी जी के नाते भी। प्रगतिशील लेखक संघ, कम्यूनिस्ट पार्टी, द्विवेदी जी का साथ—इन चीजों ने एक गहरी मित्रता बना दी। और फिर...जैसे कहते हैं कि वह हर एक मुलाकात बढ़ती चली जाती है। उसके बाद वे जो लिखते थे किताबें, वे और जगहों से छपती थीं। मैंने कहा कि किताबें आप राजकमल से छपवाइए। जो

उपन्यास लिखते हैं, उन्हें भी। यह निजी सम्बन्ध उनके साथ मेरा रहा और जे.एन.यू. में जब मैं आया तो उनकी बेटी रूसी पढ़ाती थी। भीष्म जी की बेटी थी तो वह हमको चाचा-चाचा कहती थी, चाचू कहती थी। तो यह सम्बन्ध उनके बेटी से भी जुड़ गया। तो बहुत ही निजी सम्बन्ध भीष्म जी का अन्त तक रहा।

उनका जो साहित्य है, राजकमल से ही ज्यादातर किताबें छपी हैं। उन्होंने नाटक लिखे थे तो उनके नाटक नेशनल स्कूल ऑफ ड्रामा में हुए थे। जहाँ तक भीष्म जी के लेखन का सम्बन्ध है, उस सिलसिले में भी उनसे सम्बन्ध था। उनकी एक मिसाल यह है कि 'कहानी' नाम की पत्रिका में उनकी एक कहानी पर मैंने लेख लिखा था। एक लेख जो 'कहानी' पत्रिका सरस्वती प्रेस से निकलती थी, उसमें छपी थी। यह इलाहाबाद से छपी थी। यह लेख था—'नई कहानी : सफलता और सार्थकता'। यह नववर्षांक 1958 का था यानी दिल्ली आने से पहले, जब मैं बनारस में था। तो 'नई कहानी : सफलता और सार्थकता' में उनकी जिस कहानी की मैंने चर्चा की थी, वह कहानी थी : 'चीफ की दावत'। यह हमारी 'कहानी : नई कहानी' नाम की किताब में छपी है। वह मुझे बहुत अच्छी लगी थी। उसमें एक उद्धरण जो आम तौर से बहुत लोगों ने उद्‌धृत किया था, मुझे बहुत पसन्द आया था। कहानी शुरू होते ही संकट। चीफ की दावत है...। एक आदमी ने अपने चीफ को अपने घर बुलाया था और शुरुआत जो कहानी की होती है, मैंने उद्धरण दिया था कि अब घर का फालतू सामान अलमारियों के पीछे और पलंगों के नीचे छिपाया जाने लगा। तभी शामनाथ (जो कहानी के पात्र हैं) के सामने एक अड़चन खड़ी हो गई कि माँ का क्या होगा? और उस माँ को वे लोग छिपाते रहे। क्योंकि माँ बूढ़ी थी, कम पढ़ी-लिखी थी और चीफ आने वाले थे तो चीफ के सामने बूढ़ी-सी माँ दिखाई पड़े, तो माँ को लोग छिपाते फिरते थे। पर हुआ यह, विडम्बना यह थी कि अन्त में जहाँ माँ को छिपा रखा था, जो अतिथि थे अचानक उनकी नजर उस माँ पर, जो छिपी बैठी थी, पड़ गई। जिस चीज को बचाना चाहते थे लोग, अन्त में वह बची नहीं। वह उघड़ गई। बहुत बूढ़ी हालत में उन्होंने उनको देखा। परन्तु शामनाथ की घबराहट के बावजूद चीफ देर तक उस माँ से प्रभावित हुए। वे इन लोगों के खाने-पीने से प्रभावित नहीं हुए। माँ से स्वयं मिले और अन्त में शामनाथ ने देखा कि जिस सामान को छुपाने के लिए उन्होंने इतनी परेशानियाँ उठाईं, वह हितकर साबित हुईं। उस माँ रो बहुत प्रभावित हुए और यहाँ तक कि दावत से बढ़कर प्रभावित हुए। सबसे बड़ी विडम्बना (आयरनिक) है, जिस माँ को छिपाना चाहते थे, उससे भेंट हो गई। जिससे सोचते थे कि देखने पर बुरा असर पड़ेगा, ठीक उलटा असर पड़ा। प्रभावित हुए। यह एक प्रतीक है। प्रतीक अपने सम्पूर्ण प्राचीन का यानी 'चीफ की दावत' कहानी पर लोगों का ध्यान गया, जब उस पर मैंने एक लेख लिखा था।

यह पहली कहानी थी। फिर मैं 1965 के आस-पास दिल्ली आ गया था और जैसा मैंने कहा कि मेरा सम्बन्ध साहित्य अकादमी से भी जुड़ गया। साहित्य अकादमी के पास ही नेशनल स्कूल ऑफ ड्रामा है। लगभग अपनी सारी किताबें उन्होंने मुझे दी हैं। और कुल किताबें मिलाकर आश्चर्य होता है कि भीष्म साहनी लिखने का समय कब निकालते हैं? मेरा खयाल है कि इतने व्यस्त रहते हुए वे प्रोग्रेसिव राइटर एसोसिएशन के जनरल सेक्रेटरी थे। तो संगठन का काम देखना, फिर कॉलेज की पढ़ाई थी। कॉलेज की पढ़ाई जब खत्म हुई, उसके बाद लिखने का समय वह कब निकालते थे, देखकर यह आश्चर्य होता है कि उन्होंने तीन विधाओं में लिखा है। कहानी, और कहानी भी कम नहीं। बड़े-बड़े कहानीकार राजेन्द्र यादव, मोहन राकेश को देखते हुए अगर देखें तो उनके सात कहानी-संग्रह हैं : भाग्य रेखा, पहला पाठ, भटकती राख, पटरियाँ, वाङ्चू, शोभा-यात्रा और निशाचर। ये सात कहानी-संग्रह हैं उनके। उनमें मैंने जिस कहानी की चर्चा की, वह कहानी 'वाङ्चू' नाम की एक कहानी है। वह बनारस में घटित होती है। एक चीनी लड़के की कहानी है। चीन का एक लड़का वाङ्चू नाम का था। भारत आया और बहुत सारी चीजें भारत में देखने के बाद चीन वापस गया तो उसका उस रूप में स्वागत नहीं हुआ। फिर वह भारत लौट आता है और उसकी मृत्यु होती है सारनाथ में। बड़ी मार्मिक कहानी है 'वाङ्चू'। और बाद में मुझे लगा कि हमने जो कहानी 'चीफ की दावत' पसन्द की थी, उससे बेहतर कहानी है यह।

एक बात यह है कि कुछ लोग, कुछ साहित्यकार ऐसे होते हैं जो शुरू के दिनों में बहुत अच्छा लिख देते हैं और बाद के दिनों में धीरे-धीरे उसका अवसान हो जाता है। लेकिन भीष्म जी जैसे-जैसे लिखते गए, वैसे-वैसे प्रौढ़ होते गए। उत्तरोत्तर विकास करते गए। प्रौढ़ता प्राप्त करते गए। यह आश्चर्यजनक है। मैंने कहा कि सात कहानी-संग्रह और लगभग समझो कि इतने ही उपन्यास उन्होंने लिखे। उनके उपन्यासों में हैं—झरोखे, कड़ियाँ, तमस ('तमस' की सबसे ज्यादा चर्चा हुई है), बसन्ती, मय्यादास की माड़ी, कुन्ती और नीलू नीलिमा नीलोफर। यह लगभग सन् 2000 के आस-पास लिखा गया। तो उन्होंने सात उपन्यास, सात कहानी-संग्रह और छह नाटक लिखे।

पहला नाटक था उनका हानूश, दूसरा कबिरा खड़ा बजार में, तीसरा 'माधवी', चौथा 'मुआवजे', पाँचवाँ 'रंग दे बसन्ती चोला' और छठा 'आलमगीर'। कुछ ऐतिहासिक हैं, तो कुछ सामाजिक हैं। यहाँ उनकी विविधता दिखाई पड़ती है।

उनके समकालीन लेखकों में राजेन्द्र यादव हैं, मोहन राकेश हैं, कमलेश्वर हैं। लगभग थोड़ा-सा कम ही फासला है उनका। आप देखें कि तीन-तीन विधाओं में कहानी, उपन्यास और सबसे बढ़के नाटक। एक मोहन राकेश हैं जिन्होंने नाटक भी लिखा, कहानी भी लिखी, उपन्यास भी लिखा। लेकिन उनका भी कृतित्व इतना

विशाल नहीं है। लगभग इन्हीं लोगों के समकालीन वे थे। अपने समकालीन में भीष्म जी का जो कृतित्व है, बहुत बड़ा है और विडम्बना यह है कि वह अंग्रेजी पढ़ाते थे। थे पंजाबी, बाहर से आए हुए लोग थे, बावजूद इसके इस भाषा पर अधिकार करना और अध्यापक थे तो कॉलेज भी जाते थे। अत्यन्त व्यस्त रहते हुए भी भीष्म जी ने जितना लिखा है, उतना लेखन उनके समकालीनों में शायद ही किसी ने किया हो।

मो. जाहिदुल दीवान : जैसाकि आपने कहा कि वह बाहर से आए हुए थे तो उनके लेखन में आपको विस्थापन का दर्द किस तरह दिखता है?

नामवर सिंह : देखिए, वह है लेकिन उस दर्द को उस रूप में नहीं भुनाया जैसाकि लाहौर से आने वाले लोगों ने। तब पंजाब का बँटवारा नहीं हुआ था। लेकिन बावजूद इसके, वे लोग विस्थापन, खाली विस्थापन को ही भुनाते रहे बहुत दिनों तक। उसको छोड़ करके विस्थापन की गाथा बहुत से लोगों ने लिखी लेकिन भीष्म जी नॉस्टेल्जिया में नहीं गए। उनकी मुख्य चिन्ता आम आदमी के संघर्ष की थी—चाहे वह स्त्री हो या पुरुष हो। उसको उन्होंने इन तीनों विधाओं में लिखा। मैं नहीं समझता कि उनके समकालीनों में कोई जो बहुमुखी प्रतिभा का हो और जिसके जीवन की, अनुभव की दुनिया ऐसी रही हो। सब मिला करके कहीं एक बड़ी दुनिया उन्होंने रची है। अपने साहित्य के द्वारा, अपनी भाषा के द्वारा और सबसे बड़ी बात यह कि पंजाबी होते हुए भी, अंग्रेजी पढ़ाते हुए भी जो गद्य लिखा है, वह भी इतना सहज, सरल—बनावटी कहीं भी नहीं। वह ठेठ हिन्दी का ठाठ जो होता है, यह उनके पूरे साहित्य में दिखाई पड़ता है। सरलता, सहजता, सादगी और साथ ही मर्मस्पर्शी, मार्मिक। कहीं-न-कहीं वह आपको अन्दर से छूता है। मैं नहीं समझता कि उनके समकालीनों में ऐसी कोई शख्सियत है जिसको भीष्म जी के समकक्ष रखा जा सके।

मो. जाहिदुल दीवान : मैं एक बात और जानना चाहूँगा। जैसेकि आपने कई बार जिक्र किया कि भीष्म जी एक अध्यापक भी थे, आप भी एक अध्यापक रह चुके हैं। अध्यापक और साहित्यकार के रूप को आपने कैसा पाया?

नामवर सिंह : पहली बात यह है कि उनके अध्ययन और लेखन में कोई सम्बन्ध इसलिए नहीं था क्योंकि वह अंग्रेजी के अध्यापक थे, हिन्दी के नहीं थे। मैंने उनको पढ़ाते हुए नहीं देखा। उनके कॉलेज में जरूर गया। लेकिन उनके बारे में मैंने सुना है कि अध्यापक वे बहुत अच्छे थे। एक काम जो उन्होंने किया, वह है प्रोफेशनलिज्म। कॉलेज में हैं तो अध्यापक। उस समय साहित्यकार के रूप में नहीं आते थे। वह जो एक प्रोफेशनलिज्म होता है कि एक अंग्रेजी अध्यापक के रूप में कॉलेज में जैसा होना चाहिए, वे अपने अध्यापक रूप में बिलकुल अलग होते थे। यह था उनका व्यक्तित्व एक अध्यापक का। परिवार का रूप उनका

अलग था। प्रगतिशील लेखक संघ के वह सचिव थे। उस संगठन को भी देखते थे वह—इतने यानी बहुधंधी आदमी होते हुए भी। सबसे बड़ी बात, उस दौर में कोई दूसरा लेखक उस पाये का नहीं है क्योंकि उनकी पीढ़ी वही है—मोहन राकेश, राजेन्द्र यादव, कमलेश्वर। उनसे थोड़े से बड़े रहे होंगे। आठ-दस साल से ज्यादा का फर्क नहीं था। मुझसे दस साल बड़े थे वे। सब लोग हमारे पीढ़ी के हैं। तो सिर्फ दस साल का फर्क था। बावजूद इसके, भीष्म जी की सक्रियता, कर्मठता को देखते हुए और वह लिखने का समय सब निकाल लेते थे। जितना लेखन उन्होंने किया, उतना किसी ने नहीं किया।

मो. जाहिदुल दीवान : उन्होंने कई फिल्मों में अभिनय भी किया है। आपने उनकी कोई फिल्म देखी है?

नामवर सिंह : देखी है। पर इस समय मुझे याद नहीं पड़ रही है। फिल्मों में अभिनय करने का कारण यह था कि उनके बड़े भाई खुद फिल्म की दुनिया में थे। बलराज साहनी तो मुम्बई चले गए थे। तो फिल्मों की दुनिया से उनका नाता बलराज जी के कारण ही हुआ था। नाटक और फिल्म, दोनों जुड़ी चीजें थीं। वे नाटक करते थे तो फिल्में भी कीं।

मो. जाहिदुल दीवान : आपने कई बार उल्लेख किया है कि वे प्रगतिशील लेखक संघ के महासचिव थे। आप भी तीन बार उसके अध्यक्ष रह चुके हैं। तो आप भीष्म जी के योगदान को किस रूप में देखते हैं?

नामवर सिंह : देखिए, प्रगतिशील लेखक संघ का वही स्वर्णयुग था। प्रगतिशील लेखक संघ के उत्थान के समय शिवराज सिंह चौहान थे। बीच में बन्द हो गया था। शुरू से सज्जाद जहीर थे। उर्दू के लोगों की प्रधानता थी। प्रेमचन्द का वक्त तो खत्म हो चुका था। आजादी के बाद उसका दूसरा दौर फिर शुरू हुआ। तो दूसरे दौर में जिस समय भीष्म जी थे, मैं भी जुड़ा हुआ था। इस दौर में दिलचस्पी यह थी कि इप्टा था। भीष्म जी प्रगतिशील लेखक संघ वाला काम तो देखते ही थे, इप्टा में भी उनकी उतनी ही गहरी रुचि थी क्योंकि वे नाटककार थे। जो कई नाटक उन्होंने लिखे हैं, वे इप्टा की ओर से खेले गए। कई एक तो नेशनल स्कूल ऑफ ड्रामा ने खेला है। मुझे आश्चर्य होता है कि वे तीनों विधाओं में अन्त तक सक्रिय रहे। ऐसा नहीं कि पहले कहानी लिखी, फिर उपन्यास लिखे, फिर नाटक में आए तो नाटक ही लिखते रह गए। उस दौर में भी वे कहानियाँ, उपन्यास लिखते रहे। लगभग अन्तिम दौर का ही उनका उपन्यास 'मय्यादास की माड़ी' है, जो अद्‌भुत है। उनमें अद्‌भुत प्रतिभा थी और सबसे ज्यादा कर्मठता थी। एक लगन और धुन। सोचें कि भाषा उनकी पंजाबी थी, पढ़ाते अंग्रेजी थे और लिखते हिन्दी में थे। इसलिए उस दौर के लेखकों में अद्वितीय हैं।

मुझे खेद है कि जितना शोध-कार्य होना था, उतना हुआ नहीं। कुछ लोगों ने

किया होगा। वैसे तो मैंने देखी नहीं उन पर लिखी हुई कोई थीसिस। लेकिन जितना शोध-कार्य होना था, उतना हुआ नहीं।

मो. जाहिदुल दीवान : यही नहीं बल्कि नई कहानी के दौर के भी वे महत्त्वपूर्ण कहानीकार थे। लेकिन उसमें भी उनकी चर्चा बहुत बाद में शुरू होती है। इसका क्या कारण है?

नामवर सिंह : आत्म-प्रचार से वे दूर रहते थे। जो लोग आत्म-प्रचार में तल्लीन थे, इसलिए उन्होंने अपनी चर्चा करा ली। यही हो सकता है। वह अपने काम में लगे रहते थे। उनके आखिरी दिनों में सबसे ज्यादा दिलचस्पी नाटकों में थी। और मुख्य रूप से उनके भाई फिल्म में काम करते थे, पर वे भी नाटक में ही थे पहले। इप्टा से ही गए हुए थे वे। तो उनकी दिलचस्पी आखिरी दिनों में नाटकों में ही थी। इस प्रकार मैं उनके कृतित्व पर देखता हूँ तो वे हाँकने वाले आदमी नहीं थे। अत्यन्त विनम्र। वे बड़बोले नहीं थे। बड़े सहज। और कहीं उनमें दिखावटी विनम्रता भी नहीं। सहज भाव से मनुष्य के रूप में भी बहुत अच्छे थे।

अच्छा है कि लोग भीष्म जी को याद कर रहे हैं उनकी जन्मशती पर। जन्मशती पर कोई कार्यक्रम, पता नहीं, साहित्य अकादमी कब करने जा रही है! नेशनल स्कूल ऑफ ड्रामा को भी करना चाहिए। प्रगतिशील लेखक संघ तो मरणासन्न स्थिति में है। मुझे लगता है, देर-सवेर प्रगतिशील लेखक संघ भी कोई-न-कोई आयोजन तो करेगा ही। अब शुरू हो रहा है तो मेरा खयाल है कि भीष्म जी पर कुछ-न-कुछ आयोजन दिल्ली में तो होगा ही। उनकी जन्मशती को हर तरह से यादगार बनाया जाना चाहिए।

[साभार : 'परिकथा' पत्रिका, सितम्बर-अक्टूबर, 2015]

जैसे हम हैं, वैसे ही रहें

[नामवर सिंह से ज्ञानेन्द्र कुमार सन्तोष की बातचीत]

ज्ञानेन्द्र कुमार सन्तोष : अपने आरम्भिक साहित्यिक जीवन के बारे में बताएँ?

नामवर सिंह : बात उन दिनों की है जब मैं उदय प्रताप कॉलेज में इंटरमीडिएट की पढ़ाई कर रहा था। कविता लिखने में मेरी रुचि थी। 1941 से कविता से लेखक जीवन की शुरुआत मैंने की। मेरी पहली कविता 'दीवाली' इसी साल 'क्षत्रिय मित्र' पत्रिका (बनारस) में प्रकाशित हुई थी। इसी दौरान पहले शिवदान सिंह चौहान से परिचय हुआ और बाद में प्रगतिशील लेखक संघ से जुड़ा। क्योंकि इस संस्था को चौहान जी ने एक साहित्यिक संस्था के रूप में जिंदा किया था। यह घटना सन् 1946 के आस-पास की होगी जब मैंने अज्ञेय जी को अपने कॉलेज में बुलाया था। वे शिलौंग से आए थे। लेकिन अज्ञेय जी कविता और साहित्य पर कुछ बोले ही नहीं, जबकि लोग उम्मीद करते थे कि वे कवि हैं, कविता पर बोलेंगे या 'शेखर : एक जीवनी' के लेखक हैं, इसलिए साहित्य पर बात करेंगे लेकिन लोगों को निराशा हुई। वे न कविता पर बोले, न साहित्य पर, वे असमिया मच्छर पर बोले। हाँ, चाय पर बात करते हुए वे 'शेखर : एक जीवनी' पर जरूर बात की। क्योंकि मार्कंडेय ने उनसे 'शेखर : एक जीवनी' पर कुछ सवाल पूछे थे। यह अज्ञेय जी से मेरी पहली मुलाकात थी। उसके बाद वे इलाहाबाद आ गए रहने। तब मैं वहाँ यदा-कदा उनसे मिलने जाया करता था।

ज्ञानेन्द्र कुमार सन्तोष : वामपंथ से आप कैसे जुड़े?

नामवर सिंह : बनारस कांग्रेस का तो गढ़ था ही। कांग्रेस के कमलानन्द त्रिपाठी थे, सोशलिस्ट पार्टी के सम्पूर्णानन्द थे, काशी विद्यापीठ में नरेन्द्रनाथ जी थे। कम्यूनिस्ट पार्टी भी बहुत मजबूत थी। वहाँ से रुस्तम सैटीन थे। उन्हीं दिनों मैं कम्यूनिस्ट पार्टी से जुड़ा। हम लोगों का मुख्य केन्द्र होता था गोदौलिया चौराहा।

ज्ञानेन्द्र कुमार सन्तोष : बनारस और काशी हिन्दू विश्वविद्यालय के बारे में कुछ बताएँ?

नामवर सिंह : इंटर करने के बाद 1947 में मैंने काशी हिन्दू विश्वविद्यालय में बी.ए. में दाखिला ले लिया था और हॉस्टल में रहता था। उसका नाम महेंद्रवी

लॉज था जो संकटमोचन मन्दिर के पास था। पचास-साठ लड़के उन दिनों उस लॉज में रहा करते थे। मैं रोज पहले गंगास्नान करता और उसके बाद संकटमोचन मन्दिर जाता था। उन दिनों यह मेरा प्रतिदिन का रूटीन था। काशी हिन्दू विश्वविद्यालय से ही 1951 में हिन्दी में एम.ए. किया। उसके बाद 1953 में जब काशी हिन्दू विश्वविद्यालय में अस्थायी रूप में व्याख्याता के पद पर मेरी नियुक्ति हुई तो मुझे हॉस्टल छोड़ना पड़ा। और मैं लोलार्क कुंड के पास ही एक किराये के मकान में रहने लगा। वहाँ मैं अपनी माँ और भाइयों के साथ रहा करता था।

उन दिनों साहित्यकारों में शंभुनाथ सिंह और त्रिलोचन शास्त्री विद्वान व्यक्ति थे लेकिन उनके पास कोई डिग्री नहीं थी। मैं इन दोनों से काफी मिलता-जुलता था और साहित्य की चर्चा किया करता था। दोनों आस-पास ही रहा करते थे। एक बार त्रिलोचन जी से गंगा तैर कर पार करने की बात पर मेरी ठन गई। वे कहते थे कि मैं गंगा तैर कर पार कर लेता हूँ। बात को बढ़ा-चढ़ा कर कहने की उनकी आदत थी।

वे रोज-रोज कहा करते थे इसलिए एक दिन मैंने भी ठान लिया कि चलो गंगा के उस पार। एक बार तैरकर मैं गया रेती पर और वहाँ थोड़ी देर रुकने के बाद मैंने तो किसी तरह गंगा पार कर लिया लेकिन त्रिलोचन जी बहाव में बहुत दूर तक चले गए। उस दिन पता चला कि त्रिलोचन जी ने कभी तैर कर गंगा पार नहीं किया था। हाँकने की उनकी आदत थी। लेकिन मैंने उसी दिन कान पकड़ कसम खाई कि आज के बाद कभी ऐसा काम नहीं करूँगा।

ज्ञानेन्द्र कुमार सन्तोष : आचार्य द्विवेदी से आपकी मुलाकात कैसे हुई? काशी हिन्दू विश्वविद्यालय में आपकी नियुक्ति कैसे हुई?

नामवर सिंह : सन् 1950-51 में गुरुजी (आचार्य हजारी प्रसाद द्विवेदी) से मेरी मुलाकात काशी हिन्दू विश्वविद्यालय में ही हुई। एम.ए. करने के बाद वहीं एक दिन उन्होंने कहा कि विश्वविद्यालय में पंचवर्षीय योजनाएँ शुरू हो रही हैं। तुम अपने यहाँ से पंचवर्षीय योजना भेजो। जब योजना मंजूर हो गई तो वहाँ दो पद अस्थायी रूप में सृजित हुए। लेकिन इस नियुक्ति के लिए भी बाजाब्ता साक्षात्कार हुए थे। उसी पंचवर्षीय योजना के तहत पंडित जी ने एक पद पर मुझे नियुक्त किया और दूसरे पद पर रामदरश मिश्र को। यह नियुक्ति चूँकि पंचवर्षीय योजना के तहत थी, इसलिए यह नियुक्ति अस्थायी ही मानी गई। बहरहाल छह साल पढ़ाने के बाद विश्वविद्यालय से मेरी छुट्टी हो गई।

ज्ञानेन्द्र कुमार सन्तोष : आपने सीपीआई से चुनाव भी लड़ा था?

नामवर सिंह : सन् 1959 के लोकसभा उपचुनाव में चकिया चन्दौली से मैं भारतीय कम्यूनिस्ट पार्टी का उम्मीदवार था। लेकिन मैं चुनाव हार गया। यह सीट थी राममनोहर लोहिया की। जब उपचुनाव में उन्होंने लड़ने से मना कर दिया तो सोशलिस्ट पार्टी ने मेरी जाति (राजपूत) के ही उम्मीदवार को खड़ा कर दिया।

वहाँ मेरी जाति-बिरादरी के बहुत लोग थे। उपचुनाव में असफलता के साथ-साथ मैं विश्वविद्यालय से भी मुक्त हो गया।

ज्ञानेन्द्र कुमार सन्तोष : चुनाव में असफलता और नौकरी खोने के बाद आपने क्या किया ?

नामवर सिंह : चुनाव हारने और नौकरी जाने के बाद थोड़े दिनों तक मैं 1959-60 में सागर विश्वविद्यालय (म. प्र.) के हिन्दी विभाग में असिस्टेंट प्रोफेसर रहा। उसके बाद मैं फिर बनारस लौटा और 1960 से 1965 तक बनारस में रहकर ही स्वतंत्र लेखन कार्य करता रहा। फिर बनारस में मेरे लिए कुछ खास नहीं था इसलिए मैं दिल्ली आ गया।

चूँकि मैं पार्टी के टिकट पर चुनाव लड़ा था तो पार्टी ने दिल्ली से एक पत्रिका निकालने का फैसला किया और उसे निकालने की जिम्मेदारी मुझे दी गई। उन दिनों मैं 'जनयुग' पत्रिका निकाला करता था। उन दिनों राजकमल में भारी परिवर्तन हुए थे। श्रीमती शीला संधू राजकमल की मैनेजिंग डायरेक्टर हो गईं। लेकिन शीला संधू हिन्दी नहीं जानती थीं इसलिए लेखक अपनी किताब वापस लेने लगे थे। तो उन्होंने कम्यूनिस्ट पार्टी के श्रीपाद अमृत डांगे से कहा कि मुझे एक पार्ट टाइम व्यक्ति चाहिए जो हिन्दी जानता हो। पार्टी का काम तो मैं करता ही था इसलिए पार्टी ने मुझे वहाँ भेज दिया क्योंकि वहाँ से मुझे इसके बदले एक हजार रुपए मिलने वाले थे। मैं वहाँ साहित्य सलाहकार के रूप में कार्य करने लगा। मैं भी घूम-घूमकर साहित्यकारों से मिलकर यह बताने लगा कि आप अपनी पुस्तक वापस न लें। राजकमल प्रकाशन से एक 'आलोचना' पत्रिका भी निकलती थी। शीला संधू ने मुझे 'आलोचना' पत्रिका के सम्पादन का दायित्व भी सौंपा। उन दिनों मैं मॉडल टाउन में रहता था। दिल्ली विश्वविद्यालय में पढ़ाने वाले बहुत से लोग उन दिनों मॉडल टाउन में ही रहते थे। पहले विश्वनाथ त्रिपाठी के यहाँ रहा, बाद में अलग मकान लेकर रहने लगा। उन दिनों वह साहित्यकारों का 'हब' था। बाद में राजकमल प्रकाशन ने मुझे 'आलोचना' का सम्पादक तो रहने दिया लेकिन साहित्य सलाहकार के पद से हटा दिया। लेकिन सिर्फ 'आलोचना' के सम्पादकी से काम नहीं चलने वाला था। इसलिए मैं तिमारपुर के सस्ते किराये के मकान में रहने लगा। उन दिनों मेरे मित्र आईपीएस मार्कंडेय सिंह, जो बाद में चन्द्रशेखर के जमाने में दिल्ली के लेफ्टिनेंट गवर्नर हुए, वे क्लास फेलो थे—यूपी कॉलेज के दिनों में। वे भी दिल्ली में ही थे। उनसे भी मिलना-जुलना हमेशा होता था।

ज्ञानेन्द्र कुमार सन्तोष : जोधपुर विश्वविद्यालय जाना कैसे हुआ ?

नामवर सिंह : बालकृष्ण राव आगरा यूनिवर्सिटी के वाइस चांसलर थे। उन्होंने मुझे के.एम. मुंशी इंस्टीट्यूट का डायरेक्टर का पद ऑफर किया। मैं के.एम. इंस्टीट्यूट में ही था कि मुझे एक दिन अचानक एक टेलीग्राम मिला जोधपुर से। वह तार

जोधपुर विश्वविद्यालय से था जिसमें मुझे हिन्दी विभाग के विभागाध्यक्ष के रूप में बुलाया गया। मैंने यह तार राव साहब को दिखाया तो उन्होंने कहा कि मैं तुम्हें रोकूँगा तो नहीं क्योंकि यह पोस्ट सिर्फ़ पाँच वर्ष के लिए है और वह पोस्ट स्थायी है लेकिन मैं तुमसे एक महीने का वेतन वापस लूँगा। खैर, मेरे रहते रामविलास जी ने वहाँ डायरेक्टर के पद पर ज्वाइन किया और मैंने एक महीने तक आगरा से दिल्ली अप-डाउन किया। एक महीने पूरे होने पर मैंने जोधपुर विश्वविद्यालय में ज्वाइन किया। वहाँ वाइस चांसलर वी.वी. जॉन थे। वहाँ मैंने नये सिरे से पाठ्यक्रम बनाया।

ज्ञानेन्द्र कुमार सन्तोष : जे.एन.यू. कब और कैसे आए?

नामवर सिंह : 1974 में मुझे जवाहरलाल नेहरू विश्वविद्यालय के उप-कुलपति नाग साहब का नियुक्ति-पत्र मिला। उन्होंने मुझे भारतीय भाषा केन्द्र के अध्यक्ष के रूप में जे.एन.यू. बुलाया था, और मैं गर्मियों की छुट्टी से पहले ही आ गया लेकिन ज्वाइन मैंने जुलाई में किया। उन्हीं दिनों पंडित जी के बाद साहित्य अकेडमी के हिन्दी समिति का अध्यक्ष मुझे बनाया गया।

ज्ञानेन्द्र कुमार सन्तोष : संघ लोक सेवा आयोग में हिन्दी के लिए अपनी भूमिका पर प्रकाश डालें।

नामवर सिंह : उन दिनों संघ लोक सेवा आयोग के अध्यक्ष थे ए.आर. किदवई (अखलाक उर-रहमान किदवई)। एस.आर. किदवई (सिद्दीकुर रहमान किदवई) हमारे साथ जे.एन.यू. में उर्दू पढ़ाते थे। हो सकता है, ए.आर. किदवई को उन्होंने मेरे बारे में बताया होगा। एक दिन ए.आर. किदवई साहब का फोन आया कि आओ, मुझसे मिलो। मैं मिलने गया तो उन्होंने कहा कि हिन्दी देश की राष्ट्रभाषा है और देश के सिविल सेवा के अधिकारी हिन्दी न जानें, यह ठीक नहीं, इसलिए मैं सिविल सर्विस की परीक्षा में हिन्दी इंट्रोड्यूस करना चाहता हूँ। तुम्हारी क्या राय है? तो मैंने कहा कि स्वागत योग्य कदम है। बताइए, इसमें मुझे क्या करना है? उन्होंने कहा कि संघ लोक सेवा आयोग की परीक्षा में हिन्दी को इंट्रोड्यूस करना है इसलिए पाठ्यक्रम बनाओ। मैंने कहा कि एक, तीन या पाँच व्यक्तियों की कमेटी बनानी पड़ेगी तो उन्होंने कहा कि तुम नाम बताओ। मैंने दो नाम और बताए और वे राजी हो गए और कहा कि तुम्हारे लिए यहाँ से गाड़ी जाया करेगी और उन दोनों लोगों को आने-जाने का खर्च उन्हें मिल जाया करेगा।

फिर हम लोगों ने मिलकर संघ लोक सेवा आयोग के हिन्दी का सिलेबस तैयार किया। सिलेबस के बाद मैंने संघ लोक सेवा आयोग की परीक्षा की कॉपी जाँचने का भी काम किया। बाद में उन्होंने मुझे इंटरव्यू बोर्ड में भी रखा। क्योंकि उससे पहले हिन्दी में साक्षात्कार नहीं लिया जाता था। इसका श्रेय ए.आर. किदवई को जाता है। संघ लोक सेवा आयोग के बाद ए.आर. किदवई राज्यपाल बनकर बिहार गए, तो फिर बिहार भी उन्होंने मुझे बुलाया और कहा कि कॉलेजों में

व्याख्याता के पद खाली पड़े हैं, मैं उन्हें जल्द से जल्द भरना चाहता हूँ। तुम हवाई जहाज से आओ और राज भवन में ठहरोगे और मेरी गाड़ी तुम्हें राजभवन से बिहार लोक सेवा आयोग लेकर जाएगी। और तुम्हारे खाने-पीने की भी व्यवस्था राजभवन में ही होगी। तुम यहाँ किसी बाहरी व्यक्ति से नहीं मिलोगे क्योंकि बिहार बहुत ही बदनाम राज्य है। अगर यहाँ तुम्हारी बदनामी होगी तो मेरी भी बदनामी होगी। उसके बाद बिहार में अब तक कॉलेजों में कोई नियुक्ति नहीं हुई है। यह ए.आर. किदवई के साथ मेरा अनुभव है।

ज्ञानेन्द्र कुमार सन्तोष : सुनते हैं कि आपातकाल के दौरान ही एक कार्यक्रम में प्रधानमंत्री इंदिरा गांधी से आपके सम्बन्धों की शुरुआत हुई थी।

नामवर सिंह : हाँ, आपातकाल के दौरान ही उनसे मेरी पहली मुलाकात हुई थी। उस कार्यक्रम में श्रीमती इंदिरा गांधी बतौर मुख्य अतिथि आई थीं और मैं मुख्य वक्ता था। मैंने इंदिरा गांधी को सम्बोधित नहीं किया। चूँकि उन्होंने देश में आपातकाल लगाया था इसलिए वह मेरे गले नहीं उतरती थीं। मेरा सम्बोधन इस प्रकार था : 'आदरणीय बच्चन जी और मित्रो।' हाल ही में ज्ञानपीठ का एक समारोह था। मैं प्रवर समिति का अध्यक्ष था, उसके नाते मुझे स्वागत करना था। इस कार्यक्रम के मुख्य अतिथि प्रधानमंत्री नरेन्द्र मोदी थे। सारा भाषण लिखा हुआ था। लेकिन मैंने जो सम्बोधन किया, वह इस प्रकार था : 'बन्धुवर नेमाड़े, श्री मोदी, आदरणीय मंच और सभागार में उपस्थित सज्जनो।' मैंने माननीय या आदरणीय आदि सम्बोधन श्री मोदी के लिए भी नहीं लगाया।

ज्ञानेन्द्र कुमार सन्तोष : अटल जी के बारे में कोई संस्मरण हैं तो सुनाएँ?

नामवर सिंह : ग्वालियर में अटल जी खूब कविता सुनाया करते थे। वहाँ शिवमंगल सिंह सुमन मेरे बड़े भाई जैसे ही थे। वे भी बहुत अच्छी कविता पढ़ा करते थे। जब वे गवर्नमेंट कॉलेज के प्रिंसिपल हुए तो ग्वालियर कई बार उन्होंने मुझे बुलाया था। ग्वालियर में एक बार कवि सम्मेलन में गया तो वहाँ अटल जी को कविता सुनाते सुना : 'हार नहीं मानूँगा, रार नहीं ठानूँगा, काल के कपाल पर लिखता, मिटाता हूँ'। वाजपेयी जी को पहले से जानता था और उन्हें कई बार कवि सम्मेलनों में कविता पढ़ते सुना था। जब अटल जी देश के प्रधानमंत्री थे तो गुजरात दंगों के बाद जावेद अख्तर के साथ उनसे मिलकर मेमोरेंडम देने गया। इस प्रतिनिधि मंडल में मुझे हिन्दू प्रतिनिधि बनाकर लाया गया था। वाजपेयी जी ने शाम पाँच बजे का टाइम मिलने के लिए दिया था। हम लोग पाँच मिनट देर से पहुँचे। जैसे ही पहुँचे तो उन्होंने कहा कि कामरेड लोग भी टाइम के पंक्चुअल नहीं होते! आप लोग पाँच मिनट लेट हैं। आप लोग प्रधानमंत्री से भी इन्तजार करवाते हैं। हम लोग तो मेमोरेंडम लिखकर ले गए थे लेकिन वाजपेयी जी ने पूछा कि कहिए, क्या कहना है? जब जावेद ने लिखा हुआ मेमोरेंडम आगे बढ़ाया तो उन्होंने

कहा कि यह तो हम देख लेंगे, आप लोगों को कहना क्या है? तो जावेद अख्तर ने मेरी तरफ इशारा किया। तब मैंने कहा कि 'आपने गुजरात वाली घटना पर कहा था कि यह घटना हमारे माथे पर कलंक है। आपके माथे पर चन्दन का टीका ही शोभा देता है, कलंक का टीका नहीं। आप उसे पोंछ क्यों नहीं देते?' वाजपेयी जी ने छूटते ही कहा कि पोंछ तो दूँ पर उसके बाद सिर रहेगा कि नहीं! मैंने हाथ जोड़ते हुए कहा कि देश का प्रधानमंत्री अगर ऐसा सोचता है तो मुझे कुछ नहीं कहना है। यह घटना मैं कभी भूल नहीं सकता।

ज्ञानेन्द्र कुमार सन्तोष : चन्द्रशेखर और विश्वनाथ प्रताप सिंह से भी आपकी मित्रता रही है। इन दोनों के स्वभाव में क्या समानता और भिन्नता थी?

नामवर सिंह : विश्वनाथ प्रताप सिंह को तो मैं अपने उदय प्रताप कॉलेज के दिनों से जानता हूँ। वे भी उसी कॉलेज में मेरे साथ पढ़ते थे। उन दिनों विश्वनाथ प्रताप सिंह की जान को खतरा था इसलिए हमेशा एक बन्दूकधारी उनके साथ रहता था। जब वे इलाहाबाद रहने लगे तब भी मैं उनके घर आता-जाता था। यहाँ जब वे सिर्फ सांसद थे तब भी मैं उनके बुलाने पर उनके घर जाता था। विश्वनाथ प्रताप सिंह जब प्रधानमंत्री बने तब भी मुझे दिल्ली अपने निवास पर बुलाते थे और खाना खिलाते थे। इस तरह कहें तो विश्वनाथ प्रताप सिंह से मेरा बहुत ही घरेलू सम्बन्ध था। वहीं चन्द्रशेखर से हमारा सम्बन्ध मार्कंडेय सिंह की वजह से था। चन्द्रशेखर अच्छे राजनेता थे तो विश्वनाथ प्रताप सिंह अच्छे कवि भी थे। वे अच्छी कविता लिखते थे। इनकी कविताओं को मैंने चुना भी था। जब वे प्रधानमंत्री थे तो उन्होंने मुझे कविता संग्रह की भूमिका लिखने को कहा तो मैंने कहा कि लोग कहेंगे कि आप प्रधानमंत्री होकर कविता छपवा रहे हैं, इसलिए मैं भूमिका नहीं लिखूँगा। अगर आप प्रधानमंत्री नहीं होते तो मैं आपकी कविताओं की भूमिका लिख देता। वे अच्छे कवि थे। हाइकूनुमा छोटी-छोटी कविताएँ लिखा करते थे। विश्वनाथ प्रताप सिंह बहुत अच्छे पेंटर भी थे। चन्द्रशेखर के प्रधानमंत्री नहीं रहने पर मैंने उनकी पुस्तक 'चन्द्रशेखर की जेल डायरी' की भूमिका लिखी है। मार्कंडेय सिंह की वजह से चन्द्रशेखर के घर पर बराबर जाया करता था।

ज्ञानेन्द्र कुमार सन्तोष : गांधी जी के बारे में आपके शुरुआती विचार क्या थे?

नामवर सिंह : बचपन में मैं कामता प्रसाद विद्यार्थी जी के यहाँ जाया करता था। उनके यहाँ सस्ता साहित्य मंडल से छपी पुस्तकें आया करती थीं। वहीं मैंने गांधी जी के 'सत्य के मेरे प्रयोग' पुस्तक पढ़ी। 'हिन्दू स्वराज' आदि किताबें भी मैंने वहीं पढ़ीं। सच कहूँ तो सबसे पहले मैं गांधी जी से ही प्रभावित हुआ।

ज्ञानेन्द्र कुमार सन्तोष : स्वतंत्रतापूर्व किस राजनीतिक दल से आपकी वैचारिक समानता थी?

नामवर सिंह : कांग्रेस से मेरी वैचारिक समानता रही थी। उन दिनों बनारस

से 'हंस' पत्रिका निकलती थी और शिवदान सिंह चौहान उसके सम्पादक थे। जब मैं प्रगतिशील लेखक संघ से जुड़ा तो मार्क्सवाद की तरफ झुकाव हुआ। दूसरे शब्दों में कहूँ तो प्रगतिशील लेखक संघ के नाते मैं मार्क्सवादी था। कई बंगाली लेखकों से मित्रता हुई जो कम्यूनिस्ट पार्टी से जुड़े थे। उन दिनों बनारस में कम्यूनिस्ट पार्टी मजबूत थी। रुस्तम सैटिन और पी.सी. जोशी मुझे कम्यूनिस्ट पार्टी के और नजदीक लाए। कम्यूनिस्ट पार्टी ने भारत विभाजन के दिनों एक बुकलेट छापी थी : 'गांधी–जिन्ना फिर मिलें।' कम्यूनिस्ट पार्टी विभाजन नहीं चाहती थी। उस समय एक पी.सी. जोशी की लाइन थी और दूसरी वी.पी. रणदिवे की लाइन थी। पी.सी. जोशी नेहरूवादी थे इसलिए बाद में उनको हटा भी दिया गया। वी.पी. रणदिवे एक्सट्रीम लेफ्ट लाइन के थे। मैं स्वभावत: पी.सी. जोशी और रुस्तम सैटिन वाली लाइन का ही था। मैं इसी लाइन को अन्त तक मानता रहा हूँ। मैं एक्सट्रीम लेफ्ट का कभी नहीं रहा।

ज्ञानेन्द्र कुमार सन्तोष : आपने सीपीआई से लोकसभा का उपचुनाव भी लड़ा था, फिर पार्टी की सक्रिय सदस्यता कब छोड़ी?

नामवर सिंह : मैंने पार्टी से कभी इस्तीफा तो दिया नहीं इसलिए पार्टी छोड़ने की बात नहीं कही जा सकती। हाँ, जब कम्यूनिस्ट पार्टी ने आपातकाल में इंदिरा गांधी का समर्थन किया तो कम्यूनिस्ट पार्टी से मेरा मोह भंग हुआ और मैंने कम्यूनिस्ट पार्टी का मेंबरशिप रिन्यू नहीं कराया।

ज्ञानेन्द्र कुमार सन्तोष : भारत के बौद्धिक वर्ग में आज भी वामपंथ का मजबूत आधार है, इसके बावजूद वामपंथ सिमट रहा है, ऐसा क्यों?

नामवर सिंह : कारण तो कुछ लोग यह कहेंगे कि सोवियत संघ जो समाजवाद का केन्द्र हुआ करता था, जहाँ सबसे पहले–पहल वामपंथ स्थापित हुआ, जब वहीं समाजवाद खत्म हो गया, तो और जगह रहकर क्या करेगा? यानी जब मक्का में ही इस्लाम खत्म हो जाएगा तो दूसरी जगह पर उसके रहने का कोई मतलब नहीं रह जाता। अगर मार्क्स के नियम को ही मानें तो उसके अपने आन्तरिक अन्तर्विरोध ही समाजवाद के खात्मे का कारण बना है। मार्क्स के अनुसार, जब पूँजीवाद अपने अन्तर्विरोधों के कारण खत्म हो सकता है तो वह समाजवाद पर भी लागू होगा। इसलिए अपने अन्तर्विरोधों के कारण समाजवाद रूस, चीन, क्यूबा आदि देशों से खत्म हो गया। नियम या सिद्धान्त है तो वह हर जगह समान रूप में लागू होगा। लेकिन इससे मार्क्स अप्रासंगिक नहीं होते।

ज्ञानेन्द्र कुमार सन्तोष : समाजवाद का अन्तर्विरोध क्या है?

नामवर सिंह : समाजवाद का अन्तर्विरोध है वर्गहीन समाज। सपना था साम्यवाद का, लेकिन समाज में एक शासक वर्ग और दूसरा शासित वर्ग पैदा हो गया। डिक्टेटरशिप के खात्मे के लिए समाजवाद पहला स्टेज है। लेकिन समाज में

आज भी डिक्टेटरशिप विद्यमान है। यही समाजवाद का अन्तर्विरोध है।

ज्ञानेन्द्र कुमार सन्तोष : नरेन्द्र मोदी सरकार के एक साल पूरे हो गए हैं, उस पर कुछ कहना चाहेंगे?

नामवर सिंह : मैं फिलहाल नरेन्द्र मोदी सरकार के बारे में कुछ नहीं कहना चाहता। मैं पाँच साल इन्तजार करूँगा। नरेन्द्र मोदी महत्त्वाकांक्षी हैं और इन दिनों उफान पर हैं। उनका असर मीडिया और अन्य चीजों पर दिखाई पड़ता है। इसलिए मैं कोई टिप्पणी नहीं करना चाहूँगा। मैं अभी इन्तजार करूँगा, चुप रहूँगा—वैसे ही, जैसे वे ललित मोदी के मामले में चुप हैं। वैसे ही मैं उनके बारे में चुप हूँ।

ज्ञानेन्द्र कुमार सन्तोष : आपने आजादी के बाद के सभी प्रधानमंत्रियों को देखा है, क्या प्रधानमंत्री मोदी की किसी से तुलना करना चाहेंगे?

नामवर सिंह : 'जीवित कविः आशयो न वर्णनीयः' अर्थात् जो कवि जीवित हो, उसके बारे में कुछ नहीं कहना चाहिए। इसलिए आचार्य पुराने कवियों के बारे में ही कुछ कहते थे।

ज्ञानेन्द्र कुमार सन्तोष : अन्ना अभियान से निकले आम आदमी पार्टी के वर्तमान और भविष्य पर आप क्या कहना चाहेंगे?

नामवर सिंह : आम आदमी पार्टी की दुर्गति तो देख रहे हैं। हाल ही में जब केजरीवाल के एक मंत्री पर फर्जीवाड़े का आरोप लगा तो उसे हटाना पड़ा। केजरीवाल ने अपने को उपहासात्मक बना रखा है। पहली बार जब उसकी सरकार नहीं बनी तो उसको बड़ी सहानुभूतियाँ मिली थीं। और उसने अन्ना को हाशिए पर डाल दिया। जिन मित्रों के साथ मिलकर उसने पार्टी बनाई, उन्हीं मित्रों को सत्ता मिलते ही दूर कर दिया। पहले अन्ना हजारे, उसके बाद प्रशान्त भूषण, आनन्द कुमार और योगेन्द्र यादव जैसे लोगों को दूर किया। इससे केजरीवाल की छवि धोखेबाज की बनी है। अब आप आम आदमी पार्टी की गुठलियों का जो भी दाम लगा लें, क्योंकि इस पार्टी में अब आम नहीं है।

ज्ञानेन्द्र कुमार सन्तोष : आज आप रेणु को किस स्थान पर रखेंगे?

नामवर सिंह : कुछ लोग रेणु को प्रेमचन्द से बड़ा मानते थे। लेकिन रेणु ने भले ही प्रेमचन्द से कम लिखा हो, पर रेणु में गहराई बहुत अधिक है। मेरा एक लेख है : 'व्यापकता और गहराई'। लोग उस समय भी कहा करते थे कि प्रेमचन्द में व्यापकता तो है लेकिन गहराई नहीं है। उसके बरक्स जैनेन्द और अज्ञेय में गहराई बहुत अधिक दिखाई पड़ती है जबकि इनमें व्यापकता नहीं है। व्यापकता और गहराई में डाइलेक्टिकल सम्बन्ध है। कुएँ और तालाब की तुलना करें तो तालाब में व्यापकता होगी, लेकिन कुएँ में गहराई होगी। दूसरी तरफ अगर तालाब की व्यापकता कम होगी तो उसकी गहराई भी कम हो जाएगी। लेकिन कुएँ में गहराई होती है लेकिन व्यापकता नहीं। मसलन—गीता। गीता भले ही बहुत पतली

पुस्तक है लेकिन गीता के दर्शन में जो गहराई है, वह अन्यत्र दुर्लभ है। इसमें कथा तो कोई है नहीं। इसी तरह 'उसने कहा था' एक छोटी कहानी है। उसमें व्यापक जीवन नहीं है लेकिन गहराई है। प्रेमचन्द के 'गोदान' और रेणु के 'मैला आँचल' की तुलना करें तो 'मैला आँचल' में 'गोदान' से व्यापकता कम है लेकिन गहराई अधिक है। हालाँकि कभी-कभी यह होता है कि व्यापकता कम होने के साथ-साथ गहराई भी कम होती है। लेकिन यह बात तालाब के बारे में तो सही है लेकिन कुएँ के बारे में सही नहीं है। कई मीडिया वालों के पास सूचनाएँ तो होती हैं लेकिन उनमें राजनीतिक समझ नहीं होती। अज्ञेय कवि हैं। 'शेखर : एक जीवनी' शायद उनकी आत्मकथा है। लेकिन 'शेखर' के बरक्स 'बाणभट्ट की आत्मकथा' टिकेगी। उसी तरह जैनेन्द्र ने जीवन का बहुत बड़ा फलक नहीं लिया है लेकिन जैनेन्द्र 'त्याग-पत्र' की वजह से टिकेंगे। गहराई के मामले में भी समुद्र समुद्र ही रहेगा। जैसे 'महाभारत' में कई गीताएँ हैं। महाभारत तो महाभारत ही है। जैसेकि हिन्द महासागर। हिन्द महासागर में गहराई भी है और व्यापकता भी है। महाभारत के सामने लोग वाल्मीकि रामायण को दूसरे नंबर पर ही रखते हैं। यद्यपि कवित्व और काव्य वाल्मीकि रामायण में ज्यादा है जो व्यास के महाभारत में नहीं है। इस लिहाज से रामायण का जो महत्त्व है, वह महाभारत का नहीं है। लोगों ने महाभारत को इतिहास कहा है और रामायण को काव्य।

ज्ञानेन्द्र कुमार सन्तोष : मुस्लिम समुदाय की अशिक्षा, बदहाली और गरीबी के क्या कारण हैं?

नामवर सिंह : अगर इस्लाम, ईसाई और हिन्दुत्व की तुलना करें तो दुनिया के पैमाने पर ईसाइयत का विस्तार बहुत अधिक है। उसकी तुलना में इस्लाम बहुत छोटा है। मेरी यह समझ है कि दुनिया की एक बड़ी आबादी ईसाई है। भौगोलिक स्तर पर हिन्दुत्व का फैलाव कम है। वहीं इस्लामिक देश भौगोलिक दृष्टि से ज्यादा हैं। जहाँ तक मुस्लिम पिछड़ेपन की बात है तो इस्लाम की संकीर्णता के चलते ही इस्लाम का विकास नहीं हो पाया। उदाहरणस्वरूप—पाँच वक्त की नमाज, मुहर्रम मनाओ, एक महीना रोजा रखो आदि। ये सब इस्लाम की संकीर्णताएँ हैं जिसकी वजह से उसका विकास नहीं हुआ। इस्लाम का इतिहास देखें तो यह सबसे कम समय का है। हम अगर वेद को मानें तो सबसे पुराना तो हिन्दुत्व ही है। उसके बाद ईसाई धर्म का इतिहास है। हिन्दुत्व के बहुत सारे तत्त्व ईसाई धर्म ने लिया है। किसी धर्म-विस्तार इस बात पर निर्भर है कि वह कितना उदार या संकीर्ण है। ईसाइयत इस्लाम की तुलना में ज्यादा उदार है इसलिए इसका विकास ज्यादा हो रहा है। इस मामले में हिन्दुत्व सबसे ज्यादा उदार है क्योंकि उसके पास कोई एक किताब नहीं है। न एक ईश्वर है, न एक धर्मग्रन्थ। इसलिए अंग्रेजों ने हिन्दुस्तान को बदलने की कोशिश बहुत की पर हिन्दुस्तान ईसाई मुल्क नहीं बना।

चर्च खोले, बहुत कुछ किया, लेकिन कुछ आदिवासियों को जरूर पैसा का प्रलोभन देकर ईसाई बनाया। इससे पहले इस्लाम आया, धर्म परिवर्तन भी हुआ लेकिन हिन्दुस्तान को इस्लाम में बदल नहीं सके। जो धारण किया जा सके, वह धर्म है। हिन्दू जन्म से ही होता है, बनता नहीं है। यह अकेला धर्म है जिसमें धर्मांतरण नहीं है। इसलिए 'मनुस्मृति' में इसे 'मानव धर्म' कहा गया है। हिन्दू धर्म में जो खुलापन है, उसी के चलते बहुत से ईसाइयों और मुस्लिमों ने हिन्दू धर्म स्वीकार किया। खास कर सूफियों ने हिन्दू धर्म से बहुत कुछ लिया है।

ज्ञानेन्द्र कुमार सन्तोष : पिछले कुछ सालों में दलितों का विकास हुआ है। लेकिन दलित नेतृत्व हाशिए पर जा रहा है।

नामवर सिंह : इस पर अम्बेडकर ने बहुत विचार किया है। खास चीज है 'सत्ता की हैरारकी'। अम्बेडकर समझते थे इस हैरारकी को। इन लोगों ने एक शब्द चलाया 'दलित'। जाति-व्यवस्था हिन्दू समाज की ताकत और बुराई, दोनों है। यह जाति इतनी दूर तक शामिल है कि यह दलितों में भी है। जैसे दलितों की एक जाति महार, अपने को चमार से ऊपर समझता है। बाबू जगजीवन राम चमार थे और अम्बेडकर महार। इसलिए राजनीति में भी एक वर्ग नहीं बन पाया। वैसे हमारे यहाँ आरम्भ में वर्ण-व्यवस्था थी, जाति-व्यवस्था नहीं थी।

ज्ञानेन्द्र कुमार सन्तोष : स्त्री-विमर्श की तुलना में दलित-विमर्श ज्यादा प्रचारित हो रहा है लेकिन दलित लेखन से ज्यादा रचनात्मक स्त्री लेखन प्रतीत हो रहा है?

नामवर सिंह : जाहिर है, स्त्रियों की तादाद ज्यादा है। स्त्री कहने का मतलब है—आधी दुनिया और जब आप दलित कहते हैं तो उसका मतलब दस फीसदी के लगभग है। दलित-विमर्श मूलतः राजनीतिक है लेकिन स्त्री-विमर्श ज्यादा मानवीय है। इसलिए स्त्री लेखन ज्यादा रचनात्मक और वैविध्यपूर्ण है।

ज्ञानेन्द्र कुमार सन्तोष : क्या स्त्री-पराधीनता का कारण जैविक है?

नामवर सिंह : स्त्री-पराधीनता का कारण मैं जैविक नहीं मानता। मेरे पास आँकड़े नहीं हैं लेकिन दुनिया में लगभग बराबर-बराबर स्त्री और पुरुष हैं। जो काम पुरुष कर सकता है, वह काम स्त्री भी कर सकती है। हमारा समाज पुरुषप्रधान है लेकिन हमारे यहाँ ऐसे भी दौर रहे हैं जब स्त्री प्रधान रही है। हमारे यहाँ कारू कामाख्या को 'स्त्री देश' ही कहा जाता है। देश में ऐसी जनजातियाँ भी हैं जहाँ स्त्री की प्रधानता है। इसलिए हमारे यहाँ शक्ति की पूजा होती है और कहा जाता है कि बिना शक्ति के शिव 'शव' हैं। शिव में 'इ' शक्ति है, उसे हटा दें तो शिव 'शव' हो जाएगा।

ज्ञानेन्द्र कुमार सन्तोष : साहित्य में प्रगतिशील साहित्य हावी रहा है लेकिन बदले राजनीतिक माहौल में दक्षिणपंथी साहित्य की प्रवृत्ति उभरने लगी है।

नामवर सिंह : मैं एक ही सिद्धान्त मानता हूँ। साहित्य में 'सह' शब्द है।

साहित्य में 'शब्द' भी सुन्दर हो और 'अर्थ' भी सुन्दर हो तो साहित्य होता है। 'सह' भाव साहित्य का धर्म है। इसलिए वही साहित्य श्रेष्ठ होगा जो साहित्य धर्म का पालन करेगा। मतलब : जाति में समानता, स्त्री-पुरुष में समानता, धनी-गरीब में समानता। इसे ही साहित्य का सह-धर्म या 'सह-अस्तित्व' कहते हैं। 'शान्तिपूर्ण सह-अस्तित्व' साहित्य का महत्त्वपूर्ण धर्म है। इसमें विरोधी लोग भी इस शान्तिपूर्ण सह-अस्तित्व का पालन करें। 'जियो और जीने दो' का मतलब है कि हम जिससे सहमत नहीं हैं, उसे भी जीने दें। साहित्य का एक ही सिद्धान्त है : 'शान्तिपूर्ण सह-अस्तित्व'। इसे मानव समाज का धर्म बनाना चाहिए।

ज्ञानेन्द्र कुमार सन्तोष : आलोचना में आप शीर्षस्थ मान लिये गए हैं। आपसे संवाद करनेवाला कोई नहीं है। इस बौद्धिक सन्नाटे का आपकी साहित्यिक सक्रियता पर क्या असर पड़ रहा है?

नामवर सिंह : मुझे अपने बारे में कोई भ्रम नहीं है। मैं इस मुगालते में नहीं हूँ। आलोचना के क्षेत्र में बहुत लोग हैं और अच्छा काम कर रहे हैं। मैं किसी को अपना प्रतिद्वंद्वी नहीं मानता। इसलिए कि 'संतन को कहाँ सीकरी सो काम, आवत-जात पनहिया टूटी बिसयो गर हरि नाम'। जो मुझे दिखाई पड़ता है, वही कहता हूँ। मुँहदेखी नहीं कहता।

ज्ञानेन्द्र कुमार सन्तोष : ऐसा लगता है कि जिस तरह 'बाणभट्ट की आत्मकथा' आचार्य हजारी प्रसाद द्विवेदी की कथा है, क्या उसी तरह 'दूसरी परम्परा की खोज' के वास्तविक नायक नामवर सिंह ही नही हैं?

नामवर सिंह : पुस्तक लिखते समय मुझे इसका अहसास नहीं हुआ। इसके बाद भी नहीं हुआ। मैं यह विनम्रता के कारण नहीं कह रहा हूँ। मैं अपनी सीमाएँ जानता हूँ।

ज्ञानेन्द्र कुमार सन्तोष : आप उन पुस्तकों का नाम बताएँ जो कागज पर नहीं उतर सकीं? 'हजारों ख्वाहिशें ऐसी कि हर ख्वाहिश पै दम निकले, बहुत निकले मेरे अरमान लेकिन फिर भी कम निकले।' यदि अवसर हो तो किस विषय पर लिखना चाहेंगे?

नामवर सिंह : मैं बोलकर लिखाता नहीं। मैंने जो भी लिखा है, अपने हाथ से लिखा है। और अब अपनी ऐसी स्थिति नहीं है कि कलम लेकर कुछ लिख सकूँ। इसलिए मैंने यह इरादा ही छोड़ दिया।

ज्ञानेन्द्र कुमार सन्तोष : 'इरादे बाँधता हूँ, छोड़ता हूँ, तोड़ देता हूँ, कहीं ऐसा न हो जाए, कहीं वैसा न हो जाए।' कुछ बड़ा पाने के लिए कुछ बड़ा खोना पड़ता है। आपने बड़ा क्या खोया है?

नामवर सिंह : मैं बड़ा और छोटा के रूप में नहीं सोचता, और न ही इन दोनों छोरों से परे मैं अपने को मानता हूँ। मेरी स्थिति इन चीजों से अलग है। न किसी से बड़ा होने की चाह है, न मैं अपने को किसी से छोटा समझता हूँ। मैं जो हूँ और

इतने दिनों में जो निमित्त होकर बना हूँ, उससे मैं अलग नहीं हो सकता। मेरी नजर में सब बराबर हैं। मैं अब किसी होड़ में शामिल नहीं हूँ।

ज्ञानेन्द्र कुमार सन्तोष : अगर आप अपने को आलोचना के मैदान से बाहर मान रहे हैं तो मैदान में किसे मानते हैं?

नामवर सिंह : जो मैदान में आना चाहे, आलोचना का मैदान खुला है।

ज्ञानेन्द्र कुमार सन्तोष : 'उठा ले जो बढ़ाकर हाथ, पैमाना उसी का है।' भारतीय काव्यशास्त्र चिन्तन-परम्परा में आप किसे श्रेष्ठ मानते हैं?

नामवर सिंह : अभिनवगुप्त। वैसे बड़े तो आनन्दवर्द्धन हैं जिन्होंने ध्वनि की खोज की। लेकिन 'यथोत्तरं मुनिनाम प्रमाण्यम्' यानी एक मुनि के बाद जो दूसरा मुनि आता है, वह श्रेष्ठ होता है। अगर आनन्दवर्द्धन न हुए होते तो अभिनवगुप्त न होते। आधार तो आनन्दवर्द्धन का ही है लेकिन जो पांडित्य कश्मीरी शैववाद का है, वह अन्यत्र दुर्लभ है। अभिनवगुप्त ने ध्वनि को जिस रूप में प्रतिष्ठित किया, वैसा पांडित्य किसी और में नहीं दिखता।

ज्ञानेन्द्र कुमार सन्तोष : भारतीय दर्शन की परम्परा में आप किसे श्रेष्ठ मानते हैं?

नामवर सिंह : निस्सन्देह शंकराचार्य। भारतीय दर्शन में शंकर जिस ऊँचाई पर पहुँचे, वहाँ तक कोई नहीं पहुँच पाया। अद्वैतवाद जैसा दर्शन किसी और का नहीं है। इसलिए शंकराचार्य से श्रेष्ठ कोई हो ही नहीं सकता।

ज्ञानेन्द्र कुमार सन्तोष : आज लोकप्रिय साहित्य को आलोचक निम्न श्रेणी या लुगदी साहित्य कह रहे हैं, जबकि एक जमाने में बाबू देवकीनन्दन खत्री को पढ़ने के लिए लोग हिन्दी सीखते थे। इसे आप कैसे देखते हैं?

नामवर सिंह : यह आचार्य रामचन्द्र शुक्ल की टिप्पणी है। आचार्य शुक्ल ने यह टिप्पणी जिस दौर के लिए किया है, उस दौर के लिए इस टिप्पणी को सही मान सकते हैं। अंग्रेजी में दो शब्द हैं—'पॉपुलर' और 'पॉपुलिस्ट'। 'पॉपुलिस्ट' वह है जो वाहवाही ले उड़े और 'पॉपुलर' वह है जो लोकप्रिय हो। प्रेमचन्द पॉपुलर हैं। पॉपुलिस्ट—बाजारू है जबकि पॉपुलर—लोकप्रिय। मेरे विचार से साहित्य में पॉपुलर होना ठीक है लेकिन पॉपुलिस्ट होना ठीक नहीं।

ज्ञानेन्द्र कुमार सन्तोष : आज बाजार हमारी जिन्दगी पर हावी है। बाजार हमें संचालित करने लगा है। ऐसे दौर में क्या साहित्य भी बाजारू होने लगा है?

नामवर सिंह : अभी तक तो नहीं हुआ है। लोगों में यह विवेक बचा हुआ है। 'बाजारू' शब्द बहुत ही खराब है। जैसे बाजारू औरत ठीक नहीं होती, वैसे ही बाजारू लोकप्रियता ठीक नहीं। बाजारू से मतलब सस्ती लोकप्रियता है। सस्ती लोकप्रियता बेहद खतरनाक है।

[साभार : 'यथावत' पत्रिका, 16-31 जुलाई, 2015]

लोकधर्मी कविता के चितेरे त्रिलोचन

[नामवर सिंह के साथ महावीर अग्रवाल की बातचीत]

महावीर अग्रवाल : जन्मशताब्दी त्रिलोचन की 20 अगस्त, 2016 को शुरू हो चुकी है। बनारस सहित दो-तीन आयोजन में त्रिलोचन जी को मान के साथ स्मरण किया गया है। पिछली बार बातचीत अधूरी रह गई थी। त्रिलोचन से आपकी पहली मुलाकात कब और कैसे हुई?

नामवर सिंह : मैंने जुलाई, 1941 में बनारस के क्षत्रिय स्कूल में सातवें दर्जे में दाखिला लिया था। मेरे छात्रावास में ही त्रिलोचन जी को भाषण और काव्यपाठ के लिए निमंत्रित किया गया था। मैंने पहले-पहल त्रिलोचन जी को 1941 में देखा था। शायद अगस्त का अन्त या सितम्बर शुरू के दिन थे। उनकी वह छवि आज भी मेरी आँखों के आगे एकदम साफ है। कमर में धोती और धोती का एक हिस्सा ओढ़े हुए, कंधे पर जनेऊ, दाढ़ी-मूँछ साफ, बाल काले, घने और छोटे।

महावीर अग्रवाल : त्रिलोचन जी का काव्यपाठ और भाषण आपको कैसा लगा?

नामवर सिंह : त्रिलोचन का परिचय देते हुए, हमारे हिन्दी के प्रधान अध्यापक ने जो कुछ कहा था, उसमें से एक बात आज भी याद है : 'सूरदास के बारे में कहा जाता है कि उन्होंने सवा लाख पद लिखे थे। लेकिन सब मिलते नहीं हैं। त्रिलोचन जी ने सचमुच सवा लाख पद से ज्यादा लिखे हैं...' और इसके साथ ही उन्होंने त्रिलोचन के व्यापक देश-भ्रमण और बहुभाषा ज्ञान का भी उल्लेख किया था। मैं कह नहीं सकता कि उनके स्वर में विनोद का पुट था या नहीं, किन्तु इतना याद है कि उन्होंने पूरी बात बड़ी गम्भीरता से कही थी।

महावीर अग्रवाल : काव्यपाठ और भाषण की बात छूट रही है।

नामवर सिंह : त्रिलोचन जी का भाषण मुख्यतः अपनी घुमक्कड़ी के अनुभवों के बारे में था। भाषण काफी लम्बा था। विषयान्तर बहुत हुआ। अन्त में बहुत आग्रह करने पर उन्होंने एक कविता भी सुनाई : 'चम्पा काले-काले अक्षर नहीं चीन्हती', जिसे हम बालकों ने हास्य रस की कविता के रूप में मजे के साथ सुना।

महावीर अग्रवाल : त्रिलोचन जी से भेंट फिर कब हुई और मुलाकात होने के बाद आपको कैसा लगा?

नामवर सिंह : उस दिन त्रिलोचन जी से मेरी कोई बातचीत नहीं हुई। हो भी नहीं सकती थी। मैं गाँव से शहर आया हुआ नया-नया झेंपू छात्र। हिम्मत ही नहीं पड़ी। कुछ ही दिनों बाद उसी साल त्रिलोचन जी से रूबरू होने का मौका मिला। स्कूल परिसर में ही मुख्य द्वार के पास प्राचीन छात्र भवन था। उसमें 'क्षत्रिय मित्र' नाम की पत्रिका का नया-नया कार्यालय स्थापित हुआ था। उस पत्रिका के सम्पादक शम्भुनाथ सिंह थे। किन्तु वे स्वास्थ्य-लाभ के लिए छह महीने के लिए बाहर चले गए थे और अपनी जगह त्रिलोचन जी को सम्पादकीय दायित्व सौंप गए थे। इस हैसियत से त्रिलोचन जी 'क्षत्रिय मित्र' कार्यालय में आया करते थे। मुझे जैसे ही यह खबर मिली, उत्सुकतावश मैं उनके दर्शन करने चला गया। यह देखकर थोड़ा अचम्भा हुआ और अच्छा भी लगा कि उन्होंने बिना किसी तकल्लुफ के, सहज भाव से बातें कीं और पढ़ने-लिखने के बारे में सलाह देते रहे।

महावीर अग्रवाल : त्रिलोचन जी पर 760 पृष्ठों में केन्द्रित विशेषांक 'सापेक्ष 38', जो मार्च, 1998 में छपकर आया, आपने लिखा है, 'प्रथम परिचय के समय मेरी उम्र चौदह साल की थी और त्रिलोचन शास्त्री जी की चौबीस साल की। लेकिन मुझे दस वर्षों का यह फासला कभी फासला नहीं मालूम हुआ।'

नामवर सिंह : त्रिलोचन जी की यह सहजता मुझे आज भी चकित करती है। आप लिखिए, एक दिन उन्होंने 'क्षत्रिय मित्र' का नया अंक देते हुए, खास तौर से एक सवैया पढ़ने का आग्रह किया। उस सवैये के दो चरण मुझे अब भी याद हैं :

विश्व में हिन्दुओं की सती नारी-सी, प्रेमी कहीं निकले तब जानें,
अश्रु बुझे हुए दीप के ऊपर आके पतंग जले तब जानें।

कवि का नाम था : सभाजीत पांडेय 'अश्रु'। इस सवैये को सुनाने के बाद शास्त्री जी ने कहा कि जानते हो, यह अमीर खुसरो के एक फारसी शेर का अनुवाद है। वह शेर इस तरह है :

हम चुजन हिन्दू कसे दर-आशिकी मर्दाना नेस्त,
सोखतन बरकारे मुर्दा शम्अ हर परवाना नेस्त।

बहुत देर तक मूल और अनुवाद का फर्क शास्त्री जी समझाते रहे। बेहद सटीक व सुन्दर अनुवाद की प्रशंसा करते रहे।

महावीर अग्रवाल : त्रिलोचन जी से आपने क्या-क्या सीखा?

नामवर सिंह : उन दिनों शास्त्री जी से रोज कुछ-न-कुछ देर के लिए मुलाकात होती थी। और उन मुलाकातों में मैंने जितना सीखा, जितना जाना, उसका आज

हिसाब देना बहुत मुश्किल है महावीर जी। क्षत्रिय स्कूल के दिनों में 'क्षत्रिय मित्र' का सम्पादन कार्य छोड़ने के बाद भी वे मेरे छात्रावास में रोज ही शाम को आया करते थे। संयोग से हमारे स्कूल के पास ही शिवपुर में कहीं वे शाम को ट्यूशन पढ़ाने के लिए आया करते थे और वहाँ से खाली होने पर सीधे मेरे छात्रावास में चले आते थे। उनके पास कोई-न-कोई ताजा लिखा हुआ गीत जरूर होता था। गीत सुनाने के बाद इधर-उधर की साहित्य-चर्चा और फिर हमारे साथ ही छात्रावास के मेस में खाना। यह लगभग नियमित कार्यक्रम हुआ करता था। सन् 1941 में इस तरह त्रिलोचन जी से जो सम्बन्ध-सूत्र स्थापित हुआ, वह थोड़े-बहुत अन्तराल के साथ जीवन भर बना रहा।

महावीर अग्रवाल : फोन की घंटी बजने से कुछ देर पहले आप 'तारसप्तक' के सम्बन्ध में कुछ बता रहे थे।

नामवर सिंह : उन्हीं दिनों सन् 1944 में जब मैं हाईस्कूल की परीक्षा की तैयारियाँ कर रहा था, एक दिन वे 'तारसप्तक' लेकर हमारे कमरे में आए थे और काफी देर तक उस काव्य संकलन अर्थात 'तारसप्तक' के बारे में बताते रहे।

महावीर अग्रवाल : अच्छे संयोगों की भूमिका कितनी महत्त्वपूर्ण होती है, यह आप शास्त्री जी के बारे में बता रहे थे।

नामवर सिंह : जुलाई, 1947 में मैंने काशी विश्वविद्यालय में बी.ए. में प्रवेश लिया था। विश्वविद्यालय परिसर के बाहर संकटमोचन के सामने महेन्द्रवी छात्रावास में रहने के लिए जगह मिली। संयोग से त्रिलोचन जी उन दिनों हमारे छात्रावास से कुछ ही दूरी पर नगवा में 'अकनू भवन' में एक कमरा किराये पर लेकर रहते थे। शायद इंटरमीडिएट की तैयारियाँ कर रहे थे। उन दिनों हमारी दिनचर्या कुछ ऐसी थी कि सुबह-शाम दोनों वक्त शास्त्री जी से मुलाकात निश्चित थी। सुबह सूरज निकलने से पहले बाबू शिवप्रसाद गुप्त की 'सेवा उपवन' वाली कोठी के पास गंगा जी के किनारे वाले घाट पर हम दोनों पहुँच जाते थे। दूर-दूर तक तैरते थे, स्नान करते थे और फिर अपने-अपने छात्रावास पर वापस आ जाते थे। इसी तरह शाम को भी नहाने का कार्यक्रम तो केवल गर्मियों में ही होता था, किन्तु बाकी महीनों में गंगा के किनारे घूमने का कार्यक्रम साथ-ही-साथ हुआ करता था। यह सिलसिला लगभग उन्नीस सौ बावन तक चला।

महावीर अग्रवाल : 'गंगास्नान' में क्या-क्या घटित हुआ था? तैराकी प्रतियोगिता से जुड़ी उस घटना को तनिक विस्तार देते हुए यह भी बताइए, यह किस वर्ष की घटना है?

नामवर सिंह : यह घटना 1951 की गर्मियों की है। 'दुस्साहसिक' घटना याद आती है तो आज भी रोंगटे खड़े हो जाते हैं। सुबह हम दोनों सेवाघाट पर मिले। शास्त्री जी बोले, 'तुमने कभी गंगा पार किया है?' मैंने कहा, 'नहीं।' शास्त्री जी ने

अपने अन्दाज में कहा, 'मैंने तो कई बार किया है और वह भी बरसात के दिनों में।' शास्त्री जी ने जिस चुनौती-भरे स्वर में यह बात कही, लगा कि आज तैरकर गंगा पार कर ही लेना चाहिए! और हम दोनों कूद पड़े। सौभाग्य से बीच में एक रेती थी। इसलिए तैरकर हम लोग पहले रेती पर पहुँचे, थोड़ी देर आराम किया और इसके बाद फिर दूसरे किनारे की ओर बढ़े। शास्त्री जी ने हिम्मत आफजाई करते हुए कहा, 'बस, धारा के अनुसार बहते चलो और ज्यादा तैरने की कोशिश मत करो। कहीं-न-कहीं हम लोग किनारे लग ही जाएँगे।'

थोड़ी देर बाद देखा तो मेरी बाँहें तो भर गई थीं, शरीर थक रहा था। किनारा कहीं दिखाई नहीं दे रहा था। और मुड़कर अगल-बगल देखा तो शास्त्री जी का भी कहीं पता नहीं। लगा कि अब जीवन की कोई उम्मीद नहीं है। बहरहाल दूसरी ओर जो किनारा था, उस पर बालुई हिस्सा ही ज्यादा था। इसलिए किनारे से बहुत पहले ही पानी काफी उथला था। किसी तरह किनारे पहुँचे...। लगभग आधे घंटे बाद जब थकान कुछ कम हुई, चारों तरफ नजर दौड़ाई, शास्त्री जी कहाँ हैं? देखने पर मालूम हुआ कि धारा की तरफ मुझसे लगभग एक किलोमीटर दूर, बालू के किनारे पर लेटे हुए हैं। जब मैं उधर बढ़ने लगा, तो बोले, 'इधर मत आओ, गमछा बह गया है।' बहरहाल, फिर दुबारा हम लोग तैरकर ही वापस आए।...हम दोनों ने किसी तरह गंगा पार तो कर ही ली लेकिन उस दिन मैंने कान पकड़ा कि अब शास्त्री जी की ऐसी बातों में कभी नहीं आना है।

महावीर अग्रवाल : 'धरती' काव्य संग्रह त्रिलोचन जी का 1946 में छपा था। आपने बताया, 'धरती' की पहली प्रति त्रिलोचन जी ने आपको भेंट की थी?

नामवर सिंह : इसे मैं उन दिनों की सर्वाधिक उल्लेखनीय घटना मानता हूँ। एक शाम शास्त्री जी अचानक आए। अपने प्रथम प्रकाशित कविता संग्रह 'धरती' की छह प्रतियाँ लेकर हमारे छात्रावास के कमरे में दाखिल हुए। यह बंडल मुरादाबाद के प्रदीप प्रेस कार्यालय से आया था। उसमें से 'धरती' की एक प्रति निकालकर उन्होंने हमारे सामने ही देखना शुरू किया। उस प्रति में देर तक प्रूफ की भूलें ठीक करते रहे। अन्त में वह प्रति उन्होंने मुझे भेंट की। 'धरती' काव्य संग्रह की वह प्रति आज भी मेरे पास सुरक्षित है।

महावीर अग्रवाल : त्रिलोचन जी 'धरती' की छपाई को लेकर प्रसन्न होने के बदले प्रकाशक से बहुत अधिक नाराज हुए। ऐसा क्यों हुआ?

नामवर सिंह : हाँ, 'धरती' के प्रथम संस्करण में 'धूप सुन्दर धूप में जगरूप सुन्दर' नाम की कविता अलग-अलग दो कविताओं के रूप में छप गई। शास्त्री जी इस पर बहुत खफा थे। उन्होंने मुझे बताया था, प्रदीप प्रेस के मालिक जगदीश भारती के पास त्रिलोचन जी की कविताओं की यह पांडुलिपि दो-तीन बरसों से

पड़ी हुई थी। प्रूफ की गलतियाँ इसलिए रह गईं क्योंकि त्रिलोचन जी को प्रूफ दिखाए बिना ही 'धरती' अचानक छापी और उनके पास भेज दी।

महावीर अग्रवाल : पिछले चार दशकों से साहित्य-समाज देख रहा है, साहित्य-संसार में आप हमेशा नया-से-नया पढ़ते हैं। हमेशा आधुनिक ही नहीं, उद्यतन बने रहते हैं। अपने समय की जरूरी और नई-से-नई पुस्तक पर चर्चा करते हैं। त्रिलोचन शास्त्री जी के बारे में अनेक किंवदन्तियाँ प्रचलित हैं, आप उनकी विलक्षणताओं के बारे में कुछ बताइए क्योंकि आपने शास्त्री जी को बहुत नजदीक से देखा और जाना है।

नामवर सिंह : सच तो यही है महावीर जी, उन किंवदन्तियों में से कुछ के मूल स्रोत स्वयं शास्त्री जी हैं। शायद यह विलक्षण प्रतिभाओं का सहज स्वभाव रहा है। इस बीच शास्त्री जी ने स्वयं भी विश्वविद्यालय के बी.ए. में प्रवेश लिया, जिसमें अन्य दो विषयों के अलावा एक विशेष अंग्रेजी साहित्य भी था। यदि मैं भूलता नहीं तो 1951 में जब वह बी.ए. के छात्र थे तभी उन्होंने सानेट लिखने की शुरुआत की थी। पहला सानेट सम्भवतः उन्होंने काशी हिन्दू विश्वविद्यालय के आर्ट्स कॉलेज के लॉन पर बैठे-बैठे ही लिखा था। पहला सानेट सम्भवतः यही था,

जब भौंरे ने आकर पहले-पहले गाया,
कली मौन थी...।

महावीर अग्रवाल : त्रिलोचन जी द्वारा 'सानेट' लिखने की यह शुरुआत बहुत लम्बे समय तक जारी रही?

नामवर सिंह : इसके बाद तो उनका 'सानेट' सृजन का जो प्रवाह चला, उसने बारह वर्ष से पहले तक रुकने का नाम ही नहीं लिया। जहाँ तक उनकी सर्जनात्मक क्षमता का सवाल है, वह हमेशा असाधारण रही। मैंने कई-कई बार देखा और जाना है। एक घटना जरूर लिख लीजिए, जिसका मैं साक्षी रहा हूँ। त्रिलोचन जी ने, इकतीस दिसम्बर, 1951 की रात से एक जनवरी, 1952 की सुबह तक कुल इकतीस सानेट लिखे। 'अकनू भवन' में उस रात अपने कमरे में वे 'सानेट' लिखते रहे और बगल के कमरे में मैं 'हिन्दी के विकास में अपभ्रंश का योग' के अन्तिम अध्यायों की प्रेस कॉपी तैयार कर रहा था। हम दोनों रातभर जागते रहे। सुबह शास्त्री जी ने 'सानेट' सुनाए। हो सकता है, आज किसी को यह घटना भी एक किंवदन्ती मालूम हो लेकिन यह सच है। आज सोचता हूँ तो मुझे यह बात किंवदन्ती नहीं मालूम होती कि त्रिलोचन जी ने सवा लाख पद लिखे हैं। जितनी कविताएँ उनकी प्रकाशित हुई हैं, उससे तिगुनी कविताएँ या तो खो गईं या लुप्त हो गईं। उनमें से दो डायरियों की तो मुझे स्पष्ट याद है। त्रिलोचन जी के साथ पिछले सात दशकों की इतनी यादें हैं

कि सबका ब्यौरा देना मुश्किल है। मुझे श्रीधर पाठक के एकान्तवासी मीत की ये पंक्तियाँ याद आती हैं :

प्रान पियारे की गुन गाथा
साधु! कहाँ तक मैं गाऊँ
गाते-गाते चुके नहीं वह
चाहे मैं ही चुक जाऊँ!

महावीर अग्रवाल : हाई स्कूल की परीक्षा देने की धुन त्रिलोचन जी को कब और कैसे सवार हुई थी?

नामवर सिंह : उन्हीं दिनों एक शाम उन्होंने अचानक अपना संकल्प सुनाया, वे अब हाईस्कूल की परीक्षा देंगे। जिस घटना ने उन्हें इस संकल्प के लिए उत्तेजित किया, वह कुछ इस तरह है : त्रिलोचन जी उन दिनों 'हंस' में काम करते थे। कुछ साठ रुपये महीने मिलते थे। लड़ाई के कारण महँगाई इतनी बढ़ गई थी कि इतने कम रुपयों में गुजारा नहीं होता था। एक दिन उन्होंने मालिक से तनखा बढ़ाने के लिए कहा, तो वह बोले, 'हाईस्कूल तो पास हो नहीं फिर भी साठ रुपये देता हूँ, कम नहीं हैं।' शास्त्री जी को यह बात लग गई। बोलने लगे, 'अब मैं एम.ए. करके ही दम लूँगा—और वह भी इंग्लिश में! लेकिन उस साल हाईस्कूल का फार्म भरने का समय बीत चुका था, इसलिए अगले साल फार्म भरने का निश्चय करके शास्त्री जी ने अपने भविष्य का कार्यक्रम पक्का कर लिया। मैंने हाईस्कूल पास किया। उसके बाद उसी स्कूल में, जिसका इंटरमीडिएट वाला हिस्सा 'उदय प्रताप कॉलेज' कहलाता था, उसमें मैंने अपनी पढ़ाई जारी रखी। त्रिलोचन जी वहाँ भी छात्रावास में आते थे।

महावीर अग्रवाल : आप त्रिलोचन जी को अपना साहित्यिक गुरु मानते हैं?

नामवर सिंह : साहित्यिक गुरु ही नहीं, वे मेरे बड़े भाई के समान और अभिभावक भी थे। साहित्य का क-ख-ग मैंने उनसे ही सीखा। 'तारसप्तक' पढ़ने के बाद मुझे उसमें रस नहीं आया। मैंने त्रिलोचन जी से कहा, इसमें खास दम नहीं है। उन्होंने मुझे कुछ बातें बताते हुए समझाईं—आपने अभी बोधपूर्वक पढ़ा है। दुबारा पढ़ने के लिए कहा और बोले—आप इसे भाव-पूर्वक पढ़िए। त्रिलोचन जी के कहने पर 'तारसप्तक' मैंने फिर से पढ़ा और बात खुलने लगी। धीरे-धीरे 'तारसप्तक' समझ में आ गया।

महावीर अग्रवाल : त्रिलोचन जी ने 'नामवर जैसा हिन्दी में कोई नहीं' शीर्षक से प्रकाशित (दैनिक हिन्दुस्तान : सुबह; बनारस : 27 जुलाई, 2002) बातचीत में मुझसे कहा है, 'मैंने और नामवर सिंह ने 1943 में साथ-साथ बैठकर 'तारसप्तक' का अध्ययन किया था।'

नामवर सिंह : यह त्रिलोचन जी का बड़प्पन है। 'तारसप्तक' 1943 में छपकर आया, उस समय त्रिलोचन जी की उम्र 24 वर्ष और मेरी उम्र 14 वर्ष की थी। उम्र

के बड़े अन्तर को हमेशा पीछे छोड़ते हुए वे मुझसे मित्रवर व्यवहार करते थे। उनके अपनेपन की स्मृति आज भी भिगो देती है।

महावीर अग्रवाल : पहले काव्य संग्रह 'धरती' और 'उस जनपद का कवि हूँ' तक न जाने कितनी कविताएँ चर्चित व प्रशंसित होती रही हैं। आपको उनकी कौन-कौन-सी दो-तीन कविता बहुत अधिक पसन्द हैं? कुछ पंक्तियाँ सुनाइए!

नामवर सिंह : त्रिलोचन के विराट और विरल रचना-संसार में से एक-दो कविता चुनकर अभी सुनाना कठिन काम है। आप देखिए, कबीर, निराला और तुलसी के साथ ग़ालिब, माओ, गोर्की, सुभाष चन्द्र बोस, गांधी और अदम्य साहस के प्रतीक तेनसिंग और हिलेरी पर त्रिलोचन ने शानदार कविताएँ लिखी हैं। त्रिलोचन की चेतना को, प्रवृत्ति को समझने की आवश्यकता है। पहले भी 1987 में त्रिलोचन जी जब सत्तर के हुए, मैंने एक सुन्दर लेख लिखा, 'साधारण का असाधारण कवि' त्रिलोचन।

प्रकृति की भुवनमोहिनी छवि के अनूठे चितेरे हैं त्रिलोचन। फूल, पौधे, नदी, आकाश, हवा के साथ ही पशु-पक्षी से उनका आत्मीय लगाव देखते ही बनता है। ये सुन्दर पंक्तियाँ लिख लीजिए :

पृथ्वी से दूध की कलाएँ लो चार। ऊषा से हल्दिया तिलक लो और
अपने हाथों अक्षत लो पृथ्वी आकाश, जहाँ कहीं जाना हो, बढ़ो बढ़ो।

महावीर अग्रवाल : लगभग चार दशक पहले हमारे समय के महत्त्वपूर्ण कवि केदारनाथ सिंह ने लिखा : 'त्रिलोचन एक खास अर्थ में आधुनिक हैं और सबसे आश्चर्यजनक तो यह है कि वे आधुनिकता के सारे प्रचलित साँचों को अस्वीकार करते हुए भी आधुनिक हैं। दरअसल वे आज की हिन्दी कविता में उस धारा का प्रतिनिधित्व करते हैं जो आधुनिकता के सारे शोर-शराबे के बीच हिन्दी भाषा और हिन्दी जाति की संघर्षशील चेतना की जड़ों को सींचती हुई, चुपचाप बहती रही है...। असल में त्रिलोचन की कविता जानी-पहचानी समकालीन कविता के समानान्तर एक प्रतिनिधि कविता की हैसियत रखती है और इसलिए इस बात की माँग भी करती है कि उसका मूल्यांकन करते समय आधुनिक कविता के प्रचलित मान-मूल्यों को लागू करने की जल्दबाजी न की जाए।'

नामवर सिंह : लोक जीवन और जन-जन के प्रति गहरी संलग्नता के कारण ही त्रिलोचन कहते हैं : 'मैं उस जनपद का कवि हूँ, जो भूखा दूखा है नंगा है अनजान है कला नहीं जानता'। 'धरती' और 'सानेट' की रचना करते हुए त्रिलोचन ने अपनी कविता का मुहावरा खुद बनाया।

महावीर अग्रवाल : 'कविता के नए प्रतिमान' में त्रिलोचन का उल्लेख उस तरह नहीं हुआ, जिस तरह मुक्तिबोध का महत्त्व के साथ हुआ। कारण इसके पीछे जो भी रहे हों लेकिन मुक्तिबोध, नागार्जुन, शमशेर और केदार की तुलना में

त्रिलोचन और शील पर बहुत कम चर्चा हुई। त्रिलोचन के जन्मशताब्दी वर्ष में आप क्या कहते हैं? इस प्रश्न पर बातचीत अधूरी रह गई थी।

नामवर सिंह : आरोप पहले भी ऐसे अनेक लगते रहे हैं। आरोपों का उत्तर देना सरल नहीं है, महावीर जी। समय-सीमा में और एक ही जिल्द में जितना सम्भव हो सका, वह मैंने 'कविता के नए प्रतिमान' में किया। प्रश्नचिन्ह लगाने वाले को समय और साहित्य की, बदलते हुए समय की भी सही समझ होनी चाहिए। यह सही है कि 'कविता के नए प्रतिमान' में त्रिलोचन पर बात नहीं हो सकी। उसके बाद हिन्दी कविता में त्रिलोचन के वैशिष्ट्य पर चर्चा करता रहा हूँ। कुछ देर से ही सही, मैंने त्रिलोचन पर लिखा है। 'आलोचना' का त्रिलोचन पर केन्द्रित विशेषांक प्रकाशित किया गया।

महावीर अग्रवाल : मुझे जहाँ तक स्मरण है, यह वर्ष 1987 की बात है। आपके लेख 'एक नया काव्यशास्त्र त्रिलोचन के लिए' की धूम मची हुई थी। कुछ समय बाद भिलाई में बातचीत करते हुए आपने मुझसे कहा : 'जन के प्रति गहरी भावधारा के क्लासिक कवि हैं त्रिलोचन। हिन्दी की प्रगतिशील कविता में आजादी की उथल-पुथल के बीच, जनजीवन की आशा-निराशा में क्रान्ति और नारे की गूँज सुनाई देने लगी। उन दिनों त्रिलोचन ने लिखा : 'मेरा ढर्रा अलग रहा है। मुझमें जितना बल था, अपनी राह चला, आँखों में रहे निराला।'

नामवर सिंह : मैंने पहले भी लिखा है : 'हिन्दी कविता की दुनिया में त्रिलोचन ने 'धरती' के कवि के रूप में प्रवेश किया। 'धरती' उनका पहला कविता संग्रह है। मार्च-अप्रैल,1946 में प्रकाशित हुआ। केदारनाथ अग्रवाल की 'युगगंगा' (1949) से साल भर पहले और नागार्जुन की 'युगधारा' (1953) से सात साल पहले। फिर भी उन दिनों प्रगतिवादी खेमे में केदारनाथ अग्रवाल और नागार्जुन की जितनी चर्चा हुई, त्रिलोचन की नहीं। शायद इसलिए कि त्रिलोचन की कविता स्पष्टतः युग की कविता न थी बल्कि सीधे-सीधे धरती की कविता थी।' मैं आज भी 'धरती' को त्रिलोचन की सर्वश्रेष्ठ कृति मानता हूँ।

महावीर अग्रवाल : आपने यह भी लिखा है : 'त्रिलोचन की विशेषता यही है। कवि की इस क्षमता का चरम रूप, मेरी दृष्टि में, 'महाकुम्भ' (1953) में लिखे गए, 25 सानेट की माला में मिलता है। ये सभी सानेट 'अरघान' नामक काव्य संग्रह में संकलित हैं। सहज ही कपितावली के लंकादहन सम्बन्धी कवित्त याद आ जाते हैं लेकिन यह विभीषिका कुछ और है। इस सानेट-पुंज में त्रिलोचन महाकाव्यात्मक प्रतिभा के साथ सामने आते हैं।'

नामवर सिंह : त्रिलोचन के मूल्यांकन के सन्दर्भ में हो रही है। त्रिलोचन की एक कविता है : 'प्रगतिशील कवियों की नई लिस्ट निकली है। उसमें कहीं त्रिलोचन का तो नाम नहीं था। शुद्धिपत्र देखा, उसमें नामों की माला छोटी न थी।

यहाँ भी देखा, कहीं त्रिलोचन नहीं'। यह बात सन् 1950-51 की है। पहला स्थान केदारनाथ अग्रवाल का है, दूसरा नागार्जुन का। तीसरा स्थान खाली है। त्रिलोचन उस योग्य भी नहीं। तुलसी की परम्परा को त्रिलोचन ने जिस मान के साथ आगे बढ़ाया, उस दृष्टि से त्रिलोचन जितनी प्रतिष्ठा के हकदार रहे, वह उन्हें नहीं मिली। एव्गेनी एव्तुशेंको ने लिखा है : 'कविता ही किसी कवि की आत्मकथा होती है। कोई भी दूसरी चीज महज फुटनोट ही हो सकती है। कविता में अपने मुतल्लिक लिखने की चुप्पी अनिवार्यतः दूसरों के—उनकी यातनाओं और दुखों के मुतल्लिक लिखने की चुप्पी में बदल जाती है। एक सच्चे कवि का कृतित्व न सिर्फ अपने समय का गतिशील, सप्राण और सवाक् चित्र होता है बल्कि आने वाले समय का भी।' सच तो यही है : 'आधुनिक हिन्दी कविता के इतिहास में त्रिलोचन अपनी तरह के अकेले कवि हैं। उनकी एक नहीं, अनेक कविताएँ एक महत्त्वपूर्ण घटना की तरह आती हैं साहित्य-संसार में।'

महावीर अग्रवाल : त्रिलोचन के जीवन-व्यवहार में एक शिशु की-सी सरलता रही। 'लोक' जैसी सादगी और सहजता के साथ ही पारदर्शिता ने रचनाओं को और अधिक प्राणवान बनाया।

नामवर सिंह : त्रिलोचन जी का समूचा जीवन स्वाभिमान के साथ जीने की एक मिसाल है महावीर जी। जन्मशताब्दी में उनके जीवन-संघर्ष और सृजन-संघर्ष को देख-सुनकर, समझकर नई पीढ़ी बहुत कुछ सीख सकती है। डॉ. हरीसिंह गौर विश्वविद्यालय, सागर में, मुक्तिबोध पीठ का अध्यक्ष होना, उन्होंने जीवन के उत्तरार्द्ध में स्वीकार किया। उसके पहले के आठ दशक तक फकीराना अन्दाज से बिता दिये उन्होंने। कभी किसी से शिकायत नहीं की, न ही किसी से कुछ माँगा। त्रिलोचन सही अर्थों में 'जनपद के कवि हैं', इसीलिए उनकी लिखी ये दो पंक्तियाँ मुझे आज भी बेहद प्रासंगिक लगती हैं :

लड़ता हुआ समाज नई आशा-अभिलाषा।
नये मित्र के साथ, नई देता हूँ परिभाषा॥

साहित्य स्वयं प्रतिपक्ष है

[नब्बे के होने पर नामवर सिंह से अजित कुमार की बातचीत]

अजित कुमार : नामवर जी, मैं अजित कुमार आपसे 'हंस' के व्यवस्थापकों, पाठकों की ओर से बात करने के लिए यहाँ आया हूँ, इसको मैं अपना सौभाग्य समझता हूँ। आपके 90वें जन्मदिन के बहुत से आयोजन होते रहे हैं, आगे भी होंगे। इनमें से एक-दो में मुझे शामिल होने का मौका मिला। इस समय बात शुरू करने के पहले यह जरूर इच्छा होती है कि काश, यह बातचीत आपके और राजेन्द्र जी के बीच हो रही होती! मैं आपका पुराना मित्र हूँ। हमारी पहचान-मित्रता को लगभग 65 वर्ष होने को आ रहे हैं। मैं जब इलाहाबाद में केपीयूसी में रहता था, तब शायद 1951 में आप मेरे कमरे में आए थे और तब से लेकर हम बराबर मित्र रहे हैं लेकिन राजेन्द्र के साथ आपका जो खुलापन था, वह मैं आपके साथ नहीं महसूस करता। आप मुझसे उम्र में भी बड़े हैं, ज्ञान में भी बड़े हैं, हर दृष्टि से बड़े हैं। मैं आपका आदर करता हूँ, इसलिए हमारी-आपकी बातचीत वैसी खुली तो नहीं हो पाएगी, जैसी राजेन्द्र के साथ होती लेकिन फिर भी हम चाहते हैं कि थोड़ा-सा आप खुलें क्योंकि इधर जो एक बात देख रहा हूँ, उस सन्दर्भ में मैं आपसे कुछ पूछना भी चाहता हूँ। आप इधर भाषणों में कम बोलने लगे हैं। इस कम बोलने की वजह क्या है, सबसे पहले तो यही बताइए?

नामवर सिंह : देखिए, फिराक साहब का शेर है कि 'पहले फिराक को देखा होता, अब तो बहुत कम बोले हैं; अब अक्सर चुपचाप रहे हैं, कभू-कभू मुँह खोले हैं।' लेकिन जब अपने लोग मिल जाते हैं तो दिल खुलता है। तब जुबान भी खुलती है और इसलिए मुद्दत बाद अजित, आपसे मुलाकात हो रही है।

अजित कुमार : मुझे तो आप 'तुम' ही कहिए, आप हमेशा 'तुम' ही कहते रहे हैं।

नामवर सिंह : नहीं-नहीं, अब उम्र हो गई है न! तो हमको तो वे दिन याद आते हैं अजित, हम मॉडल टाउन में रहते थे और राजेन्द्र कलकत्ता से आ गए थे शक्तिनगर। लेकिन इससे पहले कि शक्तिनगर की चर्चा करूँ, राजेन्द्र से मेरी पहली मुलाकात कलकत्ते में हुई थी और इत्तिफाक से मन्नू जी भी कलकत्ते में

ही थीं तो राजेन्द्र से पहली मुलाकात आगरे में नहीं हुई, बल्कि मैं जब गया था आगरे में, उस समय वह भी पढ़ रहे थे। रामविलास जी से तो हुई लेकिन राजेन्द्र से नहीं हो सकी थी। चूँकि बनारस से कलकत्ता का सीधा रास्ता था तो हमारे कई विद्यार्थी, श्रीनाथ पांडे वहीं पढ़ते थे। मैं कलकत्ता यूनिवर्सिटी जाता था, बड़ा बाजार में ठहरता था और राजेन्द्र भी वहीं पास ही ठहरते थे। राजेन्द्र से परिचय ठीक-ठीक कलकत्ता में ही हुआ, और इत्तिफाक से मन्नू जी कलकत्ता में ही थीं। इन दोनों का परिचय, मेरा खयाल है, कलकत्ते का ही है जो बाद में विवाह में परिणत हुआ। सौभाग्य की बात है। आम तौर से वहाँ मिलने के कुछ अड्डे हुआ करते थे, मिलते थे और वह जो बड़ा मैदान है, उसमें चले जाते थे और घूमते थे। कलकत्ते में अंग्रेजों के जमाने की खुली हुई जगह थी।

ठीक-ठीक राजेन्द्र जी से निकटता दिल्ली आने के बाद हुई। दिल्ली में मैं जे.एन.यू. में था तो वह हौजखास आ गए थे। एक और भी मौका मिला क्योंकि मैं दरियागंज में राजकमल प्रकाशन से जुड़ा हुआ था और वहीं से 'हंस' निकलता था।

अजित कुमार : पहले अक्षर प्रकाशन...।

नामवर सिंह : हाँ, पहले दरियागंज में अक्षर प्रकाशन शुरू किया। 'हंस' बाद में उन्होंने शुरू किया क्योंकि 'हंस' कायदे से पहले प्रेमचन्द निकालते थे, उसके बाद इलाहाबाद से श्रीपत अमृत ने निकाला। दरियागंज में मैं राजकमल से जुड़ा हुआ था। तो आम तौर से थोड़ी देर के बाद जब लंच टाइम होता था तो मैं राजकमल से निकलकर चला जाता था राजेन्द्र के यहाँ।

अजित कुमार : राजेन्द्र जी की ये कितनी खूबी थी कि उन्होंने दिल्ली में अक्षर प्रकाशन को एक ऐसा अड्डा बना दिया था कि सारे दिल्ली वाले और दिल्ली से बाहर के जो भी लेखक आते थे, वे सब वहाँ आते थे।

नामवर सिंह : जी, सही है, सबसे बड़ा अड्डा तो 'हंस' का हुआ करता था और वहीं मुलाकात होती थी। मैं भी जैसा कहा कि साहित्यिक सलाहकार था राजकमल का, तो मुझे भी दिन में वहीं रहना पड़ता था तो आम तौर से जो लंच टाइम होता था, मैं वहाँ चला जाता था राजेन्द्र के यहाँ और राजेन्द्र के यहाँ कुछ खाते-पीते थे। वह काम में लग जाते और मैं राजकमल चला आता।

अजित कुमार : देखिए, आप जीवन में बहुत जगहों में रहे हैं और मैंने देखा इधर कि 'बनारस में नामवर' और 'जे.एन.यू. में नामवर'—इस तरह की किताबें, इस तरह के लेख आपके ऊपर छपे हैं। मैंने देखा नहीं लेकिन शायद जोधपुर में नामवर, या सागर में नामवर भी लोगों ने लिखे हों। आपका बड़ा मधुर और हमारी दृष्टि का बड़ा अन्तरंग समय मॉडल टाउन में बीता। उस पर एक किताब मन्नू जी लिख सकती हैं, निर्मला जी लिख सकती हैं, मैं भी लिख सकता हूँ। 'मॉडल टाउन में नामवर' एक किताब होनी चाहिए। अगर आपकी सहमति हो।

नामवर सिंह : बिलकुल कर सकते हैं क्योंकि मॉडल टाउन वाले ही दिन थे हमारे बहुत सुख के। वो कैसी अन्तरंग मंडली थी हमारी—अजित! आम तौर से शाम को या ज्यादातर मैं कहूँ कि मिलने की जगह सब लोगों के लिए अजित का घर हुआ करता था। वही अड्डा था।

अजित कुमार : बिलकुल छोटा-सा कमरा था लेकिन उस कमरे में...।

नामवर सिंह : अरे छोटा होते हुए भी मॉडल टाउन में मिलने के लिए वह पर्याप्त था। यों देवीशंकर भी आ गए थे, विश्वनाथ जी भी थे लेकिन आम तौर से जो अड्डेबाजी होती थी, जिसे अड्डेबाजी कहते हैं, वह अजित के घर हुआ करती थी और वहीं हम लोग जुटते थे।

अजित कुमार : देखिए, सचमुच जैसे-जैसे दिल्ली बिखरी और लोगों ने दूर-दूर जाकर रहना शुरू किया, वह अड्डेबाजी खत्म होने लगी। अभी भी मॉडल टाउन है, अध्यापक लोग वहाँ रहते हैं, लेकिन उस तरह की अड्डेबाजी न साहित्यिक, न अध्यापकीय अब नहीं होती है। हम लोग मन्नू जी के घर शक्तिनगर में बैठकर...निर्मला जी के माल रोड के घर में हफ्ते में तीन दिन तो हम मिलते ही थे और एक-एक बार की बैठक होती थी चार-चार, पाँच-पाँच घंटे की। मेरे मकान मालिक थे सेठी जी। वे नीचे रहते थे, हम ऊपर के हिस्से में। वे हमको कहते थे—अजित जी, आपके घर में बहुत लोग आते हैं। जितने भी लोग आते हैं, आपका सुख और शान्ति ले जाते हैं, आपको दुख दे जाते हैं। मैंने कहा—नहीं, मेरे यहाँ जितने लोग आते हैं, उतना ही मुझे सुख मिलता है। उधर वे थे—पत्नी, दो बच्चे, इनमें एक बेटी थी—वे चारों एक डबल बेड में सारे समय एक-दूसरे के साथ बैठे रहते, बात करते रहते थे और मुझसे कहते थे कि जितने लोग घर में आते हैं, उतना ही कष्ट देते हैं। यह मेरा कभी अनुभव नहीं हुआ। हमको तो इतनी अपार खुशी मिलती थी कि जब लोग चले जाते थे तो लगता था, फिर दिन शुरू हो जाए। हम लोग बैठे घंटों गपशप करें। इतना समय रहता था सबके पास। उस बीच राजेन्द्र अक्षर प्रकाशन चला रहे थे, आर्थिक कठिनाइयाँ थीं। उनके मन में था कि वे कोई पत्रिका शुरू करें। तो हम तीन-चार मित्र थे, जिनमें मैं था, राजेन्द्र थे और एक लालानी जी थे। हम मीटिंगें करते थे। बहस होती कि 'हंस' चलाएँ या कंस चलाएँ। 'हंस' के पक्ष में और कंस के विपक्ष में। देश की राजनीति ऐसी थी कि हंस तो नीर-क्षीर विवेक करता है और कंस अत्याचार करता है। उस अत्याचार का कृष्ण जैसे लोग विरोध करते हैं, कुछ दमन करते हैं। सालभर तक हमारी ये बहसें चलती रहीं। अन्ततः राजेन्द्र ने चुपचाप यह फैसला किया कि नहीं, अब हमको 'हंस' निकालना है। मैं आपसे यह जानना चाहता हूँ कि 'हंस' की जो प्रेमचन्द की परम्परा थी और राजेन्द्र ने जो डाली उसमें बुनियादी फर्क, इसे आप किस रूप में देखते हैं?

नामवर सिंह : देखिए, 'हंस' तो निकलता था बनारस से। बनारस का ही रहने वाला हूँ। कुछ दिनों तक 'हंस' में शिवदान सिंह चौहान सम्पादक थे, वह भी छोड़कर चले गए। अमृत और श्रीपत, दोनों बनारस छोड़ चुके थे, तो 'हंस' की जो गति हुई, वही हुई। उन लोगों के जाने के बाद 'हंस' बन्द हो गया और मैं राजेन्द्र की यह बहादुरी कहूँगा कि जो नई पत्रिका निकाली, वह प्रेमचन्द की परम्परा में। चूँकि प्रेमचन्द ने 'हंस' निकाला था—एक ऐतिहासिक पत्रिका थी। जो काम उनके बेटे नहीं कर सके, बन्द कर चुके थे ये लोग, राजेन्द्र ने बड़ा काम किया कि प्रेमचन्द के 'हंस' को निकालने का संकल्प किया। और यह जो हौसला है, मैं समझता हूँ, यह ऐतिहासिक महत्त्व है अजित जी, नहीं तो 'हंस' को लोग भूल गए होते—अगर राजेन्द्र ने न निकाला होता। 'हंस' जैसी पत्रिका में प्रेमचन्द के साथ शिवदान सिंह चौहान भी उसके सम्पादक रह चुके थे। उसमें शमशेर काम कर चुके थे लेकिन यह काम 1940 के जमाने का है।

अजित कुमार : एक अंक अमृत राय ने इलाहाबाद से निकाला। मुझे याद आता है, मैं वहीं था। सन् 1950 में जब चीन आजाद हुआ तब 'चीन विशेषांक' निकाला। उस पर अमृत राय के घर पर एक गोष्ठी हुई थी। वहाँ शमशेर जी ने एक बहुत लम्बी कविता 'चीन' पढ़ी।

नामवर सिंह : लेकिन अमृत वह पत्रिका नहीं निकाल सके और बन्द कर दिया था।

अजित कुमार : बिलकुल। यह श्रेय राजेन्द्र को जाता है कि उन्होंने 'हंस' को एक नया जीवन दिया और उसके सरोकारों को बढ़ाया। उन्होंने उसमें तमाम ऐसे वर्गों की चेतना को शामिल किया—जैसे महिलाएँ हैं, पिछड़े हुए लोग हैं, दलित हैं, अश्वेत जातियाँ हैं। 'हंस' के लिए उन्होंने बिलकुल नया मुद्दा व्यापक कर दिया।

नामवर सिंह : अजित जी, आपने सही कहा, 'हंस' को एक नया रूप दिया, नई अन्तर्वस्तु दी, और जो काम उनके बेटे नहीं कर सके। 'हंस' के आखिरी दिनों में जो निकालते थे, वे दिन मैंने देखे हैं। राजेन्द्र ने प्रेमचन्द के 'हंस' को जितना व्यापक हो सकता था, बनाया। और सबसे बड़ी चीज समाज के जो दलित हैं, शोषित-पीड़ित हैं, जैसे दलित महिलाएँ हैं, तो इस वर्ग के लोगों को लेकर उनका अकेला पत्र हिन्दी में 'हंस' ही रह गया था। अब तो स्त्री-विमर्श चलने लगा है तो बहुत सारी पत्रिकाएँ निकलने लगी हैं। दलित-विमर्श वाले भी निकालने लगे हैं लेकिन यह काम राजेन्द्र का था कि प्रेमचन्द के 'हंस' को वह चरित्र दिया जो सच्चे अर्थों में आम जनता है,। जो दलित हैं, गरीब हैं, शोषित लोग हैं—उनको लेकर एक नया जीवन दिया।

अजित कुमार : और उसकी सबसे बड़ी विशेषता मैं यह समझता हूँ कि

उन्होंने उसे केवल व्यावसायिक या लोकप्रिय बनाने के लिए नहीं किया। उसके पीछे प्रतिबद्धता थी क्योंकि मैं देखता था। 'सरिता' एक अखबार निकलता था, उसमें सालों तक यह निकलता रहा कि तुलसीदास ने भारतीय समाज को भ्रष्ट किया। रामचरितमानस के खिलाफ, तुलसी के खिलाफ। लेकिन 'हंस' ने एक पाठक वर्ग बढ़ाने के लिए, लेखक बढ़ाने के लिए, चेतना के विकास के लिए अपना आन्दोलन चलाया।

नामवर सिंह : एक तरह से सही कहा है आपने कि आजकल जो अनेक विमर्श चल रहे हैं—दलित-विमर्श, स्त्री-विमर्श आदि-आदि, 'हंस' उनका मुखपत्र बन गया। अकेले हिन्दी में अगर एक मुखपत्र था तो समाज में वे लोग जो दलित, पीड़ित हैं, सताए हुए हैं, उनका मुखपत्र बनाकर 'हंस' को निकाला है। इसलिए 'हंस' की पहचान आज की मासिक पत्रिकाओं में या त्रैमासिक भी निकलती हैं, जो उनमें अकेली पहचान 'हंस' की बनी हुई है, और उसकी माँग है।

अजित कुमार : एक और बात। मैं समझता हूँ, राजेन्द्र के जाने के बाद संजय सहाय और राजेन्द्र की बेटी रचना—दोनों ने मिलकर उस परम्परा को आगे बढ़ाया है। बहुत ही स्वस्थ और सही दिशा में वह जा रहा है और कहानियाँ भी अच्छी निकल रही हैं। मैं उसे पढ़ता हूँ। पहले राजेन्द्र के समय मैं उतना ध्यान से नहीं पढ़ पाता था लेकिन इधर खास तौर से इसलिए पढ़ रहा हूँ कि मैं समझता हूँ कि राजेन्द्र यादव से पहले का 'हंस', राजेन्द्र का 'हंस' और राजेन्द्र यादव के बाद का 'हंस'—ये ऐसे विषय हैं जिनका भविष्य में अध्ययन होगा।

नामवर सिंह : होना चाहिए, और न 'हंस' की राजेन्द्र वाली दृष्टि लोगों ने छोड़ी है क्योंकि समाज के जो पीड़ित दलित, चाहे महिलाएँ हों, बाकी लोग हैं, उनको लेकर चलने वालों का हिन्दी में इस समय, अजित जी, अकेला पत्र वही है जो इतनी व्यापक और मानवीय दृष्टि लेकर निकलने वाला है। मुझे खुशी है कि संजय सहाय उस परम्परा को जारी रखे हुए हैं वरना आशंका तो यही थी कि राजेन्द्र के बाद शायद बन्द हो जाए। लेकिन यह कहूँगा कि उनकी बेटी रचना और संजय सहाय की सराहना होनी चाहिए।

अजित कुमार : यह बड़ी खुशी की बात है और हम कामना करते हैं कि ये दिनोंदिन और ऊँचाई की ओर बढ़ें, इसकी हम प्रतीक्षा कर रहे हैं।

नामवर जी, आज तो आप सारे हिन्दी जगत में ही नहीं, भारतवर्ष भर में प्रतिष्ठित-सम्मानित हैं लेकिन मैं जब से आपको देख रहा हूँ सन् 1950 से—65 साल हो गए, आज भी मैं देख रहा हूँ कि हमेशा आपकी बात हिन्दी वालों ने बहुत ध्यान से, बहुत गम्भीरता से, बहुत आदर के साथ सुनी है और इन 65 वर्षों में न जाने कितनी भूमिकाएँ आपकी रही हैं प्रगतिशील आन्दोलन से जुड़ी हुई और साहित्य की तमाम विधाओं का अध्ययन करनेवाली—उस सबका आकलन

किया जाए तो मैं समझता हूँ कि एक स्तर पर तो शुक्ल जी के समकक्ष आपका काम रहा है। लेकिन अभी जो कल-परसों आपका एक सम्मान हुआ, उसमें आपके ऊपर केन्द्रित छोटी-सी गोष्ठी हुई थी जिसकी अध्यक्षता श्रीमती निर्मला जैन ने की थी। उन्होंने एक बड़ी दिलचस्प बात कही। उन्होंने आलोचकों की जो त्रयी बनाई, उस त्रयी में शुक्ल जी के बाद वाजपेयी जी, उसके बाद अपने गुरु नगेन्द्र का नाम सुझाया है जबकि हिन्दी में प्रचलित आम धारणा यह है कि शुक्ल जी के बाद आचार्य हजारी प्रसाद द्विवेदी, उनके बाद रामविलास शर्मा और उसके बाद आप। तो इस सम्बन्ध में आपकी क्या टिप्पणी है?

नामवर सिंह : अजित जी, आचार्य रामचन्द्र शुक्ल को तो मैंने देखा नहीं था। सन् 1941 में उनकी मृत्यु हो चुकी थी। आचार्य हजारी प्रसाद द्विवेदी हमारे गुरु ही थे और डॉ. रामविलास शर्मा तो प्रगतिशील लेखक संघ के जनरल सेक्रेटरी होते थे और मैं उसकी कार्यकारिणी का सदस्य था। इस नाते, प्रगतिशील लेखक संघ से जुड़ने के कारण, रामविलास जी से मिला था। बल्कि सच पूछिए, बनारस में रहते हुए ही 'प्रगतिशील लेखक संघ' बहुत सक्रिय था। और हम लोग प्रगतिशील लेखक संघ के कारण रामविलास जी को जानते थे। पहली बार मैं उनसे मिलने के लिए, जबकि मैं छात्र था, आगरा गया था और फिर रामविलास जी से दूसरी बार मेरी मुलाकात हुई, जब मैं आगरा गया था, वहाँ विद्यापीठ में। प्रगतिशील लेखक संघ में आना-जाना होता था तो गोष्ठी में मुलाकात। सच पूछिए तो वे हमारे उत्तराधिकारी हैं।

अजित कुमार : अच्छा, पहले आप उसके निदेशक हुए, बाद में वे हुए?

नामवर सिंह : वे बी.आर. कॉलेज में पढ़ाते थे। कन्हैयालाल माणिकलाल मुंशी इंस्टीट्यूट में मैंने उनको चार्ज दिया। उस समय बालकृष्ण राव इलाहाबाद से आए हुए थे। वे आगरा यूनिवर्सिटी के वाइस चांसलर थे। उन्होंने मुझे ऑफर दिया था कि तुम यहाँ आओ—आगरा विश्वविद्यालय में—हिन्दी विभाग, कन्हैयालाल माणिकलाल मुंशी इंस्टीट्यूट के डायरेक्टर के रूप में। जब मैं गया, उसी समय मुझे ऑफर मिल गया जे.एन.यू. के लिए। यह सन् 1974 की बात थी। तो सन् 1974 में, उस समय के.एम. हिन्दी विद्यापीठ के डायरेक्टर डॉ. रामविलास शर्मा थे और बल्कि सच पूछिए तो मैंने उनकी विदाई वहीं की। उनकी विदाई के आयोजन में मैंने भाषण दिया। राव साहब हमको छोड़ नहीं रहे थे। उन्होंने कहा, मैं चाहूँ तो यह तनख्वाह एक महीने की तुम्हें न दूँ क्योंकि केवल सात दिन हुए हैं तुमको। तो फिर महीने भर की तनख्वाह वापस करो। मैंने कहा, तनख्वाह तो मिली नहीं, अपने पैसों से आपको क्यों दूँ? वे बोले, या तो मैं रिलीव ही न करूँ। तब मैंने कहा, मेरा विश्वविद्यालय खुल रहा है, मुझे जाने दीजिए। आपकी शुभकामनाएँ मैं लेकर जाऊँगा। उन्होंने कहा, ठीक है,

और एक महीने की तनख्वाह उन्होंने काट ली। मैंने कहा, मुझे तो मिली ही नहीं, तो उन्होंने कहा, पास से दो, पर एक महीने की तनख्वाह तो तुमको देनी पड़ेगी। फिर मैंने एक महीने की तनख्वाह दी और वहाँ से सीधे जे.एन.यू. में 1974 में मैंने ज्वॉइन किया।

जे.एन.यू. आने के बाद मेरे जीवन का सबसे महत्त्वपूर्ण अन्तिम अध्याय क्योंकि नया विश्वविद्यालय बना था, विश्वविद्यालय शुरू करना था और ऑफर दिया था मुझे। उस समय डॉ. बी.डी. नाग चौधरी फर्स्ट वाइस चांसलर थे। वे सिविल सर्विसेज के आदमी थे। उनके पिताजी योशी नाग बनारस के थे और बीएचयू में हमारे प्रिंसिपल थे आर्ट्स फैकल्टी के। इस नाते वे मुझे जानते थे।

तो मैं आया, हमने ज्वॉइन किया। कैम्पस बना नहीं था तो नीचे एक बिल्डिंग जो बनी हुई है, उसी बिल्डिंग में विश्वविद्यालय शुरू हुआ। विश्वविद्यालय को पहाड़ी पर जगह मिल चुकी थी लेकिन बिल्डिंग बनी नहीं तो कई साल तक हमने वहीं पढ़ाया। तो नाग चौधरी ने कहा—देखो, तुम अपनी टीम बना लो और चुनो, किन-किन लोगों को चाहते हो। तो फिर मैंने जिन लोगों का हो सकता था, उनमें एक का तो अनिवार्य था। सावित्री चन्द्र शोभा, वे यू.जी.सी. के चेयरमैन की पत्नी थीं, इसलिए उन्होंने कहा कि इनको तो आपको लेना ही पड़ेगा। तो शोभा जी और मैं, दोनों ने लगभग एक ही दिन ज्वॉइन किया। उसके बाद बोले—तुम अपनी टीम अपने ढंग से बनाओ। जिनको चाहते हो, बिना इंटरव्यू के ऑफर देकर हम बुलाएँगे। फिर मैंने केदारनाथ जी को बुलाया, मैनेजर पांडेय (जोधपुर में थे तब) को बुलाया। केदारनाथ जी पडरौना में पढ़ाते थे। प्रिंसिपल थे वहाँ के।

अजित कुमार : आपने जे.एन.यू. में अपनी टीम बनाई। आप जिनको अच्छा समझते थे, उन अध्यापकों को लाए। और कितने वर्ष आप वहाँ रहे?

नामवर सिंह : देखना पड़ेगा। सन् 1974 और रिटायरमेंट को जोड़ लीजिए। लगभग 25 वर्ष और पाँच साल और मिला लो। 2000 तो बीत ही गए थे और अब मैं अभी भी उसी विश्वविद्यालय में प्रोफेसर एमेरिटस हूँ। वे सारी सुविधाएँ जो मुझे प्रोफेसर रहते मिल रही थीं, वे आज भी मिल रही हैं। जैसे दवाइयाँ हमें मुफ्त मिलती थीं, वे आज भी फ्री मिल रही हैं।

अजित कुमार : अब भी कभी-कभी वहाँ आप जाते हैं लेक्चर देने?

नामवर सिंह : हाँ, अब भी मैं उनके यहाँ के उसी विश्वविद्यालय के प्रोफेसर एमेरिटस की तरह विभाग का हिस्सा हूँ। उनकी जो मीटिंग होती हैं, उनमें मैं जाता हूँ। मैं चाहूँ तो अपनी सुविधा से क्लास ले सकता हूँ। कुछ लेक्चर दे सकता हूँ।

अजित कुमार : तो ये जो प्रोफेसर हैं, ये आजीवन हैं—जीवनभर के लिए हैं?

नामवर सिंह : जी हाँ। रिटायर होने के बाद पाँच साल और मिलता है। उसके बाद जब तक जिन्दा हूँ तब तक यह रहेगा।

अजित कुमार : तो आप वहाँ के प्रशासन में कोई रुचि नहीं लेते? वहाँ कोई हस्तक्षेप नहीं करते? आप केवल एकेडमिक मामलों में रुचि लेते हैं?

नामवर सिंह : मैं वहाँ की सेंटर की मीटिंग का सदस्य हूँ। तो एवैलुएटर होने के नाते मैं अब भी वहाँ जाता हूँ और उन मीटिंगों में जाता रहूँगा, जब तक मैं हूँ। एक बात, वहाँ की नीतियों में मैं हिस्सा नहीं ले सकता। मेरी उसमें रुचि नहीं है। रुचि यह है कि अपनी सुविधानुसार वहाँ लेक्चर होते हैं और सुविधानुसार देता हूँ, नहीं तो वे खुद प्रोग्राम बना करके बुलाते भी हैं। अब भी मेरा बैंक एकाउंट जे.एन.यू. में ही है।

अजित कुमार : देखिए, जो अभी आपके दो आयोजन सालगिरह मनाने के लिए हुए, उनके बारे में मैंने आज ही अखबार 'जनसत्ता' में पढ़ा कि एक जगह आपने कहा कि आप दस वर्ष और जीना चाहते हैं ताकि आप लोगों को देख सकें, उनसे मिल सकें, उनको सुन सकें। दूसरी सभा में आपने यह कहा कि आप इसलिए जीना चाहते हैं कि कुछ और साल लोगों के सीने में मूँग दल सकें। क्या यह गलत रिपोर्ट है या आपने ऐसा कहा है सचमुच में? अखबार में आज यही छपा है। यह आपकी न शैली है और न मैं समझता हूँ कि आपने इस तरह कोई बात कही होगी क्योंकि आप तो हमेशा चीजों को बड़े शालीन ढंग से लेते रहे हैं। आज ही के 'जनसत्ता' में यह पूरा लेख आपके ऊपर लिखा गया है।

नामवर सिंह : लोगों का जितना प्यार और मोहब्बत मिलती है, उसके बाद सीने पर मूँग दलने की बात मैं कर भी नहीं सकता। सोच भी नहीं सकता।

अजित कुमार : मैं बहुत चकित हुआ यह पढ़कर कि किसके सीने पर आप मूँग दलना चाहेंगे, सब तो आपके अनुगत हैं, प्रशंसक हैं, सब आपको मानते हैं। बहरहाल मैंने 'जनसत्ता' में एक और बात जो पढ़ी भारतभूषण अग्रवाल पुरस्कार के बारे में, जिससे हम, आप सभी सम्बद्ध रहे हैं। वह आज एक किसी युवा लड़की को, शुभमश्री ऐसा नाम है, उसको मिला है। और उसकी जो कविता है, जिस पर पुरस्कार मिला है, उसका नाम है : 'पोएट्री मैनेजमेंट'। तो इसे पढ़कर मेरे मन में जो एक बात आई, तुरन्त अमीर खुसरो की याद आई। अमीर खुसरो एक ऐसे शायर थे जिन्होंने न जाने कितने राजाओं के दरबार से होते हुए सरवाइव किया और उस तरह का सरवाइवल अगर मैं हिन्दी में किसी में देखता हूँ तो वह नामवर सिंह में है। तमाम सरकारें आईं, बनीं-बिगड़ीं लेकिन सबके आप प्रिय बने रहे। सबने आपको मान दिया। इस एक कला को आपने कैसे सिद्ध किया? मैं समझता हूँ कि उन सरकारों ने ही आपके माध्यम से अपने-आपको प्रामाणिक बनाया। लेकिन यह कैसे हुआ, उसके बारे में आप कुछ

बतला सकते हैं ? एक चीज और मैंने पढ़ी कि उस सभा में जब गृहमंत्री जी बोल रहे थे और जिसमें संस्कृति मंत्री भी थे, आपके बारे में यह बात कही गई कि जब इन्दिरा जी एक सभा में थीं तो आपने इन्दिरा जी को सम्बोधन नहीं किया। आपने बच्चन जी को सम्बोधित किया। जहाँ तक मैं समझता हूँ, यह बात जिसका हवाला दिया जा रहा है, यह बात इमरजेंसी के समय की नहीं बल्कि 'बच्चन रचनावली' के लोकार्पण के समय की बात है और वह 1983 में हुआ था जबकि इमरजेंसी खत्म हो चुकी थी और इन्दिरा जी दुबारा सत्ता में वापस आ चुकी थीं—जनता दल की विफलता के बाद। तो ऐसा मुझे नहीं याद आता कि आपने कभी इन्दिरा जी की अवमानना की हो। इमरजेंसी के समय भी नहीं की जबकि आपकी पार्टी तो इमरजेंसी का समर्थन भी कर रही थी लेकिन आप इन सब बातों को सुन रहे थे वहाँ पर, यह लेखों में भी छपा था, पत्रिकाओं में भी छपा लेकिन आपने उसका प्रतिवाद करना जरूरी नहीं समझा। वैसे ही, जैसे इस बात का कि आप सबकी छाती पर मूँग दलेंगे।

नामवर सिंह : हो सकता है, पत्रिकाओं, अखबारों में छपा हो और मैंने देखा ही न हो। मैं 'जनसत्ता' लेता हूँ, उसमें नहीं था।

अजित कुमार : नहीं, आज ही की 'जनसत्ता' में है यह। रास्ते में मैं पढ़ता हुआ आ रहा था। बहरहाल, यह माइनर बात है, महत्त्वपूर्ण बात नहीं है। आपका व्यक्तित्व ऐसा है, लेखन ऐसा है, आपकी कलम में ऐसी धार है, आपके बोलने में इतनी सफाई है कि आपका लिखा हुआ बिलकुल बोले हुए की तरह मालूम होता है और बोला हुआ आपके लिखे हुए की तरह मालूम होता है। वह कविता की एक पंक्ति याद आती है कि 'जिस तरह हम बोलते हैं, उस तरह तू लिख, और इसके बाद भी हमसे बड़ा तू दिख'—भवानी जी की कविता है। तो आप तो जैसा बोलते हैं, वैसा ही आप लिखते भी हैं, उसके बाद भी आप सबसे बड़े मालूम होते हैं। यह साधना आपमें केवल हजारीप्रसाद द्विवेदी के सम्पर्क में आई या आपके गाँव जियनपुर से, बचपन के संस्कारों से भी इसका कोई ताल्लुक है ?

नामवर सिंह : अजित जी, मैं तो उसी गाँव का हूँ और जो कुछ लिखा होगा, वहीं पाया। गुरु जी भी हमारे अक्खड़ नहीं थे, काफी विनम्र थे और मैं कह नहीं सकता, ऐसी अक्खड़ता तो मुझमें है ही नहीं लेकिन अगर कई लोगों को लगता है...एक चीज है, वह कि स्वाभिमान की रक्षा करना किसी कीमत पर भी। किसी शक्ति के सामने नतमस्तक नहीं होना है। बस, इतना ही है एक अध्यापक का, एक लेखक का स्वाभिमान। एक तरह से यह उसके साहित्य व भाषा का सम्मान है। भरसक मैं कोशिश करता हूँ कि हिन्दी भाषा और हिन्दी साहित्य किसी के सामने नतमस्तक न हो। हमारे किसी कर्म से उस पर आँच आए, यह मुझसे सहा नहीं जाएगा। इसलिए मैं अपने अहंकार की बात नहीं करता। मैं हिन्दी भाषा और

हिन्दी साहित्य के स्वाभिमान की बात करता हूँ। एक ऐसी चूक मुझसे होगी तो कहेंगे कि अरे, हिन्दी वाले ऐसे ही होते हैं?

अजित कुमार : आपके बारे में काशी ने बहुत अच्छी एक बात कही : 'गर्वीली गरीबी!' ...एक समय आपके पास बहुत साधन नहीं थे, ईश्वर की कृपा से वे साधन आज हैं। लेकिन एक समय ऐसा था जब एक स्तर पर एक के बाद दूसरी नौकरी छूटती रही जबकि आपका समाज में और साहित्य में सम्मान बहुत अधिक था। हमें याद है, मैं तो नहीं गया था लेकिन मैंने पढ़ा कि बहुत समय पहले कलकत्ता में कथा पर एक गोष्ठी हुई थी जिसमें आपके विभाग के, सागर के, अध्यक्ष नन्ददुलारे वाजपेयी जी गए थे और सभा का अध्यक्ष एक सत्र का आपको बनाया गया, उनको नहीं बनाया गया। बहुत से लोगों का कहना तो यह था कि सागर में अगर आपका काम नहीं चल सका तो उसके पीछे भी वरिष्ठ लोगों की कुंठाएँ थीं। मैं जानता नहीं कि सच्चाई क्या है लेकिन इस तरह की बहुत-सी बातें हुईं। आपसे उम्र में, पद में बहुत बड़े लोग भी आपके सामने हतप्रभ होते रहे हैं। उसके ऊपर, मैं चाहता हूँ कि आप रोशनी डालें।

लम्बे समय तक जब 'धर्मयुग' निकलता था, प्रगतिशील लेखक संघ ने उसका बहिष्कार किया। मेरा खयाल है, आपने भी उसमें कभी नहीं लिखा। मैं 'धर्मयुग' में बहुत लिखता था। तमाम प्रगतिशील लेखक संघ के साथी कहते थे कि तुम क्यों 'धर्मयुग' में लिखते हो, यह सेठों की पत्रिका है। उस समय आपका मुद्दा प्रगतिशील लेखक संघ को आगे बढ़ाने का था। आन्दोलन को बढ़ाने का था।

इधर जब यह हुआ, कि परसों 28 तारीख की जो गोष्ठी थी, उसमें जिस दक्षिणपंथी राजनीति का आप सदैव विरोध करते रहे, उस दक्षिणपंथी राजनीति के गृहमंत्री और संस्कृति मंत्री के द्वारा आशीर्वाद दिया हुआ जो आयोजन था, उसमें आप क्यों इस तरह से शामिल हुए? इसे लेकर फेसबुक पर बहुत चर्चा हो रही थी। मैं इसे महत्त्वपूर्ण नहीं समझता हूँ। मैं समझता हूँ, अगर आपने अपने मान का थोड़ा-सा अंश उनको दिया और उनसे कोई चीज ली नहीं बल्कि उनको उपकृत किया, तो मैं यह मानता हूँ, आपको शामिल होना चाहिए था लेकिन एक समय आप 'धर्मयुग' का विरोध करते थे कि सेठों की पत्रिका, पूँजीपतियों की पत्रिका है—तो यह जो अन्तराल है, यह जो फर्क है, इसको आप कैसे समझाते हैं?

नामवर सिंह : मैंने जो वक्तव्य दिया, उसे पढ़ा जाए और सुना जाए तो उससे पता चल जाएगा। पढ़ा हुआ मैं सुनाता हूँ। मैंने यही कहा था : 'दूसरी परम्परा की खोज' एक किताब है मेरी। उन्होंने जो कार्ड छापा था, उसमें 'दूसरी परम्परा की खोज' का नाम लिया था तो मैंने जो पहला ही वाक्य कहा था कि साहित्य के लोकतंत्र में 'दूसरी परम्परा की खोज' प्रतिपक्ष है। मैंने कहा था प्रतिपक्ष की भूमिका के बारे में, जो यह है। और यह भी मैंने जो कहा था कि आखिरी शेर था, वह

सुनाए देता हूँ : 'उनको जो काम है वो एहले सियासत जानें, अपना पैगाम मोहब्बत है जहाँ तक पहुँचे'।

अजित कुमार : देखिए, इसमें जो बात रह गई है, वह यही है कि आपने जब अपने वक्तव्य में कहा कि चाहे वह नई कविता के प्रतिमान हों, चाहे वह दूसरी परम्परा की खोज हो, वह एक प्रतिपक्ष को उभारती है, पर उन्होंने अपने कार्यक्रम का शीर्षक ही रखा : 'नामवर : एक और परम्परा'। उसका अर्थ तमाम फेसबुक पर लिखने वालों और तमाम प्रशंसकों ने यह लिया कि पहले आप वह परम्परा चला रहे थे जो प्रगतिशीलता का समर्थन करती थी और अब आप उनके दिये गए शीर्षक के अनुसार, जो दक्षिणपंथ की परम्परा है, उसका समर्थन कर रहे हैं। उसके निमंत्रण में आप देखिए, तो नामवर सिंह 90 साल में एक और परम्परा शुरू कर रहे हैं जबकि अभी तक उनकी परम्परा थी समाजवाद की, प्रगतिशीलता की।

नामवर सिंह : मैं दूसरी परम्परा बता तो रहा हूँ। मैंने लिखा है साहित्य में मौखिक रूप से और लिखा हुआ आप पढ़ लीजिएगा कि मैं अपोजीशन में हूँ। यह कह रहा हूँ मैं, प्रतिपक्ष में हूँ मैं, आपके पक्ष में नहीं हूँ। यह मैंने घोषित करके कहा है। यह मेरी हिम्मत थी। मैंने यह नहीं कहा कि मैं आपके पक्ष में हूँ।

अजित कुमार : देखिए, आप देखते नहीं हैं फेसबुक वगैरह। खैर, अच्छा ही है क्योंकि उसमें बहुत कुछ बकवास होती है। बहुत कुछ ऐसा होता है कि समर्थन नहीं किया जा सकता लेकिन तमाम फेसबुक के पन्नों में इस समय नामवर सिंह की इस कारण आलोचना हो रही है। मैं व्यक्तिगत रूप से उस आलोचना से सहमत नहीं हूँ। मैं समझता हूँ, आपने ठीक किया है। आप कहीं पर भी जाएँ, आप दलबदल नहीं करनेवाले हैं लेकिन बहुत से लोग इसको दलबदल समझते हैं। इस गलतफहमी को आप किस तरह से दूर करेंगे?

नामवर सिंह : मैं इसका खंडन करना चाहता हूँ। देखिए, इन्दिरा गांधी नेशनल सेंटर ऑफ आर्ट्स, यह राष्ट्रीय है। इन्दिरा गांधी के नाम से जुड़ा हुआ है। इस राष्ट्रीय संस्था में गया था। आज कोई उसका चेयरमैन या अध्यक्ष हो गया। कल को कोई और होगा। जैसे साहित्य अकादमी है। साहित्य अकादमी का प्रेसिडेंट कोई भी हो, सेक्रेटरी कोई भी हो, साहित्य अकादमी जैसी संस्थाएँ बनी हुई हैं, और उन संस्थाओं के हम मुरीद हैं। अब जे.एन.यू. यूनिवर्सिटी का वाइस चांसलर भी बीजेपी वाला है और हमारे कार्यक्रम में वे आए भी थे, दो मिनट बोलकर चले गए। वहाँ मैंने जो कहा, अगर वे वहाँ रहते तो सुनते। उन्होंने सुना ही नहीं। मैंने कहा कि जे.एन.यू. बराबर वामपंथ का अड्डा रहा है। इसी के लिए कुख्यात या विख्यात रहा है। मैं वहाँ का हूँ और अपनी इस परम्परा पर मुझे गर्व है। वाइस

चांसलर आते हैं, जाते हैं, विश्वविद्यालय अपनी जगह है। इसलिए मैंने कहीं अपने स्वाभिमान को गिरवी नहीं रखा और भारत सरकार से कोई पद अभी तक लिया नहीं और साहित्य स्वयं प्रतिपक्ष है और सत्ता का विरोधी है।

अजित कुमार : नामवर जी, आपने हिन्दी में वाद-विवाद-संवाद की जो शृंखला या परम्परा चलाई है, वह तो अब डंडावाद या वितंडावाद, न जाने कहाँ-कहाँ तक पहुँच रही है। वह सब तो होता ही रहेगा। इस तरह मतभेद तो होंगे। इस समय जब आप अपने जीवन के इस मोड़ पर हैं तो कम-से-कम दस वर्ष तो आपके पास लिखने-पढ़ने के लिए बचे ही हैं। आपका स्वास्थ्य ठीक है, आँखें ठीक काम करती हैं। आप तन करके चलते हैं। इस सबसे बड़ी खुशी होती है। मैं इस बार तो आ गया, बार-बार यहाँ नहीं आ सकता। पर आप यहाँ दो मंजिले पर रहते हैं, आपके मन में नहीं होता कि आप कहीं नीचे का घर लेकर वहाँ जाएँ? मेरे मन में बहुत पहले पढ़ी हुई आपकी कविता दो-तीन दिन से बराबर गूँज रही है—'फागुनी साँझ'। अपने मुँह से एक बार इसे सुना दें तो मुझे बहुत अच्छा लगेगा। सुना है, बचपन में आप बहुत मधुर कंठ से सुनाते थे। हमारी इच्छा यह है कि आप इस अवधि का इस्तेमाल कविता फिर से लिखने के लिए कीजिए। वह जो आपका सवैया है, इतना अद्‌भुत है कि 1954 में मैंने उसको प्रकाशित किया था। 'कवि' में विष्णु चन्द्र शर्मा ने उसे छापा था, त्रिलोचन ने टिप्पणी लिखी थी उन कविताओं पर। उसके बाद आप कविता से विरत होते चले गए। इसकी वजह क्या थी?

नामवर सिंह : देखिए, पहली बात तो यह बताऊँ कि इस समय मैं बहुत अकेला महसूस करता हूँ। जितने पुराने साथी थे, बहुत निकट थे, जो ऐसी की तैसी कर सकते थे। राजेन्द्र यादव, सौभाग्य से आप हैं, विश्वनाथ त्रिपाठी, तो कुछ लोग बचे रह गए हैं जिनसे फोन पर बातचीत हो जाती है तो लगता है कि कुछ दिन और जिऊँ तो कोई हर्ज नहीं है।

अजित कुमार : जिएँ लेकिन देखिए, खाली तो बैठेंगे नहीं। यह जरूर है कि घूम-घूमकर भाषण मत दीजिए। घर में व्यवस्था रखिए और ऐसी व्यवस्था कीजिए कि यहीं पर आपके यहाँ ऋषिकुल की तरह अड्डा जमे!

नामवर सिंह : घूम-घूमकर भाषण देना तो बन्द कर ही दिया है। मैं दिल्ली से बाहर तो जाता नहीं। दिल्ली में भी कई जगहों पर नहीं जाता। बन्द कर दिया है। मैंने 90 साल पूरा होने के बाद और 91 में प्रवेश करने पर यह संकल्प लिया। मैं अपने घर में ही संन्यासी की तरह रहूँगा। मैं घर के बाहर नहीं जाऊँगा और उम्मीद है कि निभाऊँगा। तभी तोड़ूँगा इसको, जब मेरा कोई मित्र साथ छोड़कर इस दुनिया से जाएगा। हालाँकि ऐसी नौबत न आए। लेकिन इसके अलावा मैंने बन्द कर दिया है। खैर, आप जो कह रहे थे, वह कविता है—'फागुनी साँझ':

फागुनी साँझ
अंगूरी उजास
बतास में जंगली गंध का डूबना
ऐंठती पीर में
दूर, बराह से
जंगलों के सुनसान का कूथना
बेघर बेपरवाह
दो राहियों का
नत शीश
न देखना, पूछना
शाल की पंक्तियों वाली
निचाट-सी राह पर
घूमना घूमना घूमना।

अजित कुमार : देखिए, इतनी तन्मयता है इसमें, इतनी उदासी है इसमें, प्रेम की जो गम्भीरता है, वह फिर से लौटकर आपकी वाणी से फूट करके आनी चाहिए। हमको याद आता है, बहुत साल पहले आप भी थे, साउथ कैम्पस में एक गोष्ठी हुई थी उन आलोचकों को लेकर जिन्होंने कविता से शुरू किया था और बाद में कविता छूट गई। रामविलास जी थे, डॉ. नगेन्द्र और आप थे। रामविलास जी से मैंने पूछा, आपका इस सम्बन्ध में क्या कहना है ? तब उन्होंने कहा था, 'आलोचना भी और कविता भी', तो मैं सोचता हूँ, इस बात की याद दिलाकर, आपसे भी कहूँ, इतनी अच्छी कविता आपने लिखी थी, और भी कविताएँ आपने लिखी थीं, बहुत अच्छी थीं बल्कि आपकी पहली कविता जो थी, उसमें मैंने पढ़ा कि आप 'पुनीत' के उपनाम से लिखते थे जब बिलकुल बालक थे तब। जब हिटलर ने हमला किया यूरोप के ऊपर, दो पंक्तियाँ आपने लिखी हैं। सुरेश शर्मा ने अपनी किताब में उसका उल्लेख किया है।

नामवर सिंह : 'चढयौ बरतानिया पर हिटलर 'पुनीत' ऐसे / जैसे गढ़ लंक पर पवनसुत कूदि गौ।'

अजित कुमार : छन्द के ऊपर आपका इतना अधिकार है। आपको भाषा की, ध्वनियों की और तमाम शब्दों की सूक्ष्मता की इतनी पहचान है। सारे जीवन आगने आलोचनात्मक कार्य किया, शास्त्रीय कार्य किया, अब आप कविता की ओर लौटिए। शुक्ल जी ने यह संकल्प लिया था कि जब वे रिटायर्ड होंगे तो कविता लिखेंगे। 'मधुज्वाल' उनका एक काव्य-संग्रह छपा भी है लेकिन दुर्भाग्य से उनको पूरा जीवन मिल नहीं सका, आपको पूरा जीवन मिला है। जैसा उस सभा में लोगों ने कामना की कि आप 125 साल के होंगे और इसी तरह से तनकर

चलेंगे, बिलकुल निर्द्वन्द्व होकर अपनी शर्तों पर जिएँगे, तो फिर अपनी कविता की ओर लौटिए।

नामवर सिंह : *आशीर्वचो न गृहणीयात पूर्व बंगालवासीनः*
शतायुर्भव इति स्थाने हतायुर्भव इति उच्यते।

गौड़ देश के ब्राह्मण से आशीर्वाद नहीं लेना चाहिए। वह कहना चाहेगा—सतायु भवः और मुख से निकलेगा—हतायु भवः। तो यह वहाँ जो सुनाया था तो इसलिए अजित जी, आप हैं, आप जैसे लोग हैं वरना राजेन्द्र के बारे में कुछ कहने का मौका ही नहीं मिलता। यह तो बेटी है जिसने 'हंस' सँभाला है। यह आ गई, नहीं तो कौन याद करता हम लोगों को भई, बताइए?

अजित कुमार : अरे नहीं, आपको सब याद करते हैं। आप ही केवल दुर्लभ हो चले हैं।

नामवर सिंह : मुझे खुशी है कि राजेन्द्र की बेटी आ गई बातचीत करने के लिए। बेटा, खुशी के आँसू हैं। ये आँसू दुःख के नहीं हैं। राजेन्द्र की परम्परा चल रही है। पूरी दिल्ली में हमारे सबसे घनिष्ठ, जिनसे निजी से निजी बात भी कर सकता था, वह राजेन्द्र जी से ही कर सकता था। वे जहाँ शुरू में रहते थे हौजखास, आम तौर से जे.एन.यू. से निकलकर मैं राजेन्द्र के घर निकल जाता था। हमारा घर-परिवार तो था ही नहीं। हमारा घर-परिवार तो राजेन्द्र का घर था, वह मेरा अड्डा था। राजेन्द्र तो नहीं देख रहे हैं, पर मैं तो देख रहा हूँ कि बेटी 'हंस' को जिन्दा रखे हुए है। यह क्या मामूली बात है? इससे बड़ी चीज कि हम लोगों की विरासत को कोई जिन्दा रखे। बेटे तो नालायक निकल सकते हैं, बेटी नालायक नहीं हुआ करती। मुझे गर्व होता है, 'हंस' जब मेरे पास आता है। देखकर खुशी होती है कि राजेन्द्र की याद को बेटी ने ताजा रखा है। आज यह हमारे घर में आई है। बेटी आई है पहली बार। और घर में कोई स्वागत करनेवाला भी नहीं है।

अजित कुमार : अरे, आपका यहाँ रहना और यहाँ बैठना—यह सब अपने-आपमें एक समारोह है और इस समारोह को इस तरह आप आशीर्वाद दीजिए, इससे विगलित मत होइए। आशीर्वाद दीजिए कि यह चलता रहे और मैं समझता हूँ कि हिन्दी में धीरे-धीरे एक परिस्थिति बन रही है। वातावरण बन रहा है कि लोगों के काम को केवल उनके परिवारजन ही आगे नहीं बढ़ाएँगे बल्कि पूरा साहित्य-जगत मिलकर उस काम को आगे बढ़ाएगा।

नामवर सिंह : हमें बच्चे ही याद करेंगे। बेटे ही नालायक निकलते हैं, बेटी कभी नालायक नहीं निकलती। मेरी भी एक बेटी है और वो ही जिन्दा रखे है...ये 'हंस' चालू रखा है। आता है हमारे पास। 'हंस' बहुत अच्छा निकाल रही है।

अजित कुमार : बहुत अच्छे सम्पादकीय संजय के और बहुत अच्छी कहानियाँ...अवधेश प्रीत की एक कहानी, और भी बहुत अच्छी कहानियाँ...नामवर

जी, आपने बेटी का, बेटे का जिक्र किया, पर भाई का जिक्र नहीं किया। आपके काशी के नाम के पत्र हैं, उनको पढ़कर देखता हूँ तो लगता है, कितनी जगह आपने लिखा है। काशी के आलोचनात्मक बोध की बड़ी प्रशंसा की। कई बार मुझे लगता है, केवल भाई के प्रेम की वजह से कहा होगा, लेकिन जरूर आप समझते होंगे कि उनमें सचमुच यह विवेचनात्मक बुद्धि है। आपने लिखा कि तुमने जैसा कहा, वैसा मैं नहीं सोच सकता था। भाई के प्रति प्रेम, पुत्री के प्रति प्रेम और इस तरह हिन्दी साहित्य के प्रति प्रेम, लेकिन कविता के प्रति आपके लौटने की जो मेरी आकांक्षा है, उसके ऊपर आपने टिप्पणी नहीं की।

नामवर सिंह : कविता बहुत आगे निकल गई है और हाँ, कविता में छन्द नहीं हो तो लय तो होनी ही चाहिए।

अजित कुमार : बहरहाल आपने जीवन में लय बनाए रखी है, इसके लिए मैं और तमाम हिन्दी-प्रेमी बहुत आभारी हैं। बहुत इसकी प्रशंसा करते हैं और यह लय बनी रहे, हम सब कामना करते हैं।

[साभार : 'हंस', सितम्बर, 2016]

मेरी सबसे बड़ी आकांक्षा थी शिक्षक होना

[नामवर सिंह से रमेश कुमार की बातचीत]

रमेश कुमार : प्रत्येक भाषा में हमेशा महान सर्जनात्मक प्रतिभाओं की तुलना में आलोचकों की संख्या कम रही है। महान आलोचकों की विरलता के क्या कारण हैं?

नामवर सिंह : रचना और आलोचना में यानी रचनाकारों की संख्या और आलोचकों की संख्या में बराबर का अनुपात किसी भी भाषा में नहीं होता। आलोचक कम होते हैं, रचनाकार ज्यादा होते हैं। यह उचित भी है, तो इसलिए हिन्दी में आलोचक कम हैं लेकिन देखा जाए तो कुल मिलाकर वैसे भी रचनाओं की संख्या ज्यादा होती है और अन्य ग्रन्थों की संख्या कम होती है। तो उसी अनुपात में रचनाकारों की संख्या ज्यादा है, आलोचकों की कम है। तो इसमें कोई आश्चर्यचकित होने की जरूरत नहीं है क्योंकि मूल है रचना और आलोचना उपजीवी है और ऐसा रहना भी चाहिए। इसे संस्कृत में देखो, संस्कृत के कवियों की संख्या को देखो और काव्यशास्त्र के आलोचकों की संख्या को देखो तो बराबर या कम होगा। यह उचित भी है क्योंकि कुल मिलाकर आलोचना परजीवी ही है। यदि रचना होगी ही नहीं तो आलोचना का आप क्या करेंगे? किसी साहित्य की मूल शक्ति रचना ही है और उसके रचनाकार हैं। उदाहरण के लिए हिन्दी में देखो तो महान भक्ति साहित्य में आलोचक ही नहीं हैं। सभी भाषाओं का यही हाल है। आप देखें कि पूर्व युगों के आलोचकों की अपेक्षा नये युग में आलोचकों की संख्या बढ़ी है। कारण यह है कि इसमें उच्च शिक्षा में महाविद्यालयों और विश्वविद्यालयों में रचनाओं, आलोचकों और शोधों की संख्या बढ़ी है। ये सब पहले कहाँ थे? तो जब विश्वविद्यालयों और महाविद्यालयों की संख्या बढ़ेगी तो इनकी जरूरत है रचना की आलोचना। वहाँ कविता जो पढ़ाई जाती है, उसकी व्याख्या की जाती है तो उसकी आलोचना भी लिखी जाती है। तो जब उच्च शिक्षण संस्थाओं की संख्या बढ़ी है तो उसी अनुपात में आप देखें कि आलोचकों की संख्या भी बढ़ी है। अध्यापन कर्म के कारण अध्यापकों की संख्या बढ़ी है और वहाँ शोध की प्रवृत्ति जिसको कविता में तो नहीं लिखी जा सकती। इतने शोध ग्रन्थ लिखे जा रहे हैं तो आलोचना की संख्या बढ़ेगी ही। इसमें आश्चर्य की कोई बात नहीं।

रमेश कुमार : मूल प्रश्न था, महान आलोचक कम होते हैं।

नामवर सिंह : कुल मिलाकर महान रचनाओं, महान कवियों या कथाकारों की संख्या अधिक होगी ही क्योंकि आलोचना, रचना की उपजीवी है। किसी युग में ऐसा नहीं होता है कि रचनाएँ कम रही हों और आलोचना ज्यादा हो जाए। ऐसी स्थिति आएगी नहीं, न आ सकती है। अनुपात में देखा जाए तो पहले रचनाएँ अधिक थीं, आलोचनाएँ कम थीं। उसकी तुलना में आज के युग में शिक्षा-प्रणाली के कारण आलोचना भी लिखी जा रही है। विश्वविद्यालय में कविता तो लिखी नहीं जाएगी, आलोचना ही लिखी जाएगी, तो हमारी शिक्षा-प्रणाली में अध्ययन-अध्यापन के संस्थाओं की वृद्धि के कारण इस अनुपात में आलोचना की संख्या बढ़ गई। मुख्य वस्तु शिक्षा-प्रणाली है। अधिकांश आलोचक ऐसे हैं जो कहीं-न-कहीं पढ़ाते हैं। कुछ ही होंगे जो पत्रकारिता या अन्य क्षेत्रों में हैं। ज्यादातर आलोचक विश्वविद्यालयों या महाविद्यालयों से ही पैदा होते हैं। तो यह शिक्षा-प्रणाली का प्रभाव है जो स्वाभाविक विकास है।

रमेश कुमार : अब इसी बात को आगे बढ़ाते हैं : मध्यकाल (भक्तिकाल और रीतिकाल) जहाँ आचार्य शुक्ल और आचार्य द्विवेदी की आलोचनात्मक प्रतिभा का सीमांत प्रतीत होता है, वहीं प्रगतिवाद रामविलास शर्मा का सीमांत प्रतीत होता है। ये तीनों शीर्ष आलोचक समकालीनता से मुठभेड़ की चुनौती में चूकते प्रतीत होते हैं। समकालीनता के सन्दर्भ में तीनों शीर्ष आलोचकों की समान नियति को आप कैसे विश्लेषित करते हैं?

नामवर सिंह : रामविलास शर्मा का मुख्य कार्य तो अंग्रेजी भाषा और साहित्य का अध्यापन था। यह हिन्दी का सौभाग्य है कि रामविलास जी ने अंग्रेजी का शिक्षक होते हुए भी समय निकालकर हिन्दी में लिखना शुरू किया। चूँकि हिन्दी के वे कवि भी थे, तो कवि होते हुए भी उन्होंने यह जरूरी समझा कि जिन कवियों की उपेक्षा हुई है, उन्हें स्वीकृति दिलाई जाए। पहले निराला पर अधिक नहीं लिखा गया था। अगर रामविलास जी न होते तो निराला का हिन्दी में वह स्थान न हुआ होता, जो आज है। आम तौर से लोग जयशंकर प्रसाद पर लिख रहे थे, तो इसलिए रामविलास जी ने जरूरत के मुताबिक जहाँ-जहाँ कमी दिखाई दे रही थी, उन लेखकों पर लिखा। साथ-साथ अंतिम दिनों में वह तुलसीदास पर भी लिखना चाहते थे। वे उनके प्रिय कवि थे—अवधी के कारण। तो इसलिए रामविलास जी ने अपने प्रिय कवियों, कथाकारों पर पुस्तकें लिखीं। अपने प्रिय कथाकारों को जिन्हें वे प्रेम करते थे, उन पर लेख लिखा ही। इसलिए अंग्रेजी का शिक्षक होते हुए और स्वयं कवि होते हुए भी उन्होंने लिखा—इतना ज्यादा, यह कम नहीं है।

हर आलोचक की अपनी एक दृष्टि होती है। उसको अन्धबिन्दु (ब्लाइंड स्पॉट) कहते हैं। तो आलोचक यह देखता है कि जहाँ जरूरत है या इसके महत्त्व

को स्वीकार करने की जरूरत है, स्वीकार करता है। शुक्ल जी ने निराला को वह महत्त्व नहीं दिया जो पंत को दिया, प्रसाद को भी दिया। इस सम्बन्ध में उपेक्षितों पर एक लेख लिखा गया था तो इसलिए उपेक्षित कवियों पर लिखना उच्च आलोचक ही देखता है। जिनके महत्त्व को अभी तक स्वीकार नहीं किया गया है, उन लेखकों पर लिखा जाना चाहिए, इसलिए निराला जी पर लिखा उन्होंने और बहुत अच्छा लिखा है। सच पूछा जाए तो हिन्दी में निराला को स्थापित करने का श्रेय रामविलास शर्मा को ही है।

रमेश कुमार : हिन्दी या किसी भी दूसरी भाषा में कभी कोई आलोचक साहित्य के केन्द्र में नहीं था। जैसाकि राजेन्द्र यादव ने कहा है कि पहली बार ऐसा हुआ कि (नामवर सिंह के उदय के कारण) एक आलोचक साहित्य का केन्द्रीय व्यक्तित्व हो गया। हिन्दी के दूसरे शीर्ष आलोचकों की तुलना में या अन्य भारतीय भाषाओं के आलोचकों की अपेक्षा आपकी केन्द्रीयता, अनिवार्यता और अपरिहार्यता, सतत और निरंतर रही है। स्वयं आपकी दृष्टि में 'नामवर की अपरिहार्यता' के मूल कारण क्या हैं?

नामवर सिंह : पहली बात कि नामवर न अपरिहार्य रहे हैं और न रहेंगे। यह अतिशयोक्ति है। साहित्य के केन्द्र में रचनाकार होता है और रचनाएँ होती हैं। आलोचना जो है, उसे अंग्रेजी में बाई-प्रोडक्ट कहते हैं। अगर रचना होगी ही नहीं तो आलोचना कैसे होगी? कहाँ से होगी? इसीलिए आलोचना स्वयं में उपजीव्य है, और उसकी यदि जरूरत से ज्यादा महत्त्व कोई आँकता है तो क्या कहा जा सकता है? पढ़ने-लिखने के क्षेत्र में कोई कविता तो लिखी नहीं जाती है, आलोचना ही तो लिखी जाती है। हिन्दी में आलोचना इसलिए बड़ी चीज है क्योंकि हिन्दी पढ़ाई जा रही है, शोध ग्रन्थ लिखे जा रहे हैं। महाविद्यालयों, विश्वविद्यालयों में कविता पर डिग्री तो मिलेगी नहीं। डिग्री तो शोध ग्रन्थ पर मिलेगी।

रमेश कुमार : उपरोक्त जो टिप्पणी है, वह हिन्दी के एक बड़े कथाकार की है—राजेन्द्र यादव का यह पर्यवेक्षण आपके सन्दर्भ में और पूरे हिन्दी साहित्य के साठ सालों के इतिहास के सन्दर्भ में उनका यह निष्कर्ष है कि नामवर जी पिछले साठ सालों से साहित्य के केन्द्र में रहे हैं। हमें यह जानना है कि अगर ऐसा है, चूँकि सब लोग मानते हैं, तो नामवर जी में ऐसा क्या है जो उनको अपरिहार्य केन्द्रीयता प्रदान करती है... ?

नामवर सिंह : नहीं, यह अतिशयोक्ति है। ऐसी केन्द्रीयता मेरी है, ऐसा वहम मेरा नहीं है।

रमेश कुमार : लोग मानते हैं कि आपने 'दूसरी परम्परा की खोज' पुस्तक में आचार्य शुक्ल से ज्यादा आचार्य द्विवेदी को महत्त्व दिया है। वहीं दूसरा सत्य यह है कि जो मैंने पाया है कि आपके सम्पूर्ण लेखन में आचार्य द्विवेदी से कहीं

ज्यादा आचार्य शुक्ल की आद्यंत उपस्थिति रही है। इस अन्तर्विरोध के क्या कारण रहे हैं?

नामवर सिंह : पहली बात यह है कि यह प्रमाण है कि मैंने हजारी प्रसाद द्विवेदी की रचनावली या ग्रन्थावली सम्पादित नहीं की है। मेरे द्वारा शुक्ल जी की रचनावली प्रकाशित हुई है, लेकिन देर से। लेकिन मेरे मन में आचार्य शुक्ल के प्रति जो श्रद्धा है, सम्मान मैं नहीं कहूँगा, यह श्रद्धा है, और शुक्ल जी के प्रति इस श्रद्धा में कुछ लोगों को अतिशयोक्ति दिखाई पड़े, लेकिन मैं समझता हूँ कि आलोचना के क्षेत्र में जो स्थान आचार्य शुक्ल का है, वह स्थान हजारी प्रसाद द्विवेदी का नहीं है, और किसी का भी नहीं है। शुक्ल जी की रचनावली में देर जरूर हुई, उसके कारण हैं, लेकिन दुरुस्त आए। मेरे जीवन की सबसे बड़ी शुभकामना पूर्ण हुई है। उसे लेकर मैं संतुष्ट हूँ कि मैं कुछ भी न करूँ तो जो काम मैं करना चाहता था, वह अब कर दिया है। और चूँकि शुक्ल जी पर एक ग्रन्थावली पहले प्रकाशित हुई है, तो दोनों को मिलाकर देखेंगे तो लोगों को पता चलेगा। हाँ, उस पहले प्रकाशित ग्रन्थावली पर कोई टिप्पणी नहीं करना चाहता हूँ, पाठक स्वयं निर्णय करेंगे कि पहले से प्रकाशित ग्रन्थावली और अब जो प्रकाशित हुई है, इन दोनों में क्या अन्तर है। मैं अपनी ओर से इस पर कोई टिप्पणी नहीं करता।

रमेश कुमार : 'दूसरी परम्परा की खोज' पुस्तक के नायक द्विवेदी जी हैं पर द्विवेदी जी के बनारस हिन्दू विश्वविद्यालय आने के पूर्व के आपके शुरुआती लेखन को पढ़ते हुए यह प्रतीत होता है कि नामवर जी की 'दूसरी परम्परा की खोज' द्विवेदी जी से सम्बन्ध बनने से पूर्व ही शुरू हो चुकी थी। मुझे संशय होता है कि 'बाणभट्ट की आत्मकथा' की भाँति 'दूसरी परम्परा की खोज' भी मुखौटा शैली में लिखी गई है। क्या यह सत्य नहीं है कि दूसरी परम्परा के वास्तविक अन्वेषी नामवर सिंह ही हैं?

नामवर सिंह : ऐसा है कि दूसरी का अर्थ लोग 'नम्बर दो' समझते हैं। यहाँ दूसरी का मतलब मैं 'अन्य' समझता हूँ। दूसरी बात यह कि कोई तुलना नहीं है—आचार्य रामचन्द्र शुक्ल और आचार्य द्विवेदी जी की। द्विवेदी जी मुख्यतः रचनाकार हैं और उनकी आलोचना की कृतियाँ नम्बर दो पर हैं। केवल 'हिन्दी साहित्य की भूमिका' और 'कबीर' के आधार पर उनको शीर्ष आलोचक नहीं कहा जा सकता है। तो उनका महत्त्व मुख्यतः रचनाकार के रूप में है और अपने उपन्यासों से वे हमेशा ही प्रतिष्ठित रहेंगे। इसलिए रचनाकार के रूप में द्विवेदी जी का स्थान महत्त्वपूर्ण है। चूँकि उनसे पढ़ने का भी मुझे सौभाग्य प्राप्त हुआ है लेकिन आचार्य शुक्ल से ऐसा सौभाग्य मुझे नहीं मिला। जब मैं विश्वविद्यालय पहुँचा, उसके पहले ही वे दिवंगत हो चुके थे। लेकिन विद्वान के रूप में, जिसको विद्वत्ता कहें, आलोचना तो उसका एक पहलू है। द्विवेदी जी का रेंज (विद्वत्ता की व्यापकता)

शुक्ल जी से विस्तृत है। 'बाणभट्ट की आत्मकथा' जैसा उपन्यास किसी अन्य ने नहीं लिखा।

द्विवेदी जी ने जो व्यक्तिव्यंजक निबंध लिखे हैं, 'अशोक के फूल', 'कुटज' जैसे, वैसे हिन्दी में कहीं नहीं हैं। इसलिए द्विवेदी जी की जो सर्जनात्मक प्रतिभा है, उसके लिए वे सदा ही अमर रहेंगे। बाकी उनके जो आलोचनात्मक ग्रन्थ हैं, उनका स्थान बहुत बाद में है। उन पर टिप्पणी करने की जरूरत नहीं है लेकिन रचनाकार और उपन्यासकार के रूप में द्विवेदी जी बहुत ऊँचा स्थान रखते हैं।

मैं समझता हूँ कि ऐतिहासिक उपन्यास हिन्दी में बहुत कम हैं। वृंदावनलाल वर्मा या एकाध और कोई होते थे कभी। ऐतिहासिक उपन्यास के क्षेत्र में द्विवेदी जी बेजोड़ थे और उसके कारण उनकी आलोचना तो लोग भूल जाएँ लेकिन उन्होंने जो ललित निबंध लिखे हैं, 'अशोक के फूल' जैसे अतुलनीय हैं। ललित निबन्धकार और कथाकार के रूप में द्विवेदी जी अमर हैं और अमर रहेंगे। इसलिए 'दूसरी परम्परा की खोज' में जो मैंने लिखा है, उसमें उनके लेखों का उतना हवाला नहीं है। 'दूसरी परम्परा की खोज'—दूसरी माने 'अन्य' है, यह 'नम्बर दो' नहीं है।

रमेश कुमार : सवाल यह था कि द्विवेदी जी के आने से पूर्व ही 'दूसरी परम्परा की खोज' की नामवर जी की यात्रा शुरू हो चुकी थी?

नामवर सिंह : यह मैं अपनी किताब में पहले ही प्रमाणित कर चुका हूँ और यह लगता है कि द्विवेदी जी से व्यक्तिगत सम्बन्ध नहीं भी बनता तो 'दूसरी परम्परा की खोज' जैसी पुस्तक लिखी ही न जाती। इस पर दूसरे लोग ही टिप्पणी करें तो बहुत बेहतर होगा, मैं स्वयं टिप्पणी करना जरूरी नहीं समझता।

रमेश कुमार : साहित्य से जुड़ा एक प्रश्न है आपसे। यह लगता है कि अतिरिक्त नैतिकतावादी दृष्टि और मार्क्सवादी पूर्वग्रह के कारण हिन्दी साहित्य का रीतिकाल न केवल उपेक्षित रहा है वरन् रीतिकाल हमारी जीवंत स्मृति से कटता जा रहा है। रीतिकाल क्या वास्तव में विस्मृति योग्य है?

नामवर सिंह : रीतिकाल पर बात करते समय हमें संस्कृत की परम्परा का स्मरण रखना होगा। ऐसा है, यदि संस्कृत साहित्य का इतिहास तुम देखो तो संस्कृत का सम्बन्ध लोकभाषा से गहरा रहा है और उसकी परम्परा 'ऋग्वेद' से चली आ रही है और वह क्लासिकल लैंग्वेज है। आप संस्कृत की बात करें तो अपने ध्यान में संस्कृत के साथ-साथ ग्रीक और लैटिन भी अवश्य होना चाहिए। मैं लैटिन का विद्यार्थी कभी रहा नहीं और ग्रीक का तो सवाल ही नहीं उठता है लेकिन संस्कृत की जो परम्परा है, जिसमें दर्शन लिखा गया है, काव्यशास्त्र लिखा गया है और 'ऋग्वेद' से लेकर अंतिम यानी 12वीं शताब्दी, बल्कि पंडितराज जगन्नाथ अर्थात् 16वीं-17वीं शताब्दी तक आप देखें तो उसका जो वैभव है—साहित्य की समालोचना, कथा, काव्य, नाटक संस्कृत में है और हमारा यह सौभाग्य

है। इन आधारों पर तुलना अगर लैटिन, जो चर्च द्वारा समर्थित रही है, और ग्रीक से करें तो इनकी तुलना में आप देखेंगे कि संस्कृत के सामने कोई टिकता ही नहीं है।

संस्कृत में चिन्तन, नाटक, कविता और आलोचनाशास्त्र इतना समृद्ध है कि मैं समझता हूँ, दुनिया की कोई भी भाषा इस मामले में संस्कृत के सामने टिकती ही नहीं। इसलिए भारतीय भाषाओं की चर्चा करने की जरूरत ही नहीं है। तो रीतिकाल के जो ग्रन्थ लिखे गए, वे आम तौर से उनके सामने संस्कृत या अलंकारशास्त्र के ग्रन्थ हैं। उसके शास्त्र में कोई मौलिकता नहीं है। अलंकारशास्त्र का जहाँ तक सवाल है, रीतिकाल के कवि मुख्यतः कवि थे और उस दौर में लगभग तीन सौ बरसों तक जिस स्तर का रीतिकाव्य लिखा गया है, मेरा खयाल है या मेरी जानकारी कम हो लेकिन सम्पूर्ण भारतीय भाषाओं में हिन्दी के रीतिकाव्य जैसा—जिसका समय तो लंबा है ही, ऊँचाइयाँ हैं—काव्य नहीं लिखा गया है। चार कवियों को ही चुनें, बाकी अच्छे को छोड़ दें तो देव, बिहारी, घनानन्द और मतिराम—ये चार बड़े कवि हैं। और भाषाओं में देखें तो उस समय क्या लिखा गया था? इसलिए हिन्दी का जो रीतिकाल है, उतना बड़ा, उतना समृद्ध शायद ही कहीं है। शास्त्रीयता की दृष्टि से वे परजीवी हैं लेकिन रचना की दृष्टि से वह आलंकारिक है और गठी हुई है जो भक्तिकाल से एक कदम आगे बढ़कर है। और उसके बाद आधुनिक युग में भी खड़ी बोली को एक बार देखा जाए तो रीतिकाल बहुत हल्का नहीं पड़ेगा।

जहाँ तक कविताई का सवाल है, उसमें विषयवस्तु सीमित जरूर है, नायक-नायिका भेद है, बावजूद इसके रीतिकाल के कवियों को मुख्यतः प्रेम की दृष्टि से देखिए तो प्रेम-आधारित कविताएँ मुख्य हैं, और उससे छायावाद की तुलना कीजिए तो छायावाद कहीं ठहरता नहीं है। अगर सिर्फ 'कामायनी' को हटा दीजिए तो कहीं तुलना में है ही नहीं। इसलिए यह सौभाग्य है और मेरा खयाल है कि भारतीय भाषाओं की दुनिया की और भाषाओं से तुलना की जाए तो जिन्होंने विश्व-साहित्य पढ़ा होगा, वह कह सकता है कि क्या फर्क है दोनों में? मैं साथ ही कह सकता हूँ कि स्वयं भारतीय भाषाओं में भी रीतिकाव्य जैसी अतुलनीय रचनाएँ किसी अन्य भाषा में मिलेंगी नहीं। जितनी जानकारी मेरी है, उसके आधार पर कह सकता हूँ कि बांग्ला, गुजराती, मराठी आदि भाषाओं में हिन्दी रीतिकाल जैसी अच्छी कविताएँ नहीं लिखी गई हैं। हिन्दी रीतिकाव्य की तुलना केवल संस्कृत से ही की जा सकती है। और कोई नहीं जो इस नायक-नायिका भेद वाली की कोई काट रखता हो। यह विविधता, उत्कृष्टता कहीं मिलेगी नहीं। हिन्दी साहित्य की यह विशिष्टता है कि रीतिकाव्य जैसा काव्य आज की अन्य किसी भाषा में नहीं है।

रमेश कुमार : ऐसा प्रतीत होता है कि आपने रेणु के साथ समुचित न्याय नहीं किया है, जबकि रेणु ने कथाशिल्प की मौलिकता के साथ-साथ अविस्मरणीय जीवंत स्त्री-पात्रों से हमारा परिचय कराया है?

नामवर सिंह : जब मैं कथा साहित्य पर लिख रहा था तो मुख्यत: मैं कहानियों पर लिख रहा था। रेणु की कहानियाँ कुछ देर से आईं। उस समय निर्मल वर्मा, राजेन्द्र यादव आदि की कहानियाँ आ चुकी थीं। एक बात यह है कि रेणु की कहानियाँ बाद में आई हैं, उपन्यास 'मैला आँचल' पहले आया था। रेणु का उदय उपन्यासकार के रूप में हुआ था, कहानियाँ तो बाद में उन्होंने लिखी हैं। कहानीकार रेणु के आगमन से पूर्व ही मैं कथा-साहित्य पर लिखना छोड़ चुका था, इसलिए रेणु के बारे में कहना चाहिए कि तब तक उनकी इतनी धूम मच चुकी थी, इतना लिख चुके थे कि लग ही नहीं रहा था, कोई और भी है।

रमेश कुमार : चूँकि मैं आपके साथ रहा हूँ। आपके पास कई अवसर आए जब आप कुलपति या राज्यपाल बन सकते थे। इन पदों को स्वीकार न करने के वास्तविक कारण क्या थे, जबकि बहुत देर से नौकरी मिलने के कारण आपकी आर्थिक स्थिति कभी भी बहुत संतोषजनक नहीं रही है?

नामवर सिंह : बात यह है कि अपने मन में मैं शिक्षक रहा हूँ, लेखक हूँ। प्रशासनिक कार्यों में मेरी कोई दिलचस्पी नहीं रही है और एक बार तो मैं संसद का चुनाव लड़कर हार भी चुका हूँ। जब जवाहरलाल नेहरू विश्वविद्यालय में मैं नहीं था तो चुनाव लड़कर संसद में पहुँचना एक बात है लेकिन यह दिलचस्पी रखना कि कोई गवर्नर बना देता, इसकी मुझे कोई दिलचस्पी रही ही नहीं। कुछ लोग हुए हैं, हो जाते हैं, उस पर कोई टिप्पणी नहीं करनी है। ऐसी मेरी कोई महत्त्वाकांक्षा नहीं थी।

रमेश कुमार : आपको यदि नामवर सिंह को परिभाषित करना हो तो क्या कहेंगे?

नामवर सिंह : परिभाषित करने का क्या मतलब है? मैं एक शिक्षक का बेटा था और मेरी सबसे बड़ी आकांक्षा थी शिक्षक होना। इसके अलावा मैंने कुछ नहीं चाहा। यहाँ तक कि मैं कभी किसी सिविल सर्विस परीक्षा में बैठा ही नहीं। मैं शिक्षक का बेटा हूँ और शिक्षक ही हुआ। इसके अलावा मेरी और कोई दिलचस्पी नहीं थी। शिक्षक मैं इसलिए हुआ क्योंकि शिक्षा में कविता तो होती नहीं और आलोचना जरूर की जाती है—इस कारण मैं आलोचक बना। अपना रचनात्मक जीवन मैंने कविता से शुरू किया था और जब देखा कि आगे चलकर कविता मेरा क्षेत्र रहेगा नहीं, तो अध्यापन के क्षेत्र में आने के कारण चूँकि ज्यादातर मैं आलोचना ही पढ़ाता था तो आलोचना-ग्रन्थ लिखे। इससे ज्यादा और क्या कह सकता हूँ! इसलिए मुझे अपने जीवन में कोई अफसोस नहीं है।

[साभार : 'आजकल', अक्टूबर, 2016]

भैरव का सोंटा
जिसने लोक को न समझा, मुँह की खाई

[नामवर सिंह से विश्वनाथ त्रिपाठी की बातचीत]

विश्वनाथ त्रिपाठी : आपने कहा था कि आपका लेखन फरमाइशी लेखन है। लोग तो आपको आलोचना-सम्राट के रूप में जानते हैं?

नामवर सिंह : नहीं, नहीं, मैं आलोचना-सम्राट तो नहीं हूँ, सामान्य आदमी हूँ। आप मुझसे कह रहे हैं, रामचन्द्र शुक्ल जी ने भी कहा है कि उनका लेखन फरमाइशी लेखन है। कई इतिहासकार हैं, उन्होंने भी कहा कि फरमाइशी लिखा। रामचन्द्र शुक्ल जी ने भी कहा है कि नागिरी प्रचारिणी सभा में श्याम सुन्दर दास थे। उन्होंने उनसे कहा कि हिन्दी साहित्य का इतिहास लिख दो, तो लिख दिया।

विश्वनाथ त्रिपाठी : आपको किसने कहा?

नामवर सिंह : आलोचना की एक पत्रिका निकल रही थी। उसका दूसरा सम्पादक मैं था। उसमें मैं लिखता रहा तो एक किस्म से फरमाइशी ही थी। उन्हीं दिनों निर्मला जी के यहाँ एक प्रीतिभोज में राजकमल की शीला सन्धू ने भारत जी से कहा कि आप नामवर जी को कोई पुरस्कार क्यों नहीं देते? वह बोले, 'पहले लिखें तो सही। लिखते हैं नहीं, बोलते हैं।' तो शीला जी ने कहा, 'चुनौती है।' मैंने चुनौती ली। दो हफ्ते में, वह जो मेरी किताब है 'कविता के प्रतिमान', लिखकर शीला जी को दी। उस पर साहित्य अकादमी पुरस्कार मिल गया।

विश्वनाथ त्रिपाठी : आचार्य रामचन्द्र शुक्ल से आपकी मुलाकात हुई?

नामवर सिंह : मेरा दुर्भाग्य है कि उनको मैंने नहीं देखा। जयशंकर प्रसाद जी को नहीं देख पाया। बनारस आया ही था 1941 में। हाँ, वहाँ मैंने गांधी जी को देखा। वे बनारस हिन्दू विश्वविद्यालय आए थे। मालवीय जी ने बुलाया था। मैं सातवीं का छात्र था। पैदल गांधी जी को देखने गया था। बड़ी भीड़ थी। माइक था या नहीं, मालूम नहीं। गांधी जी ने जोर से पूछा था, 'मेरी बात सुन पा रहे हैं आप लोग।' लोगों ने कहा, 'नहीं'। तो वे बोले, 'ये बात कैसे सुन ली?' तो मैं बीएचयू

को उस समय से जानता हूँ। अब तो छूट गया काशी। कहावत है, 'चना चबैना गंग जल को पुरवै करतार, काशी कबहुँ न छोड़िए विश्वनाथ दरबार।' अभागा हूँ कि काशी को छोड़ आया।

विश्वनाथ त्रिपाठी : अभी का जो बीएचयू है, उसको किस रूप में देखते हैं?

नामवर सिंह : खबर पढ़कर रोते हैं कि हमारे विश्वविद्यालय का यह हाल हो गया। हमारे समय में ऐसा कभी नहीं हुआ। मैं कभी हॉस्टल में तो नहीं रहा। घर था, तो तुलसी घाट पर रहता था। उस समय भी महिलाओं के लिए अलग हॉस्टल था। सुरक्षित था। अब तो मेरा भी काशी छूट गया। कहते हैं, 'भैरव का सोंटा' लग जाए, तो आदमी काशी में न रह पाता है। मुझे 'भैरव का सोंटा' लगा, दिल्ली आ गया।

विश्वनाथ त्रिपाठी : आप 'भैरव का सोंटा' और मार्क्सवाद में किस तरह का साम्य देख पाते हैं?

नामवर सिंह : सुन लीजिए, पाणिनी कह गए हैं—लोके शास्त्रे च। लोक भी प्रमाण। शास्त्र भी प्रमाण। ये जो दुनियाभर की लोक-कथाएँ हैं, कहावतें हैं, वे भी प्रमाण हैं। फिर शास्त्र का प्रमाण आता है। दोनों प्रमाण हैं। लोक सध गया तो दुनिया सध गई।

विश्वनाथ त्रिपाठी : भारत के कम्यूनिस्ट इसे समझ पाए?

नामवर सिंह : न समझे लोक को तो मुँह की खाई। हमारे यहाँ लोक और वेद, दोनों प्रमाण हैं तो लोक को छोड़कर आप चल नहीं सकते।

विश्वनाथ त्रिपाठी : आज की राजनीति व्यक्तिवाद से जुड़ी है। इस पर क्या कहेंगे आप?

नामवर सिंह : देखिए, व्यक्ति जो है, वह शास्त्र से आएगा। लोक में नहीं। वह भ्रम पैदा करने के लिए लोक का सहारा जरूर लेता है।

विश्वनाथ त्रिपाठी : सब कहते हैं, साहित्य में राजनीति आप ही करते हैं। आपके बिना साहित्य में न लोक चले, न शास्त्र?

नामवर सिंह : राजनीति करना एक बात है, राजनीति को समझना दूसरी बात। राजनीति को समझना गुनाह नहीं।

विश्वनाथ त्रिपाठी : रामविलास शर्मा को आप किस रूप में याद करते हैं?

नामवर सिंह : डॉ. रामविलास शर्मा निःसन्देह मुझसे बड़े आलोचक थे। उन्होंने जितना लिखा है, उससे आधा भी मैंने नहीं लिखा।

विश्वनाथ त्रिपाठी : आजकल स्वच्छता अभियान पूरे देश में चल रहा है। इस पर क्या कहेंगे आप?

नामवर सिंह : सफाई अभियान अच्छा है लेकिन सफाई और सफाये के बुनियादी मायने समझने होंगे। सफाई और सफाये में फर्क होता है। सफाई अच्छी बात है लेकिन उससे किसका सफाया हो रहा है, उस पर भी बात होनी चाहिए।

विश्वनाथ त्रिपाठी : अपने जन्मदिन समारोह में आपने कहा कि मैं 100 साल तक जीना चाहता हूँ और छाती पर मूँग दलना चाहता हूँ। किसकी छाती की बात आप कर रहे थे?

नामवर सिंह : वहाँ एक-दो मंत्री भी थे। मैं बताना चाहता था कि मैं उनके बुलावे पर नहीं, रामबहादुर राय जी के बुलावे पर आया हूँ। राय साहब से मेरे सम्बन्ध प्रभाष जोशी जी को लेकर हैं। राय साहब मेरे इलाके के भी हैं। कुछ लोगों ने कहा भी कि देख लीजिए, राय साहब किस पार्टी से जुड़े हैं। तो मैंने कहा, अगर मेरे पिताजी किसी दूसरी पार्टी में चले जाएँ, तो क्या मैं बातचीत बन्द कर दूँगा? आदमी के कई तरह के सम्बन्ध होते हैं—पारिवारिक, रिश्तेदारी वाले, पेशेवर, दोस्ती वाले। सभी सम्बन्धों को निभाना ही मनुष्य का कर्तव्य है।

विश्वनाथ त्रिपाठी : आपने देश भर में हिन्दी की नियुक्तियों में भी ये सम्बन्ध निभाए?

नामवर सिंह : जब शिक्षा मंत्री नूरुल हसन थे और बन्ने भाई थे, उनका स्नेह था। बाद में अर्जुन सिंह आए। तो वे लोग मुझे देश भर में भेजा करते थे नियुक्ति के लिए। दक्षिण से लेकर पूर्वोत्तर तक घूम-घूमकर मैं हिन्दी में नियुक्तियाँ करता रहा। अब जो कॉलेज में पढ़ाता है, तो कुछ-न-कुछ तो लिख ही लेता है।

विश्वनाथ त्रिपाठी : साहित्य में आज भी आपके यहाँ से सील जारी होता है...?

नामवर सिंह : आजकल लोग देवता की नहीं सुनते, तो मेरी क्या सुनेंगे?

विश्वनाथ त्रिपाठी : अकादमी पुरस्कारों को छोड़ने न छोड़ने पर आपकी क्या राय है?

नामवर सिंह : सरकार ने तो दिया नहीं तो क्यों छोड़ूँ? जिस संस्था से मुझे पुरस्कार मिला, वह सरकार की संस्था नहीं है। साहित्य अकादमी देश की इकलौती गैर-सरकारी और स्वायत्त संस्था है। जब यह बनी थी तो पहली सचिव कृष्णा कृपलानी थीं। उन्होंने पत्र लिखकर नेहरू से कहा कि जब तक कमेटी बनकर चुनाव न हो जाए, तब तक आप अध्यक्ष बन जाएँ। तो नेहरू ने मना कर दिया। कहा, 'कम-से-कम साहित्य को तो सत्ता से अलग रहने दो।' साहित्य अकादमी सरकार से पैसा लेती है लेकिन सरकार की सुनती नहीं। तो सरकार के विरोध में अकादमी पुरस्कार को क्यों छोड़ा जाए?

विश्वनाथ त्रिपाठी : आपको लोग पसंद क्यों करते हैं?

नामवर सिंह : जहाँ गुड़, वहीं चींटी! कांग्रेस पार्टी से गांधी-नेहरू के कारण था। इन्दिरा जी के समय में भी ढेर सारे साहित्यकार जुड़े हुए थे। तो यह राजनीति का रास्ता है। एक साहित्य का। संस्कृति का भी है। सबका उद्देश्य है लोक-कल्याण। यह रास्ता बीजेपी में भी अब खुलने लगा है। हालाँकि बीजेपी के पास

अभी कम साहित्यकार हैं। लेकिन उनकी सरकार है तो साहित्यकार भी आ ही जाएँगे। जहाँ गुड़, वहीं चींटी।

विश्वनाथ त्रिपाठी : विश्वविद्यालयों का जो माहौल हो गया है, उसे आप कैसे देखते हैं?

नामवर सिंह : एक जमाने में वाइस चांसलर कितने असरदार और निर्भीक होते थे कि उनकी इजाजत के बगैर कोई कैम्पस में घुस नहीं सकता था। मेरे समय में बीएचयू के हमारे वाइस चांसलर की जानकारी के बगैर एक बार तत्कालीन गृहमंत्री गोविन्द वल्लभ पन्त आ गए तो वाइस चांसलर ने चिट्ठी भेजकर उनसे पूछ लिया कि उनकी जानकारी के बगैर वह कैम्पस में कैसे आ गए? पहले बिना वीसी की अनुमति के कैम्पस में पुलिस आ नहीं सकती थी, अब कुछ बचा ही नहीं। आज अनेक कारणों से हम योग्य अध्यापकों की नियुक्ति नहीं करते। इससे सारा सन्तुलन बिगड़ गया है। एक समय में बीएचयू क्या था और आज क्या हो गया? बहुत याद आती है अपने बीएचयू की। हकीकत में काशी और बीएचयू को कभी छोड़ ही नहीं पाया।

विश्वनाथ त्रिपाठी : एक आलोचक के तौर पर आप डॉ. नामवर सिंह और डॉ. रामविलास शर्मा को कहाँ देखते हैं... ?

नामवर सिंह : डॉ. रामविलास शर्मा नामवर जी से कहीं बड़े आलोचक थे। नामवर जी खुद एतराज करते हैं, जब उन्हें डॉ. शर्मा से बड़ा कहा जाता है। हाँ, मैं यह जरूर कहूँगा कि आचार्य रामचन्द्र शुक्ल, पंडित हजारी प्रसाद द्विवेदी और डॉ. रामविलास शर्मा के बाद अगर कोई बड़ा आलोचक हुआ तो वह नामवर सिंह हैं।

सौन्दर्य-चित्रण में पंडित जी जैसा कोई नहीं है। रामविलास ने पंडित जी के बारे में कहा कि वह कब क्या बोल जाएँ, समझना मुश्किल है। अपने विरोधी की बातों को भी महत्त्व पंडित द्विवेदी जी देते थे, डॉ. शर्मा विरोधियों को सुन नहीं सकते थे। आचार्य शर्मा एक पार्टी के लेखक थे लेकिन उनकी लेखन में ईमानदारी पूरी थी। हिन्दी के तीन बड़े आलोचकों में रामचन्द्र शुक्ल, हजारीप्रसाद द्विवेदी और रामविलास शर्मा ही हैं। नामवर सिंह तो उसके बाद आते हैं।

विश्वनाथ त्रिपाठी : आप पहले आरएसएस में थे, फिर वामपंथी कैसे हो गए?

नामवर सिंह : मैं कोई किताब या मार्क्स को पढ़कर प्रगतिशील नहीं हुआ। लेकिन हाँ, मैं अखिल भारतीय विद्यार्थी परिषद के अपने जिले के संस्थापकों में से हूँ। गांधी की हत्या के बाद तीन महीने जेल में भी था, पुणे से मुझे लखनऊ सेंट्रल जेल भेजा गया। जब छूटा तो अटल जी मेरे सम्मान में जेल के द्वार पर खड़े थे।

मैंने उनको कविताएँ भी सुनाई थीं। आरएसएस में था जरूर लेकिन मुसलमान और वामपंथियों से भी मेरी दोस्ती थी। मेरे एक रिश्तेदार थे केशव प्रसाद शुक्ला। उनके यहाँ झारखंडे राय आते थे। उन्होंने मुझे राहुल सांकृत्यायन की किताब दी : 'मानव समाज'। वह सब जब मैंने पढ़ा तो इस तरफ प्रभावित हुआ। मैंने महसूस किया कि देश में और भी लोग हैं जो देश से उतना ही प्रेम करते हैं, जितना हम करते हैं। और भी लोग हैं जो अपने धर्म को इतना प्रेम करते हैं, जितना हम करते हैं। मैं गरीब घर का था। संघ हिन्दू संगठन है और वहाँ भी पैसे वालों का दबदबा था। जात-पात, छुआछूत जैसी विसंगतियाँ देखने को मिलीं। इसी वर्गभेद की वजह से मैं वामपंथ की तरफ चला गया।

विश्वनाथ त्रिपाठी : त्रिलोचन जी के बारे में आपकी राय?

नामवर सिंह : त्रिलोचन सन्त थे। बहुत बड़े कवि तो थे ही, वे चलते-फिरते विश्वविद्यालय थे। आजकल साहित्य में जो तीन-चार पीढ़ियाँ हैं, ये उनके विद्यार्थी हैं साहित्य में। खुद नामवर जी उनके बहुत ऋणी हैं। नामवर जी की जो पहली किताब थी 'बकलम खुद', उसका नामकरण त्रिलोचन शास्त्री ने ही किया था। त्रिलोचन एक सहज-सरल व्यक्तित्व के थे। उनको देखकर लगेगा कि हिन्दुस्तान का ग्राम क्या है। अवध के प्रतीक हैं वे। उनकी कविता की जो सबसे बड़ी विशेषता है, वह यह है कि वे सुगठित वाक्यों में कविता लिखते हैं। इसलिए जल्दी समझ में आ जाती है। जो भाषा है, उसकी इकाई वाक्य होता है। त्रिलोचन जी से सबने बहुत सीखा है। लेकिन वह अपने जीवन में सांसारिक तौर पर बहुत सफल नहीं रहे। वह किंवदन्ती पुरुष हैं। सबसे ज्यादा पैदल चलने वाले कवि थे। निराला और तुलसी की कविताओं का बेहतरीन विश्लेषण त्रिलोचन करते थे।

विश्वनाथ त्रिपाठी : यादों में से चार कहानियाँ, जिन्हें आप बहुत महत्त्वपूर्ण मानते हैं?

नामवर सिंह : प्रेमचन्द की 'ईदगाह', अमरकान्त की 'डिप्टी कलक्टर', शेखर जोशी की 'दाजू', फणीश्वर नाथ रेणु की 'तीसरी कसम'।

विश्वनाथ त्रिपाठी : जिन्होंने छोड़ा, उनका आदर करें...!

नामवर सिंह : जिन लोगों ने मौजूदा स्थितियों से विक्षुब्ध होकर पुरस्कार छोड़ा, उन्होंने कुछ छोड़ा ही, लिया तो नहीं। उनका आदर किया जाना चाहिए। यह कहना सही नहीं कि अगर लेखक ऐसा नहीं करते तो पहले पन्ने पर नहीं छपते। अखबारों में छप ही गए तो कौन-सी बड़ी बात हो गई? मैं समझता हूँ कि लेखकों ने अच्छा काम किया। जिन लोगों ने नहीं भी छोड़ा और विरोध किया, वे भी आदरणीय हैं, इसलिए यह कोई कसौटी नहीं बनती। असल में साहित्यकार भावनाओं में बहकर कई फैसले लेते हैं।

विश्वनाथ त्रिपाठी : बुद्धि की तकलीफ...!

नामवर सिंह : नामवर तो बुद्धिमान भी हैं लेकिन जब ज्यादा बुद्धि होती है तो वे आपको तकलीफ भी देती है। (मुस्कुराते हुए) नामवर जी की परेशानी है कि उन्हें जितना चाहिए, उससे ज्यादा बुद्धि है...वे मेरे गुरुभाई भी हैं, इसलिए मैं उनके बारे में थोड़ी लिबर्टी लेकर बात कर सकता हूँ। नामवर जी हमेशा अकेला रहना पसन्द करते हैं, हालाँकि उनके शिष्यों की संख्या बहुत ज्यादा है।

[साभार : 'अमर उजाला', 22 अक्टूबर, 2017]

उम्र भर एक मुलाकात चली जाती है

[नामवर सिंह से श्याम सुशील की बातचीत]

[डॉ. नामवर सिंह एकमात्र ऐसे आलोचक रहे जो अपने गम्भीर लेखन और व्याख्यानों से लगातार चर्चा में बने रहे। किसी पुस्तक का ब्लर्ब या कोई बातचीत भी साहित्यिक परिदृश्य में जैसे भूचाल ले आता है। दिलचस्प यह कि उनके समर्थक ही नहीं, बल्कि विरोधी भी उनकी अनुशंसा के दो बोल के लिए ललकते रहते हैं। हिन्दी आलोचना के इस भीष्म पितामह ने विगत 28 जुलाई 2016 को अपनी उम्र के नब्बे वर्ष पूरे कर लिये।...अब तक अप्रकाशित यह दुर्लभ बातचीत बच्चों की हस्तलिखित पत्रिका 'नन्ही कलम' के लिए 2007 में की गई थी, लेकिन पत्रिका का प्रकाशन बन्द हो जाने के कारण अप्रकाशित ही रही। प्रस्तुत है उनसे की गई बातचीत।]

श्याम सुशील : बच्चों और युवाओं को आप कौन-सा गुरुमंत्र देना चाहेंगे?

नामवर सिंह : हमारे गुरुदेव पं. हजारीप्रसाद द्विवेदी का कथन है : 'किसी से न डरना—गुरु से भी नहीं, मंत्र से भी नहीं, वेद से भी नहीं और लोक से भी नहीं।' इस मंत्र को हमेशा याद रखो।

श्याम सुशील : आपको बचपन में स्कूल जाना कैसा लगता था?

नामवर सिंह : बहुत अच्छा लगता था। बड़े उत्साह से जाते थे। हमारे पिताजी प्राइमरी के मास्टर थे। हमारे मास्टर बहुत अच्छे थे—प्यार करने वाले। इतना स्नेह करते थे। स्कूल न जाने के बारे में कभी सोचा ही नहीं।

श्याम सुशील : बचपन में कौन-कौन से खेल खेला करते थे?

नामवर सिंह : कबड्डी। कबड्डी मेरा प्रिय खेल था।

श्याम सुशील : क्या कभी पढ़ाई को लेकर आपकी पिटाई भी हुई?

नामवर सिंह : कभी पिटाई नहीं हुई। कोई पिटाई नहीं हुई।

श्याम सुशील : स्कूल के दिनों में कोई पुरस्कार आदि मिला था आपको?

नामवर सिंह : मैं अन्ताक्षरी में बहुत अच्छा था। कई पुरस्कार मुझे मिले। पूरे जिला में जीत कर प्रथम आया था। एक बार बनारस में जब कक्षा छह में था, तो

पं. विश्वनाथ प्रसाद मिश्र (रीतिकाल के प्रोफेसर) एक अन्ताक्षरी प्रतियोगिता के निर्णायक थे। उनके हाथों मुझे पुरस्कारस्वरूप 'घनानंद और आनंदघन' नामक किताब मिली थी।

श्याम सुशील : अपने मन की बातें माँ से खुलकर कह पाते थे या पिता से?

नामवर सिंह : माँ से।...माँ का मैं सबसे बड़ा बेटा था। वह कहती थी, 'तुम पहली भूख-प्यास के हो।' (मानसिक, हृदय की भूख-प्यास) यानी बच्चा हो, यह हर स्त्री की कामना होती है। तो मुद्दत की कामना पूरी हुई थी। माता-पिता की शादी के नौ साल बाद मेरा जन्म हुआ था।

श्याम सुशील : एक बड़ी बहन भी तो थी आपकी?

नामवर सिंह : जब मेरा जन्म हुआ तो वह पाँच साल की थी। रेशमी या रेशमा नाम था उसका। यही माँ ने बताया था। जब मैं तीन साल का था तो वह गुजर गई...।

श्याम सुशील : बचपन की पढ़ी कोई विशेष कविता, कहानी या किसी लेखक की कोई किताब, जिसकी याद आज भी आपके मन में बनी हुई है?

नामवर सिंह : मेरे पिता रामचरितमानस का पाठ करते थे। मैं उसको सुनता था। मेरे चाचा बहुत अच्छा गाते थे। मुझे मानस की बहुत-सी चौपाइयाँ कंठस्थ हो गई थीं। मेला से रामचरितमानस का गुटका खरीद लिया था, पढ़ता रहता था।

श्याम सुशील : बचपन की कोई इच्छा, जो बाद में जाकर पूरी हुई या आज तक भी पूरी नहीं हुई?

नामवर सिंह : कोई महत्त्वाकांक्षा नहीं थी। मैंने जीवन में कोई ऊँचा पद नहीं चाहा। बचपन में ही तय कर लिया था कि अध्यापन करना है। पिता जी अध्यापक थे। शिक्षक बनना ही मेरी इच्छा थी।

श्याम सुशील : इस उम्र में भी आप इतने चुस्त-दुरुस्त दिखते हैं। अपने शरीर को स्वस्थ बनाए रखने के लिए आप क्या-क्या करते हैं?

नामवर सिंह : कुछ नहीं करता। स्कूल में नियमित पी.टी. होती थी। शाम को खेलना अनिवार्य था। कोई कमरे में रह नहीं सकता था। बारहवीं तक इतना नियमित जीवन हमारा था। विश्वविद्यालय में आने के बाद बी.ए., एम.ए. में छात्रावास से गंगा तक एक मील पैदल जाता था। खूब तैरता था, खूब नहाता था, कसरत होती थी। तब का जीवन ऐसा था। मैं पैदल बहुत चलता था। आज भी नित्य चालीस मिनट राउंड लगाता हूँ। खान-पान में संयम बरतता हूँ। स्वल्प भोजन। रात 10.30 या 11 तक सो जाता हूँ। सुबह पाँच बजे उठ जाता हूँ। दोपहर एक बजे भोजन। दो बजे सोता हूँ। तीन बजे उठ जाता हूँ। मीट छोड़े कई साल हो गए। साठ के बाद नहीं लिया। अब अंडा भी नहीं। शुद्ध शाकाहारी। मुक्त आहार और विहार।

श्याम सुशील : आपका मनपसन्द भोजन क्या है?

नामवर सिंह : सबसे प्रिय भोजन मेरा सतुआ और उसके बाद मूँग की दाल की खिचड़ी।

श्याम सुशील : सब्जी में क्या प्रिय है?

नामवर सिंह : तोरी और लौकी।

श्याम सुशील : आपका मनपसन्द फल?

नामवर सिंह : लँगड़ा आम। पंडित जी (पं. हजारीप्रसाद द्विवेदी) कहते थे, आम कोई फल थोड़े ही है। मैं बनारस का हूँ तो लँगड़ा आम।

श्याम सुशील : मनपसन्द मिठाई?

नामवर सिंह : रसगुल्ला।

श्याम सुशील : आपका प्रिय नशा?

नामवर सिंह : पान मगही, बनारसी, सादी सुरती। खैनी सुबह-सवेरे। प्रतिज्ञा किया था कि पिताजी के पैसे से यह काम नहीं करना। एम.ए. तक पान नहीं खाया। इंटर तक सिनेमा नहीं देखा। बारहवीं की परीक्षा देकर 'ज्वार-भाटा' देखी।

श्याम सुशील : आपका प्रिय लेखक, जिसे आप बार-बार पढ़ना चाहेंगे?

नामवर सिंह : एन्तोन चेखव।

श्याम सुशील : और भारतीय लेखकों में?

नामवर सिंह : पं. हजारीप्रसाद द्विवेदी।

श्याम सुशील : आपकी अपनी प्रिय पुस्तक?

नामवर सिंह : 'दूसरी परम्परा की खोज'।

श्याम सुशील : अन्य किसी लेखक की कोई प्रिय किताब?

नामवर सिंह : कभी सोचा ही नहीं इस पर।

श्याम सुशील : आपको सबसे ज्यादा प्यार किस पर आता है?

नामवर सिंह : मेरी नातिन है लोरी—तो बच्चों में स्नेह लोरी को। आत्मीयता सबसे ज्यादा काशी से है। भाई होते हुए भी जिसको मित्रता कहें—तो सबसे ज्यादा आत्मीय काशी।

श्याम सुशील : किस बात पर रोना आता है?

नामवर सिंह : रोना कोई स्थायी भाव नहीं है।...(कुछ देर सोचने के बाद) रोना तो नहीं कहेंगे, लेकिन जिस चीज से सबसे अधिक दुख होता है, वह विश्वासघात है। जिन लोगों के लिए मैंने कुछ किया है, देखता हूँ, वे पीछे से छुरा भोंक रहे हैं। एहसान फरामोशी।

श्याम सुशील : हँसी किस बात पर आती है?

नामवर सिंह : अपने आप पर।

श्याम सुशील : इस दुनिया में सबसे अच्छी चीज आपको क्या लगती है?

नामवर सिंह : कुछ हमारे अहेतुक मित्र हैं। नि:स्वार्थ भाव से। बिना किसी स्वार्थ के। और सौभाग्य से मुझे ऐसे मित्र मिले—उम्र भर एक मुलाकात चली जाती है—ऐसे लोग हमारे मित्र हैं।

श्याम सुशील : आज के समय का सबसे बड़ा झूठ क्या है?

नामवर सिंह : सबसे बड़ा झूठ यह है कि झूठ है ही नहीं। यह तमीज मिट गई है झूठ-सच की।

श्याम सुशील : सबसे बड़ा सच?

नामवर सिंह : सच-झूठ की तमीज का खत्म होना सबसे बड़ा सच है।

श्याम सुशील : और सबसे बड़ा आश्चर्य?

नामवर सिंह : तमाम लोगों को मरते देख रहे हैं, फिर भी हम मरना नहीं चाहते। जीने की इच्छा। यही आश्चर्य है, हम जीना चाहते हैं, मरना नहीं चाहते।

['वागर्थ', अगस्त, 2016]

आलोचना करने का हक उसी को है जो प्रशंसा करना जानता है

[नामवर सिंह से हारून रशीद खान की बातचीत]

[22 अक्टूबर, 2017, सुबह दस बजे। मैं नामवर जी के आवास में पहुँचा। वे 90 वर्ष पार कर चुके हैं। दरवाजा बन्द था। बेल बजाया, नामवर जी ने ही दरवाजा खोला। वे पहले से तैयार थे। दो सप्ताह पूर्व ही समय तय था, रविवार और सोमवार का दिन।

आप नामवर जी के पास बैठे हैं तो यह हो नहीं सकता कि निगाह उस तस्वीर पर न जाए जो हजारी प्रसाद द्विवेदी की है। बाईं दीवार पर निराला की तस्वीर थी। मेज पर डायरी, कुछ किताबें। कुछ प्रश्नों के साथ मैंने बात शुरू की :]

हारून रशीद खान : डॉ. साहब, आपसे गाँव छूट गया, बनारस भी छूट गया और आप दिल्ली में आकर बस गए लेकिन मुझे लगता है कि आपमें बनारस और गाँव अभी भी जीवित है।

नामवर सिंह : जन्मभूमि है हमारी जीयनपुर, कर्मभूमि है बनारस और दिल्ली। दिल्ली आने के बाद भी गाँव गया हूँ। गाँव-गाँव घूमा हूँ इसलिए उसको भुलाया नहीं जा सकता। गाँव से मेरा लगाव है। दिल्ली कोट-पैंट वाला शहर है, मैं धोती-कुर्ता वाला हूँ। विदेश जाता था तो कोट-पैंट पहनकर जाता था—विशेष अवसरों पर, लेकिन यूरोप गया था धोती-कुर्ता पहनकर। गँवई हमारी पहचान है।

हारून रशीद खान : आप जब काशी हिन्दू विश्वविद्यालय में थे, साहित्य की नगरी काशी थी या इलाहाबाद?

नामवर सिंह : साहित्य की नगरी इलाहाबाद थी, बनारस नहीं थी। इलाहाबाद में दो-तीन दिन रहकर चले आते थे। मुझे साहित्यिक संस्कार ज्यादातर इलाहाबाद से ही मिले। वहाँ निराला जी थे, पंत जी थे, महादेवी जी थीं, हरिवंशराय बच्चन थे। उनके बाद की पीढ़ी के साहित्यकार जितने भी थे, सभी परिचित थे। महीने में एक बार इलाहाबाद चला जाता, सभी के दर्शन हो जाते।

हारून रशीद खान : आप द्वारा लिखित एक पुस्तक है : 'दूसरी परम्परा की खोज', जिसमें आपने आचार्य हजारी प्रसाद द्विवेदी को स्थापित किया है और आचार्य रामचन्द्र शुक्ल को पहली परम्परा से जोड़कर डॉ. रामविलास शर्मा के साथ खारिज किया है।

नामवर सिंह : हम लोग आम तौर से परम्परा की बात करते हैं। परम्परा एक नहीं है, परम्पराएँ हैं। इस पर रामविलास जी का कहना था कि आप ठीक कह रहे हैं, परम्परा नहीं होती, परम्पराएँ होती हैं। हिन्दुस्तान इतना महान देश है, प्राचीन है। हिन्दुस्तान में क्या एक गंगा ही है, और नदियाँ नहीं हैं? वेदान्त में अकेले शंकराचार्य की परम्परा नहीं है। भक्ति की कई परम्पराएँ हैं। तो क्या साहित्य ही ऐसा छुट्टा है कि एक ही परम्परा हो? कबीरदास एक थे, तुलसीदास एक थे। राम का नाम ये भी लेते हैं, वे भी लेते हैं। दोनों बनारस के रहने वाले। कबीर की परम्परा अलग, तुलसी की परम्परा अलग। पंडित जी ने तुलसीदास पर नहीं लिखा, कबीर पर लिखा। बनारस में गंगा तो है, कर्मनाशा भी है। इसलिए 'दूसरी परम्परा' में मैंने कहा कि इतना बड़ा देश है, एकबग्गा तो नहीं हो सकता। ईसाई धर्म में भी दो परम्पराएँ हैं—कैथोलिक और प्रोटेस्टेंट। हमारी परम्परा एकवचन में है, इस रूढ़ि को तोड़ना है। मेरा कहना है कि यह सेकेंड ट्रेडिशन नहीं है, अदर ट्रेडिशन है। न छोटा है, न बड़ा। मुझे लिखना था 'दूसरी परम्परा की खोज' पर। दिन भर काम करता, रात में लिखता। सुबह एक चैप्टर तैयार किया। मेडिकल लीव लेकर काम न करूँ तो लोग कहेंगे, धोखा दिया। 'दूसरी परम्परा की खोज' में 'दूसरी' शब्द का अर्थ 'सेकेंड' नहीं है। यहाँ 'दूसरी' का अर्थ है 'और अन्य' यानी एक के अलावा अन्य भी हैं। अन्य की कई धाराएँ हैं। एक हफ्ते में यह किताब लिखी 'दूसरी परम्परा की खोज'।

हारून रशीद खान : 1982 से 2017 तक की आप द्वारा लिखित पुस्तक नहीं दिखाई देती, ऐसा क्यों डॉ. साहब?

नामवर सिंह : लेख लिखे हैं बहुत-से। लेख बहुत महत्त्वपूर्ण होते हैं। अंग्रेजी के कई लोगों को जानता हूँ जिन्होंने ऐसेज ही लिखे हैं। किताब में भर्ती की बहुत-सी चीजें होती हैं। आप देखें तो मेरी अधिकांश किताबों में 'ऐसेज' ही हैं। सभी किताबें लेखों का संकलन हैं। मेरी किताबें जो राजकमल प्रकाशन से छपी हैं, एक दर्जन से ज्यादा हैं। किसी से कम लेखन नहीं किया। बोला ज्यादा है, लिखा कम। गुणवत्ता देखी जाती है, संख्या नहीं। उस हिसाब से देखें तो रामचन्द्र शुक्ल के 'हिन्दी साहित्य का इतिहास' को छोड़कर केवल निबन्धों के संग्रह ही तो हैं, 'चिन्तामणि-एक' और 'चिन्तामणि-दो'। स्वयं गुरुदेव हजारी प्रसाद द्विवेदी के उपन्यासों को अलग करके देखें। रामचन्द्र शुक्ल की जितनी आलोचना की किताबें हैं, उनसे ज्यादा मेरी किताबें हैं।

हारून रशीद खान : आपमें और रामविलास शर्मा में भारतीय संस्कृति को लेकर बड़ा उलझाव था। रामविलास जी आर्य संस्कृति को भारत, अफगानिस्तान, ईरान तक सीमित करते हैं और कहते हैं कि आर्य मूलतः भारतीय थे, जबकि एक बनी-बनाई राय है जिसे राहुल सांकृत्यायन ने भी स्वीकार कर 'वोल्गा से गंगा' लिखी। क्या बात है कि भारतीय संस्कृति के प्रस्थानबिन्दु को लेकर इतने गहरे मतभेद हैं?

नामवर सिंह : इस पर विवाद नहीं था, यह मैंने कहीं नहीं लिखा है। राहुल 'वोल्गा से गंगा' लिखें या 'गंगा से वोल्गा' लिखें, इसकी यहाँ कोई प्रासंगिकता नहीं है। रामविलास जी ने जो लिखा है, उसे देखें तो हिन्दुत्व मालूम पड़ता है। रामविलास जी का हिन्दुत्व बोलता है। उस समय समाजवाद के आधार पर एक नई सभ्यता बन रही थी जो दुनिया में मार्क्सवाद के आधार पर आई थी। लोग समाजवाद को यूटोपिया कहते थे लेकिन उसे धरती पर सोवियत यूनियन ने उतारा। एक देश है जिसने करके दिखा दिया। समाजवाद आया और दुनिया में फैला। समाजवाद बन सकता है, यह आदर्श है मार्क्सवाद का। इसे रूस ने पहली बार लेनिन के नेतृत्व में कायम किया। यह प्रयोग था, श्रेय देना चाहिए रूस को। दुनिया के अनेक देशों को फायदा हुआ। समाजवाद सारी दुनिया में फैला। जब समाजवाद आया तो अमेरिका, अफ्रीका, इंग्लैंड पर भी उसका असर पड़ा। मार्क्स का कद कोई छोटा नहीं कर सकता। आप मार्क्स के महत्त्व को कम नहीं कर सकते। रबड़ से मिटा नहीं सकते, भले ही विरोधी क्यों न हों।

हारून रशीद खान : रामविलास शर्मा और आपमें वही अन्तर है जो कॉडवेल, कार्नफोर्थ की आलोचना में और नवमार्क्सवाद आलोचक टेरी ईगल्टन, रेमंड विलियम्स इत्यादि में है। रामविलास जी की मार्क्सवादी आलोचना को लेकर आप बहुत कटु लगते हैं, ऐसा क्यों?

नामवर सिंह : रामविलास जी ने सबकी आलोचना की है—मार्क्सवादियों की भी, गैर-मार्क्सवादियों की भी। उनको हक है कि सबकी आलोचना करें, और मैं आलोचना करूँ तो क्यों एतराज है? मैंने बहुत लिखा है रामविलास जी पर और उसे छापा है 'आलोचना' में। कोई त्रुटि मुझमें दिखाई दे तो कोई आलोचना करे, मैं उससे नाराज नहीं होऊँगा। मार्क्सवादी आलोचकों की आलोचना सारी दुनिया में हुई है। कोई जरूरी नहीं कि सब एक ही राय के हों! मार्क्स ने स्वयं अपनी पूर्व स्थापनाओं की आलोचना की है, दोष दिखाया है। तुलसीदास की हम आलोचना करते हैं, कालिदास की आलोचना करते हैं, प्रशंसा भी करते हैं। इसलिए आलोचना का हक उसी को है जो प्रशंसा करना भी जानता है। यह परम्परा हमारे यहाँ है। कहा गया है, बड़ों में भी दोष-दर्शन करने की हिम्मत होनी चाहिए। हम लोग मूर्तिपूजक नहीं हैं। हम जिस देवता की पूजा करते हैं, उसमें अगर कोई त्रुटि

दिखाई दे, तो भी बताइए। संस्कृत का एक श्लोक है : 'दोषा वाच्या गुरोरपि', अर्थात जो बड़े हैं, उनका भी दोष दिखाई पड़े तो बताइए। यह हमारे शास्त्रों में है। यह खुद हमारे ही विद्वान कह चुके हैं : गुरु में भी दोष हो, तो बताओ। भारतीय संस्कृति की चिन्तनधारा इतनी उदार है, मुक्त है। अगर कोई मेरे दोष देखे, बताए तो मैं उसको प्रणाम करूँगा। उसके ज्ञान को नमन करूँगा कि हाँ, मुझसे गलती हो गई और भला हुआ कि उसको गलती दिखाई पड़ी। मैंने रामविलास जी की आलोचना की है, तो यह अपराध नहीं है। वह पुराने किस्म के मार्क्सवादी थे। नव-वाम-आन्दोलन के वह विरोधी थे। मेरी समझ में साहित्य के क्षेत्र में नव-वाम का होना बहुत महत्त्व का है। मैंने उसके अवदान को स्वीकारा और 'कविता के नए प्रतिमान' में उसका भारतीय परिवेश में उपयोग किया। इस नवता के चलते ही मैं हिन्दी आलोचना में स्थापित हुआ। यद्यपि इसके चलते ही मेरे मार्क्सवादी मित्रों ने मेरी डटकर आलोचना की।

हारून रशीद खान : आपने अज्ञेय को भुलाकर मुक्तिबोध को उछाला। क्या यह प्रगतिशील आलोचना की सीमा नहीं है?

नामवर सिंह : यह कहना गलत है कि मैंने अज्ञेय को खारिज किया है। मैंने अज्ञेय की कविताओं का चयन किया। इसकी भूमिका लिखी। अज्ञेय मेरे साथ जोधपुर में एक साल रहे। मैंने प्रोफेसर वी.वी. जॉन से कहकर उन्हें जोधपुर बुलवाया था। उनकी इच्छा थी कि भारत के किसी यूनिवर्सिटी में प्रोफेसर बनें। मैं हेड था, डीन था। उनको मैं यू.पी. कॉलेज ले गया था, व्याख्यान दिलवाया था। हमारे और उनके बहुत अच्छे सम्बन्ध थे। वात्स्यायन जी हमारे घर एक महीना रहे। जो कमरा जोधपुर में मुझे मिला था, उसे मैंने वात्स्यायन जी को दे दिया था। जब मैं जोधपुर से आने लगा तो वात्स्यायन जी ने कहा, 'नामवर सिंह, आप जा रहे हैं तो मैं भी जा रहा हूँ।' विचारों में मतभेद हो सकता है, कोई शत्रुता नहीं रही है।

हारून रशीद खान : आपके दिमाग में पूर्वांचल की प्रतिभाएँ नहीं आईं। कुबेरनाथ राय, विवेकी राय, पी.एन. सिंह और जितेन्द्रनाथ पाठक जैसे लोग थे और बलिया के केदारनाथ सिंह थे। इन पर आपने कलम नहीं उठाई, बल्कि प्रतिकूल टिप्पणियाँ भी कीं। इधर के लोग कहते हैं, नामवर जी को इन जनपदों ने इतना सम्मान दिया लेकिन उन्होंने कभी किसी को तरजीह नहीं दी।

नामवर सिंह : मेरा परगना पहले गाजीपुर में था, बाद में अलग हुआ। इसे अंग्रेजों ने अलग किया। गाजीपुर से मेरा लगाव है। मेरे बहुत से मित्र गाजीपुर में हैं। बनारस में रहता था तो अक्सर गाजीपुर जाता था। अब बात रही कि सबके बारे में लिखता चलूँ तो यह कोई जरूरी नहीं है। कोई सूची नहीं बना रखी है—किस पर लिखा, किस पर नहीं लिखा।

विवेकी राय बहुत बड़े साहित्यकार तो नहीं लेकिन उनके जैसा सरल और सहज चरित्र पाना दुर्लभ होगा। वह प्रेमचन्द और रेणु की परम्परा में ठहरते हैं क्योंकि ग्राम जीवन ही उनके साहित्य का स्रोत रहा है। गाँव कथा का जब भी उल्लेख किया जाएगा, विवेकी राय उसके एक प्रासंगिक सन्दर्भ होंगे। प्रेमचन्द और रेणु की क्षीण होती परम्परा को उन्होंने आजीवन अपना साक्ष्य बनाए रखा। उनका उपन्यास 'सोनामाटी' वस्तुतः 'गोदान' और 'मैला आँचल' जैसे उपन्यासों की परम्परा की एक महत्त्वपूर्ण उपलब्धि है। प्रेमचन्द के गँवई सच का आगे विवेकी राय के साहित्य में दर्शन होता है। इसी तरह कुबेरनाथ राय एक विशिष्ट उपलब्धि हैं। निबन्धकार के रूप में वे हजारी प्रसाद द्विवेदी और विद्यानिवास मिश्र के समकक्ष हैं। उनके ललित निबन्धों में आई औपचारिकताएँ थोड़ी खटकती हैं। उनका भोजपुरी मोह और उनके प्रतीक थोड़ी दिक्कत में डालते हैं लेकिन वह एक साहित्यिक उपलब्धि हैं जो साहित्यिक मानकों को आगे बढ़ाते हैं। केदार जी का कवि व्यक्तित्व इधर उभरा है और कुछ अच्छी कविताएँ उन्होंने लिखी हैं। वह मेरे रिश्तेदार हैं। इसलिए उन पर मैं कुछ कहना नहीं चाहता। प्रशंसा और निन्दा दोनों ही मेरे लिए ठीक नहीं होंगी।

हारून रशीद खान : आज के कई बड़े-बड़े साहित्यकारों का लेखन दक्षिणपंथी होता जा रहा है। क्या डर से?

नामवर सिंह : डर से नहीं, स्वार्थ से। कुछ लेखक हैं जिनकी कोई विचारधारा नहीं है। ऐसे लोगों की कोई विचारधारा नहीं होती है। फायदा चाहते हैं। जहाँ से उनको कुछ पुरस्कार मिले, पद मिले, वहाँ पहुँच जाते हैं। पढ़े-लिखे लोगों का कोई अपना विचार तो है ही नहीं।

हारून रशीद खान : आपने कहा है कि ग़ालिब मेरे सिरहाने में हैं। आप फिराक, ग़ालिब और मीर में क्या फर्क महसूस करते हैं?

नामवर सिंह : फिराक साहब पर ग़ालिब का बहुत असर है। मीर तो मीर ही हैं। ग़ालिब खुद मानते थे : 'हम हुए तुम हुए कि मीर हुए, उसी की जुल्फों के सब असीर हुए'। जो सादगी मीर में है, ग़ालिब में नहीं है। यह मीर और ग़ालिब का फर्क है। मीर को उर्दू में खुदा-ए-सुखर कहा जाता है। यदि मीर न होते तो ग़ालिब नहीं होते। लेकिन मीर के दीवान में सारी चीजें देखने पर काफी 'कूड़ा' मिलेगा। ग़ालिब ने एक भी कच्चा शेर नहीं आने दिया अपने दीवान में। यह सावधानी बरती है। वैसे गालिब यह भी कहते हैं 'रेख़्ता के तुम ही उस्ताद नहीं हो ग़ालिब, सुनते हैं अगले जमाने में कोई मीर भी था'। सच पूछिए तो ग़ालिब फारसीयत से ज्यादा दबे हैं।

हारून रशीद खान : आपके जीवन की कोई अविस्मरणीय घटना जिसे आप भूलना नहीं चाहते?

नामवर सिंह : अब स्मृति साथ नहीं देती, भूल जाता हूँ। दबाव डालने पर कोई बात याद नहीं आती, बातें फ्लैश के साथ याद आती हैं। अब लोगों का नाम तक भूल जाता हूँ। मुझे अपनी याददाश्त के लिए अभिमान रहा है, पर अब जैसे किसी की नजर लग गई!

हारून रशीद खान : आप अभी भी पान खाते हैं?

नामवर सिंह : पान काशी की पहचान है। बनारस शहर में आकर मैंने एक बार तय किया, जब तक विद्यार्थी हूँ, पान नहीं खाऊँगा। नौकरी करने लगूँगा तो अपने पैसे से पान खाऊँगा। माँ-बाप के पैसे से पान नहीं खाऊँगा। अस्सी पर आएँ और पान न खाएँ? सिगरेट-बीड़ी नहीं पीता। अब भी 120 नम्बर जर्दा खाता हूँ। मेरे फ्रिज में पान रखा हुआ है। एक ही लत है पान की। सुबह नाश्ते के बाद एक पान खाता हूँ। दिनभर नहीं खाता, रात में भी नहीं खाता। रात को पान काफी अरसे से नहीं खाता। जे.एन.यू. में मैंने एक पानवाले की दुकान खुलवाई। उससे कह दिया कि तुम्हें घाटा नहीं होगा, दुकान नहीं बन्द होगी। आज वह दुकान खूब चल रही है। लिखने का काम करता हूँ तो पान खाता हूँ।

हारून रशीद खान : क्या आप अब भी लिखते हैं?

नामवर सिंह : हाँ, लिख लेता हूँ पर ज्यादा नहीं--एक या दो पेज।

[साभार : 'वागर्थ', जनवरी, 2018]

रचना को अतुलनीय बनाती है 'फैंटेसी'

[नामवर सिंह से महावीर अग्रवाल की बातचीत]

महावीर अग्रवाल : नामवर जी, प्रणाम स्वीकारें। कुछ दिनों पहले ही कविता 'अँधेरे में' पर मुक्तिबोध की 'फैंटेसी' पर बातचीत की अनुमति आपने दी है। 'विश्व-साहित्य कोश' में लिखा गया है : 'फैंटेसी की क्रियाशीलता में ऐसे वातावरण या चरित्र उपस्थित होते हैं, जो मनुष्य जीवन की सामान्य परिस्थितियों में असम्भव माने जाते हैं।'

नामवर सिंह : 'फैंटेसी' की चर्चा को अधिक स्पष्ट करने के पहले मैं यह कहना चाहता हूँ कि 'अँधेरे में' कविता में तीन सन्दर्भ ऐसे हैं जो उनकी पिछली कविताओं में भी आ चुके हैं। मुझे ऐसा प्रतीत होता है कि मुक्तिबोध को लगा कि वे अपनी बात पूरी तरह स्पष्ट नहीं कर सके हैं, इसीलिए उन्होंने कविता 'अँधेरे में' इन तीन बिम्बों को अधिक स्पष्ट किया : 1. प्रोसेशन का बिम्ब, 2. मानव-शिशु का बिम्ब और 3. तिलस्मी खोह के रहस्य-पुरुष का बिम्ब।

महावीर अग्रवाल : नामवर जी, मैं आज की चर्चा में एक बार फिर आपसे सुनना चाहता हूँ कि यह 'तिलस्मी खोह का बिम्ब' को हम किस तरह समझ सकते हैं? आखिर यह रहस्य-पुरुष है क्या?

नामवर सिंह : आप अपनी पुरानी फाइल देखिएगा, आपको शायद स्मरण हो, मैंने पहले भी कहा है : 'तिलस्मी खोह में बैठा यह रहस्य-पुरुष, मध्यवर्गीय अस्तित्ववादी मन में सैद्धान्तिक रूप में यकायक, लेकिन स्थायी तौर पर, पैदा हुई जनवादी-चेतना का प्रतीक है।' मैं कहना यह चाहता हूँ कि मुक्तिबोध में यह जनवादी चेतना मात्र एक सिद्धान्तवादिता के रूप में नहीं है, मुक्तिबोध के सर्जक मन में उसके प्रति अनन्य और अटूट आग्रहशीलता भी है। यह परले दरजे और जो ईमानदार आग्रहशीलता है, उन्हें इस अन्तर्द्वन्द्व से उबारती है और एक सार्थक और अत्यन्त गतिमय जीवन-निष्कर्ष तक पहुँचाती है।

महावीर अग्रवाल : 'वाद विवाद संवाद' में आपने लिखा (पृष्ठ 13) है : 'कभी मन के अन्दर झाँकने पर उन्हें लगता है कि मन एक रहस्यमय लोक है। उसमें अँधेरा है, अँधेरे में सीढ़ियाँ हैं। सीढ़ियाँ गीली हैं। सबसे निचली सीढ़ी पानी

में डूबी हुई है। वहाँ अथाह काला जल है। उस अथाह काले जल में स्वयं को ही डर लगता है। उस अथाह काले जल में कोई बैठा है। वह शायद मैं ही हूँ।'

नामवर सिंह : ये पंक्तियाँ मेरी नहीं हैं। मैंने गजानन माधव मुक्तिबोध के लिखित विचारों को, कविता की कुछ पंक्तियों को कोट करते हुए यह बात लिखी है। दूर-दूर तक फैली काली जल-राशि और अन्धकार में अदृश्य पानी का भीतरी अर्थबिम्ब है। कविता 'अँधेरे में' ऐसी ही भयावह फैंटेसी का भयावह रचनात्मक रूप है। फैंटेसी की संरचना में अपनी तरह से एक ओर यथार्थ से निर्मित होनेवाले भूरे टीले की व्यंजना है, तो दूसरी ओर चिमनी से निकलता काला धुआँ ऊपर उठता है। 'अँधेरे में' कविता में विचित्र वेश-विन्यास वाली सैन्य टुकड़ी वाला समूचा दृश्य देखते ही देखते भयंकर दुःस्वप्न में बदल जाती है। मुक्तिबोध के रचना-संसार में रोज की देखी-सुनी, जानी-पहचानी चीजें भी मुक्तिबोध के हाथों इन्द्रजाल में बदल जाती हैं। कहना न होगा कि मुक्तिबोध की कहानी में, कविता में इस तरह की नानाविध 'फैंटेसी' अक्सर मिलती है।

महावीर अग्रवाल : 'फैंटेसी' पर चर्चा को आगे बढ़ाने से पहले आपका यह कथन वृहत पाठक समुदाय के सामने रखना चाहता हूँ। मुक्तिबोध की ज़न्मशताब्दी के अवसर पर प्रकाशित 'सापेक्ष-56' में पृष्ठ 34 पर आपने कहा है : 'कितनी जीवंत और बोलती हुई स्वप्न कथा है! काले-काले घोड़ों पर खाकी मिलिटरी ड्रेस वाले हैं, सिन्दूरी गेरुआ और कोलतारी भैरव के साथ आबदार चमचमाती तलवार भी है। कितनी अद्‌भुत फैंटेसी है! समूची कविता में मुक्तिबोध ने अनेक स्थलों पर 'फैंटेसी' के माध्यम से समाज के भीतरी चेहरों की शिनाख्त की है। ऐसे चेहरों ने नकाब हटाया है जो भीतर-ही-भीतर दीमक की तरह समाज को खोखला कर रहे हैं। जिज्ञासा तब चरम पर नजर आती है, जब 'अँधेरे में' कविता की स्वप्न-कथा को हम बारात कहें या शोभायात्रा या आप और कोई दूसरा नाम भी दे सकते हैं। स्वप्न-कथा के इस जुलूस में, ऐसा कौन-सा दोहरा चरित्र है जिसे मुक्तिबोध नहीं देखते? जुलूस में शामिल कहीं-कहीं तनिक मूर्त और कुछ अमूर्त भी नजर आता है। जो बारात में शामिल दिखे थे, दूसरे दिन अपनी कलुषताओं को धोकर, उजले कपड़े में सजे-धजे नजर आते हैं। एक-एक कर सभी के मुखौटे उतार देते हैं। अभिव्यक्ति कितनी बारीक, गहरी और कमाल की है!'

नामवर सिंह : यही तो मुक्तिबोध की 'फैंटेसी' का कमाल है। सघन संवेदना, सघन शिल्प में रचा-बसा उनका जटिल काव्य-बोध यथार्थ को अपनी तरह उद्वेलित करता है। शिल्पविधान उनका मौलिक है, इसलिए अपनी फैंटेसी में मुक्तिबोध कभी-कभी मूर्त रूप में, तो कभी अपनी अमूर्त अभिव्यक्ति से जादू जगाते हैं। मुक्तिबोध की असाधारण काव्य-प्रज्ञा को समझने के लिए 'फैंटेसी' को समझना जरूरी है। 'फैंटेसी' को समझने के लिए तीन क्षण बहुत महत्त्वपूर्ण हैं : 'पहले

क्षण' में घटित हुए जीवन का उत्कट अनुभव, 'दूसरे क्षण' में अपने तंतुओं से अलग हो एक फैंटेसी का रूप ले लेता है। 'तीसरे क्षण' अर्थात् अभिव्यक्ति का क्षण। अभिव्यक्ति के क्षण में कवि अत्यन्त सतर्कता बरतने की चेतावनी देता है। फैंटेसी को अनुभव की व्यक्तिगत पीड़ा से पृथक् होने को आवश्यक मानता है और चूँकि फैंटेसी के मर्म को शब्दबद्ध करते समय अनेक अनुभव, चित्र और स्वर तैर आते हैं, इसलिए 'फैंटेसी' के उद्देश्य और दिशा के निर्वाह के लिए कलाकार को भाव-सम्पादन करना पड़ता है।

वे अपनी विरल कविदृष्टि के दम पर अँधेरे से मुठभेड़ करते हैं। 'अँधेरे में' की अभिव्यक्ति दुस्साहसी ही नहीं, विस्फोटक भी है।

महावीर अग्रवाल : मुक्तिबोध की कहानियों में 'फैंटेसी' के अनेक प्रसंग हैं। आपके विचार से कौन-कौन-सी कहानी 'फैंटेसी' के प्रयोग की दृष्टि से अधिक प्रभावी और जीवन्त है?

नामवर सिंह : 'फैंटेसी' के प्रयोग में गजब की सिद्धि अर्जित की मुक्तिबोध ने। उनकी कहानियाँ केवल प्रभावी नहीं हैं, कहानियों में जिन्दगी धड़कती हुई नजर आती है। यह सर्वविदित है, मुक्तिबोध मूलतः कहानीकार नहीं हैं, कवि हैं। इसके बाद भी उनकी कहानियों का स्थापत्य बहुत सधा हुआ है। उनकी कहानियाँ अपने समय की विद्रूपताओं से, विसंगतियों से लगातार मुठभेड़ करती हैं। मुक्तिबोध ने अपनी कहानियों में कभी नये-नये बिम्बों द्वारा, कभी अद्‌भुत फैंटेसी के माध्यम से अपने आख्यान को गतिशील ही नहीं, प्राणवान भी बनाया।

महावीर अग्रवाल : मुक्तिबोध की कहानियों के नाम भी आपने बताए थे। मुक्तिबोध की अलग-अलग कहानियाँ क्या-क्या कहना चाहती हैं? पाठक 'फैंटेसी' को किस स्तर पर ग्रहण करते हैं? इस बिन्दु पर पिछली बार बात अधूरी रह गई थी।

नामवर सिंह : पाठक समुदाय भी संवेदनशील कथादृष्टि के सहारे फैंटेसी को समझते हुए कहानीकार की बनाई एक नई दुनिया में प्रवेश करता है। क्यूरीसिटी बढ़ती जाती है। हर पाठक की अपनी सोच और समझ होती है। पाठक कभी कहानी के साथ-साथ और कभी स्वयं की कल्पना-सृष्टि के सहारे कहानी के आगे भी सोचने लगता है। फैंटेसी का आधार और व्यंजना कहानी को गति देती है। मुक्तिबोध की कहानी 'ब्रह्मराक्षस का शिष्य' की फैंटेसी में गुरु का बढ़ता हुआ, लम्बा होता हुआ हाथ मुझे आज भी चकित करता है।

महावीर अग्रवाल : श्रीकांत वर्मा ने 'काठ का सपना' की भूमिका (पृष्ठ 7) में लिखा है : 'मुक्तिबोध ने जिस तरह का अभिशप्त और निर्वासित जीवन जिया, उसकी पीड़ा को एक 'ब्रह्मराक्षस' ही समझ सकता है। सचाई यह है कि मुक्तिबोध स्वयं 'ब्रह्मराक्षस' थे और स्वयं ही 'ब्रह्मराक्षस का शिष्य' भी।' आप क्या कहते हैं?

नामवर सिंह : कहानी में 'ब्रह्मराक्षस' अपने किसी पाप-बोध से ग्रस्त है और अपने ज्ञान को उपयुक्त पात्र के अभाव में किसी को न देकर अपने साथ लेकर मर जाने का गहरा अहसास है। इसके बिलकुल विपरीत, मुक्तिबोध के भीतर किसी तरह का अपराधबोध नहीं है। एक ओर ब्रह्मराक्षस घोर व्यक्तिवादी है तो दूसरी ओर मुक्तिबोध व्यक्तिवाद के घोर विरोधी हैं। इसके बाद भी मुक्तिबोध अस्मिता की तलाश करते हैं। सामाजिक अस्मिता की खोज ही कहानी 'ब्रह्मराक्षस का शिष्य' की शक्ति और सार्थकता है। अपनी दूसरी कहानी 'एक टीले और डाकू की कहानी' में मुक्तिबोध कहते हैं : 'आत्मसंघर्ष व्यक्तित्व-रूपांतरण का माध्यम है'। 'मैत्री की माँग', 'नई जिन्दगी', 'दो चेहरे', 'मोह और मरण', 'प्रश्न', 'आखेट', 'भूत का उपचार', 'एक दाखिल दफ्तर साँझ' जैसी विविधता से भरी पूरी कहानियाँ हैं। 'समझौता', 'चाबुक', 'विद्रूप', 'सतह से उठता आदमी' जैसी कहानियों के अधिकांश पात्र वे अभिशप्त मध्यवर्गीय स्त्री-पुरुष हैं जो जीवन-दर्शन के अभाव में, अन्धकार में प्रेतात्माओं की तरह भटकते नजर आते हैं। किसी भी कहानी की हम चर्चा करें। मुक्तिबोध की हर कहानी मन को गहरे तक छूती है।

महावीर अग्रवाल : मुक्तिबोध की कहानियों में से किसी एक कहानी पर तनिक विस्तार से बताइए, 'फैंटेसी' के प्रयोग ने उस कहानी को किस तरह गति दी? गति ही नहीं दी, कहानी को पठनीय और मूल्यवान भी बनाया?

नामवर सिंह : कहानी 'क्लाड ईथरली'। कहानी के भीतर ही 'क्लाड ईथरली' के सम्बन्ध में कहा गया है : 'कौन नहीं जानता कि क्लाड ईथरली अणुयुद्ध का विरोध करनेवाली आत्मा की आवाज का दूसरा नाम है? हाँ, ईथरली मानसिक रोगी नहीं है। आध्यात्मिक अशान्ति का, आध्यात्मिक उद्विग्नता का प्रतीक है। क्या इससे तुम इनकार करते हो?' मैंने पहले भी कहा है, अमरीकी विमान चालक का बदला हुआ नाम है : 'क्लाड ईथरली', जिसने हिरोशिमा पर बम गिराया था। उसका सही नाम मेजर जनरल चार्ल्स डब्ल्यू स्वीनी है। मुक्तिबोध द्वारा गढ़ा गया नाम 'क्लाड ईथरली' केवल नाम ही नहीं है, एक अन्यतम फैंटेसी भी है। इसी फैंटेसी के बल पर ही 'आत्मा की आवाज' सुनी जाती है। आप जानते ही हैं, मुक्तिबोध ने दो-दो विश्वयुद्ध की विभीषिकाओं को समझा है। इसके बाद ही 'क्लाड ईथरली' की रचना की है। मुक्तिबोध ने फैंटेसी के बल पर अपराध-बोध और पश्चात्ताप से भरे हुए 'क्लाड ईथरली' जैसा चरित्र गढ़ा।

अणुबम की विनाशलीला देखकर बम गिरानेवाला स्वयं दहल गया। छोटे-छोटे भावनात्मक दृश्यों में 'क्लाड ईथरली' की मन:स्थिति को उभारते हैं मुक्तिबोध। नाटकीय दृश्यों में, पूरी कथा-संरचना में बम गिरानेवाले की मानसिकता पूरी तरह खुलती चली जाती है। जनाना जासूस की उपस्थिति भी एक नई तरह की फैंटेसी है। मुक्तिबोध द्वारा रची गई फैंटेसी में 'क्लाड ईथरली' का नया रूप और नया

अन्तर्लोक सामने आता है। सच तो यही है, हर दृष्टि से जितनी चर्चा 'क्लाड ईथरली' की होनी चाहिए, शतांश भी नहीं हो सकी है।

महावीर अग्रवाल : सचमुच, यह कहानी पाठक को पूरी तरह बाँध लेती है। पश्चात्ताप की आग में जलता हुआ कहानी के नायक 'क्लाड ईथरली' का यथार्थ-बोध हमारे समय का बहुत बड़ा सच है। 'क्लाड ईथरली' के क्रिया-कलाप और निडरता से भरी हुई प्रतिक्रिया अमेरिकी सत्ता पर भारी पड़ती है।

नामवर सिंह : मुक्तिबोध के शब्दों में 'पागल' का विश्लेषण इन शब्दों में किया गया है : 'जो आदमी आत्मा की आवाज जरूरत से ज्यादा सुन करके हमेशा बेचैन रहा करता है और उस बेचैनी में भीतर के हुकुम का पालन करता है, वह निहायत पागल है। पुराने जमाने में संत हो सकता था, आजकल उसे पागलखाने में डाल दिया जाता है।' मैं यह मानता हूँ, मानवीय संवेदना और ज्ञान से भरी 'क्लाड ईथरली' कहानी से मानवीय सरोकारों को बल मिलता है।

महावीर अग्रवाल : एक दूसरी बात, मुक्तिबोध की इस कहानी 'क्लाड ईथरली' में, 'पागलखाना' की फैंटेसी पर चर्चा करते हुए आपने बताया, वह पागलखाना, अमेरिका के बाद हिन्दुस्तान में निकल आता है। 'मैं' अर्थात सी.आई.डी. उससे पूछता है, तो क्या यह हिन्दुस्तान नहीं है? हम अमरीका में रह रहे हैं? सत्ता अपने को सुरक्षित रखने के लिए 'क्लाड ईथरली' को पागल घोषित कर पागलखाने में डाल देनेवाले इस प्रसंग की फैंटेसी में मुक्तिबोध सत्ता का चरित्र उधेड़ते चलते हैं।

नामवर सिंह : कहानी 'क्लाड ईथरली' में नायक के भावनात्मक अन्तर्द्वन्द्व बहुत बारीक व मर्मस्पर्शी चित्र खींचते हैं मुक्तिबोध। 'क्लाड ईथरली' में भारत में अमेरिका जैसी फैंटेसी है। उनकी ज्ञान में लिपटी संवेदना भीतर तक उतरती चली जाती है। द्वितीय विश्वयुद्ध के परिणाम को विमान गिराने वाला नायक बदलते परिवेश में समूची त्रासदी को देखता है तो भीतर-ही-भीतर हिल जाता है। युद्ध की भयावह परिणति का दर्पण दिखाती 'क्लाड ईथरली' बेहद मर्मस्पर्शी और उत्तेजना से भरी हुई है। हिरोशिमा और नागासाकी पर बम गिराने वाला विमान चालक परिणाम देखकर स्वयं दहल जाता है। अपराध-बोध और पश्चात्ताप की राह पर चलते विमान चालक के भीतर कितनी तड़प है, कितनी बेचैनी है? काल-कवलित होने वाले लाखों लोगों की पीड़ा, दुख-दर्द को देखकर, अपने अपराध-बोध को महसूस कर उसकी आत्मा उसे धिक्कारने लगती है। मैंने पहले भी कहा है : 'गुलेरी जी अपनी एक कहानी 'उसने कहा था' के द्वारा अमर हो सकते हैं, तो मुक्तिबोध की एक कहानी 'क्लाड ईथरली' भी हिन्दी में एक ऐसी ही कहानी है। दूसरे किसी आदमी ने न वैसी कहानी लिखी और न कोई लिखने की क्षमता रखता है।'

महावीर अग्रवाल : मुक्तिबोध की कहानी 'पक्षी और दीमक' का यथार्थ इतना गतिशील है कि पाँच दशक बाद भी यह आज की कहानी प्रतीत होती है। दिसम्बर, 1963 में यह कहानी 'कल्पना' पत्रिका में प्रकाशित हुई थी। कहना न होगा, कदम-कदम पर फैले चतुर्दिक भ्रष्टाचार का दर्पण बन चुकी है यह कहानी 'पक्षी और दीमक'। कहानी को सही दिशा मिलती है, नायक 'श्यामला' का चरित्र और निर्णय से। मनुष्य के मन में जड़ें जमा चुकी लोभ-लालच की प्रवृत्ति का परिणाम भी दिखाती है यह कहानी।

नामवर सिंह : लालच और भ्रष्ट आचरण के परिणाम को कितनी तार्किकता और सचाई के साथ दिखाते हैं मुक्तिबोध! कहानी के भीतर का यह प्रसंग लिख लीजिए, बात पूरी तरह स्पष्ट हो जाएगी : 'उड़ने से लाचार पक्षी स्वयं दीमक इकट्ठे करने लगता है। एक दिन अचानक उसे वह दीमक बेचनेवाला पुनः दिखाई देता है। पक्षी उस दीमक बेचनेवाले से कहता है कि वह उससे दीमक ले ले और बदले में उसके पंख उसे लौटा दे। इस पर दीमक बेचनेवाला दो टूक उत्तर देता है—बेवकूफ, मैं दीमक के बदले पंख लेता हूँ, पंख के बदले दीमक नहीं।—पक्षी पछता कर रह जाता है। एक दिन एक बिल्ली आती है और उस पंखविहीन पक्षी को मुँह में दबाकर उसके लाचार जीवन को समाप्त कर देती है।' लोभ और लालच का अन्त इसी तरह होता है। 'पक्षी और दीमक' कहानी बिम्ब और प्रतीक से भरी पूरी है। हर कदम पर एक नया बिन्दु यथार्थ के उदात्त स्वरूप को खोलता चलता है।

महावीर अग्रवाल : कहानियों की चर्चा के बीच कविता की बात अधूरी रह गई है। कविता 'अँधेरे में' का प्रसंग अधिक महत्त्वपूर्ण हो जाता है। जिस प्रसंग की आप चर्चा कर रहे थे, वह कौन-सा प्रसंग है?

नामवर सिंह : कविता 'अँधेरे में' का यह प्रसंग तब अधिक महत्त्वपूर्ण बन जाता है, जब एक आम आदमी, जुलूस में शामिल अधिकांश षड्यंत्रकारी सफेदपोशों को पहचान लेता है :

गहन मृतात्माएँ इसी तरह की
हर रात जुलूस में चलतीं
परन्तु दिन में
बैठती हैं मिल कर करती हुई षड्यंत्र
विभिन्न दफ्तरों-कार्यालयों, केन्द्रों में, घरों में...
हाय, हाय! मैंने उन्हें देख लिया नंगा,
इसकी मुझे सजा मिलेगी।

इन पंक्तियों में, इस प्रसंग में कितनी गहरी सोच है मुक्तिबोध की! अचानक यही होता है, शोभायात्रा के सदस्य भी समझ जाते हैं कि वे पहचान लिये गए हैं।

अपने कालतोर-पुते चेहरों की शिनाख्त होने के कारण वे सब-के-सब आशंकित हो जाते हैं। उस सभी के सामने जीवन-मरण का प्रश्न है। यथार्थ और स्वप्न में रची-बसी 'अँधेरे में' कविता का निचोड़ है यह पूरा-का-पूरा प्रसंग। एक बात और, कविता 'अँधेरे में' पहली पंक्ति से अंतिम पंक्ति तक की विशिष्टता इसमें निहित है कि मुक्तिबोध कदम-दर-कदम साफ करते चलते हैं—क्या, क्यों और किसके पक्ष में कहा गया है। कविता के पाठक जो भी नाम देना चाहें या फिर आलोचना की धुरी पर बैठी विद्वत्मंडली कोई नया विवेचन-विश्लेषण प्रस्तुत करे, मुझे लगता है, शिनाख्त का यही सच और भीतरी डर कविता की आत्मा है। बात हम कविता में 'फैंटेसी' की करें या किसी रचना पर, या फिर कहानियों में 'फैंटेसी' पर, मुक्तिबोध ने सोच-समझकर 'फैंटेसी' का प्रयोग किया है। हमारे समय का सच कहें या खुली आँखों से देखा गया सपना, यूटोपिया कहें अथवा बिम्ब या फिर फैंटेसी ही कहें, मुक्तिबोध ने अपने प्रयोग से रचना को अतुलनीय ही नहीं, सार्थक भी बनाया है।

[साभार : श्री महावीर अग्रवाल, सम्पादक 'सापेक्ष']

मुक्तिबोध का वैचारिक स्तम्भ सुदृढ़ हुआ है

[नामवर सिंह से महावीर अग्रवाल की बातचीत]

महावीर अग्रवाल : मुक्तिबोध जन्मशताब्दी (13 नवम्बर, 1917—13 नवम्बर, 2017) की धूम मची है। ढोल-नगाड़े नहीं बज रहे हैं, लेकिन चर्चा का दौर जारी है। विमर्श अधिक गहरे होते जा रहे हैं। एक बार पुनः सुखद संयोग बना है, जन्मशताब्दी के पहले दिन आज 13 नवम्बर, 2016 को आपसे बातचीत हो रही है। दिल्ली, भोपाल, राजनांदगाँव सहित अनेक छोटे-बड़े शहरों में मुक्तिबोध पर एक बार फिर से विमर्श की शुरुआत हो रही है। छत्तीसगढ़ की राजधानी 'रायपुर' में तीन संस्थाओं ने पहले ही दिन 'गजानन माधव मुक्तिबोध' को सम्मान के साथ स्मरण किया जा रहा है। इस अवसर पर आप कुछ कहिए?

नामवर सिंह : गजानन माधव मुक्तिबोध को धरती पर आए एक सौ वर्ष पूरे हो रहे हैं। साहित्य संसार में व्यापक स्वीकृति उनको वर्ष 1964 में निधन के तुरन्त बाद ही मिलनी शुरू हो गई थी। देर से सही, साहित्य-समाज के साथ-साथ जन-जन तक मुक्तिबोध एक सीमा तक पहुँच रहे हैं। मुक्तिबोध की दुर्बोध मानी जाने वाली कविताओं के पाठक बढ़े हैं। मुक्तिबोध भीतर-ही-भीतर हमेशा भयभीत रहे—अनागत भय से और आने वाले फासीवादी संकट से। स्थितियाँ बदल रही हैं। नई पीढ़ी गहराई के साथ इसे समझ रही है। मुक्तिबोध के भीतर घर कर चुके संशय तथा समझाए गए 'अँधेरे' और आतंक को सही कोण से देख रही है नई पीढ़ी।

महावीर अग्रवाल : कलमकारों, संस्कृतिकर्मियों और बुद्धिजीवियों के साथ-साथ सामाजिक संगठन भी मुक्तिबोध के रचना-संसार को नये सिरे से देखने और समझने में जुटे हुए हैं। जन्मशताब्दी वर्ष गजानन माधव मुक्तिबोध को मनाया जा रहा है। पिछले चार माह में जन्मशताब्दी के अवसर पर राज्य सरकारों और केन्द्रीय सरकार द्वारा अनेक कार्यक्रम किए जाने की रूपरेखा बनी है। आप ऐसे आयोजनों की प्रासंगिकता किस तरह देखते हैं?

नामवर सिंह : मुक्तिबोध के पुनर्मूल्यांकन का मार्ग प्रशस्त हुआ है। मेरा यह मानना है, यह अचानक नहीं हुआ है। पीछे मुड़कर देखें, मुक्तिबोध ने अपना लक्ष्य निश्चित किया, और फिर उसके अनुसार काम किया। जन-जन के लिए समर्पित

लक्ष्य को पाने में आनेवाली कठिनाइयों के साथ जूझते रहे। संशय से ग्रस्त रहने के बाद भी जीवन भर निडरता का पाठ पढ़ते रहे और पढ़ाते भी रहे। उनकी दीर्घ तपस्या अब फलीभूत हो रही है। हमें एक बात के लिए सावधान रहना होगा कि मुक्तिबोध को एक मिथकीय व्यक्तित्व के रूप में प्रतिष्ठित न कर दिया जाए। आप यह भी देखिए, 'राष्ट्रवाद' को नये तरह से परिभाषित किया जा रहा है। मुक्तिबोध के सन्दर्भ में यह खतरनाक प्रवृत्ति दिशाभ्रम की ओर ले जा सकती है।

महावीर अग्रवाल : राष्ट्रीय और अन्तरराष्ट्रीय घटनाएँ झकझोर रही हैं। मुक्तिबोध की जन्मशताब्दी 2017 में 'राष्ट्रवाद' को एक बार पुनः परिभाषित करने की आवश्यकता पर आप कुछ कह रहे हैं?

नामवर सिंह : 'राष्ट्रवाद' शब्द पर मैंने कई-कई बार विचार किया है। 'राष्ट्रवाद' की अवधारणा पर पुनर्विचार जितना भी करें, बदलते समय में भी 'राष्ट्रवाद' का मूल अर्थ नहीं बदलना चाहिए। भारत एक राष्ट्र है और राष्ट्र के हित में बनी सोच को मैं 'राष्ट्रवाद' मानता हूँ। आजादी के पहले भी हमारा 'राष्ट्रवाद' भारत की कोटि-कोटि जनता के लिए था।

महावीर अग्रवाल : 'राष्ट्रवाद' शब्द के उद्भव और प्रयोग और अवधारणा को हम और हमारा समाज किस तरह समझ सकता है? 'राष्ट्रवाद' का शोर अधिक ही सुनने में आता है। साहित्य-समाज यह जानना और समझना चाहता है कि इक्कीसवीं सदी के दूसरे दशक के बदलते समय में 'राष्ट्रवाद' का क्या अर्थ है?

नामवर सिंह : बहुत पुरानी अवधारणा नहीं है 'राष्ट्रवाद'। सत्रहवीं शताब्दी के आसपास 'राष्ट्रवाद' शब्द यूरोप में चर्चित हुआ। भारतीयों में देश-प्रेम की भावना न जाने से कब से रही है। उपनिवेशवाद विरोधी आन्दोलन, जिसे आजादी की लड़ाई माना जाता है। स्वतंत्रता आन्दोलन के साथ ही भारत में उन्नीसवीं शताब्दी में 'राष्ट्रवाद' शब्द का प्रयोग हमारे देश में होने लगा। 'राष्ट्रवाद' का चरित्र मूलतः सर्वसमावेशी रहा है। एकता के सूत्र में सभी धर्म, सभी जाति और सभी सम्प्रदाय के लोगों ने स्वाधीनता आन्दोलन में कन्धे-से-कन्धा मिलाकर आजादी हासिल की। भाजपा के शासनकाल में 'राष्ट्रवाद' की सर्वसमावेशी अवधारणा को केवल हिन्दुत्व से जोड़कर एकांगी बनाने की कोशिश की जा रही है। कहना न होगा कि भेदभाव की दीवारों को गिराते हुए आगे बढ़ना ही सच्चा 'राष्ट्रवाद' है।

महावीर अग्रवाल : 'राष्ट्रवाद' की बदलती हुई अवधारणा का ही क्या दूसरा नाम 'सांस्कृतिक राष्ट्रवाद' है?

नामवर सिंह : 'सांस्कृतिक राष्ट्रवाद' ही वह खतरनाक प्रवृत्ति है, जो 'राष्ट्रवाद' के नाम पर नित नये तरीके से हिन्दू राष्ट्रवाद का गुणगान करने लगी है। मेरा मानना है, यदि समाज और राजनीति का उद्देश्य अगर मनुष्य और व्यापक मानव समुदाय के हित में नहीं तो उसका कोई औचित्य नहीं है। जमकर खड़े रहने और

साम्राज्यविरोधी ताकतों के विरुद्ध लड़ने का सामर्थ्य कलमकार के भीतर विकसित हुआ है। सारी दुनिया जानती है, भारत एक बहुलतावादी देश है। नाना प्रकार के समुदायों के बीच, अनेक धर्मों और संस्कृतियों और जातियों से बना राष्ट्र है। भारत के संविधान में सभी जातियों के लोगों को एक जैसे अधिकार प्रदान किए हैं। पूरे देश को ऐसे 'राष्ट्रवाद' की जरूरत है, जिसमें भारत की बहुलतावादी संस्कृति में पूरा विश्वास हो। गोरक्षा आन्दोलन के नाम पर, बहुसंख्यक हिन्दू के नाम पर छद्म में लिपटा 'राष्ट्रवाद' भारत में कभी सफल नहीं हो सकता। इस कठिन समय में सावधान रहकर 'राष्ट्रवाद' को भारत की समावेशी संस्कृति के साथ ही सही दिशा में विकसित करना होगा।

महावीर अग्रवाल : बदलते समय में राष्ट्रीय व अन्तरराष्ट्रीय परिस्थितियों के परिप्रेक्ष्य में मुक्तिबोध के साम्राज्यवाद विरोधी विचारशीलता की प्रासंगिकता लगातार बढ़ी है। मुक्तिबोध के विचारों का बुनियादी स्वरूप साधारण मनुष्य के जीवन-जगत को महत्त्व देता है। मुक्तिबोध के भीतर एक परिवर्तनकामी विचार पूरी तेजस्विता के साथ संघर्षरत रहा है। क्या सचमुच इक्कीसवीं सदी के दूसरे दशक में और अधिक प्रासंगिक हो गए हैं मुक्तिबोध?

नामवर सिंह : मुक्तिबोध की चेतना हमेशा यथार्थ-बोध पर टिकी रही है। आत्मसंघर्ष और सामाजिक चेतना के बीच मुक्तिबोध के व्यापक जीवन-दर्शन के साथ समय को देखना और परखना होगा। मुक्तिबोध के ठोस और परिवर्तनकामी विचार निश्चित रूप से अधिक प्रासंगिक हो गए हैं, क्योंकि उनका बुनियादी स्वरूप साधारण मनुष्य के जीवन-जगत को महत्त्व देता है। 'सापेक्ष-56' में आपके सवालों का लगातार जवाब देते हुए, प्रश्नों के बीच की इन पंक्तियों के माध्यम से आपने मुक्तिबोध पर बेहद सुन्दर और सार्थक प्रश्न पूछे हैं : 'मुक्तिबोध की रचनाओं में विराटता का अनोखा बोध है, सदाशयता की अद्भुत छटा है। लोक-कल्याण की अनूठी अनुगूँज है। चिन्तन-मनन करते हुए समझ में आता है। संकीर्णता का त्याग कर एक सही दुनिया बनाने के लिए मुक्तिबोध अपनी पक्षधरता स्पष्ट करते हैं। मनुष्यता को बचाए रखने के लिए वैकल्पिक दुनिया की तलाश कितनी अभूतपूर्व है? सामाजिक सरोकारों से अलख जगाने की, विराट स्वप्न से सजी सोच कितनी सार्थक है?'

महावीर अग्रवाल : साहित्य और समाज के सम्बन्धों से जुड़े आज कुछ ज्वलंत प्रश्नों पर आपके विचार हम जानना चाहते हैं। ऐसे अनेक वाक्यों (1. जो नरेन्द्र मोदी के समर्थक नहीं हैं, उन्हें पाकिस्तान चले जाना चाहिए; 2. इस देश में रहने वाले सभी हिन्दू हैं; 3. बीफ का सेवन करने वालों को मारा जाएगा) पर लगातार बल दिया गया है। समय-समय पर मीडिया में भी ऐसे अनेक बिन्दुओं पर चर्चा होती रही है। विगत दो वर्षों में ऐसे अनेक वाक्यांश देश में एक के बाद एक

राष्ट्रीय पटल पर आते रहे हैं। सारी की सारी राजनीति, सारा का सारा सामाजिक विमर्श इनके इर्द-गिर्द घूमता रहा है। आप क्या कहते हैं?

नामवर सिंह : संस्कृत में माँ और मातृभूमि का स्थान स्वर्ग से भी श्रेष्ठ माना गया है। दूसरी भाषाओं में भी ऐसे आदर्श वचनों की कमी नहीं है। ऐसे नीति-वचनों का पालन किया जाए, तो न देश का कभी अहित हो, न देशवासियों का। लेकिन इस वक्त एक भाषा के ऊपर दूसरी भाषा, एक धर्म के ऊपर दूसरे धर्म और एक विचार के ऊपर दूसरे विचार को थोपने का खतरनाक षड्यंत्र चल रहा है, जिससे समय रहते सचेत होने की जरूरत है।

महावीर अग्रवाल : इक्कीसवीं सदी के दूसरे दशक में 'राष्ट्रवाद' की माला जपने वालों को, 'राष्ट्रवाद' का झंडा उठाकर चलने वालों को यह समझना होगा कि 'राष्ट्रवाद' का अर्थ सिर्फ हिन्दुत्व तक सीमित नहीं किया जा सकता। देश के 125 करोड़ देशवासियों को साथ लेकर चलना ही सही 'राष्ट्रवाद' है। यह तभी सम्भव है जब हम सब यानी देश की जनता ईमानदारी से अपने-अपने कर्तव्य निभाती रहे। दूसरी बात, कोई किसी के अधिकारों का हनन न करे और देश चलाने वाले संविधान की भावना के प्रतिकूल आचरण न करें।

नामवर सिंह : आपकी बात शत-प्रतिशत सही है। राजनीति और पूँजी के गठजोड़ से उभरने वाली विसंगति को मुक्तिबोध ने सूक्ष्म ही नहीं, सही तौर पर पकड़ा है। पूँजीपतियों और सत्ता से जुड़े हुए राजनीतिज्ञों को समझने में मुक्तिबोध ने कभी चूक नहीं की। भारत एक राष्ट्र के रूप में कैसा हो, इसकी परिकल्पना महात्मा गांधी ने 'हिन्दी स्वराज' में की है। स्वराज के लिए उन्होंने स्वदेसी पर हमेशा जोर दिया। आज भाषा, संस्कृति और परम्परा की पृथकता में राष्ट्र के नये-नये अर्थ परिभाषित किए जा रहे हैं। सांस्कृतिक कार्यभारों का निर्वहन करते हुए आज के जरूरी मुद्दों से मुठभेड़ हम करते रहेंगे। जन्मशताब्दी वर्ष में युवा पीढ़ी जिस तरह गजानन माधव मुक्तिबोध का पुनर्मूल्यांकन कर रही है, इसे सुनते हुए, पढ़ते हुए मुक्तिबोध की रचनाएँ आज के परिप्रेक्ष्य में पहले से कहीं अधिक तेजस्वी, कहीं अधिक धारदार और अधिक प्रासंगिक लगने लगी हैं। मेरा यह सौभाग्य है कि मुक्तिबोध की जन्मशताब्दी के अवसर पर, पहले ही दिन 13 नवम्बर, 2016 को कुछ कहने-सुनने का अवसर मिला है। कीर्ति-पताका मुक्तिबोध की इस तरह फहराते हुए देखकर बहुत सुकून मिलता है। हर तरह से मान-सम्मान के हकदार हैं गजानन माधव मुक्तिबोध। खुशी की बात है, मुक्तिबोध का वैचारिक स्तम्भ सुदृढ़ होता हुआ, ऊँचा होता हुआ नजर आता है।

[साभार : श्री महावीर अग्रवाल, सम्पादक 'सापेक्ष']

वैदिक ऋचाओं जैसी विट संवेदना

[नामवर सिंह से महावीर अग्रवाल की बातचीत]

महावीर अग्रवाल : जन्म-शताब्दी वर्ष के द्वार पर खड़े होकर कुछ समय पहले ही गजानन माधव मुक्तिबोध पर विचार करते हुए 'समकालीन भारतीय साहित्य : नवम्बर-दिसम्बर, 2014' में आपने बहुत सुन्दर तरीके से ऐसी बात कही है, जिससे नई पीढ़ी का विश्वास और उसकी उम्मीद बहुत बलवती हुई : 'हमारे समय में तीन-तीन पीढ़ियों के बीच पढ़ने-लिखने का एक नया गवाक्ष खुल रहा है। हम थके नहीं हैं और बाहर निकलने का रास्ता ढूँढ़ रहे हैं। जन्मशताब्दी पर नई पीढ़ी के बीच मुक्तिबोध जीवित हो उठे हैं। नया संवाद आरम्भ हो चुका है। इस विश्वास के साथ कि रास्ता है, रास्ता है। घने अँधेरे में हाथ को हाथ न सूझे, लेकिन 'जुगनू' उम्मीद की किरण है। रास्ता खुद-ब-खुद निकलकर सामने आएगा।'

नामवर सिंह : आपने पूरी तरह मेरे मन की बात समझी है। महावीर जी, माना कि आपने भी सत्तर की उम्र पार कर ली है। इसके बाद भी तीन पीढ़ियों में मैं आप लोगों के हमउम्र कलमकारों को पहली पीढ़ी का मानता हूँ। देश के कोने-कोने में सैकड़ों कलमकार हैं जो मुक्तिबोध पर लगातार काम कर रहे हैं। मुक्तिबोध पर केन्द्रित 'सापेक्ष-55' का ग्यारह सौ अड़तालीस पृष्ठों का विशेषांक इस बात का प्रमाण है। इसके साथ ही 'आलोचना', 'सामयिक सरस्वती', आदि कई पत्रिकाओं ने शानदार विशेषांक मुक्तिबोध पर प्रकाशित किये हैं। दैनिक पत्रों में भी गजानन माधव मुक्तिबोध को किसी-न-किसी रूप में याद करते हुए उनकी कविताएँ प्रकाशित की हैं। हिन्दी की लगभग सभी छोटी-बड़ी पत्रिकाओं में उनकी कविता, उनकी कहानी, उनकी आलोचना के साथ-साथ उनके आत्मसंघर्ष पर आलेख छप चुके हैं, और लगातार छप रहे हैं।

महावीर अग्रवाल : 'फैंटेसी' पर आप कुछ कह रहे थे ?

नामवर सिंह : महावीर, जी, मुक्तिबोध की फैंटेसी पर काफी चर्चा हो चुकी है। फैंटेसी के साथ-साथ यह भी लिखिए कि मुक्तिबोध का काव्य मूलतः संवेदन और ज्ञान का काव्य रहा है। उनकी कविताओं में, उनका स्वयं का आत्मसंघर्ष और

आत्मचिन्तन प्रतिफलित हुआ है। ज्ञान के, इतिहास के, धर्म के, दर्शन के, समाजशास्त्र के अनेक बिम्ब और रूपाकार कवि की सृजनशीलता के अंग बनते रहे हैं। अक्सर यह बात सुनता रहा हूँ कि साहित्य और विज्ञान दो छोर हैं या नदी के दो किनारे हैं। मुक्तिबोध के रचना-संसार से जब हम गुजरते हैं तो हमें ज्ञात होता है कि मुक्तिबोध का साहित्य साक्षियों पर आधारित विवेकपूर्ण वैज्ञानिक प्रविधि भी है। मुक्तिबोध के साहित्य में विज्ञान-चिन्तन से मेरा तात्पर्य केवल तकनीकी प्रगति से न होकर उस वैचारिकता से है जिसने प्रकृति के साथ मानव सम्बन्धों को उद्‌घाटित करने की कोशिश की है।

महावीर अग्रवाल : मुक्तिबोध की कविता में आपने पुनरावर्तन की बात की है?

नामवर सिंह : पुनरावर्तन की बात मैंने 'अँधेरे में' के सन्दर्भ में की है। मुक्तिबोध की कविता 'अँधेरे में' उनकी कई पुरानी कविताओं का पुनरावर्तन है। मुक्तिबोध की कोई भी कविता स्वयं में अकेली कविता नहीं है। उनकी अधिकांश कविताएँ किसी-न-किसी रूप में दूसरी कविताओं से जुड़ी हुई हैं। मुक्तिबोध के समूचे काव्य संसार की शक्ति और सीमा, दोनों इस पुनरावर्तन से ज्ञात होती हैं। एक ही विचार-बिन्दु को बार-बार, एक ही वस्तु-सन्दर्भ में दुहराना इस बात का सबूत देता है कि कवि के पास वस्तु-वैविध्य नहीं है। वह एक ही घेरे में बार-बार चक्कर लगाने का आदी है। यह पूरा सच नहीं है। इस बात का एक दूसरा पक्ष भी है। और, यह पक्ष काफी महत्त्वपूर्ण है। महत्त्वपूर्ण इस अर्थ में कि यह पिष्टपेषण के दोष को तो नकार देता ही है। आप देखिए, एक ही वस्तु-सन्दर्भ को बार-बार दुहराए जाने के पीछे कवि की विवशता, वस्तु-सन्दर्भ की महत्त्वपूर्णता, कवि की मूल सोच अर्थात विचारधारा आदि तत्त्वों को भी गहरे रेखांकित करता है।

महावीर अग्रवाल : मुक्तिबोध के पक्ष में तर्क जो भी दें, उनकी कविताओं में पुनरावृत्ति का दोष तो है।

नामवर सिंह : प्रत्येक रचनाकार और पाठक की अपनी अलग सोच और दृष्टिकोण होता है। मेरा मानना है कि 'पुनरावर्तन' के सन्दर्भ में सबसे बड़ी बात इस दुहराव में यह है कि इससे कवि की वैचारिक दृढ़ता अर्थात् उसकी कवि-दृष्टिगत परिपक्वता तथा सुनिश्चित प्रतिबद्धता अपने विराट रूप में खुलकर सामने आती है। और इस रूप में यह दुहराव, पुराने अर्थ में पुनरावृत्ति होते हुए भी सुन्दर है। इसके साथ ही आधुनिक काव्य-समीक्षा के अन्तर्गत, कवि की एक विशिष्ट रचना-क्षमता या सृजन-शक्ति का प्रतिमान है।

महावीर अग्रवाल : गजानन माधव मुक्तिबोध के जीवनकाल में उन्हें और उनके द्वारा निरूपित सिद्धान्तों को मान्यता लगभग नहीं मिली। पूरे जीवन में वे

उपेक्षा झेलते रहे और आर्थिक संघर्ष के बीच उन्होंने जीवन गुजारा। किन्तु उनकी मृत्यु के कुछ समय बाद से ही उनकी स्वीकृति आसमान छूने लगी। और अब जन्मशताब्दी 2017 में एक बार फिर उनके विचारों की, उनकी कविताओं, उनके आत्मसंघर्ष की, साहित्य-समाज में चारों ओर धूम मची हुई है।

नामवर सिंह : आप सही कह रहे हैं महावीर जी, हमारे साहित्य-समाज का स्ट्रक्चर कुछ ऐसा ही है। इतिहास गवाह है, जीवनकाल में व्यापक स्वीकृति बहुत कम मनीषियों को मिल पाती है। मुक्तिबोध की संघर्ष-गाथा भी इसका एक ज्वलंत उदाहरण है। जीवनभर वे अभाव में पिसते रहे, उपेक्षा का विष पीते रहे, अपमान की जिन्दगी जीते रहे, षड्यंत्र और साजिश का शिकार होते रहे मुक्तिबोध। इतना सब होने के बाद भी अपने सिद्धान्तों के प्रति उनका विश्वास, उनकी प्रतिबद्धता दृढ़ बनी रही। मृत्यु के पश्चात् उन सभी लोगों को विवशतापूर्वक मुक्तिबोध को मान्यता देनी ही पड़ी, जिन्होंने पहले उनकी उपेक्षा की थी। इसलिए मुक्तिबोध मृत्यु से पूर्व नगण्य थे किन्तु मृत्यु के पश्चात अग्रगण्य माने गए। महान घोषित किए गए। साजिश का ग्रहण क्षणिक होता है--वह प्रकाश को निगल नहीं सकता, कुछ समय के लिए छिपा अवश्य सकता है। ऊर्जा के स्रोत को, कविता की आग को, सत्ता के संघर्ष को भला कौन अमान्य कर सका है आज तक?

महावीर अग्रवाल : और लगभग यही हुआ, जैसा आप कह रहे हैं। दमकता सूरज, बादलों की ओट में आखिर कब तक छिपा रहता?

नामवर सिंह : मुक्तिबोध का आन्तरिक व्यक्तित्व जो वस्तुतः उनका सच्चा व्यक्तित्व था। एक ओर जहाँ मननशील था, वहीं दूसरी ओर संघर्षशील भी था। उनका सारा आन्तरिक व्यक्तित्व अध्ययन, मनन, चिन्तन और उससे उत्पन्न आन्तरिक संघर्ष में विकसित हुआ। उपेक्षा, तिरस्कार, अपमान आदि के बाह्य संघर्ष जो आर्थिक संकटों के साथ आते थे, उनकी आस्था और विश्वास से डिगा नहीं सके। मुक्तिबोध के आन्तरिक जगत में विचारों का भयानक झंझावत सदैव चलता रहता, वैसे ही, जैसे किसी अशान्त समुद्र में तूफान चलता रहता है। इन सारे झंझावतों के बीच वे अपना 'श्रेय' निश्चित किया करते थे, 'प्रेय' की उन्होंने कभी परवाह नहीं की। इसलिए बाहरी संघर्ष उनके आन्तरिक जीवन-संघर्ष को डिगा नहीं सके। यद्यपि वे तिलमिला अवश्य जाते थे क्योंकि मूलतः वे आदमी थे, अच्छे आदमी थे।

महावीर अग्रवाल : मुक्तिबोध के आन्तरिक द्वंद्व को क्या हम 'द्वन्द्वात्मक भौतिकवाद' कह सकते हैं?

नामवर सिंह : मुक्तिबोध अपने आन्तरिक संघर्ष और बाह्य संघर्ष के बीच द्वन्द्वात्मक भौतिकवाद के यथार्थ-बोध से ज्ञानात्मक-रस ग्रहण करते रहे। इसी आधार पर विभिन्न चरणों में—फैंटेसी की दुनिया में काव्य की रचना करते थे।

उनका यथार्थ-बोध पुस्तकों में वर्णित यथार्थ नहीं है, वरन् भोगे हुए जीवन के तीखे अनुभवों की पीड़ा है :

मैं कनफटा हूँ, हेठा हूँ,
शेव्रलेज डाज के नीचे लेटा हूँ
तेलिया-लिबाज में पुर्जे सुधारता हूँ
तुम्हारी आज्ञाएँ ढोता हूँ।

मौलिक अनुभवों की कसौटी मुक्तिबोध के व्यक्ति और काव्य की आधारशिला है। हर सिद्धान्त को, यहाँ तक कि समाजवादी तत्त्वों को भी, द्वन्द्वात्मक भौतिकवाद के सिद्धान्तों को वे जीवन के मौलिक अनुभवों में कसते थे।

महावीर अग्रवाल : पिछली बार मुक्तिबोध की कविता 'हिन्दुस्तान' पर बात अधूरी रह गई थी। 'सूखी हुई/जाँघों की/लम्बी लम्बी अस्थियाँ/हिलाता हुआ चलता है। लंगोटीधारी/यह दुबला मेरा हिन्दुस्तान/रास्ते पर बिखरे हुए/चावल के दानों को/ बीनता है लपककर/मेरा साँवला इकहरा हिन्दुस्तान सटर पटर सामान को/धरे हुए शीर्ष पर/रोते हुए बच्चों को/कन्धे पर बिठाए हुए/जिन्दगी को ढोता है/बहादुर हिन्दुस्तान।'

नामवर सिंह : इनके अतिरिक्त कुछ और विचार-बिन्दु जो पहली कविताओं में छोटे पैमाने पर संकलित करके छोड़ दिये गए थे और इस कविता में पूरी तरह खुल गए हैं : 1. मध्यवर्गीय व्यक्ति की सुविधा-परस्ती और उसकी परिणतियाँ; 2. मध्यवर्गीय व्यक्ति का आत्मालोचन और जनोन्मुखता; 3. जनवादी व्यक्ति की क्रान्तिकारिता।

आपको मालूम ही है, प्रोसेशन की फ़ैंटेसी 'अँधेरे में' से पहले 'एक स्वप्न कथा' में आ चुकी है। वहाँ इसे पहली बार उठाया गया था। 'एक स्वप्न कथा', 'अँधेरे में' से पहले की कविता है। 'एक स्वप्न कथा' में प्रोसेशन अत्यंत संक्षिप्त और सांकेतिक रूप में हुआ है। स्पष्ट है कि वहाँ वह फैंटेसी अपनी पूरी विवृत्ति में खुल नहीं पाई और अपनी काव्यात्मक परिणति नहीं प्राप्त कर पाई। शायद इसीलिए मुक्तिबोध को 'अँधेरे में' कविता में उसे फिर से, नये ही सिरे से उठाना पड़ा।

महावीर अग्रवाल : पिछली बार आप बता रहे थे, 'अँधेरे' से जुड़े बिम्ब का प्रयोग मुक्तिबोध ने पहले भी अपनी कई कविताओं में किया है?

नामवर सिंह : मुक्तिबोध ने 'अँधेरे' को बड़ी गहरी नजर से देखा है। 'तिलस्मी खोह के रहस्य पुरुष' का बिम्ब मुक्तिबोध की 'अँधेरे में' कविता के अतिरिक्त पहले की कई कविताओं में आ चुका है। इन कविताओं के नाम हैं : 'मेरे सहचर मित्र', 'चकमक की चिनगारियाँ', 'इस चौड़े ऊँचे टीले पर'। आप देखिए, 'चकमक की चिनगारियाँ' और 'इस चौड़े ऊँचे टीले पर' में यह बिम्ब पूरी तरह स्पष्ट नहीं है, इसकी केवल एक परछाईं-सी दिखती है।

जैसे :

यहाँ पर एक हाजिर है
अँधेरे में,
अकेली एक छाया मूर्ति
कोई लेख/टाइप कर रही तड़-तड़-तड़ातड़-तड़
व उसमें से उछलते हैं/घने नीले अरुण चिंगारियों के दल।

इस कविता में 'अँधेरे में' विराजमान यह छाया-मूर्ति 'इस चौड़े ऊँचे टीले पर' में एक 'पुरुष' बन जाता है : 'मेरे सम्मुख वही पुरुष, उसका अवलोकन!' (190)! इसी कविता में धड़ से दरवाजा खुलने का जिक्र भी हुआ है, और इसी पुरुष का 'खूबसूरत चमकीला चेहरा' भी यहाँ दिखाई देता है (188-89)। बिम्ब यहाँ पूरी तरह स्पष्ट नहीं हो सका है, आखिर यह पुरुष कौन है? यह गुफा में ही (अँधेरे में) बैठा दिखाई देता है। इसके साथ ही यह अत्यंत आकर्षक और काम्य क्यों है? आगे चलकर इन सभी बातों का विधिवत् विवरण क्रमशः 'मेरे सहचर मित्र' कविता में है। और फिर उसके बाद 'अँधेरे में' में मिलता है।

महावीर अग्रवाल : चार दिन बाद 13 नवम्बर, 2016 को मुक्तिबोध जन्म-शताब्दी की शुरुआत होगी। हमें मुक्तिबोध को किस तरह याद करना चाहिए?

नामवर सिंह : आप 13 नवम्बर, 2016 को जन्मशताब्दी के पहले दिन फोन कीजिएगा। उसी दिन विस्तार से चर्चा करेंगे। अब अपना बहीखाता आप समेटिए। एक मिनट रुकिए। पिछली बार आपके अनुरोध का मान रखते हुए निम्न पंक्तियाँ 14 अप्रैल, 2016 को लिखकर भेजीं, यहाँ लिख लीजिए : 'मुक्तिबोध ने अपनी वैचारिक ज्ञान-संवेदना तथा सरोकारों के बल पर एक क्रान्तिकारी परिवर्तन का बिगुल फूँक दिया था। उनकी शानदार काव्यात्मक अभिव्यक्ति के मूल में हमेशा गहरी संवेदना रही। मुक्तिबोध की निष्पक्ष, निष्कपट और संवेदनशील आवाज से साहित्य का परिदृश्य बदलने लगा। उन्होंने अपनी अन्तर्वस्तु के लिए अपनी तरह से नया शिल्प गढ़ा। उस शिल्प के फार्मेट में नये शब्द-विन्यास और चिन्तन के नये मुहावरों का निर्माण किया। सूत्र रूप में कहूँ तो वैदिक ऋचाओं जैसी विराट और सूक्ष्मतर सर्जनाओं के धनी थे मुक्तिबोध।' दुर्ग से दिल्ली तक आप किसी भी व्यक्ति के काँधे पर सांत्वना का, स्नेह का हाथ रखकर देखिए, खाकपति से करोड़पति तक, अट्टालिकाओं से झोपड़ियों तक, हर आदमी आज आत्मीयता का भूखा है। इस परिप्रेक्ष्य में भी हम समझ सकते हैं, मुक्तिबोध ने ज्ञान के आलोक से संवेदना को सार्थक और सही ही नहीं, प्रेरक दिशा दी।

[साभार : श्री महावीर अग्रवाल, सम्पादक 'सापेक्ष']

भाषा के महत्त्व को लोगों ने नहीं समझा, शासक वर्ग नहीं चाहता कि हिन्दी राष्ट्रभाषा बने

[नामवर सिंह से वरिष्ठ पत्रकार व संस्कृतकर्मी दयाशंकर राय व महेश पांडे की महत्त्वपूर्ण बातचीत]

[हिन्दी साहित्य के प्रतिष्ठित आलोचक नामवर सिंह से पूर्व में लिया गया यह साक्षात्कार आज भी इस अर्थ में प्रासंगिक है कि हिन्दी पर उनके विचार नई पीढ़ी के लिए नये अर्थ खोलते हैं। और उन्हें सही दिशाबोध देते हैं।]

प्रश्न : अंग्रेजी की तुलना में हिन्दी समेत अन्य भारतीय भाषाओं की स्थिति इस समय कैसी है ?

नामवर सिंह : अंग्रेजी की स्थिति भारत में काफी मजबूत है। भारत में हिन्दी और अन्य भारतीय भाषाओं की स्थिति निश्चित रूप से काफी खराब है, हालाँकि भारत में अंग्रेजी लेखकों की संख्या काफी कम है और उसके साहित्य की गुणवत्ता भी भारतीय भाषाओं के साहित्य की अपेक्षा कम है। इधर बुकर और अन्य पुरस्कार भी अंग्रेजी उपन्यासों को मिले हैं और उनकी गुणवत्ता के बारे में मेरे मन में कोई सन्देह नहीं है। बावजूद इसके, मेरी निश्चित राय है कि हिन्दी और उसके साथ ही भारतीय भाषाओं में उपन्यास, कहानी, यहाँ तक कि कुछ ऐसे नाटक भी लिखे गए हैं जो अपने साहित्यिक गुणों की दृष्टि से भारत में लिखे गए अंग्रेजी कृतियों से बेहतर हैं लेकिन साहित्य छोड़ अन्य सभी क्षेत्रों में अंग्रेजी का वर्चस्व है, यह तथ्य है।

प्रश्न : साहित्य के अलावा अन्य क्षेत्रों में हमारे यहाँ अंग्रेजी का जो वर्चस्व बना हुआ है, उसकी वजह आप क्या मानते हैं ?

नामवर सिंह : पहली बात तो यह है कि भारत में अंग्रेजी राज कायम हुआ, इसलिए यहाँ अंग्रेजी की प्रधानता है। स्वयं भारत में, जहाँ पुर्तगाली उपनिवेश रहा, वहाँ पुर्तगीज थी, कुछ फ्रेंच उपनिवेश थे। उनमें पांडिचेरी प्रमुख है, जहाँ फ्रेंच का बोलबाला था, अंग्रेजी नहीं थी। यदि यहाँ फ्रेंच उपनिवेश होता तो अफ्रीका के

कुछ देशों की तरह हमारे यहाँ भी फ्रेंच होती। जर्मन उपनिवेश होता तो जर्मन होती, रूस का उपनिवेश होता तो रूसी होती, तो सीधी बात है कि अंग्रेजी राज था इसलिए अंग्रेजों की भाषा राजकाज की भाषा बन गई और वह भी अंग्रेजी राज कायम होने के कई दशक बाद हुई। काफी दिनों तक अंग्रेजों ने कम-से-कम कचहरियों में फारसी को बनाए रखा क्योंकि वह मुगलकाल से चली आ रही थी। अंग्रेजी राजकाज की भाषा काफी बाद में लॉर्ड मैकाले की शिक्षा-नीति के कारण बनी। स्वाधीनता-प्राप्ति के बाद भी अंग्रेजी भाषा बनी रही—हिन्दी के राजभाषा बनने के बावजूद।

अंग्रेजी का राजकाज की भाषा बने रहने का मुख्य कारण यह रहा है कि आजादी की लड़ाई में नेतृत्व मध्यवर्ग का था और मध्यवर्ग अंग्रेजी पढ़ा-लिखा था। गांधी जी ने इसमें जनता की सहायता जरूर ली। यह सारा मध्यवर्ग, उच्च मध्यवर्ग जो कचहरियों में वकील-जज थे, सरकारी नौकरियों में आईसीएस, आईएएस, आईपीएस थे यानी जो लोग शासन चलाने वाले थे, उन्होंने अंग्रेजी को कायम रखा। शासन या सत्ता उस भाषा को अपनाती है जो जनता से दूर हो, जनता की भाषा न हो। यह शासन-सत्ता की परम्परा रही है। हमारे देश में भी रही है और अन्यत्र भी।

उदाहरण के लिए जब हमारे देश में तुर्क, अफगान और मुगल आए, इनमें से किसी ने भी अपनी भाषा में शासन नहीं चलाया। इनमें से कोई भी ईरान का नहीं था लेकिन यहाँ शासन की भाषा फारसी बनी रही। बाबर की जुबान तुर्की थी, अकबर तो पढ़ा-लिखा भी नहीं था। बाबर और जहाँगीर ने अपनी आत्मकथाएँ तुर्की में लिखी थीं, बावजूद इसके अकबर के शासनकाल में जब माल का महकमा (राजस्व विभाग) टोडरमल ने सँभाला, तो हिन्दू होने के बावजूद टोडरमल ने कहा कि राजकाज की भाषा फारसी होनी चाहिए।

हिन्दी को राजभाषा बनाने के बावजूद राजभाषा अधिनियम में है कि सुप्रीम कोर्ट की भाषा अंग्रेजी ही रहेगी, संविधान तक अंग्रेजी में बना है, हिन्दी अनुवाद तो बाद में हुआ। अभी कुछ दिनों पहले इलाहाबाद हाईकोर्ट में एक निर्णय हुआ है, वह निर्णय इस दृष्टि से दिलचस्प है कि उसमें कहा गया है कि हाईकोर्ट में हिन्दी में भी बहस हो सकती है। यहाँ गौर करने लायक है कि इसमें 'भी' लगाया है। उत्तर प्रदेश हिन्दीभाषी क्षेत्र है, इसमें 'भी' लगाया है कि जिस दिन बहस हिन्दी में होने लगेगी, फैसले हिन्दी में होने लगेंगे। उस दिन वकीलों की जो दादागीरी कायम है, वह खत्म हो जाएगी, फासला मिट जाएगा।

मेरी स्पष्ट धारणा है कि अंग्रेजी का वर्चस्व इसलिए नहीं है कि इसमें श्रेष्ठ साहित्य लिखा गया है, इसमें शेक्सपियर हुआ है, इसलिए नहीं कि अंग्रेजी बोलने वालों की तादाद दुनिया में बहुत अधिक है। भारत में अंग्रेजी इसलिए कायम हो

गई है कि इसे जानने वाले लोग दो फीसदी हैं और न जानने वाले लोग 98 फीसदी और यदि 98 फीसदी लोगों पर राज करना है तो ऐसी भाषा में राज किया जाए, जो वे जान न सकें, समझ न सकें, पढ़ न सकें, लिख न सकें। शासन का एक बहुत बड़ा हथियार है अंग्रेजी, इसलिए हमारे यहाँ का शासक वर्ग, मध्यवर्ग, पढ़ा-लिखा वर्ग हर हालत में अंग्रेजी को कायम रखना चाहता है।

आज अंग्रेजी का वर्चस्व बढ़ने का मुख्य कारण है—यहाँ का शासक वर्ग। आजादी के बाद यहाँ का मुख्य शासक वर्ग, जो पढ़ा-लिखा वर्ग है, अपने आकार में कई गुना बढ़ा। इस मध्यवर्ग का एक बहुत बड़ा हिस्सा, खास तौर पर सरकारी नौकरियों में, बैंकों में, विज्ञान-टेक्नोलॉजी के क्षेत्र में, गैर-हिन्दीभाषी अंग्रेजी दीक्षित मध्यवर्ग का है—दक्षिण भारतीय भाषाओं को जानने वाले, बंगला को जानने वाले। यह इसलिए है कि अंग्रेजी राज पहले बंगाल में कायम हुआ, मद्रास में कायम हुआ, बम्बई में कायम हुआ। उत्तर भारत अंग्रेजों की मुट्ठी में, कब्जे में बहुत बाद में आया। अंग्रेजी का प्रचार-प्रसार उत्तर प्रदेश, मध्य प्रदेश, बिहार, हरियाणा, पंजाब, राजस्थान और गुजरात में बाद में हुआ, इसलिए अंग्रेजी पढ़ा-लिखा जो मध्यवर्ग का तबका है, शासन में गैर-हिन्दीभाषी क्षेत्रों से ज्यादा आया। शासन में मध्यवर्गीय अंग्रेजी पढ़े-लिखे तबके के अधिक आने से उसका वर्चस्व स्वाधीनता के बाद ज्यादा बढ़ा है।

प्रश्न : अंग्रेजी का वर्चस्व टूटे और भारतीय भाषाओं का वर्चस्व कायम हो, इसके लिए क्या नीति होनी चाहिए?

नामवर सिंह : समाजवादी पार्टी ने डॉ. राम मनोहर लोहिया के नेतृत्व में 'अंग्रेजी हटाओ' आन्दोलन चलाया था, आज उसी पार्टी के लोग भूल गए हैं कि कभी उन्होंने 'अंग्रेजी हटाओ' आन्दोलन चलाया था। 'अंग्रेजी हटाओ' आन्दोलन एक जरूरी नारा था, उसके पीछे आम जनता की समझ थी लेकिन उस नारे की यह कमजोरी थी कि उससे अंग्रेजी भाषा के प्रति एक अन्धविरोध की गूँज निकलती थी और उसका जो विकल्प था, वह उतना लोकतांत्रिक नहीं था, अर्थात 'अंग्रेजी हटाओ' का अर्थ था—हिन्दी और अन्य भारतीय भाषाओं की प्रतिष्ठा। भारत की स्थिति अन्य बहुभाषी देशों से भिन्न थी। हिन्दी के राजभाषा बनने के बाद, यहाँ शासन ने पहले 16 और बाद में 2 और भाषाओं को मिलाकर कुल 18 भाषाओं को राजकाज की भाषा बनाने की स्वीकृति प्रदान की। इन 18 भाषाओं में हिन्दी समेत सभी भाषाएँ इतनी विकसित और समृद्ध हैं कि किसी को उन्नीस कहना कठिन है। सोवियत संघ में यह स्थिति नहीं थी। वह भी बहुभाषी था। अन्यत्र जो बहुभाषी देश हैं, उनमें एक भाषा अपने बोलने वालों की संख्या की दृष्टि से ही नहीं वरन् साहित्य और ज्ञान-विज्ञान की दृष्टि से भी आगे रहती है। वहाँ एक भाषा ऊपर दिखाई देती है और अन्य भाषाएँ उससे नीचे। भारत में हम नहीं कह

सकते हैं कि बांग्ला, मराठी, गुजराती, तमिल, तेलगू, मलयालम, कन्नड़ के बीच बहुत फर्क होगा, थोड़ा-बहुत फर्क होगा साहित्य-ज्ञान-विज्ञान के क्षेत्र में। ऐसी हालत में हिन्दी उनमें थोड़ा विशेष स्थान प्राप्त करती है—उनकी बहन होने के नाते लेकिन 'अंग्रेजी हटाओ' आन्दोलन के कारण यह प्रभाव पड़ा कि जैसे हिन्दी थोपी जा रही हो! यह शब्द (थोपना) बार-बार दोहराया जाता रहा, यह जानते हुए भी कि थोपी तो गई है अंग्रेजी लेकिन कुछ 'मिथक' होते हैं कि एक चीज चल पड़ी तो चल पड़ी। ऐसा ही हिन्दी के साथ भी हुआ कि उसे थोपा जा रहा है।

मेरी अपनी एक समझ है कि हिन्दी 'थोपने' के विरोध के पीछे यह तर्क था कि राजभाषा होते ही हिन्दी रोजगार की भाषा हो गई—सरकारी नौकरियों में, बैंकों में। इससे गैर-हिन्दीभाषी लोगों को लगा कि जिनकी मातृभाषा हिन्दी है, वे लाभाविन्त हो रहे हैं, और जिनकी मातृभाषा नहीं है, वे रोजगार से वंचित हो रहे हैं। इससे एक गलत काम हुआ। हिन्दी बोलने, पढ़ने-लिखने वाले कुछ लोगों को नौकरियाँ तो जरूर मिल गईं लेकिन अंग्रेजी का विरोध धीमा पड़ गया। काम अंग्रेजी में होता रहा, हम उसके अनुवाद से काम चलाने लगे। सरकार ने भी कहा, हम हिन्दी अनुवाद तो दे रहे हैं, इससे उसे एक 'सेफ्टी वाल्व' मिल गया। हिन्दी के राजभाषा होने से अगर कुछ लाख लोग सरकारी नौकरी में नियुक्त न होते तो केवल अंग्रेजी होने से जो असुविधा लोगों को होती, तो वे अपने-आप कहते कि उसका विकल्प ढूँढ़िए। कुछ लोगों को नौकरियाँ देकर हमने देखा कि इससे अंग्रेजी बोलने-समझने वालों को एक छूट मिल गई। यह सब एक सोची-समझी नीति के तहत किया गया कि हिन्दी को इस तरह राजभाषा बनाओ कि बनने न पाए और लोगों का सारा गुस्सा अंग्रेजी की बजाय हिन्दी पर उतरे। शासक वर्ग की यह भाषा-नीति सोची-समझी हुई थी और आज भी है। मुझे खेद के साथ कहना पड़ता है कि इस राजनीति को वे पार्टियाँ भी नहीं समझ पाईं जो अपने को जनता की पार्टी कहती हैं।

भाषा की लड़ाई एक राजनीतिक लड़ाई है। इस बात को, इसके महत्त्व को लोगों ने नहीं समझा। इस बात को यदि कोई व्यक्ति समझता था तो वह गांधी जी थे। इसलिए उन्होंने अपने सारे कार्यक्रम, जिन्हें वे रचनात्मक कार्यक्रम कहते थे, उनमें हिन्दी को भी शामिल किया। रचनात्मक कार्यक्रम तो जिला स्तर पर चलते थे। दक्षिण भारत में होने वाले दो दिन के रचनात्मक कार्यक्रम में खादी, अछूतोद्धार, नारी शिक्षा आदि पर विचार-विमर्श के साथ ही एक काम हिन्दी के प्रचार का भी होता था। गांधी जी कहते थे कि हिन्दी स्वराज का अभिन्न अंग है और राजनीतिक लड़ाई है। यह बात गांधी जी के सामने स्पष्ट थी, बाकी लोगों के सामने नहीं। जवाहरलाल नेहरू के सामने तो ऐसी उथली मार्क्सवादी समझ थी कि यदि आर्थिक

विकास हो जाएगा तो सामाजिक, सांस्कृतिक समस्याएँ अपने-आप सुलझ जाएँगी। आप देखेंगे कि गांधी जी के नाम पर जितनी संस्थाएँ हैं, उनमें हिन्दी शामिल है। गांधीजी ने जब गुजरात विद्यापीठ की स्थापना की तो उसमें हिन्दी विभाग खोला गया। हिन्दी वहाँ पढ़ाई का अनिवार्य अंग थी। अजीब बात है कि जवाहरलाल नेहरू से सम्बन्धित जितनी भी संस्थाएँ हैं, उनमें हिन्दी के लिए कोई जगह नहीं है। वहाँ अंग्रेजी चलती है। उदाहरण के लिए जब 1969 में जवाहरलाल नेहरू विश्वविद्यालय खोला गया तो उसमें विदेशी भाषाओं का विभाग (स्कूल) तो था लेकिन उसमें भारतीय भाषाएँ नहीं थीं। बाद में कई लोगों के सलाह देने पर जे.एन.यू. में भारतीय भाषा केन्द्र खोला गया।

गांधी और नेहरू की सोच और परिकल्पना अलग-अलग थी। हिन्दी जब राजभाषा बनी तो नेहरू इससे सहमत नहीं थे। उनके लिए हिन्दी का मतलब था—हिन्दूवादी लोग, गोरखा वाले, सेठ गोविन्द दास और पुरुषोत्तम दास टंडन। उनका मानना था कि ये लोग (हिन्दी वाले) वैज्ञानिक नहीं हैं, आधुनिक नहीं हैं, समाजवादी विचारधारा के लोग नहीं हैं। हिन्दी के बारे में यह एक अजीब समझ लोगों की थी कि हिन्दी आधुनिक नहीं है। हिन्दी वाले हिन्दूवादी हैं, प्रतिक्रियावादी हैं, कुछ गोभक्त हैं, मुस्लिम-विरोधी हैं, उर्दू का विरोध करते हैं। कुल मिलाकर हिन्दी वालों की छवि 'हिन्दी, हिन्दू, हिन्दुस्तानी' वाली बना दी गई। इस कारण भी हिन्दी का विरोध होता रहा है। अंग्रेजी का वर्चस्व कैसे खत्म हो? यह वर्चस्व खत्म करना राजसत्ता का काम है। आज दृढ़संकल्प शक्तिवाली राजसत्ता नहीं है। जब आजादी मिली थी तब जवाहरलाल नेहरू भी यह काम नहीं कर सके। हिन्दी प्रेमी लालबहादुर नहीं करा सके तो अब किससे उम्मीद की जा सकती है? अटल बिहारी वाजपेयी ने तो प्रधानमंत्री बनने के बाद अपनी श्रेष्ठ हिन्दी वक्ता वाली छवि से किनारा ही कर लिया।

डॉ. रामविलास शर्मा 'हिन्दी जाति प्रदेश' की बात कहते हैं। यदि हिन्दीभाषी राज्य ही अपने यहाँ शत-प्रतिशत हिन्दी लागू कर दें तो अंग्रेजी का वर्चस्व तोड़ने की दिशा में यह पहला चरण होगा। हिन्दी राज्यों को राजकाज की अपनी समान पारिभाषिक शब्दावली बनानी होगी। अपने यहाँ के विश्वविद्यालयों में शिक्षा का माध्यम हिन्दी को करना होगा, तभी कुछ बात आगे बढ़ेगी।

प्रश्न : हिन्दी की स्थिति इस समय एक क्षेत्रीय भाषा जैसी रह गई है क्या? हिन्दी की राष्ट्रभाषा का दर्जा तो दिया गया जरूर है लेकिन जो स्थिति कुल मिलाकर बनी हुई है, उससे क्या ऐसा लगता है कि वह कहीं अंचलों में केन्द्रित होकर ही रह गई है?

नामवर सिंह : क्षेत्रीय भाषा होना कोई अधम स्थिति नहीं है। हिन्दी क्षेत्रीय भाषा भी है और साथ ही देश की सम्पर्क भाषा भी। हिन्दी की यह स्थिति आरम्भ

से रही है और आज भी है। आज हिन्दी बोलने वालों की संख्या पहले से कहीं ज्यादा है। उसका विकास भी हुआ। कठिनाई दूसरी है जिसकी ओर लोगों का ध्यान नहीं जा रहा है। हिन्दी क्षेत्र को तोड़ने की कोशिश कर उस क्षेत्र की 'बोलियों के प्रान्त' में बदलने की कोशिश की जा रही है। इसकी शुरुआत सुनीति कुमार चटर्जी ने की थी। उन्होंने हिन्दी की सहयोगी बोलियों—मैथिली और राजस्थानी—को साहित्य की स्वतंत्र भाषा की मान्यता दिलाकर इसकी शुरुआत की थी लेकिन भोजपुरी और अन्य के मामले में वे सफल नहीं हो सके। इस नीति के पीछे यह साजिश थी कि सभी बोलियों को स्वतंत्र भाषा बना दिया जाए तो हिन्दी अपने-आप खत्म हो जाएगी। इस सबके पीछे अंग्रेजी पढ़ा-लिखा शासक वर्ग है जो येन-केन-प्रकारेण अंग्रेजी के माध्यम से राजकाज करना चाहता है। उसे लगता है, कम-से-कम हिन्दी शासन की भाषा न हो।

प्रश्न : जैसाकि आपने भी कहा, हिन्दी साहित्य—उपन्यास, कहानी, कविता, नाटक आदि—में तो हिन्दी में बखूबी काम हुआ और श्रेष्ठ हुआ लेकिन समाज, विज्ञान और विज्ञान के अन्य क्षेत्रों—भौतिकी, रसायन, चिकित्सा, वनस्पति आदि—में अंग्रेजी की तुलना में हिन्दी में बहुत कम पुस्तकें दिखती हैं, इसकी क्या वजह है ?

नामवर सिंह : यह अर्द्धसत्य है। हिन्दी केवल साहित्य की भाषा नहीं है, ज्ञान, विज्ञान, इतिहास, समाज विज्ञान, भौतिक, रसायनशास्त्र, इंजीनियरिंग, मेडिकल आदि विषयों में हिन्दी में कुछ मौलिक पुस्तकें लिखी गईं और कुछ अन्य भाषाओं से अनूदित कराई गईं। जो लोग हिन्दी के बारे में जानते ही नहीं हैं, वे ऐसे फतवे दिया करते हैं। इनमें कई हिन्दीभाषी लोग भी हैं। उन्नीसवीं शताब्दी के उत्तरार्द्ध से (भारतेन्दु काल से) जब आधुनिक शिक्षा-प्रणाली शुरू हुई, आप उस समय की पुस्तकों की सूची देखें तो पता चलेगा कि गणित, विज्ञान आदि विषयों में मौलिक लेखन के जरिये कई पुस्तकें तैयार की गई थीं। उन्नीसवीं शताब्दी में जब नगर प्रचारिणी सभा कायम हुई, गौरीशंकर, हीराचंद ओझा, मुंशी देवी प्रसाद, चन्द्रधर शर्मा गुलेरी ने प्राचीन भारतीय इतिहास की कुछ पुस्तकें अनूदित कीं, कुछ मौलिक पुस्तकें लिखवाईं। हिन्दी साहित्य सम्मेलन ने बड़ी संख्या में इन विषयों में पुस्तकें तैयार करवाईं। राहुल जी ने कोश तैयार किया था, इलाहाबाद विश्वविद्यालय में डॉ. गोरखप्रसाद और स्वामी सत्यप्रकाश ने विज्ञान की पत्रिका निकालकर मौलिक लेखन करवाया। नागरी प्रचारिणी सभा ने विश्वकोश तैयार करवाया। पैसा न मिलने के कारण दूसरा संस्करण नहीं आ सका। प्रो. नुरूल हसन जब शिक्षा मंत्री थे तब सभी भारतीय भाषाओं को एक-एक करोड़ रुपये देकर ज्ञान-विज्ञान की उच्च कोटि की पुस्तकें तैयार की गईं, पन्तनगर विश्वविद्यालय और हिसार कृषि विश्वविद्यालय में कृषि पर अच्छी किताबें लिखी गईं लेकिन

उनका कभी इस्तेमाल नहीं हुआ। इसका कारण था : विश्वविद्यालय में शिक्षा का अंग्रेजी माध्यम होना। अखिल भारतीय आयुर्विज्ञान संस्थान (एम्स) और आई.आई.टी. जैसी संस्थाएँ करदाताओं से मिले पैसे से अंग्रेजी में शिक्षा देकर विदेशों में नौकरी करनेवाले युवक तैयार कर रही हैं। ये लोग अंग्रेजी माध्यम इसलिए कायम रखना चाहते हैं ताकि उनके बच्चे विदेशों में अच्छी नौकरियाँ पा सकें। जिस दिन हिन्दी शिक्षा का माध्यम हो जाएगी, उस दिन 'बेन ड्रेन' बन्द हो जाएगा, और हर क्षेत्र में हिन्दी की अच्छी पुस्तकें भी उपलब्ध होने लगेंगी।

प्रश्न : आपने कहा है कि भाषा का फैसला भी अब बाजार करेगा, इससे आपका क्या आशय है, स्पष्ट करें?

नामवर सिंह : यह बात मैंने लन्दन में हुए विश्व हिन्द सम्मेलन के उस संकल्प के जवाब में कही जिसमें हिन्दी को संयुक्त राष्ट्र संघ की भाषा बनाने का प्रयास तेज करने की बात कही गई थी। इस सन्दर्भ में मैं कहना चाहता हूँ कि हिन्दी के प्रचार-प्रसार में सरकार और राजसत्ता के रवैये और उसके विकास सम्बन्धी कार्यक्रम हम पिछले पचास साल में देखें जब सरकार बहुत ताकतवर थी और जब सरकार की ताकत थोड़ी कम हुई, दोनों ही स्थितियाँ हमने देखीं। इस बीच उदारीकरण और भूमंडलीकरण, जिस पर बाजार का वर्चस्व है, को बढ़ावा मिला। राष्ट्र-राज्य सिकुड़ता जा रहा है। साम्राज्यवाद और उपनिवेशवाद अब किसी एक देश का साम्राज्य नहीं है बल्कि बहुराष्ट्रीय कम्पनियों का साम्राज्य है। यहाँ वर्चस्व विश्व बैंक और अन्तरराष्ट्रीय मुद्राकोष का है और उसके जरिये विश्व-बाजार का विकास, विस्तार किया जा रहा है। मेरी धारणा है कि बाजार की ताकत बढ़ी है, यह अच्छा है या बुरा। यह मैं नहीं कहता, पर यह तथ्य है। और इस तथ्य में यह भी सत्य है कि भारत एक बहुत बड़े बाजार के रूप में उभर रहा है। अमेरिकी और विश्व बैंक के लोगों के वक्तव्य रोज मिल रहे हैं कि भारत 21वीं शताब्दी का एक बहुत बड़ा बाजार होने जा रहा है। उनकी समझ में तो हम उपभोक्ता हैं, और उसमें कोई शक नहीं कि इस विश्व-बाजार की भाषा अंग्रेजी है।

अब तो यूरोपीय यूनियन ने भी अपनी भाषा अंग्रेजी स्वीकार कर ली है। यदि फ्रेंच और जर्मन जैसी समर्थ भाषाओं के होते हुए अंग्रेजी को अपनी भाषा यूरोपीय यूनियन ने स्वीकार कर ली है तो इससे मालूम होता है कि विश्व-बाजार की भाषा भी अंग्रेजी ही होगी और अगर भारत उस विश्व-बाजार में एक विशेष स्थान रखता है तो अंग्रेजी का वर्चस्व भारत में और मजबूत ही होगा। एक बात और, बाजार का जवाब बाजार ही हो सकता है। सरकार नहीं, सरकार ने तो घुटने टेक दिये हैं। बैंकों और पूँजीपतियों पर सरकार इतनी निर्भर हो चली है कि तुष्टीकरण की नीति अपना रही है। बाजार से सरकार लोहा नहीं ले सकती। जब देश की

रक्षा के सवाल पर हम हथियार के लिए व्यापारियों के मोहताज हैं तो उपभोक्ता सामान की क्या कहें! बाजार में उपभोक्ता सामान के साथ-साथ हथियार की खरीद भी शामिल होती है। हमारे यहाँ एक बड़ा घोटाला बोफोर्स का हुआ था लेकिन इस बाजार के लोग यदि यह अनुभव करेंगे कि भारतीय बाजार के एक स्तर पर तो अंग्रेजी है पर जमीनी स्तर पर अब भी बाजार में खास तौर पर हिन्दी का वर्चस्व कायम है, उसका उदाहरण फिल्म और टीवी हैं तो बाजार की यह मजबूरी होगी कि वह अंग्रेजी के साथ-साथ हिन्दी को भी जरूर रखेगी। वे हिन्दी का प्रयोग बीच-बीच में हिन्दी-प्रेम के कारण नहीं बल्कि इसलिए करते हैं कि आधे से ज्यादा श्रोताओं और दर्शकों के पल्ले अंग्रेजी नहीं पड़ती। तो अगर इस बाजार ने जोर लगाया तो अंग्रेजी के साथ-साथ हिन्दी का प्रयोग बढ़ेगा।

इस मामले में मैं दो ही उदाहरण दे सकता हूँ। राष्ट्रीय नाट्य विद्यालय दिल्ली में है। अब्राहम अलकाजी लन्दन से अंग्रेजी पास करके आए हुए थे। वह मुम्बई के रहने वाले हैं। एन.एस.डी. की भाषा हिन्दी और उसमें 99 प्रतिशत नाटक चाहे वे मराठी हों, कन्नड़, बंगाली या अंग्रेजी—हिन्दी में होते थे, अंग्रेजी में नहीं होते थे। अब्राहम अलका जी अंग्रेजी के आदमी थे लेकिन उन्हें हिन्दी में नाटक करने पड़े क्योंकि दर्शक सभी हिन्दीभाषी थे। दूसरा उदाहरण हिन्दुस्तान में फिल्मों का है। कितनी फिल्में अंग्रेजी में बनती और चलती हैं। पुरस्कार लेने के लिए बन जाएँ तो बन जाएँ। अकेले हिन्दी भाषा की फिल्मों ने क्षेत्रीय भाषा की फिल्मों को पीट दिया है। बंगाली, तमिल और कन्नड़-भाषी निर्देशक और फिल्मकार ही नहीं, अभिनेता तक डबिंग पर निर्भर नहीं करते हैं। वे हिन्दी सीखते हैं। बहुत सारे दक्षिण भारतीय अभिनेता हिन्दी बोलते हैं। इसे भी मैं बाजार कहता हूँ।

गांधी जी तो बाद में प्रकट हुए 1916 में—राजभाषा का पक्ष लेते हुए। उनसे पहले राजस्थान के व्यापारी कलकत्ता, मद्रास और बम्बई में, जिन्हें मारवाड़ी कहते हैं लोग, ये लोग जब व्यापार करने गए तो अंग्रेजी इन्हें भाती नहीं थी और मारवाड़ी वहाँ चल नहीं सकती थी। वह जो स्वदेशी बाजार था, वहाँ हिन्दी इन लोगों ने पहुँचाई और जो सबसे ज्यादा हिन्दी की पत्र-पत्रिकाएँ हैं, वह इन लोगों ने निकलवाईं, पुस्तकें छपीं-छपवाईं। कलकत्ता में मारवाड़ी पुस्तकालय हिन्दी का सबसे बड़ा पुस्तकालय है। पूरे इलाके में आप जाइए तो वहाँ एक मारवाड़ी पुस्तकालय जरूर होगा। ये व्यापारी वहाँ भी गए और व्यापार के साथ हिन्दी भी ले गए। खास बात यह है कि ये लोग हिन्दी तो ले गए पर इन्होंने उस क्षेत्र की भाषा भी सीखी। इसलिए मैं इस बाजार पर ज्यादा भरोसा करता हूँ क्योंकि बाजार का जो करार है, वह मुझे ज्यादा भरोसेमन्द लगता है क्योंकि व्यापारी की सबसे बड़ी जरूरत है उसकी साख। साख यदि उसकी खत्म हो गई तो वह कहीं का नहीं रहेगा। सरकार की तो कोई साख नहीं है। उसके किसी दावे का कोई भरोसा नहीं है। एक बनिया

दूसरे बनिये की बात पर भरोसा कर सकता है पर एक मंत्री की बात का कोई आम आदमी भरोसा नहीं कर सकता है। हिन्दी को सरकार ले आएगी, इस बात पर मुझे बिलकुल भरोसा नहीं है। बाजार की बात का मुझे भरोसा है क्योंकि उसने यह करके दिखा दिया है।

प्रश्न : तो यह माना जाए कि बाजार के विस्तार के साथ हिन्दी का भविष्य जुड़ा है?

नामवर सिंह : हाँ, लेकिन इससे यह निष्कर्ष न निकाला जाए कि अपने हिन्दी प्रेम के कारण मैं इस मुक्त बाजार का समर्थन करता हूँ। मैं बाजार का आलोचक हूँ और बाजार के कई पहलू ऐसे हैं जो मानव-विरोधी हैं, सभ्यता और संस्कृति विरोधी हैं। उसी का एक रूप है कि भाषा को दूषित करनेवाले, बिगाड़ने तथा नष्ट करनेवाले लोग भी हैं इसलिए यह न समझा जाए कि बाजार द्वारा प्रचारित बाजारू हिन्दी का मैं समर्थक हूँ।

प्रश्न : बाजार का फैलाव तो अवश्यम्भावी है। अपने साथ नकारात्मक तत्त्व भी वह ले आता है। तो उसके फैलाव के साथ-साथ स्वस्थ हिन्दी के विकास का रास्ता क्या सम्भव है?

नामवर सिंह : भाई, बरसात के दिनों में जब गंगा में पानी बढ़ता है तो उसमें गंदगी भी आती है। हम उस पानी को तो नहीं पीते। हम उसे साफ करते हैं। शरद ऋतु के आने पर वह और ठीक होता है। उसी तरह बाजार की यह बाढ़ है। अभी हम लोग बाजार के उस दौर से गुजर रहे हैं जिसमें अराजक ढंग से वृद्धि हो रही है। उसी के साथ भाषा में भी अराजकता आ रही है। इस बाजार के नियमों को देखते हुए सम्भव है, इसमें भी परिवर्तन, परिष्कार की गुंजाइश हो! फिल्मों में घालमेल की हिन्दी के साथ-साथ अच्छी हिन्दी भी चलती है। इस सन्दर्भ में एक बात और—बाजार जितना हिन्दी को बिगाड़ रहा, उससे ज्यादा तो सरकारी हिन्दी ने बिगाड़ा है हिन्दी के स्वरूप को। छद्‌म, नकली, अबूझ शब्दावली जो अनूदित हुआ करती है, जिसमें आदेश आज निकला करते हैं, उसने हिन्दी को और नुकसान पहुँचाया है। बाजार से ज्यादा सरकारी हिन्दी ने ही हिन्दी को नुकसान पहुँचाया है। हमारे कवि और कलाकार जो अपनी कृतियों के द्वारा अच्छी जानदार हिन्दी लिख रहे हैं, उनका कर्तव्य है कि वे उसे जीवित रखें।

प्रश्न : क्या आपको लगता है, हिन्दी पत्रकारिता भी बाजार के विस्तार का जरिया बनती जा रही है और भविष्य में और बनती जाएगी?

नामवर सिंह : मैं दिल्ली के ही अखबार पढ़ता हूँ, बस। और उसमें मैं सारी हिन्दी पत्रिकारिता के बारे में कहने का अधिकारी नहीं हो सकता। क्षेत्रीय पत्रकारिता प्रेस परिषद के अनुसार, सम्प्रदायवादी ज्यादा हैं। खास तौर से आपको याद होगा कि रथयात्रा और बाबरी ढाँचे के ध्वंस के समय 'आज' जैसे अखबार ने अपनी

राष्ट्रीय परम्परा को छोड़ सम्प्रदायवादी रुख अपनाया। 'दैनिक जागरण' तो घोषित रूप से। पर यही पूरी पत्रकारिता नहीं। अखबारों में 'अमर उजाला', 'राष्ट्रीय सहारा', 'नई दुनिया', 'जनसत्ता', 'देशबन्धु' भी तो हिन्दी पत्रकारिता के अंग हैं और इसीलिए यह भेद करना पड़ेगा कि बड़े व्यापारी घरानों से निकलने वाले हिन्दी अखबार जो अंग्रेजी की पूँछ हैं और बाकी में फर्क है। 'नवभारत टाइम्स' जो अपनी दुर्गति को प्राप्त हुआ, बाजार का असर वहाँ है। अंशतः 'हिन्दुस्तान' में हो सकता है लेकिन 'जनसत्ता' को तो कोई विज्ञापन ही नहीं देता। दाम बढ़ाकर वह क्षतिपूर्ति करता है इसलिए हिन्दी पत्रकारिता में बाजार का वैसा असर मुझे नहीं दिखाई पड़ता। हो सकता है, असर पड़े, बचेगी नहीं वह भी। पर उसमें पेशा सम्बन्धी जो कौशल है, वह कम न हो, यह मेरे लिए ज्यादा महत्त्वपूर्ण है और एक राजनीतिक लोकतांत्रिक दृष्टि भी। ऐसे माहौल में जब बहुत से लोगों ने भाजपा की सरकार बनने के बाद समझौतावादी रुख अख्तियार कर लिया है, ऐसे में हिन्दी में 'राष्ट्रीय सहारा', 'जनसत्ता', 'नई दुनिया', 'अमर उजाला' और कुछ हद तक 'हिन्दुस्तान' भी ऐसे अखबार हैं, जिन्होंने समर्पण नहीं कर दिया है। यह मेरे लिए सन्तोष की बात है। अंग्रेजी के अखबार 'टाइम्स ऑफ इंडिया', 'हिन्दुस्तान टाइम्स' और 'इंडियन एक्सप्रेस' भी बाजार के ज्यादा शिकार हैं, पर 'हिन्दू' इसमें शामिल नहीं है।

[साभार : 'आधारशिला' पत्रिका, अप्रैल, 2018]

मैं मरूँगा सुखी, मैंने जीवन की धज्जियाँ उड़ाईं

[नामवर सिंह से आभा बोधिसत्व की बातचीत]

[डॉ. नामवर सिंह को आलोचना का शिखर पुरुष कहा जाता है। 'कविता के नए प्रतिमान', 'दूसरी परम्परा की खोज', 'कहानी नई कहानी', 'आधुनिक साहित्य की प्रवृत्तियाँ', 'छायावाद', 'इतिहास और आलोचना' जैसी कृतियों के जरिये उन्होंने हिन्दी साहित्य को देखने-परखने की एक नई दृष्टि दी। 'कविता के नए प्रतिमान' के लिए उन्हें 1971 में साहित्य अकादमी सम्मान मिला। उन्होंने त्रैमासिक पत्रिका 'आलोचना' का लम्बे समय तक सम्पादन किया। करीब डेढ़ दशक से उन्होंने कलम नहीं चलाई है लेकिन उनके भाषणों को भी हिन्दी साहित्य-जगत काफी गम्भीरता से लेता रहा है। आज 92 की उम्र में भी समकालीन साहित्य के प्रति उनकी जिज्ञासा और उत्साह में कोई कमी नहीं आई है। साहित्यिक विमर्श से हटकर नामवर सिंह के आत्मीय प्रसंगों पर उनसे आभा बोधिसत्व ने बातचीत की। प्रस्तुत हैं अंश :]

आभा बोधिसत्व : आप तो पहले कविताएँ लिखते थे, फिर छोड़ क्यों दिया?

नामवर सिंह : बनारस में जब मैं हाई स्कूल में था, तभी से कविता लिखता था। कविता संचयन भी छपा है। क्योंकि काशी की दुनिया थी तो अक्सर खड़ी बोली में ही लिखा करता था। इसके पहले ब्रज भाषा में भी लिखा। यहाँ से हिन्दी साहित्य की एक लम्बी सेवा शुरू हुई। भाषाविज्ञान जरूरी था, लेकिन इसे लोग कम लेते हैं, इसलिए मैंने एंशियंट और मॉडर्न लिंग्विस्टिक्स लिया। मेरा प्रिय निषय आलोचना था। इसलिए मैंने कविता लिखना छोड़ दिया।

आभा बोधिसत्व : आप आलोचक नहीं होते तो क्या होते?

नामवर सिंह : अगर मैं आलोचक न होता तो भी अध्यापक होता। जो कि मैं हुआ और लम्बी पारी तक रहा।

आभा बोधिसत्व : आपको लोग हिन्दी का आधार-स्तम्भ या आलोचना का शिखर पुरुष कहते हैं। यह सब सुनकर कैसा लगता है?

नामवर सिंह : देखो, यह बहुत बड़ा सम्मान है एक साहित्यकार के नाते। मुख्य रूप से मैं एक साहित्यकार के नाते ही याद किया जाऊँगा। मेरी रचनावली

प्रकाशित होने वाली है जिसमें मेरी दर्जनों किताबें शामिल होंगी। मेरी याद का एक बड़ा कारण 'आलोचना' पत्रिका के प्रधान सम्पादक का ही होगा। जिस तरह से आचार्य महावीर प्रसाद द्विवेदी को लेखन के अलावा मुख्य रूप से 'सरस्वती' पत्रिका के सम्पादक के रूप में याद किया जाता है।

आभा बोधिसत्व : अपनी एक प्रिय किताब व कवि का नाम बताएँ?

नामवर सिंह : मैं तुलसीदास के 'रामचरितमानस' को पसन्द करता हूँ। उसका गुटका संस्करण भी मेरे पास है। सुबह चाय पीने के बाद नहा-धोकर नित्य पारायण करता हूँ। उसके बाद ही खाता हूँ। जबकि मेरे गुरु कबीर को पसन्द करते थे।

आभा बोधिसत्व : आप अकेले ही रहते हैं, यह देखकर हमें भी उत्साह मिलता है...।

नामवर सिंह : जीवन का सबसे बड़ा कष्ट होता है किसी पर निर्भर होना। मैं अभी तक पर-निर्भरता से दूर हूँ। मेरी सोसाइटी के सर्वेंट क्वार्टर में एक परिवार रहता है। वही लोग मेरी देखभाल करते हैं। यहाँ बहुत शान्ति है। मैं सन्नाटे की दुनिया में रहता हूँ। कुल मिलाकर यही मेरा जीवन है। उम्र मिली है, इसलिए फायदा उठाकर पढ़ता-लिखता हूँ।

आभा बोधिसत्व : जीवन में ऐसा क्या है जो आप करना चाहते थे पर नहीं कर पाए?

नामवर सिंह : हिन्दी के सबसे बड़े आलोचक के रूप में आचार्य रामचन्द्र शुक्ल को याद करता हूँ जिन्होंने हिन्दी साहित्य की आलोचना लिखी, इतिहास लिखा। मेरी हार्दिक इच्छा थी कि हिन्दी साहित्य का इतिहास लिखूँ, जो कई खंडों में जाएगी। मोटे तौर पर जिन्दगी से कोई शिकायत नहीं। जो करना था, वह किया। वैसे तो यह होता ही है कि यह भी कर लेता, वह भी कर लेता। बावजूद जीवन से सन्तोष है। मनुष्य जीवन बड़ी मुश्किल से मिलता है। अपने जीवन में मैंने उसका फायदा उठाया। एक कविता की लाइन है : 'मैं मरूँगा सुखी, मैंने जीवन की धज्जियाँ उड़ाईं'। यह अज्ञेय जी की कविता है।

आभा बोधिसत्व : आपके जीवन की कुछ मीठी यादें, जो हमसे साझा करना चाहते हों?

नामवर सिंह : जो यादें पुरानी हो गईं, उनको याद करना मुश्किल है। मेरा एक छोटा-सा गाँव, जिससे पढ़ाई करने बाहर निकला। घर से कमालपुर। वहीं एक स्कूल था जिसमें हम लोग पैदल पढ़ने जाते थे। उसके बाद मेरा गाँव छूट गया। गाँव से बनारस आ गया। पिताजी मिलने आ जाते थे। गाँव के बाद सबसे यादगार अगर कोई है तो वह हमारी काशी है। मेरे छोटे भाई का नाम काशी है। मैंने अपने छोटे भाई का नाम काशी रखा। मैं जिन्दगी को याद करूँगा तो बाबा विश्वनाथ की नगरी है, जहाँ शिवजी का मन्दिर है। मन्दिर जाना, जल चढ़ाना।

पुरानी यादों में काशी ही है। काशी, जहाँ मैं गंगा स्नान करने जाता था। अगर मुझे चुनने के लिए कहा जाए तो मैं दिल्ली नहीं, काशी को चुनूँगा।

आभा बोधिसत्व : अपनी विदेश-यात्राओं के बारे में बताएँ?

नामवर सिंह : रूस कई बार गया हूँ, सोवियत यूनियन जब था। फ्रांस, जर्मनी, इटली, आयरलैंड गया। दक्षिण अफ्रीका भी गया जहाँ गांधी जी गए थे। इस तरह एशिया में अनेक देशों की यात्राएँ कीं। अनेक अवस्था के लोगों से मेल-जोल और परिचय हुआ।

आभा बोधिसत्व : विदेश की किस बात से आप प्रभावित हुए?

नामवर सिंह : विदेश-यात्रा से हमारी संकीर्णताएँ खत्म हुईं, जिसके लिए साहित्यकार गुरुदेव रवीन्द्रनाथ टैगोर को विश्वकवि कहा जाता है, क्योंकि वे कुंठारहित थे। विदेश-यात्राओं से गाँव-कस्बे की अनेक संकीर्णता-जड़ता से दूर हुआ।

[साभार : 'नवभारत टाइम्स', 16 जून, 2018]

गुनगुनाते हुए पढ़ता था, तो उनको बैठा देता था। मैं कहता था—सुनो। हमारी सबसे प्रिय पुस्तक है 'रामचरितमानस'। इसके कई संस्करण मेरे पास हैं।

वेद रमण : आप जब 'रामचरितमानस' सुनाते थे, वे कुछ कहती थीं? उनकी कोई बात जो आपको याद हो?

नामवर सिंह : कहाँ अब याद है? वे दिन—वे लोग! अब एक घंटे पीछे की बात भूल जाती है।

वेद रमण : पत्नी को किस वर्ष आप लेकर आए थे जे.एन.यू. ?

नामवर सिंह : जल्दी ही बुला लिया था। हमारे यहाँ नौकर ऊपर का सारा काम करता था। लेकिन मेरा नियम था कि मैं 'उनके' (पत्नी) हाथ का ही खाना खाता था। नौकर नहीं बनाता था। खाना वही बनाती थीं। बनाती थीं और खिलाती थीं। जब तक वे जीवित थीं, तब तक उनके हाथ का ही खाना खाया।

वेद रमण : उनके साथ कोई यात्रा आपने की?

नामवर सिंह : कहीं जाने के लिए तैयार ही नहीं होती थीं।

वेद रमण : कभी आपने प्रस्ताव दिया कि कहीं साथ चलते हैं?

नामवर सिंह : कोई नहीं। कहती थीं, 'मुझे बाहर नहीं जाना है।' वे बनारस में हमारे साथ थीं। बनारस का मामला तो बड़ा घरेलू होता था (मुस्कुराते हुए), 'पब्लिक' तो होता नहीं था कि ले जाने की हिम्मत हो। कोई जगह ही नहीं थी। इसलिए वहाँ कहीं ले जाने की कोई गुंजाइश नहीं थी। यहाँ आने के बाद जे.एन.यू. के कुछ सुनिश्चित परिवार थे जिनमें महिलाएँ थीं। हमारी पत्नी ज्यादा पढ़ी-लिखी तो थीं नहीं, अक्षर ज्ञान था। मेरा खयाल है कि प्राइमरी तक पढ़ी थीं। मिडिल नहीं किया था। वे बिहार की थीं।

वेद रमण : बिहार में कहाँ से थीं?

नामवर सिंह : कर्मनाशा के पार कोई जगह है।

वेद रमण : यह शादी किसने ठीक करवाई थी? मध्यस्थ कौन थे?

नामवर सिंह : लोग आते रहते थे। पिताजी ने सब कुछ तय किया था। शादी कर दी। परिवार अच्छा था। पढ़ी-लिखी बहुत ज्यादा नहीं थीं। मैंने कहा था 'उनको' कि कुछ पढ़ाई-लिखाई कर लो। कहती थीं कि मुझे कौन-सा पढ़ाना है! आपको पढ़ाना है, आप पढ़ते हैं। हमें 'रामचरितमानस' से ही मतलब है।

वेद रमण : आपके जीवन में इतने संघर्ष रहे हैं, बनारस हिन्दू विश्वविद्यालय में, फिर सागर में, तो इस संघर्ष का असर उन पर था?

नामवर सिंह : ना-ना।

वेद रमण : आपको निकाला गया दोनों जगहों से, इस पर आपकी पत्नी की कोई टिप्पणी?

नामवर सिंह : उनकी कोई टिप्पणी नहीं।

वेद रमण : आपसे कहती थीं कुछ?

नामवर सिंह : ना, कुछ नहीं। कभी उन्होंने शिकायत नहीं की। उन्होंने कहा कि आपके इतने विरोधी हैं, यह मैं जानती हूँ। संघर्ष के दिन हैं, इसलिए मेरा कर्तव्य आपके साथ रहना है।

वेद रमण : आपको क्या सम्बोधन करती थीं? आपको कैसे बुलाती थीं? नाम से या... ?

नामवर सिंह : नाम नहीं लेती थीं। मैं उनको अमुक बेटे की माँ या बेटी की माँ (हँसते हुए) कहता था।

वेद रमण : वे आपको कैसे बुलाती थीं?

नामवर सिंह : (तनिक सोचते हुए) अमुक के बाप।

वेद रमण : कोई ऐसी याद है कि आप किसी यात्रा में गए हों और उनके लिए कुछ खरीदकर लाए हों?

नामवर सिंह : हाँ, साड़ियाँ। मैं जब बाहर जाता था तो कुछ लोग स्वयं ही उनके लिए साड़ियाँ दे दिया करते थे। लोग कहते थे कि माता जी के लिए साड़ी है। दक्षिण भारत से इतनी साड़ियाँ मिलती थीं कि उनको साड़ी खरीदने की जरूरत नहीं पड़ती थी।

वेद रमण : बाबूजी के रहते ही आप इतने विख्यात हो गए थे। क्या बाबूजी ने कभी इसको लेकर कोई टिप्पणी की?

नामवर सिंह : उनको एहसास था।

वेद रमण : कभी कुछ कहते थे?

नामवर सिंह : सबसे बड़ा बेटा था मैं, तो अपने छोटे भाइयों का खयाल मुझे ही रखना पड़ता था। वे तो प्राइमरी स्कूल के हेडमास्टर थे। उनकी पढ़ाई स्कूल टीचर की थी। इससे ज्यादा नहीं थी। उनकी इच्छा थी कि मैं भी अध्यापक बन जाऊँ और मेरे भाई भी अध्यापक बन जाएँ।

वेद रमण : आपने अपभ्रंश किससे पढ़ा था?

नामवर सिंह : पंडित केशव प्रसाद मिश्र से। केशव प्रसाद मिश्र जयशंकर प्रसाद के अच्छे मित्रों में से थे। कालिदास के 'मेघदूत' का सुन्दर अनुवाद किया था। 'कामायनी' वही पढ़ाते थे। भाषाविज्ञान पढ़ाते थे। अपभ्रंश पढ़ाते थे। मुझसे कहा था—देखो, अब अपभ्रंश पढ़ानेवाला कोई नहीं मिलेगा, इसलिए तुम 'स्पेशलाइज कोर्स' में अपभ्रंश लो।

वेद रमण : यह उन्हीं का सुझाव था?

नामवर सिंह : बोले, रीतिकाल पढ़ानेवाले बहुत मिल जाएँगे, तुम अपभ्रंश पढ़ो। यह मेरे बाद कोई पढ़ानेवाला नहीं है। तो मैंने अपभ्रंश पढ़ा। 'पृथ्वीराज

रासो' पर मैंने काम किया। सम्पादन किया है हमने। तो मैंने आदिकाल से शुरुआत की। भक्तिकाल सब लोग पढ़ाते थे।

वेद रमण : आधुनिक साहित्य में रुचि कैसे बढ़ी? शुरू से ही या बाद में?

नामवर सिंह : द्विवेदी जी (हजारीप्रसाद द्विवेदी) बहुत बाद में आए। हमारे पहले गुरु केशव प्रसाद मिश्र थे। मैं केशव जी के घर जाता था। अपभ्रंश पढ़ाते थे।

वेद रमण : आप आधुनिक साहित्य की तरफ कैसे आए? शुरू से ही झुकाव था या बाद में आए?

नामवर सिंह : पढ़ाने के लिए विशेषज्ञता जरूर चाहिए। अपभ्रंश, काव्यशास्त्र, संस्कृत काव्यशास्त्र—ये विषय पढ़ानेवाले बहुत कम थे। इसलिए इसमें 'स्पेशलाइज' करवाया। पं. विश्वनाथ प्रसाद मिश्र रीतिकाल के विशेषज्ञ थे। वे बिहारी आदि रीतिकालीन कवियों को पढ़ाते थे। आधुनिक साहित्य पढ़ाने का अवसर जे.एन.यू. में मिला।

वेद रमण : क्या कभी उपन्यास पढ़ाने का अवसर मिला?

नामवर सिंह : पढ़ाया है।

वेद रमण : कौन-सा उपन्यास?

नामवर सिंह : मैं एक तो प्रेमचन्द का सबसे बड़ा उपन्यास 'गोदान' पढ़ाया करता था। प्रसाद जी का उपन्यास पढ़ाया है। जे.एन.यू. में अज्ञेय का 'शेखर' भी पढ़ाया है। जे.एन.यू. में कई विषय पढ़ाए हैं। चेयरमैन था। कोर्स पढ़ानेवाला कोई नहीं होता था, तो मुझे ही पढ़ाना पड़ता था।

वेद रमण : उपन्यास आप कैसे पढ़ाते थे?

नामवर सिंह : उपन्यास की पृष्ठभूमि बता देता था। पृष्ठभूमि बता देने के बाद, कहानी नहीं सुनाता था। उपन्यास में सबसे महत्त्वपूर्ण यह होता है कि उसकी 'थीम' क्या है? उसमें जो 'कैरेक्टर' हैं, खास तौर से जो स्त्री चरित्र हैं, उनको लेखक ने किस तरह देखा है। क्योंकि हमारे यहाँ राम की परम्परा है, 'रामचरितमानस' के प्रमुख पात्र राम हैं। इसलिए मैं कहता था कि हमारे यहाँ की काव्य-परम्परा नारी-केन्द्रित नहीं है।

वेद रमण : किन पहलुओं को रेखांकित करते थे उपन्यास में?

नामवर सिंह : देखता था कि 'थीम' का उपन्यास में कैसे निर्वाह होता है। मुख्य 'थीम' ही है। दूसरा महत्त्वपूर्ण है 'हीरो' और 'हीरोइन'। उनको देखता था। एक ऐसा चरित्र जो खिलंदड़ा किस्म का हो, मनोरंजन करनेवाला हो, हास्यरस का हो—उसे भी देखता था।

वेद रमण : कहानी पढ़ाने का क्या तरीका था आपका?

नामवर सिंह : कहता था कि कहानी पढ़ो और पहले उसकी 'आत्मा' को ढूँढ़ो। उसकी आत्मा क्या है? फिर कहानी की कथा पर जाओ। इसलिए कहानी

की जो आत्मा है, पहले वह पकड़ो। उसके बाद कथानक को देखो। जैसे 'उसने कहा था' कहानी। उसने क्या कहा था, किससे कहा था, यह पकड़ो। बाकी कहानी खुलती चली जाएगी।

वेद रमण : आपकी प्रिय पुस्तकें कौन-सी हैं?

नामवर सिंह : 'गीता', 'रामचरितमानस' और 'दीवान-ए-ग़ालिब'। इन तीनों को हमेशा अपने पास रखता हूँ। हमेशा पढ़ता हूँ।

[साभार : 'वागर्थ', जुलाई, 2018]

प्रबन्धकाव्य 'इन्द्रप्रस्थ' पर चर्चा

[नामवर सिंह और मदन कश्यप की बातचीत]

[कवि जगत में उपेन्द्र कुमार जी काफी चर्चित रहे हैं और करीब चार-पाँच कविता संग्रह भी उनके छप चुके हैं। लेकिन इस बार उन्होंने महाभारत की कथा को केन्द्र बनाकर प्रबन्ध रचने की जो कोशिश की है, वह सराहनीय है। इस काव्य की जो विशेषता है, वह यह है कि इस काव्य में हमारे नये समय के इतिहास, स्त्री की ताकत, उसकी करुणा और विडम्बना का विशेष तौर पर ध्यान रखा गया है। इसमें कविता शृंखला के माध्यम से समय को रचने की जो क्षणिक परम्परा है, उसका बहुत ज्यादा विकास इसमें दिखा है।

पूरी पुस्तक पढ़ने पर मुझे सबसे पहले तो यह याद आया कि उर्वशी का उद्धार तो दिनकर जी ने किया और इन्द्रप्रस्थ जो कभी दिल्ली की राजधानी रही है, जिसका जिक्र हमारे साहित्य में मिलता है, उसी इन्द्रप्रस्थ का जीर्णोद्धार हमारे वरिष्ठ कवि उपेन्द्र कुमार जी ने इस पुस्तक के द्वारा किया है। मैं समझता हूँ कि दिल्लीवाले इस इन्द्रप्रस्थ को भूल चुके हैं कि दिल्ली का कभी 'इन्द्रप्रस्थ' नाम भी विख्यात था।]

मदन कश्यप : इन्द्रप्रस्थ एकाध मोहल्ला, पार्क, या सड़क के नाम तक सीमित रह गया है।

नामवर सिंह : इन्द्रप्रस्थ से मुझे सिर्फ इतना याद है कि वर्तमान समय में यह लड़कियों का कॉलेज है। उसको भी लोग इन्द्रप्रस्थ नहीं पुकारते, वरन् आई.पी. कॉलेज कहना ज्यादा पसन्द करते हैं। आज का समाज इतना भुलक्कड़ हो गया है कि हमारा साहित्य इन्द्रप्रस्थ से भरा हुआ है और आज स्थिति यह है कि यह साहित्य से तो क्या, लोगों के दिलोदिमाग से भी गायब हो गया है।

इसलिए सबसे पहले तो मैं उपेन्द्र जी को बधाई देना चाहूँगा कि उन्होंने अपना दिल्ली में रहना सार्थक कर दिया।

उन्होंने जो भी इस किताब में लिखा है, वह वाकई काबिले-तारीफ है। इसलिए मदन जी, बजाय आप मुझसे कोई सवाल करें, मुझे आपसे सवाल करने चाहिए।

मदन कश्यप : नहीं सर, आप इन्द्रप्रस्थ के बारे में जो भी कहेंगे, उसका एक अलग महत्त्व है।

नामवर सिंह : आज का समय महाकाव्यों का समय नहीं है। ऐसे समय में एक प्रबन्ध काव्य की रचना और सामयिक तौर पर प्रासंगिक बनाए रखना एक कठिन चुनौती है, जिसको उपेन्द्र कुमार जी ने सफलतापूर्वक स्वीकार किया है। पुस्तक की भाषा पर चर्चा करने से पूर्व एक नजर...।

उर्दू में एक शब्द है : सादगी और पुरकारी। वह इस काव्य में नजर आता है। भाषा का कोई आडम्बर इसमें नजर नहीं आता और इसी सादगी से यह प्रबन्धकाव्य अपने अन्तिम पड़ाव तक चलता है।

मदन कश्यप : और देखिए, अन्त जहाँ होता है, उसकी पंक्तियाँ :

मैं न कर सकी स्वर्णारोहण सदेह
रुक कई वहीं इसी धरती पर

हिमालय की स्वर्ण रेणु पर
फिसला मेरा पाँव, सबसे पहले
और मैं गलती गई, मिलती गई इसी रेणु में
और रेणु की तरह फैलती रही समूची सृष्टि में
फैलती गई मेरे साथ मेरी आत्मा
मेरा द्वन्द्व न्याय के विरुद्ध मेरा प्रतिरोध, मेरा संघर्ष
विश्व की प्रत्येक स्त्री में
चलता रहा मेरा इन्द्रप्रस्थ मेरे साथ
होता रहा नष्ट बार-बार
होता रहा पैदा बार-बार
प्रत्येक स्त्री के साथ उसका इन्द्रप्रस्थ।

मदन कश्यप : इसमें जो स्वर्णारोहण की जो परम्परा है, जिनमें युधिष्ठिर को सबसे श्रेष्ठ बताया गया है, बाकी को कमतर आँका गया है, लेकिन यहाँ पर पूरी अवधारणा को ही बदल दिया गया है। अगर सभी स्त्रियों की ही बात की जाए तो जिसमें उनके संघर्ष, उनकी करुणा का भी महत्त्व और विस्तार है, इस संग्रह के माध्यम से इन सबको एक नये अर्थ में रखा गया है।

नामवर सिंह : छोटी-छोटी कविताओं को रचना और उन पर संग्रह निकालना मुझे लगता है, इतना मुश्किल नहीं है, लेकिन काव्य-जगत में अपनी परम्परा से हटकर महाभारतकालीन घटनाओं को कविता के माध्यम से दो छोटे प्रसंगों को—सत्ता प्रसंग और स्त्री प्रसंग, जिसमें करुणा, संघर्ष की जो विडम्बनाएँ हैं—दर्शाना काफी सराहनीय है।

मुझे लगता था, इस प्रबन्धकाव्य में संस्कृति की ढोलपोल कुछ ज्यादा ही होगी लेकिन मेरे इस भ्रम को तोड़कर सरल बोध, प्रेम की भाषा में एक प्रबन्धकाव्य निकालना, जिसे लिखने का साहस ज्यादातर लोग नहीं करते हैं। पाठकों को अन्त तक बाँधे रखना कोई साधारण बात नहीं है।

यह प्रबन्धकाव्य किसी विशेष घटनाचक्र पर आधारित नहीं है फिर भी 'इन्द्रप्रस्थ' नाम से एक प्रबन्धकाव्य की रचना कर, इन्द्रप्रस्थ को फिर से पुनर्जीवित कर दिया है।

मदन कश्यप : यह हमारे लिए बहुत अच्छी बात है कि यह वही नगर है जिसका नाम कभी इन्द्रप्रस्थ था और वह आज भी देश की राजधानी है। इस नाते यह आज भी देश की सत्ता का केन्द्र बना हुआ है। इस काव्य के माध्यम से उस समय के सत्ता केन्द्र को वर्तमान में देखना इतिहास से लेकर समकालीन तक सफर करना है।

नामवर सिंह : यानी इन्द्र के इन्द्रलोक के बारे में तो सुना था लेकिन इसी शहर में रहकर कविता के माध्यम से इन्द्रप्रस्थ को फिर से पुनर्जीवित कर दिया है। इन्द्रप्रस्थ इनकी सभी रचनाओं से बिलकुल भिन्न है जो वर्तमान समय में काफी महत्त्वपूर्ण है।

सबसे अच्छी बात यह है कि इस प्रबन्धकाव्य को केन्द्र से अलग होने को आपने पहचाना, आपका आशीर्वाद मिला। निश्चित रूप से यह आगे भी चर्चा का विषय बना रहेगा और हिन्दी कविता-जगत को एक नई दिशा मिलेगी।

[साभार : 'नया ज्ञानोदय', जुलाई, 2018]

✪✪✪